朝阳大学先贤文集

朝阳大学先贤文集

顾　问：孙国华　徐　葵
主　编：冯玉军　郑爱青

项目支持：2013 年中国人民大学重大基础研究项目（2013030278）
项目名称：朝阳大学先贤文集和法学文库：点校出版、学术研究与数据库建设
赞助单位：香港吕氏基金有限公司
特别联络：黄毅（香港吕氏基金有限公司）
《朝阳法学数据库》：中国人民大学图书馆宋姬芳、闫桂梅等

曾志时法学文集

曾志时 著　尹 飞 孙秋晓 校

法律出版社 LAW PRESS · CHINA

朝阳大学先贤文集点校出版和数据库建设
项 目 概 况

项目支持：中国人民大学（2013 年中国人民大学重大基础研究项目）

赞助单位：香港吕氏基金有限公司

项目总顾问：吕振万

朝阳大学校友会名誉会长，人民大学朝阳法学研究中心名誉主任

项目顾问委员会主任：孙国华

朝阳大学校友会会长，人民大学朝阳法学研究中心主任

项目顾问委员会副主任：徐葵、关怀、巫昌祯、熊先觉

项目顾问（以姓氏拼音为序）**：**曹重三、陈国庆、陈天池、陈逸云、程鹏、戴玉忠、方流芳、符立、庚以泰、郭鸥一、韩大元、韩延龙、何祖兴（台）、聂文（台）、王承斌、王利明、信春鹰、张思之、张云秀、赵中孚、朱崇凯

项目特别联络：黄毅　先生（香港吕氏基金有限公司）

法律出版社：高山　黄倩倩　编辑

中国人民大学科研处：沃晓静　副处长

致　谢

《朝阳大学先贤文集和法学文库:点校出版、学术研究与数据库建设》项目得到中国人民大学的高度重视,2013 年 3 月获评中国人民大学 2013 年度重大基础研究项目,支持经费 60 万元,由朝阳校友会、朝阳法学研究中心、中国人民大学法学院和中国人民大学图书馆发起并组织完成。本项目致力于点校出版“朝阳大学先贤文集”系列丛书和建设“朝阳大学法学数据库”,让尘封数十年的著述再度与广大学者、特别是中青年读者见面,希望再现朝阳大学当年的学术辉煌,同时表达对先贤业绩的缅怀与纪念,实现“为往圣继绝学,为万世开太平”之使命。

本系列丛书由中国人民大学朝阳法学研究中心名誉主任、朝阳大学校友会名誉会长、香港著名实业家、教育家、慈善家吕振万先生及其儿子吕荣义先生创立的“吕氏基金有限公司”资助出版。在此,谨向他们致以由衷的感谢!

香港“吕氏基金有限公司”成立于 1996 年,是一家非营利慈善机构，宗旨为“扶贫济困、弘扬善举、奉献爱心、回馈社会”。遵照创办人之理念：将参与慈善公益事业作为企业建设发展的重要部分，在企业发展的同时，不忘对慈善公益事业进行持续的投入，为推动民生改善、构建和谐社会尽绵薄之力。十几年来，吕氏基金在赈灾、扶老、助幼、济困、助学、助医及支持中华文化艺术、环境保护等领域不遗余力，参与奉献，其善举获得了社会各界的嘉勉和肯定。

吕振万先生历年来捐资港币1.6亿多元，用于国内慈善公益事业和教育事业。先后建造各类学校教学楼170余所，如华侨大学、集美大学、福建师范大学教学楼、南星中学一系列科教楼，并协助美化、绿化诸校园环境。还在中国人民大学、武汉大学、华侨大学、泉州培元中学等多所学校设立奖教、奖学及助学金；资助出版《朝阳校友通讯》《朝阳法律评论》，设立厦门大学吕振万书籍出版基金；多次赞助福建省为贫困中、小学校“捐书助学献爱心”活动；捐资扩建福建南安海都医院，援助建设厦门中山医院多功能医疗大楼等。在吕先生故乡，建设了南安水头体育馆、泉州游泳馆以及公园等社会福利配套设施，种种善举，惠泽乡梓，造福社会。在香港地区，吕氏基金全力支持香港中乐团一系列活动，积极资助保良局助养计划、捐建播道会“儿童之家”新大楼及捐建广荫老人院基金与节日礼物，支持香港福建希望工程基金会助建内地六所“希望工程”小学，并多年资助香港福建中学贫困学生“启动工程”。

吕氏基金资助出版“朝阳大学先贤文集”丛书，是认为朝阳大学先贤不仅留下了学术价值极高、具有创造性意义的著述，而且留下了“法治救国”“宪政兴国”的崇高理念，出版“朝阳大学先贤文集”可使珍贵学术遗产得到广泛传播，法治精神能够薪火相承，意义深远。

慈善事业是阳光的事业，欣欣向荣，万古长青。吕氏基金是慈善文化百花园中的一朵奇葩,它将继续践行"达则兼济天下"的抱负,一如既往地履行安老助孤、扶贫济困和襄文助教的社会责任,努力促使大爱的阳光洒满天下,造福民众。

我们衷心祝愿吕氏基金声誉日隆、香浸人间。

不仅为了纪念

吕振万　序

1912年，民国初年，新兴的民主共和政体代替了已在中华大地上存在了数千年之久的专制制度。汪有龄、江庸、黄群、蹇念益等先贤以“为天地立心，为生民立命”的情怀，兴学办教，集资创办了以教学和研究法学等为重心的私立大学，以“浚哲文明”为训，力图为中国的民主法治进程奠定更坚实的基础。筚路蓝缕，艰难玉成，经仁人志士数十年努力，终于造就了“无朝（阳）不成（法）院”美誉，在中国法学教育史上写下了灿烂的篇章。在朝阳大学开办百年之际，由朝阳校友发起并主持，收集整理研究出版“朝阳大学先贤文集”，我觉得有以下几个方面的意义：

（一）再现朝阳学术辉煌

朝阳大学自创建之日起便注重延聘学有专长、学术理论和司法实践经验丰富的名师任教，也十分注重编辑出版师生的著述，因此留下了大量教学科研成果。不仅朝阳大学的《法律评论》历经世纪风雨从未间断，至今仍在出版，成为奇观，朝阳大学的讲义也曾成为了中国法科学生争相索取之物，一时洛阳纸贵，大致统计，曾经在朝阳大学任教的学者留下了数百著作与千篇文章，其中大量的都是具有开创意义的著述。但由于这些著述出版较早，印数较少，再加之历经十年兵战内乱，特别是20世纪后半叶朝阳大学被迫中断其近四十年办学历程后，由于意识形态差异而因人废言，大量曾担任司法机关职务与在司法实践一线的朝阳大学学者的著述无法再与读者见面，而只能保存于国家图书馆等极少数图书馆中，不仅一般读者很难一见，就是专门研究者也难以一睹真容，几近湮没。利用纪念朝阳大学开办百年的契机，编辑出版“朝阳大学先贤文集”丛书，也是恢复历史的本来面目，再现朝阳大学当年的学术辉煌。

（二）促进当代法学研究

朝阳大学是中国较早的法科大学，而且在变化莫测的混乱时世中勉力支持，为保持自己的独立地位而长期坚持私立办学，形成了自己独特的办学品位和特色，与具有西方教会办学背景的东吴大学法学院形成了南北鼎立之势，成就了中国法学教育史蔚为大观的“北朝阳南东吴”现象。朝阳的法学研究秉承大陆法系重视法典研析、重视司法实践的传统，形成了与东吴大学秉承的英美法系不同的学术研究风格。不同的学术流派与风格互相砥砺切磋、相互融汇吸收，是法系进步的不二法门，也是推动法治进步的重要途径。迅速整理点教、编辑出版封存数十年的朝阳先贤的著述，让尘封数十年的著述再度与广大学者和读者、特别是中青年学者与读者见面，有利于学术研究传统的继承与创新，在新的历史条件下促进中国法学教育。

(三)继续先贤未竟事业

朝阳大学以法学为主,其经济、政治等科亦名师众多,办学颇有成就,甚至国文、外文等公共通识类课程也尽其所能延聘名师,教师著述丰富,且多系开创性研究。在其存续的数十年中,朝阳大学培养了众多的学生,他们在各自的工作岗位和研究领域又多有建树。随着时间的推移与历史的发展,当年朝阳大学的学生也将因为其成就而被后人尊为先贤。随着"朝阳大学先贤文集"丛书编辑出版工作的推进,将来还会把他们的著述以及研究朝阳大学和朝阳先贤的著述收录其中。这样就会通过丛书的编辑出版,更多地汇集朝阳大学的师长、学生以及他们的子弟以及研究与关注者,增强朝阳凝聚力,传承朝阳精神。

21 世纪已过去十余年,朝阳大学诞生亦已百年,回顾历史,展望未来,中国的法治进程正处于一个关键时期,中国社会也正处于一个转折时期。回到闭锁、专制的时代已不可能,是原地踏步、逡巡不前,还是披荆斩棘、奋力前行,建设一个更加开放、民主的社会?每到紧要关头,人们总是回望过去,从历史中获得前进的动力。在这样一种背景下,编辑出版"朝阳大学先贤文集"丛书,不仅是对先贤业绩的一种缅怀与纪念,更重要的是研究先贤们在已经过去的历史转折时期的所思、所想、所为,从历史中汲取营养与力量,践行"为往圣继绝学,为万世开太平"之使命。

是为序。

吕振万

2013 年 11 月

百年朝阳：历史的纪念与仰望

——“朝阳大学先贤文集”丛书总序

孙国华* 序

作为中国最早的法科高等学校，朝阳大学与中华民国同岁。创建伊始，即秉承“浚哲文明”校训，弘扬“理实并重”学风，汇聚才智，俊杰辈出，执民国法学教育之牛耳，尤其是司法官考试成绩无出其右，成就“无朝不成院，无朝不开庭”“北朝阳，南东吴”的佳话。1912～1949 年，朝阳大学弦歌不断，法脉维系，共计培养出 6230 名法科学生，占同时期法科学生总数 40000 人的七分之一多，为传播近代法律文化、培养法学人才，做出了重要贡献，堪称中国法学教育与法律实践的摇篮。

1949 年，北平解放，朝阳大学由人民政府接管，先叫“北平政法学院”，8 月改称中国政法大学，由毛泽

* 孙国华，中国人民大学法学院荣誉一级教授，博士生导师，朝阳校友会会长、中国人民大学朝阳法学研究中心主任。

东题写校牌,校址仍在海运仓旧址,设一、二、三学员部。其中,一部轮训在职司法干部,陈守一负责;二部为法律专修科,王汝琪负责;三部为法律系本科,冀贡泉负责;各部均设三个学员班。11 月,刘少奇代表中央提出以华北大学、华北人民革命大学、中国政法大学为基础合并成立中国人民大学。1950 年 3 月,一部学员毕业直接分配工作,二部学生 611 名转为中国人民大学法律系专修科学习,三部 316 名学生转为中国人民大学法律系第一期四年制本科生。五十年代以来,中国人民大学法律系的许多教学骨干和学生均为朝阳学子,全国各地法律院校亦有众多朝阳学子,他们为新中国的法学教育、法学人才培养和新中国的法律建设做出了重要贡献。新中国建立后,朝阳大学优秀的风格和传统得到传承与发扬,承载着朝阳精神的中国人民大学法学院不断开拓进取,在新时代推动了中国法学教育的改革和发展。完全可以说,朝阳大学是中国人民大学法律系的重要源头,为中国人民大学法律系的建立和发展奠定了良好基础。它见证了民国法政教育由初兴到繁盛再至融入新中国法学教育的历程,为中国法律事业的转型和发展做出了不可磨灭的贡献。

抚今追昔、见贤思齐。新中国的法治建设已经走过了风风雨雨的六十余年历程,站在这样的一个历史时点,党的十八大提出:要“实现国家各项工作法治化”,“提高领导干部运用法治思维和法治方式深化改革、推动发展、化解矛盾、维护稳定能力。”十八届三中全会决议进一步指出:“全面深化改革的总目标是完善和发展中国特色社会主义制度,推进国家治理体系和治理能力现代化。”“建设法治中国,必须坚持依法治国、依法执政、依法行政共同推进,坚持法治国家、法治政府、法治社会一体建设。”学习中央重要文件精神,纪念朝阳大学诞辰一百周年,我以为未来应该更加重视弘扬法治精神、改善法学教育、构建与中国特色社会主义法治国家相适应的法律文化。

第一,全面推进依法治国,离不开先进的法律文化。法治和文化紧密联系。文化一般可理解为人类在科学、教育、艺术和社会其他精神领域获得成就的总和。法律文化是整个社会文化的一个特殊部分,是一个涵盖法律领域多种现象和因素的综合范畴。高度的法律文化就是实行法治、依法治国的法律文化,即法治文化,它体现了文明时代特别是近现代人类对法和法律的基本态度,是将依法治国作为治国理政基本方略的法律文化。具体表现为人人学法、懂法、自觉守法、护法,把依法办事作为一种信仰甚至习惯,国家机关工作人员、特别是领导干部不仅有高度的政治觉悟,而且能进行法治思维,会运用法治方式来处理各种矛盾。

第二,从思想渊源上看,有四种法律意识和法律文化对中国特色社会主义法律文化、法治文化形成起过较为重要的影响。一是中国共产党在领导人民进行民主革命、社会主义改造和社会主义建设中逐渐形成的法律文化;二是在建国初期全面学习、借鉴苏联、东欧等国家的法律文化;三是清末民初旧民主主义革命时期中国的先进人士学习西方法律文化,并在实践中与中国传统法律文化融合而形成的旧民主主义法律文化;四是改革开放以来获得广泛传播的西方现代、后现代法律文化。多年来,我们更加重视对前两种法律文化的研究和学习,改革开放后又较为重视第四种法律文化,在总体上对于清末民初中国先进分子通过学习德国、日本并结合中国传统文化形成的旧民主主义法律文化重视不够。必须承认清末民初中国的知识分子,多数都怀着忧国忧民、振兴中华、变法图强的良好愿望,不少人甚至为此献出了生命。旧民主主义的道路虽然没有走通,但也为后来的新民主主义、社会主义积累了经验、教训,提供了可供参考、借鉴的法律文化。正确认识和评价清末民初以朝阳法学先贤为代表的旧民主主义法律文化,理应在政治上“脱敏”、法学上研究、思想上尊重和传承。

第三,未来我们要努力构建的中国特色社会主义法律文化、法治文化,是以中国革命和建设过程中形成的法律文化为核心,吸收、借鉴本国传统、西方、苏联和俄罗斯等国法律文化中的合理成分融合而成的，坚定不移地走中国特色社会主义道路、建设中国特色社会主义法治国家的法律文化。它坚持共产党的领导、发展人民民主和依法治国紧密结合，强调以人为本、尊重和保障人权、构建和谐社会、促进人与自然协调发展、促进世界和平发展等基本原则；坚持弘扬法治精神，克服重政治、轻法律，重意志、轻文化的倾向，重视对世界和中国传统法律文化、包括中国旧民主主义法律文化的分析、批判、扬弃；坚持贯彻“双百”方针，推动正常的、健康的学术争论，鼓励和培养追求真理，相互切磋，朴实真诚的学风；坚持在法学教育中理论联系实际，中外古今经验相结合，不断完善中国特色法律话语体系和法学教育体制。

第四，朝阳大学先贤文集系列丛书的点校出版是一项前人从未做过的大工程，意义重大。它合乎把人民大学法学院建成世界一流法学院的需要，将显著提升法学研究和法律文化建设水平。传承朝阳法学教育的传统和声誉，展示中西法治文明兼容并蓄新貌，也有助于传承和发展现代法治文明，扩大海峡两岸的法学交流与合作，推进实现中华民族伟大复兴的中国梦、促进祖国和平统一。这套丛书的出版不仅使朝阳老校友多年的梦想终于成真，而且通过团结带动一批中青年学者整理点校先贤文集，对朝阳法律思想和研究成果阐幽发微，以再续弦歌，弘扬民主、法治精神，适应和满足建设中国特色社会主义法治国家的时代需要。

衷心希望具体承担《朝阳大学先贤文集》点校出版工作的中青年学者继承“凭着这朝气行健以自强，正气长昭日月光”的朝阳传统，不断努力、追求光明、薪火相传，全力推进法治中国建设。让法治进入每一位国人的心中，成为我们生活于其中的文化的一部分。

孙国华

2013 年 12 月

总　例

一、本套丛书是以个人文集形式，有选择地整理曾在朝阳大学任教老师的经典著作，内容以法学为主，但不仅限于法学。每位学者的著述也以某一主题的法学著述为主，相应命名为《某某X学文集》或者直接命名为《某某法学文集》，不作任何有损原意的改动，仅为适应现今作者的阅读习惯，作适当技术性加工和形式方面的调整。

二、文集所选著述的版本，主要从中国人民大学图书馆、国家图书馆所藏各版本中择优选择，如中国人民大学图书馆、国家图书馆无藏或所藏版本有装订缺漏及页码残缺等情况时，则递选京、沪、汉等地重要图书馆收藏的版本加以弥补。每部文集的编辑尽可能地收集该著者的全部著述与出版情况，比较分析后选定文集主题并附加编校说明或点校者前言。著述包括作者的著作、译作、论文、讲义、序文等法学相关著述。

三、原书竖排版者，一律改为横排。原文“如左”

“如右”之类用语，相应改为“如下”“如上”等。原文中用来补充说明的小字，恢复成与正文字体同，并加中括号区别。作为谦称的“不佞”等词的小字，仅恢复成与正文字体同。

四、原书繁体字、异体字，一律改为简体字、正体字，参照《新华字典》与《现代汉语词典》。个别若作改动会有损原意者，则予以保留，另加注说明。原著中表避讳、恭敬等的字体缩小及空格、空行等均按当今阅读编排习惯进行处理。原文中的双行小字夹注一律改为文中括号加注。

五、原书无标点符号或标点符号使用不规范者，一律代之以现在规范通行之标点符号。原著中缺漏或无法辨识之字，则以“□”标记之。原著行文中所用中文数字，一般不改为阿拉伯数字。但为编排方便，图表中的中文数字及数量单位加以适当变更。

六、原书无段落划分者，点校、勘校时作适当之段落划分。原著确有重复、遗漏等错误者，则据前后行文等加以相应改正；原著中的段落接排与个别过长段落，亦以不影响原著内容表达为原则略加修改；若干原著中的置于页眉等处的段落标题与标号、页码等，重新编排时亦加以适当处理。以上变动，均于首次处理时标注，在页下加以说明。

七、原书所用专有名称、专门术语今日有更通用统一提法者，酌加改动并注明。个别特别重要的著译，酌于书后附上新编之名词索引。原书所用国内外地名、人名等，如与当今通说不同以及随着时间推移有变化，则改今说，但首次出现时，以页下注方式注明。部分指向不明、原著又未提供英文的人名、地名、国名等专有名词，则保留之，供读者查证。

八、为保留原书原貌，对原书所引用之事实、数字、书目、名称及其他材料确有错误者，在原文中不作改动，可加注说明。为便于读者理解，编纂者可能会对原著所涉及的若干重要人物、事件等，以页下注方式加以注释。所有原著注释均保留,并标明“原著注”。所有编者注,亦加以说明,以与原著注释相区别。

九、本丛书所选编之著述,均依相应出版规范与编辑惯例处理。

“朝阳大学先贤文集”丛书编委会

冯玉军　谨识

2014 年 6 月

校者序

曾志时(1903～1972 年),广西桂林人。1924 年毕业于朝阳大学后,在学校的资助之下又留学日本明治大学专攻民法,回校任教后,因教学成绩优异而蜚声校内外。据学生们回忆:他上课从不带任何讲稿,但对民法的立法原则、法理以至具体条文却极为熟悉,而且能够围绕教材举出精选的案例,借以加深学生的理解。同学们将课堂上所记的笔记回去整理之后,会发现每一讲都是一篇条理清楚、中心明确、阐论透彻的好文章。1935 年,曾志时就已被学生们公认为朝大的“台柱”。抗日战争胜利后,朝大复员。曾志时除襄理校务外,还担任了《民法总则》《民法债权》等主要业务课的教学工作。①

朝阳大学一个显著的教学特点就是教师们上课基本上以自己编纂的讲义为主,本书《民法总则》和《民法债编》就是由曾志时教授在朝阳学院讲授民法

① 韦庆远:《怀念好师长曾志时教授》,载薛君度、熊先觉、徐葵主编:《法学摇篮朝阳大学》,北京燕山出版社 1997 年版,第 211 页。

总则时的讲稿整理而来。

《民法总则》分为绪论和本论两个部分。绪论有六章,介绍民法大观,梳理民法编纂之方式及沿革,分析民法的效力,梳理民法的解释方法,泛论民法的基本概念。本论共七章,主要内容包括私权之主体(自然人及法人)、私权之客体(物)、私权之变动(主要是法律行为)及权利之行使等。全书从抽象的概念出发,落实到具体的规则,全方位构建了完整的民法体系和知识结构。《民法债编》共分为二十五章,可惜因原文材料遗失,第二十五章第二节第二款之后的内容未能在此文集中呈献给读者,是为遗憾。

民国时期,第一、二次旧草案,皆曰民律,自新民法始更称为民法。本书立足于新民法,又不囿于条文,而是自法理分析,旁征博引,比较发达大陆法系国家的民法规定,充分借鉴世界私法文明中的闪光点,开展民法的比较与借鉴,使整个民法总则的体系更为完整,逻辑更为成熟。

尹　飞　孙秋晓

2017 年 8 月 20 日

校者说明

本书《曾志时法学文集》是朝阳大学学者曾志时的著作。原作出版于民国。本着忠实于原著的要求，尽量少改动。必要的改动说明如下：

1. 为了方便读者阅读和理解，略微调整编排格式。

标题的顺序是：编、章、节。

要点的顺序是：第一、一、甲、(一)/(甲)、(A)、1、(1)、(a)。

2. 原著为竖排格式，故而其板式上所称的"左""右"，改称横排本的"上""下"。

3. 时移事迁，本书作者在民国时期发表的文章不一定符合当下我们所认可的学术观点，为了研究参考，我们予以保留，敬请读者明鉴。

尹 飞 孙秋晓

2017 年 8 月 20 日

目　录

民法总则　001
引　言　003
绪　论　006
第一章　民法之观念　006
第二章　民法编纂之方式及沿革　011
第三章　民法之效力　012
第四章　民法之解释　014
第五章　民法上之权利　016
第六章　民法上之义务　020
本　论　022
第一章　法例　022
第一节　民法之法源　022
第二节　文件作成之要件及解释　026
第二章　私权之主体　027
第一节　总说　027
第二节　自然人　029
第三节　法人　046
第三章　私权之客体　070
第一节　总说　070
第二节　物　071

第四章　私权之得丧变更　080
第一节　总说　080
第二节　法律行为　085
第五章　期日及期间　160
第一节　概说　160
第二节　计算之方法　162
第六章　消灭时效　165
第一节　概论　165
第二节　消减时效之期间　168
第三节　消减时效之中断　170
第四节　消灭时效之不完成　173
第五节　消灭时效之效力　175
第六节　时效期间之加减及时效利益之抛弃　176
第七章　权利之行使　177
第一节　概说　177
第二节　权力滥用之禁止　178
第三节　防卫行为　178
第四节　避难行为　179
第五节　自助行为　180
民法债编　183
各　论　189
第一章　买卖　189
第一节　买卖之性质　189
第二节　买卖之种类　191
第三节　买卖之成立　192

第四节 买卖之效力 195
第五节 买回 206
第六节 特种买卖 209
第二章 互易 215
第三章 交互计算 216
第一节 交互计算 216
第二节 交互计算之效力 218
第三节 交互计算之原因 220
第四章 赠与 221
第一节 赠与之性质 221
第二节 赠与之效力 224
第三节 赠与之撤销及拒绝履行 225
第四节 特种之赠与 227
第五章 租赁 229
第一节 租赁之性质 229
第二节 租赁之成立 231
第三节 租赁之效力 233
第四节 租赁之消灭 244
第六章 使用借贷之性质 246
第一节 使用借贷之性质 246
第二节 使用借贷之效力 248
第三节 使用借贷之消灭 251
第七章 消费借贷 252
第一节 消费借贷之性质 252
第二节 消费借贷之效力 254
第八章 雇佣 256

第一节　雇佣之性质　256
第二节　雇佣之效力　258
第三节　雇佣之消减　261
第九章　承揽　262
第一节　承揽之性质　262
第二节　承揽之效力　266
第三节　承揽之消灭　274
第十章　出版　275
第一节　出版之性质　275
第二节　出版之效力　277
第三节　出版之消灭　283
第十一章　委任　283
第一节　委任之性质　283
第二节　委任之效力　287
第三节　委任之消灭　293
第十二章　经理人及代办商　295
第一节　经理人　295
第二节　代办商　300
第十三章　居间　304
第一节　居间之性质　304
第二节　居间之效力　306
第三节　居间之消灭　310
第十四章　行纪　311
第一节　行纪之意义　311
第二节　行纪与相对交易人的关系　313
第三节　行纪与委托人之关系　313

第十五章　寄托　320
第一节　寄托之性质　320
第二节　寄托之效力　323
第三节　寄托之消灭　327
第四节　消费寄托　328
第五节　场所主人之保管义务　330
第十六章　仓库　333
第一节　仓库营业人之意义　333
第二节　仓库契约之效力　338
第十七章　运送营业　339
第一节　总说　339
第二节　物品运送　342
第三节　旅客运送　353
第十八章　承揽运送之意义　355
第一节　承揽运送人之意义　355
第二节　承揽运送人之义务　356
第三节　承揽运送人之权利　357
第十九章　合伙　358
第一节　合伙之性质　358
第二节　合伙之效力　360
第三节　合伙人之退伙及入伙　367
第四节　合伙之消灭　370
第二十章　隐名合伙　372
第一节　隐名合伙之性质　372
第二节　隐名合伙之效力　374
第三节　隐名合伙之终止　376

第二十一章　指示证券　377
第一节　总说　377
第二节　指示证券之性质　378
第三节　指示证券之效力　379
第二十二章　无记名证券　382
第一节　无记名证券之性质　382
第二节　无记名证券之效力　383
第二十三章　终身定期金　387
第一节　终身定期金之性质　387
第二节　终身定期金之效力　388
第三节　终身定期金之消灭　389
第四节　终身定期金规定之准用　389
第二十四章　和解　390
第一节　和解之性质　390
第二节　和解之效力　391
第三节　和解之撤销　392
第二十五章　保证　392
第一节　保证之性质　392
第二节　保证之效力　394

民法总则

引　言

是书为余三年前在朝阳学院讲授民法总则时讲稿。年来因不复担任斯科,旧印讲义,已多散逸不全;友朋中有索取者,静无以应。爰藉暑假馀暇,略加修改,刊印成书。以为致斯学者之一参考,并以就正于海内宏达焉!

民国二十五年七月十五日曾志时识于北平

目　　次

绪论
第一章　民法之观念
第二章　民法编纂之方式及沿革
第三章　民法之效力
第四章　民法之解释
第五章　民法上之权利
第六章　民法上之义务
本论
第一章　法例
第一节　民法之法源
第二节　文件作成之要件及解释
第二章　私权之主体
第一节　总说
第二节　自然人
第一款　权利能力
第二款　死亡宣告
第三款　行为能力
第四款　人格权之保证
第五款　住所
第三节　法人
第一款　总说
第二款　社团法人之特则
第三款　财团法人之特则
第四款　外国法人
第三章　私权之客体
第一节　总说
第二节　物
第一款　物之观念
第二款　物之种类
第三款　物之孳息
第四章　私权之得丧变更
第一节　总说
第二节　法律行为
第一款　法律行为之本质
第二款　法律行为之分类
第三款　法律行为之要件
第四款　法律行为之附款

第五款　法律行为之代理
第六款　法律行为之无效及撤销
第五章　期日及期间
第一节　概说
第二节　计算之方法
第六章　消灭时效
第一节　概论
第二节　消减时效之期间
第三节　消减时效之中断
第四节　消灭时效之不完成
第五节　消灭时效之效力
第六节　时效期间之加减及时效利益之抛弃
第七章　权利之行使
第一节　概说
第二节　权力滥用之禁止
第三节　防卫行为
第四节　避难行为
第五节　自助行为

绪　论

第一章　民法之观念

第一　民法之语源

民法一语，渊源于罗马之市民法（jus civile）。市民法者，罗马固有之法律，与万民法（jus gentium）对峙而言者也。在昔罗马方盛之际，各国人移住其市府者，实繁有徒，因之有市民于外民之别。所谓市民法者，只适用于本国之市民；其外民间之诉讼，及本国市民与外民间之诉讼，则另专置外事裁判官（Praetor peregrinus），不根据于市民法，而本诸所谓基于自然之正义（Naturalis aequitas），公众之利益（Publica utilitas），及适合于该人民之习惯而成之万民法，以为裁判。嗣因疆宇日辟，万民法适用之范围渐广，降至后世，遂失两法之区别，迄纪元五百三十年顷，优斯体尼安帝（iustinianus）纂修罗马法全典（Corpus juris civlis）时，已不复有市民法与万民法之分矣。惟由言语之沿革论之，市民法为民法之语源，殆无疑义，如法之 Droit civil 与 Code civil、德之 Burgerliches recht、英之 Civil law 名称，皆自中世纪承受罗马法之影响，由市民法一语,因袭而成者也。日人译荷兰语 Burgerlyk regt 为民法,我国因之,第一、二次旧草案,皆曰民律,自新民法始更称为民法焉。

第二 民法之意义

民法者,规定社会生活之准则,而为裁判规范之法律也。析言如下:

1. 社会生活

人生于社会,死于社会,离社会而能孤独存在者,特空想之事实耳。故法律及其他关于社会之科学,其基础不当建筑于此假想之孤独个人上,而应设立于为此共同生活之人类上。换言之,即其对象之成立,直须以生存人类之社会生活,为其出发点也。虽然,人类之团结,非如沙粒尘土之杂然集合而已,其间有新的生命在。所谓新的生命者,即须有一定之组织,一定之秩序,而始能存在是也。而担当此任务者,则唯一般之法则。故有社会必有法则,法以社会而作威,社会亦以法而存在,二者盖有不可分离之关系焉。由是以言;生存于社会中吾人之行为焉,纵令属于日常之私的生活,亦皆含有社会的意义,非立于此为社会生活准则之一般法则下,受其规律,或受其批判不可,此所以社会生活与社会规范或准则,实质上并存之物,而非形式上对立的而为别个之存在者也。夫在社会上一般法则中,经国家设立或容忍之法律,特不过其一部耳。又一般学者,以今日人类社会生活最发达之形式,厥为国家,因之区分人类之活动,有直接关系于国家团体之组织或维持者,谓之国家生活,非直接关系于国家团体之组织或维持者,谓之社会生活。而法律学家,亦随之而有化分关于规定前者生活之法律,为国家规范之法律,关于规定后者生活之法律,为社会规范之法律者,故社会生活一语,含有广狭二义,自广义上言之,可包括国家生活而言,自狭义上言之,则单指国家生活外之人类生活而言;而民法者,即规定此狭义的社会生活之准则之法律也。

2. 裁判规范

国家之法律,自形式上言,可分下列三种:第一,规定,国家自身之组织者,如宪法及其他关于国家机关组织之附属诸法令是;第二,命令国民为各种行为者,如关于纳税、兵役、警察诸法令是;第三,规定裁判及其他国家机关行动之准则者,如民法即其中裁判规范之一种也。夫民法一方为社会生活之准则,概如上述,然同时又有其为裁判的规范之特色者在;研究民法学者,对于此点,多加忽视,其结果恒至对于裁判规范上,有意义之规定,加以无理解之批评,甚或因之而唱极端之自由法论,或主张过度之法律社会化者,对于民法之观察,到底不能不谓之错误也,今请略述民法为裁判规范特质之二、三例如下:

(a)为裁判规范之民法,常漠视各个场合之实情,而为划一的标准之规定也。例如民法规定以“满 20 岁者为成年(第十二条),未成年人独断所为之法律行为无效,或须经法定代理人之允许或承认始生效力”(第十三条及总则第四章第二节行为能力之规定参照)。是在未满二十岁者纵令其能力,如何充分发达,而其独断所为之法律行为,在法律上皆当视为无效,或不生效力,此揣诸社会生活上人类智能发育不平等之原则,这不免诸多悖谬;然而法律之规定,不拘事实上能力之有无,而采取此划一的法定能力者,即因民法为裁判规范之法律,预防裁判官不能得正确或齐一之判断,故立此一定之标准也。

(b)为裁判规范之民法,为避免证不确实之困难,尝试各种假设之规定也。此盖因裁判官所下判断,不得不根据证据,然事实上恒有不易得确实之证据时,若法律不为设一标准。则裁判官将有不能为裁判之苦,故法律上常因之设有多数假设的规定,如民法第四条、第五条,即其一例也。此种规定,就社会生活之准则上言,常无何种之意味,然在为裁判之规范上言,则固不可缺者也。

(c)为裁判规范之民法,常以网罗其性质上必要之规定为充分也。

夫民法若专为社会生活准则之法,则关于父子兄弟间当遵守之各种道德的准则,亦应列入;然此徒无用混乱其法规之内容耳,与为裁判的规范之特质,不相容也。是以民法上对于此种内心之规律,虽不加以否认,然以裁判官在实际上无适用之机会,故不欲以此无用之规定。而庞大其法典之地位也。

民法具有裁判规范之特质,既如上述;故欲真正了解民法之意义,一方固当理会其法律之社会性,一方尤应不忘其为裁判规范之特质也。

第三　民法与民法典

民法一语,有实质及形式二义。前节所述者,乃关于民法实质上之意义。至其形式上之意义,则专指民法典而言,换言之:即国家以法典之形式所制定之民法是也。故民法一语,因其含义不同,有时可指民法典言,有时则包括私法之全部而言,不宜混视也。

本书之范围,以研究现行民法总则编为主旨,故其对象,亦自以形式意义之民法为限,兹特述明。

民法典组织之范围如次:

1. 民法者,主由私法的规定而构成者也,公法与私法之别,分类最古,其区别之准标,学说不一,至今尚为法理学上继续争论之一重大难问。其学说中,最有力者,厥为利益说、法律关系说、主体说、统治权说四种。然此诸说,各有其缺点,不易采取。窃信以当者,则当以近世社会法学家所倡,规定关于国家生活的法律关系之法律为公法,规定非关于国家生活的法律关系之法律为私法之说,为最适于现代法学变通之实况。征诸上述民法之意义,民法乃系"规定狭义社会生活的法律",则其当为私法的规定,自属无疑。虽然,现行民法典之规定,特以是为通则耳,其中非全无公法之规定也,例如"法人只设立,应得主管官府之许可"(民法第三十条、第四十六条、第五十九条)及其他关于法人之董事清算人罚则之规定(民法第三十三条、第四十三条),其不能不属于公法也明矣,不过此等规定,特附随存在民法之中,故于民法主由私法的规定而构成之意义,固无伤也。

2. 民法者,主由实体法的规定而构成者也。实体法与程序法之区别,视其规定之关于权利义务之实体,抑系关于实现此实体上之权利义务所应为之手续而定。民法为规定权利义务之性质所在及其范围之法律,故为实体法。然据现行民法之规定,其中亦非绝无关于程序法之规定,如前述之法人之设立,必须呈报于主管官府,即其一例也。此盖以关系密切,不便分离。故附揭于民法之中,恰与上述规定公法之例,同一理由也。

3. 民法者,主由普通法的规定而构成者也。普通法与特别法区别之方法:有以地方为标准者,施行于全国领土内之法律,为普通法,而施行于特定区域内之法律,则为特别法;有以受其适用之人为标准者,适用于人民全体者为普通法,而适用于特别身份之人,则为特别法;有以事项为标准者,规定关于一般事项者为普通法,规定关于特定事项者为特别法。民法为规定一般社会生活关系之法律,故为普通法,特现行民法典,采民商法统一之规定。旧存之商事特别法,已有一部分,归纳于其中,此则不可不注意者也。

4. 民法者,合强行法及任意法的规定而构成者也。强行法与任意法之区别,视其法规之效力,是否有绝对的强制意思与否而定,其效力之绝对的强制者,谓之强行法;非绝对的强制者,则谓之任意法。现行民法,实兼有此二种法规之性质,如总则编中关于能力、法人及时效之规定,多属强行法,而债编之规定,则多属任意法也。

5. 民法者,合固有法与继受法而构成者也,法有固有法与继受法之分,其由本国固有之文化渊源所形成之法,谓之固有法;其采取外国法制,而形成之法,则称为继受法。现行民法,大体虽多属采取德、瑞立法例者,然其中亦非无中国固有文化,所形成之规定,例如物权编中关于典权之规定,即其显著之例也。

第二章 民法编纂之方式及沿革

第一 民法编纂之方式

民法编纂之方式者,民法法典编制之形式上,所采取之体裁及方法之谓也。此在立法之体例,及运用之便利上,至关重要,故立法家,多重视之。虽古来对于法典编别之标准,沿革上不无种种区别。然现今所称为论理式的编别方法者,大抵不外下之二种:

1. 罗马式编别法(Institutic nensystem)

此编别法,分法典全部为三编,第一编人法(jus quodad persona pertinet),第二编物法(jus quod ad res pertinent),第三编诉讼法(jus quod ad actions pertiret)创于罗马法律家Gaius之法律著书,而为优斯体尼安帝编纂Institutiones,所采用者也。法国民法及法法系民法,大抵皆从此式,其异点特在将第三编诉讼法除去,而以第二编分为财产法及所有权取得法二编而已。

2. 德意志式编别法(Pandektensystem)

此编别法,分法典全部为五编,第一编总则,第二编债权,第三编物权,第四编亲属,第五编继承。乃系取法于德国私法学者著书中所为之分类也。其于罗马式不同者:一首设总则编,以规定各种法律关系之通则;二分债权、物权各为一编,以辨明其性质;三将关于人格及能力部分,与亲属关系划分规定;四继承独列一编,不仅视为取得财产之方法,其分编之明当,自较罗马式为胜。然其中复可分为三派:一有因编纂关系,而以债权独立成为一编,列于民法全部之外者,如瑞士债务法是;二有视物权较债权为重,而列物权先于债权者,如沙克逊民法、日本民法及最近之苏俄民法是;三有因债权为物权之取得方法,而列债权先于物权者,此为德国民法所采用,而我国旧民律草案及现行民法,皆从此主义者也。

又我国现行民法，遵照中央政治会议民商法合一之原则，将通常属于商法总则中之经理人，代办商（债编第二章第十一节）及属于商行为中之交互计算、行纪、仓库、运送管业、承揽运送等，并订入债编中（债编第二章第三节、第十三节及第十五节至第十七节）；其性质特异，不能与民法合一规定者，如公司、票据、海商及保险等，则分别另订公司、票据、海商及保险等单行法规。其编别方式，与其他瑞士、苏俄支持采取民商法统一规定者，又各不同，此亦当注意者也。

第二 民法编纂之沿革

我国编纂新式民法法典之机运，实起于前清末季。自光绪三十三年，宪政编查馆议覆修订法律办法，认立法须设专官，遂于是年，派沈家本、俞廉三、英瑞为修订法律大臣。设修订法律馆，聘日人松岗义正起草民法，助以我国留学生。宣统三年，首成前三编，后两编由法律馆商同礼学馆，亦继续订正告成，即所谓第一次民律草案是也。民国成立后，初设法典编纂会于法制局，后改属于司法部，易名曰法律编查会，嗣后改称修订法律馆，对于第一次草案，会加修正，是为第二次民律草案。民十七国民政府成立后，立法院制定现行民法五编，其总则编于十八年五月二十三日公布，十八年十月十日施行；债编于十八年十一月二十二日公布，十九年五月五日施行；物权编于十八年十一月三十日公布，十九年五月五日施行；亲属继承编于十九年十二月二十六日公布，二十年五月五日施行，于是我国始有正式之民法焉。

第三章 民法之效力

民法之效力云者，即民法典得支配之范围之谓也。民法典得支配之范围，与其他法典同，可分为关于事、关于时、关于人、关于地四者，以观察之。关于事之范围，即仅限于私法关系之事项，而无其他特别民法之规定存在者，始得支配，其意义甚明，无待深论；兹惟就后三者述之。

第一　关于时之效力

法律对于其施行期日前所生之事项，不能支配之，此罗马法以来，法律效力上之一大原则也。各国法律，多有以明文定之者，我国民法各编施行法，于是首条，亦皆揭示此旨。盖法律若及于过去之事项，则是使已受旧法之支配而发生法律上效果之法律关系，复因新法，而生变化，殊有害于社会生活之安宁；且新法之规定，未必皆合于旧法时之事情，若使强为支配，亦与事理有悖也。

虽然，法律不溯既往之原则，据近代多数之立法例及学说之主张，均认为仅能拘束司法官，为其解释法律时之一标准，而非立法上之限制。盖立法者制定法律，原有其自由之权能，新法虽不可剥夺依旧法已取得之权利，然因公益上之必要，破除此原则，而制定有溯及效之法律时，固亦非不可。我国上述民法各施行法，对于民法上诸多之规定，皆付以溯及力，即俟从此见解者也（参照民法总则施行法第三条及民法债编、物权编、亲属编、继承编各施行法第二条以下之规定）。

第二　关于人及地之效力

民法与其他法典同，乃系本于主权者之意思，而制定之物，故其关于人及地效力，亦由主权之支配范围而定。主权之支配范围，自其对于人民之作用言：则苟为本国人民，虽在外国，亦当受本国主义之支配；自其对于领土之作用言：则苟在其领土内，虽为外国人，亦可支配之。民法之效力，自应以是为准，即对中华民国之人民及在中华民国领土内之外国人民，皆应支配，此原则也，但对此原则，亦有种种例外：

（一）虽为中华民国之人民，而不适用民法者有之。例如甘肃省之蒙番人民，向沿旧习，普通法律，均不适用，现虽民法已公布施行，对于此项人民诉讼案件，仍适用理藩院则例及番例条款，而不适用民法是也（参照十八年八月二十三日司法院院字第一四三号解释）。

(二)虽在中华民国领土内之外国人民,而不适用民法者有。我国昔日,昧于外情,疏于法理,许外国以领事裁判权,于是外国人民,在中国领土内,亦不受中国法律之支配,丧失国权,莫此为甚。现以政府权利之交涉收归,则此等不平等条约之取消,自不过时日之事。是将来对于涉外之法律关系,惟依据国际私法之规定,以国内之法律,而许其某种法律关系,不适用本国之民法而已(参照法律适用条例)。

第四章　民法之解释

第一　解释之意义

民法之解释者,确定民法意义之谓也。解释之对象,不限于成文法,即民事习惯法,亦包含之;特现行法之大部分成为成文法,习惯法之存在者甚少,故关于解释之根本理论,一向学者间,多单就解释成文法之方面研究之。

解释法律之目的,在探求法律之意义,而不在释明立法者之意义。故凡法律之理由书,立法会议之记事录,议案之说明书等,虽足供解释上之参考,然苟按诸法律真意及社会现状,认其意见或理由为不妥当或有错误者,自可另为其他正当之解释也。

第二　解释之方法

解释之方法,可大别为二:

(一)强制解释,此系由国家自身,以立法之手段,所为之解释,故亦称有权解释,或立法解释。其解释之方法,有于本方法中示有解释者,亦有另颁布他之法律,以为解释者。制定方式,虽各不同,然法律之意义,经此解释,即为确定,故虽名曰解释,实即立法也。

(二)任意解释,此系基于学者自由之意思,所为之解释,故又曰学理解释。其解释之方法,亦有二种:

甲　文理解释。此即依据法律之字义所为之解释也。文字为法意之表现,故法律之真意,首须依此决之。

乙　论理解释。此即依论理学士之法则,以推理之作用,对于法律之意义,所为之解释也。此种解释,所应依据之材料,略举如次:

1. 立法材料。即凡关于法律之调查资料,会议录,理由书等均可供参考。

2. 立法原因及沿革。即凡一法律,必有其制定之原因及相当之沿革,自应参考。

3. 法律上之原则及判例学说。解释法律,固不应蔑视法律一般之原则,而判例及学说,亦有其足供参考者。

4. 有关系之其他法条。凡解释法律,须注意其与他之法条之关系,以顾及法律一贯之精神,学说上有名此为组织的解释(Systematische element auslegung)者。

5. 社会实际之状况。即法律之解释,须与实际状况相调和,以表现其法律之适应性,故对于社会实况,自宜注意。

文理解释与论理解释,同为学理解释方法之一,当解释法律时,二者自不宜偏废;然论理解释,常足以补文理解释之不明及不足,就二者之关系言之,于是又有所谓宣言解释(Interpretatio declarative)、扩张解释(Interpretatio extensiva)、限制解释(Interprefatio restrictiva)、当然解释(Argumentum a foutiori)、反对解释(Argumentum a contrario)及类推解释(Analogia)之方法生焉。宣言解释者,文理解释有数义,而应依论理解释,以择取一义是也。扩张解释者,依论理方法,扩张纹理解释之意义,以为解释是也。限制解释者,依论理方法,缩小文理解释之意义,以为解释是也。当然解释者,于有明文存在之处,依论理方法,而推知其无明文存在之处,亦当然得是结果之解释是也。反对解释者,依文理解释断定某事项应如是,而依论理方法,复断定其反于某事项者,不应如是之解释是也。类推解释者,法律于文理上关于特定事项无直接规定,而以论理方法,择取关于类似事项之规定以适用之是也。此种解释方法中,惟类推解释一项,学说上议论甚多,有谓其直系立法者;有谓系裁判官一种处分者;有谓仍系一种解释方法者。夫社会情事,千错万综,欲尽以法条规定之,事属难能,裁判官以类似规定为根据,推论之以适用于类似事项,原与解释之性质不背,故窃以为第三说写当也。

第三　自由法学

于法律解释中,现今所谓解释学派中之自由法学(Freirechtstheortie)者,拟一言及之。此学说注重各个事件之正当衡平之裁判,谓法律不过裁判官之一般的指针,裁判官于法律以外,当依据科学的自由探究(La librere recherche scientifique)基于事务之本性(Lanature des choses positives)以适用法律。从来之法律学家,拘于法规所表现之字句,以为解释,其结果恒与事物之妥当性(Rechts angemessen eit)相背驰,不足以达上述正当及衡平之目的。故如欲使固定之法律,而成为"生之法律"(des lebende Recht),则当解脱一向"概念法学""论理法学"(Begriffs jurisprudenz konstruktions jurisprudenz)之观念,而倾向于"目的法学""利益法学"(Zweck jurisprudenz,interessen jurisprudenz)之解释云云。夫法律之解释,当常顾及其适用事件之妥当性,如法律有缺陷,而认裁判官有补充法律能力者。此固吾人极端赞成之所,唯法律之目的效用,除顾及此事件之妥当性外,尚有其维持法律秩序自身之安定(Rechtsti - cherheeit)者在。若排斥一般论理之解释,蔑视法文,认裁判官有变更现行法之能力,所谓极端自由法学之论调者,则尚难加以首肯也。

第五章　民法上之权利

第一　权利之本质

关于权利(罗 jus、德 Recqt、英 Right、法 droit)之本质,向为法理学上争论之问题。有以权利为意思之支配力者,是为意思说(Willenstheorie);

有以权利为法律保护之利益者,是为利益说(Interessenthecrie);有以权利为各人行为之范畴者,是为范畴说(Kategorientheorie);有以权利为正当为某行为之法律上状态者,是为状态说(Zustandstheorie)。虽皆各有其独到之见解,然要难谓为完全无谬。据余所信,是权利应解释为"特定人格者,于正当范围内,满足其生活资料之法律上之力",兹分析说明之如下。

1. 权利为法律上之力。法律上之力者,在法律上得以发生积极的或消极的变动之能力也。权利依法律而发生,根据法律之规定,始能表现其事实上变动之功用,其原动力,实为法律所赋予。故为法律之力。

2. 权利在满足生活数据。生活数据者,人类生活上所需要之材料也。此种材料,不限于为经济上或精神上所需要之物,凡足完满人类之生活者皆属之。又完满此需要之方法,通常固以特定之行为(自己之行为或特定人之行为)为必要,然亦有不待定之行为,而以一般人之不行为,为完满者。故如利益说状态说之以"利益"或"行为"为权利之内容者,其认定之范围,洵未免过狭,据吾人之见解,则当以满足一般生活之数据,为其目的也。

3. 权利有一定之范围。所谓权利有一定之范围者,即权利之行使,不得逾越其正当之范围是也。盖法律之认许权利,不仅在谋个人生活之充满,对于社会全部之利益,尤当顾及。故权利之存在,亦必有其适当之范围;苟为显然之滥用,致有害于团体生活者,自非法律之所允许,即不得谓之为权利也(参照德国民法第二百二十六条、瑞士民法第二条、我国民法第一百四十八条)。

4. 权利乃属于特定人格者。权利之归属者,谓之权利主体。权利之主体,必限于特定人格者,尽人皆得享受之法律上之利益,亦不能谓为权利也。

第二　权利之种类

权利可大别之为公权、私权二种,公权为由国家生活关系所生之权利,而私权则为由社会生活关系所生之权利也。民法为规定社会生活之法律,故其所规定之权利,亦为私权。以下专就私权之种类,分款说明之:

1. 基于权利之主体所为之类别。无主体之权利,不能存在,此为现今一般之通说,上述权利之意义中,亦以“权利须属于特定人格者”为结论,故关于“有主体之权利”与“无主体之权利”之区别说,为吾人所不采取。兹所论者,特就与权利主体有特别关系之二种分类,以说明之耳。

(a)身份权。身分权者,非单纯之人格者,得享有之权利,乃有一定身份之人格者,始得享有之权利也。例如亲权夫权,附着于有亲或夫身份之人格者,始得享有之。取得身份,同时取得此等权利,丧失身份,即同时丧失此等权利是也。

(b)事属权。事属权者,常附着于享有权利之人格者,而不得转移之权利也。例如前述之身份及人格权终身定期金之债权等,皆与权利人不可分离,而不得任意让与或继承折是也。

2. 基于权利之目的所为之类别。权利之目的,为满足生活之需要,前已言及之。现今通说,对于此种需要,大体分为“财产权与非财产权”二者以说明之,兹分述如次:

(a)财产权。财产权者,以满足经济上需要为目的之权利也。例如物权、债权,通常皆以满足经济上之需用为主者是也。

(b)非财产权。非财产权者,以满足经济需要外之其他需要为目的之权利也。其目的为何种需要,当就其权利之性质,分别定之,不能一概而论,例如身份权,专以保持其身份之地位为目的之权利,而人格权则以保持其身体之自由健康及为人格为目的之权利是也。

3. 基于权利之性质所为之类别此可分为下之数种以说明之。

(a)人格权。人格权者,以保护权利人自身之人格为内容之权利也,例如生命权、身体权、自由权、名誉权、姓名权等是。

(b)债权。债权者,请求特定人行为或不行为之权利也,如约定他人为劳务之行为或不行为竞业之行为是。

(c)物权。物权者,直接存于物或权利上之权利也,例如所有权地上权等是。

(d)亲属权。亲属权者,存于有亲族关系人之身份上而生之权利也。其中有以对方之行为为目的,而含有债权之性质者,例如亲族间之扶养请求权是;有以管理对方之财产为目的,而含有物权之性质者,例如亲对于未成年子之财产管理权是;有以自己之行为,发生法律上特定之效果为目的,而含有后述能权之性质者,例如非婚生子认领权是。

(e)继承权。继承权者,存于为继承人之地位上之权利也。例如继承开始后,继承人对于被继人,所有继承之权利是。

(f)工业所有权。工业所有权者,存于精神上产出之无体物上之权利也。例如特许权商标权等是。

(g)社员权。社员权者,存于社团法人之社员,对于其法人所有之权利也。其内容如岁领红利之权、出席总会之权、表决之权等是。

(h)能权。能权者,存于自己之行为,而发生法律上特别效果之权利也。例如撤销权、解除权、选择权等是,其详于后述形成权中论之。

4. 基于权利之作用所属之类别,此可分为次之数种述之:

(a)支配权。支配权者,有直接支配其权利客体之作用之权利也。此权利之特质,在不需他人行为之介之,而得继续地实现其权利之目的,故与下述请求权、形成权均各不同。人格权、物权、工业所有权等皆为含有此作用之权利。而亲属权则如上述,有含有支配权之作用者,亦有含有请求权或形成权之作用者。

(b)请求权。请求权者,有请求他人为一定行为或不为一定行为之作用之权利也。此种权利,自德儒 Windscheid 氏主张以来,现已成为民法上一种独立之权利(参照德国之民法第一百九十四条、我国民法第一百二十五条),其中有含有经济上之目的及不然者,前者例如买价之请求权,后者例如亲属权中认领请求权是。又有因支配权之被侵害而发生及不然者,前者例如民法第七百六十七条规定之物上请求权,后者例如债权是。

(c)形成权。形成权者,有依一方之单独行为,而形成法律关系之作用之权利也。此种权利,在未行使以前,不过只有发生法律上特别效果之可能性,故就其内容之本质言,可称之为能权;在既行使以后,则形成一定之法律关系,故就其作用之效果言,又可称之为形成权焉。其中所形成之法律关系,有种种之状态:有属于创设新之法律关系者,例如无权代理之承认权是;有属于变更原有之法律关系者,例如选择债务中之选择权是;有属于消灭原有之法律关系者,例如撤销权、解除权是;有阻止法律关系之形成者,例如延期抗辩权是。

5. 基于权利之相互关系所为之类别,此可分为次之二项说明之。

(a)原权与救济权。救济权者,他权利被侵害时因其救济而生之权利也。其被救济之权利,谓之原权例如上述物上请求权与物权之关系是。

(b)主权利与从权利。从权利者,附随于他权利而存在之权利也。其被附随之权利,成为主权利。例如利息债权与原本债权之关系是。

权利之分类,除上述五种外,学者间尚有以权利效力所及之范围为分类,而谓物权为得请求一般人不为一定行为之"绝对权",债权为请求特定人为一定行为之"相对权"者,此说未将权利之对内效力与外效力分清,且误以权利之不可侵性,为物权所独有,故窃认为不当,而未采取之。

第六章　民法上之义务

第一　义务之本质

义务(罗 debitum、德 Pflicht、英 duty、法 devoir)者,应为一定作为或

不作为之法律上状态也,故一,义务为一种状态,须与实现此状态之负担力所谓“责任”者区别之;二,义务为法律上之状态,当根据法律上之规定而发生;三,义务为作为或不作为,应为一定作为之状态,谓之积极义务,应为一定不作为之状态,谓之消极义务。

第二　义务之种类

义务大别之为公法上之义务与私法上之义务二种。民法上所谓义务,乃属于后者,自不待言;又依义务之内容,可分为积极与消极二种,亦已如前述,兹所论者特为对立义务与单存义务耳。对立义务者,与权利相对应之义务也,此种义务,乃为权利之反面,故其性质内容范围,亦常依其对应之权利而定。反之,无对应之权利,而单独存在者,谓之单存义务,例如登记义务是也。

第三　权利与义务之关系

权利与义务,自一般言之,固常相对立,然此非其必要之现象,观如上述单存之义务,已自明了。又有权利而无对立义务者亦有之,例如形成权之反面,即无何等义务之存在是也。

本　论

第一章　法　　例

第一节　民法之法源

法源之义有三：有指法之效力发生之根源(Source of force and validity of law)者；有指法之内容由来之根源(Source of contents of law)者；亦有指法规发现之形式(Forms of law, Erscheinungsform der Rechtsnorm)者。自第一义言之，民法效力发生之根源，为国家之意思；自第二义言之，民法内容由来之根源，不外一般道德、习惯、文化、学理、判例、外国法制；自第三义言之，则民法成立之根源，各国所采主义，不必同一，以下专就我国民法之规定为主，析述如下：

第一　制定法

制定法者，因统制机关之立法行为而成立之法也。制定法之成立，以作成文书为必要，故又曰成文法。其制定须经过一定之程序，始为有效。故审判官适用法律之际，须先为法律之审查(Kritik der Recht)，此种审查法律是否有效之行为，不特为其权限，亦且为其义务也。至民法之制定法种类,则除民法法典外,其他民事特别法,亦包含之。又公共团体,本其有国家所赋与之自治立法权,制定之自治法,其中关于民事之规定,据一般之通说,亦认其得为民法源之一也。

第二 习惯法

习惯法者,习惯而经国家承认其有法律之效力者也。习惯法因惯行而生,不以制定文书为必要,故又称为不文法。其成立要件有四,析述如下。

1. 习惯之存在。习惯云者,于相当期间内,就同一事项,继续通行之惯行也。故凡一惯行,而不足为同一事项之准则者,不能称为习惯,则足为同一事项之准则,而非经过相当之时间,继续通行者,亦不得谓为习惯焉。

2. 法之观念。法之观念(Opinio juris of necessitatis)云者,其习惯具有社会之规范性,一般奉行之者,有信其为法则之观念是也。若习惯仅为事实上之惯行,而尚无社会规范之性质则只能谓为习惯,不能成为习惯法。吾国民法所称习惯,盖沿日本民法用语,类皆指习惯法而言,故不可以其仅称习惯,即谓习惯与习惯法无区别也。

3. 不背公序良俗。此为民法第二条所明定之限制,所谓公共秩序(offent Iicheordnung, ordrepublie, pubic policy)者,指国家之公安而言,善良风俗(gute Sittenbonosmores, good morals)者,则现代社会一般之道德观念之谓也。背于公序良俗之习惯,据一派学者之主张,虽有谓仍不害其为习惯法之成立者,然吾国民法,既有此明文,自不容作反对之解释也。

4. 经国家承认即习惯之是否为法,须本于国家之意思,经国家明示承认者,始生法之效力,否则不能谓为法也。据我国民法之规定,其承认习惯法之方式有二:有于法律已有规定之处,而尚承认习惯法有优先适用之效力者,例如物权编中诸多之规定是;(民法第七百七十六条、七百七十八条、七百八十四条、七百八十五条、七百八十六条等是)有于法律无规定之处,始承认习惯法有补充的效力者,此则第一条所谓"法律所未规定者依习惯"之概括的规定是也。习惯法必须具备上述条件,始能成立;至其效力如何?尚可分下之数款论之:

(1)习惯法因法律之规定,有优先于法律适用之效力者,亦有仅补充法律所未规定事项之效力者,此于前述成立要件之第四款中,已为说明,兹不赘。

(2)习惯法无改废法律之效力?即将来对于现行民法之规定,有反对之习惯法发生时,其效力足以变更民法与否之问题。虽向为学者所争论,然据民法第一条之规定,既明谓无法律始适用习惯法,则后出之习惯法,不能改废现行民法,窥诸法意,固甚明了也。

(3)习惯法之效力,其发生之时期如何?此为至难解决之问题。夫在成文法,以公布周知期间或实施期日,为其效力发生之时期,此不能适用于习惯法,固不待论。若谓法院适用之时,为其效力发生之时,则又反对裁判官仅为法之适用机关之性质,故除以其成立为社会规范时,为其效力发生之时外,实无其他解决之道。此种时期不易明确推定之缺点,征诸习惯法,固亦所难免者也。又关于习惯法之证明,据民事诉讼法第二百八十三条规定,则除当事人有举证之责任外,法院亦得依职权调查之焉。

第三　条约法

条约法者,国际条约依法公布之后,而有法之效力者也。国际条约中有关于民事者,例如通商条约、工业所有权条约等,是否得为民法之法源?乃学者间一向争论之问题。有谓条约为国家间之契约,只能拘束缔约国自身,不能拘束其国民,若欲使共发生法律之效力,非另以法律之形式,更将其条约之内容规定不可者;有谓条约缔结权之内,当然含有国法制定权,国家缔结之条约,一面发生国际法上之关系,同时他一面亦有国法之效力者。夫自理论上言之,国家之意思决定只能有一不能有二,乃当然之结果。条约之批准,乃国家意思之决定;条约之交换,为其决定意思对于相对国之表示;而其公布,则为其决定意思对于国民之表示,固条约依公布,自能生国法之拘束力,而应为民法之法源也。条约既依公布而生法之效力,则其可以变更法律,自不待言。但条约能以法律变更与否?学者间亦有争论。有主张消极说者;亦有主张积极说者,窃以后说为当。盖国家有自主之意思,以后之意思而变更前之意思,原有其自主之权。且条约既可以变更法律,则岂有以法律不能变更条约之理。特以法律变更条约之时,国家对于相对国,须负国际法上之责任而已耳。

第四 法理

社会情状,至为繁赜,且时有变迁,虽以如何精密之法律,亦不能规定而无缺漏。有时法无明文,而又无习惯法可援用时,则法官势将陷于穷屈,无所依据,以为裁判。故民法于此,特设一补充之规定,既无法律及习惯法时,当以"法理"是也。

法理云者,法律之发生,所根据之原理也。盖既曰法理,则其当以法律为前提,自不待论,然若解为法律条文中所已暗藏之理论,则引用之时,实不外法律解释之一种,不得谓为此之所谓法理甚明,故窃以为当溯及法律之发生时,所根据之原理为当也。何者为法律之发生所根据之原理?乃法律学上至难解答之问题,现今学者,亦尚未得一明确之断案。据吾辈之意见,则以为法之本质,一方在求人类健全圆满生活之道;一方在保持其自体之统一性或秩序性。无前者之本质,法之自体,根本不能应人类之要求而发生:无后者之本质,则法之效用,亦将丧失而不克存在。故苟一理论。足以顾全人类健全圆满生活之道,而又不违背法之统一性或秩序性者,即谓之为法律根据之原理,或曰法理,当无大误也。

法理是否为民法之法源？学说上亦未一致。有谓法理之为法源，乃为法律所命定，而主张肯定说者；有谓法理仅属法官个人之理想，若竟以为法源，则不啻于法官以立法权，而主张否定说者。夫既曰法理，而视之谓法律，事实上固稍嫌牵强，然若不谓其有法之效力，则根本不能成为有强制力之物，法律又乌能据之以为裁判？且据上述法理之意义，其存在固当由客观以求之，而非系法官个人理想之物者，谓为法官之立法，似亦失当，故窃以肯定之说为得也。

第五　判例

法院判例，在英美法系，视为法源之一种，因之有判例法 Judge - made law 之称。大陆法系，则多否认之。我国为采取成文主义之国家，且法律上亦未见有以判例为法源之根据。故自不能与英美法系采取同一之见解。特习惯法之存在，当因判例而克证明，又同一判例，屡经援用之际，足使人民之间，成立一种习惯法者，亦不少见。

第二节　文件作成之要件及解释

第一　文件作成之要件

文件作成之要件云者，即依法律之规定，有使用文字之必要时，其文件之作成，须遵守一定方式之要件之谓也。兹据民法第三条规定之要件，析述如下：

1. 遵守此要件之文字，为法律之规定有使用之必要者。此为第三条第一项所明定。若据条文文字上之解释，则依当事人之约定，有使用文字之必要时（例如合伙经营商业、约定订立合同，其合同之文字是），其使用之文字，似不应包含于本条所谓文字之内。换言之：即依约定须使用之文字，可依当事人之意思，自由定其方式，如未定有任何方式时，亦不必遵守本条之规定也。虽然，征诸本条之法意，原在保证文字之确实，以防他人之伪造或其他纠纷起见而设，对于依法定而使用之文字与依约定而使用之文字，本无区别之必要。特以用语上附以“依法律之规定”数字，遂致非陷于此狭义的解释不可，此亦我民法规定上缺点之一也。

2. 其文件得不由本人自写，但必须亲自签名。即其文字不论是否由本人自写，均以亲自签名为要件，换言之：即由文人自写之文字，亦非亲自签名不可也。

3. 例外之时得以其他方法签名，即(1)以印章代签名者，其盖章与签名生同等效力；(2)以印十字或其他符号代签名者，则须有二人签名证明，始能发生效力是也。

第二　文件之解释

文件之解释云者，确定其文件之意义之谓也。据民法第九十八条规定，关于意思表示之解释，原应探求当事人之真意为生，不得拘泥于所用之言语文字。但如遇意思表示有抵触，而又不能决定何者为当事人之真意时，民法对此，则特设下列二条，以解决之。

1. 关于一定之数量，同时以文字及号码表示者，其文字与号码有不符合时，如法院不能决定何者为当事人之原意，应以文字为准(民法第四条)。

2. 关于一定之数量，以文字或号码为数次之表示者，其表示不符合时，如法院不能决定何者为当事人之原意，应以最低额为准(民法第五条)。

第二章　私权之主体

第一节　总　　说

第一　私权主体之观念

私权主体一语，其含义有二，有指某特定之权利人而言者；亦有指一般得为此权利之资格者而言者。此处所称私权主体，盖指后者，即得享有权利能力之主体之谓也。

现行民法,以权利本位为中心,其所谓权利能力一语,实包括义务能力而言,故在私法上得为权利之主体者,亦得为负担义务之主体焉。

权利主体,为法律上之观念,故其范围,亦当基于法律而定,据现行民法所认为得为权利主体者有二,即自然人与法人是也。在古昔罗马,继属自然人,而法律不附与以权利主体之资格者有之,但在今日,则以平等享有此资格为原则,不因身份、宗教、男女、年龄而有差别也。惟在法人,则因其性质之特异,得生种族之限制,此则与自然人不同之点也。

第二　私权利能力之观念

私权主体,为享有权利能力之主体,既如上述,故权利能力与私权主体二语,为不可分离之观念,前者为抽象的一资格,后者为具体的享受此资格者,无前者之观念,则后者之观念,自无由发生也。是以本章之研究,亦以权利能力为始焉。

权利能力(Rechtsfuhigkeit)者,得享有权利之法律上地位也。故一,权利能力,为一种地位,其自身非权利;二,权利能力为法律上之地位,当依法律而创设,不仅法人之权利能力如是,即自然人之权利能力亦然;三,权利能力,以权利之享有为前提,而权利之本质,非意见之支配力,亦非法律所保护之利益,是以享有此权利能力之私权主体者,亦不必为有意思能力之人,或享受利益之人。

权利能力之意义,虽如下述;但尚有须注意者,即不能与行为能力之观念相混同是也。行为能力者,因自己之行为,能发生一定效果之法律上地位也。虽与权利能力,同为法律上之地位,然一指为权利或义务主体之资格言;一则指得亲自为取得权利或负担义务之行为之资格言。故在权利能力,不以其有事实上之意思能力为必要,而行为能力,则无意思能力者,原则上即不能享有之;又行为能力之存在与否?与权利能力无关,而权利能力之存在,固常为行为能力之前提要件也。

学者又有分权利能力为一般的权利能力与个别的权利能力者，前者谓就一般权利得为其主体之资格；后者则谓就特种权利得为其主体之资格。例如法人，虽有一般的权利能力，然于亲属法上或继承法上之个别的权利能力，则欠缺乏，故个别权利能力之欠缺，又可解为一般权利能力之限制焉。

民法关于权利能力之规定，为强行法规，自不许任意违反，故权利能力不得抛弃限制让与或创设，民法第十六条之规定，虽仅明定权利能力，不能抛弃，然理论上固当扩张解释之也。

第二节　自　然　人

第一款　权 利 能 力

第一项　权利能力之终始

第一　权利能力之发生

人之权利能力，始于出生，此民法第六条所明定者也。依此规定之反对解释：未出生之胎儿，其不能为权利能力者，故不待论。虽然，所谓“出生”者，其意义果为如何？则一向学者间，对之颇多争议。兹据一般通说，析述其要件如次：

1.分娩。所谓分娩者，胎儿与母体完全分离之谓也。一部分之分离，尚不能谓为此之分娩，乃罗马法以来一般承认之通则，德瑞民法及我国旧草案，皆以明文定之（德民第一条、瑞民第三十一条第一项、旧草案第五条）。虽近世之医学上研究，谓未与母体完全分离而能独立呼吸者，其自身已能独立唤起其血输之流行，当为一独立之有机体，而学者因之，主张独立呼吸说者，亦颇不乏其人。然据吾人之意见，则以为民法之主旨，在因此而承认其为社会生活团体中之一分子，与刑法之注重于外部侵害之事实者不同，与生理学上之见解，亦不必一致，其问题仅存在于生理上之人，何时始能为法律上之人格者一点，故仍以全部分离说为最适当也。但胎儿之脱离母体,为一种自然现象,并非法律行为,故不问为早产,流产或系出于人工,皆得谓为分娩;又小儿脐带之未切断,无关于其独立生存之要件,亦不能以脐带切断之时,解为出生之时也。

2. 生存。与母体分离而不能生存,所谓死产儿者,尚不能谓为出生,必其分娩以后,犹有一息之生存,始得为享有权利能力之主体。至其生存时间之长短,可以不问,又虽为不熟儿(Abortus)或畸形儿(Monstrum),亦属无妨也。具备上述条件,始能谓之出生,至孪生子(Zwilling),则应从一般之通则,以出生之先后,定其长幼(参照旧改正案第七条),若为二体联生之孪生子,则医学上视为二个之有机体,在法律上亦当认为二个之人格者也。又中性子(Zwitter),为医学上所不认,在法律上则一般通说,皆以应视其最初之户籍簿上所记载者为标准,若为记载于户籍簿,或尚有其他疑点时,则惟按诸实际以决定之耳。

关于出生之证明,由主张其生法律上之效果者,负举证之责任。户籍簿之记载,虽为有力之证据之一,然若依医师产婆及其他材料之证明,认为无实际相符合者,亦不必一定依据户籍簿之记载,盖法律关于出生之证据,原无一定之限制也。

第二　胎儿之利益保护

人之权利能力,始于出生,既如上述,故虽成孕而未出生之胎儿,原不过母体之一部,其不能为权利主体,本属当然。然若贯彻此原则,无限制而适用之,不免失于苛刻不近人情,故法律预计胎儿将来之利益,特设以保护之规定。兹据第七条之规定,析述如下:

1. 以将来非死产为限视为既已出生,此盖以胎儿之权利能力,以出生为条件,若生而系死体,则自始即不能为权利之主体,否则由出生之时,可追溯既往,而有出生前之权利能力焉。

2. 关于其个人之利益予以概括之保护,此在他国立法例,有关于胎儿权利能力之范围,仅限于特定事项,始予以保护者,但我国民法既概括其个人利益之保护而言,其范围固极宽泛,原无特定之限制,盖采取罗马法上概括主义之制度者也。

第三　权利能力之终止

自然人之权利能力,因死亡而终止。所谓死亡者,人之生活能力完全消减之谓也。按医学上之研究,以呼吸及心脏完全绝止之时,为死亡之时期,故一时在于假死之状态,其后尚复苏生者,不能谓之死亡,亦不能谓为权利能力之中断焉。

死亡为自然人权利能力消减之唯一原因,后述死亡宣告之规定,虽对于一定期间生死不明者,因确定其权利关系之故,予以死亡之推定,然事实上若其人尚生存,则不能谓其权利能力,因此而消减也。又关于死亡之证明,除民法第十一条设有二人以上同时遇难,不能证明其死亡之先后时,推定其为同时死亡之规定外,其他之证明,自应由主张死亡之事实者,依一般举证法则,负举证之责任焉。

第二项　外国人之权利能力

第一　外国人

外国人者,无中国国籍之人也。国籍之得丧,依国籍法定之。有中国国籍,同时亦有外国国籍者(二重国籍人),固应以中国人论;反之无中国国籍,同时亦无外国国籍者(无国籍人),则仍当为外国人也。又本项所称之外国人,专指外国之自然人而言,至外国法人,则于次节论述法人中,再详说之。

关于外国人之权利能力,各国之立法例及裁判上之解释,现已均趋于采取平等主义之原则。往昔所谓贱外主义、排外主义之理论,在现今立法上,固已早绝其迹,即法澳民法等之以条约相互主义或法律相互主义而规定者,适用上亦渐无平等主义相近矣。德瑞民法以此为当然之原则,未予以何等之规定,我国民法,则虽于总则施行法第二条上,明定外国人之权利能力,于法令限制内,时刻享有,然理论上,盖亦采取平等主义以立法者也。

权利能力,关系个人在社会上活动之地位,若以其非本国人故,吝而不与,则无异于本国社会中,排斥其人,不视为人格者,其理论之不当,固不待言。虽然,若一切私权,皆许外国人得以享有,则于国家本身之利益,亦不无妨害之处,故现在立法,虽以平等主义为原则,亦常设以例外之限制,民法总则施行法之所谓法令限制内始有权利能力者,盖亦以此之故,如依渔业法第三条之规定,外国人不得享有渔业权,即其显著之一例也。

第二　敌国人

战争中关于敌国人之权利能力,绝对加以限制,或对于敌国人之交易,绝对加以禁止,此乃旧时嫉恶敌国人之观念所致;现今国际法上之理论,则以于保护本国利益之必要限度外,仍许敌国人有居住营业之自由,保有其法律上所认许之权利能力为原则,盖已由战时绝交主义,进化于对敌贸易自由主义矣。惟前次欧战,各国对于敌国人之待遇,仍以采取第一主义者为多,此则当俟宣战后,国家所颁布之法令如何?始能决定之也。

第二款　死亡宣告

第一　死亡宣告制度之概念

人之生死,影响于其身份上及财产上之法律关系者甚大,若其生死不能分明,则其身份上及财产上之法律关系,即不能确定,不特直接有害于利害关系者个人之利益,且间接亦有害于社会公共之利益,故近世各国立法例上,对于生死不分明之人,经过一定时间后,皆与以一推测之规定,此即死亡宣告制度之由来也。

关于此种制度之立法,由来有二主义。

1. 法国制,分生死不明之时期为三期,第一期为失踪之推定,由法院为之设管理人,保护其财产;第二期为失踪之宣告,由推定继承人申请法院为之,此时其继承人得假占有其财产;第三期为死亡之推定,即受失踪宣告三十年后或其人已近百岁时,因假占有人之请求,得确定其占有是也。

2. 德国制,失踪人经过一定期间后,即对之为死亡之宣告,因宣告判决确定之日,推定其人为死亡者,关于其法律关系,皆可由是而确定是也。此二种制度,在法国制,逐渐为死亡之推测,于利害关系者之权利得丧,不能确定,且未经宣告即生与死亡相当之效力,亦为失当,故不若德国制采取划一之规定,以经宣告后,始生死亡相同之效力,为较明确;我国民法之规定,大体采取德国制,于理论上,固甚得当也。

第二　死亡宣告成立之要件

关于死亡宣告成立之要件,可分次之二项说明之:

1. 实质上之要件

实质上之要件者,即受死亡宣告者,须为去向来住所或居所而生死不明之失踪人,且其失踪状态须继续经过一定时间值谓也。故虽有离去其住所或居所之事实,而尚未达于生死不明之程度者,犹不得谓为法律上之失踪人,即已达此程度:而非经过法定之期间,亦不能申请宣告也。至其经过之期间,据民法第八条之规定,原则上须失踪后满十年,例外则七十岁以上者,仅须满五年,遭遇特别灾难者,仅须满三年,大体盖效德日之立法例也。(参照德民第十三条至第十七条、日民第三十条)

2. 形式上之要件

形式上之要件者,即其宣告之手续上,须经利害关系人之申请,且法院应依照人事诉讼法之规定,以合法之程序宣告之谓也。所谓利害关系人者,指因死亡宣告,影响于自己权利范围者而言,不特影响于身份上之权利如亲族、家族者,有此申请之权利,即影响于财产上之权利如一般债权者债务者,亦有此申请之权利也。死亡宣告,非经此等利害关系人之申请,法院不得以职权为之。至其宣告之程序,既规定于人事诉讼法中，自以让诸民诉法上之讨究为宜也。

第三 死亡宣告之效力

法院因利害关系人之申请，对于失踪人为死亡之宣告后，其所生之效力如何？洵一问题，以下分为三项讨论之：

1. 效力发生之时期

在死亡宣告制度上，以何时为死亡之时？从来立法例，有三种主义。第一，有以宣告之时或宣告确定之时，为死亡之时者，澳民旧规定（第二百七十八条）、德民第一次草案（第二十一条）及俄民（第一十二条）采取之。依此主义，有使法律关系，简单明了，容易确定之效，且于死亡宣告之制度，以宣告而发生死亡效果之原则，亦不相悖。虽然，以死亡之时，系诸法院之宣告，则常因申请者之迅速，或法院之勤怠，有左右其时期之弊；而申请者得因之择其于自己有利益之时，以为申请，则流弊所及，更不堪言，故现今学者多批难之。第二，有以最后之音信或危难发生之时，为死亡之时者，瑞士民法采取之（第三十八条第二项）。此主义以死亡之时期，委诸事实之认定，于实际上亦甚便利，然最后音信或危难发生之时，多为失踪者尚生存之时，若依此断定，未免于事实上遇于背驰；且经法定期间后，始得为死亡之宣告，而其效力发生之时期，乃反溯之期间经过前，是不特失却法律上规定失踪期间之意旨，而法律关系，难于确定，常使第三者生不测之损害，亦此主义之缺点也。第三，有以失踪期间终了之时，为死亡之时者，日民（第三十一条）及德民关于普通失踪之规定（第十八条）采取之。此主义无上述二主义之弊，且由宣告之时，回溯于失踪期间终了之时，其距离之期间尚不甚长，法律关系，亦不致遇于繁杂，故比较上似以此主义为完善也。我国民法第九条第一项谓“受死亡宣告者，以判决内所确定死亡之时。”盖亦采取第三主义者。特此为一种推定式之规定，若遇有反证，足以证明其真正死亡之时者，自应另定其死亡发生之时日，而不适用此规定也。

2. 效力认定之形式

关于死亡宣告效力之认定，日本民法与德瑞民法所采取之形式不同。日本民法定为“视为死亡”（第三十一条），故事实上虽受宣告者尚生存之时，除申请为失踪宣告之撤销外，亦不得另举反证以证明其未死亡，而推翻此宣告之效力。反之德瑞民法定为“推定死亡”（德民第十八条瑞民第三十八条），则事实上苟受宣告者尚生存时，于未撤销此宣告前，亦得另举反证以推翻其效力也。此二种主义，自能吻合事实之理论上言之，自以后者为胜，我国民法之规定，盖亦采取德瑞立法例之形式，而认死亡宣告仅有推定之效力者也。

3. 效力所及之范围

死亡宣告，仅发生私法上之效力，不影响于刑法及其他公法上之关系；又其效力，为绝对的，不仅及于申请者，即对于一般人亦能发生也。但德瑞立法例，对于私法上之身份关系，于死亡宣告之效力上，加有特别限制（德民第一千三百四十八条、瑞民第一百〇二条）我国民法，关于此点，既未另设规定，解释上自以其效力能及于私法上之一切法律关系为当也。

第四　死亡宣告之撤销及宣告前失踪人财产之管理

死亡宣告之撤销者，法院因利害关系人之起诉，认为有撤销原因存在时，以判决撤销其已发生效力之死亡宣告之谓，而宣告前失踪人财产之管理者，失踪人失踪后未受死亡宣告前，关于其财产之监督管理之谓也。我国法律以前者属于民事诉讼法之规定，而后者属于非讼事件法之规定，故其详细之讨论，当让诸二法之研究为宜。

第三款　行为能力

第一项　概　　说

第一　行为能力之意义

行为能力（Handlungsfuhigkeit）之意义，于本章第一节论述权利能力之观念中,会一言及之,即指因自己之行为,能发生一定效果之法律上地位之谓也。夫人之行为,可分为适法行为与不法行为二种,而适法行为中,又有法律行为与其他适法行为之别,故就广义的行为能力言之,当为包括上述一切行为能力之义,然我民法之所谓行为能力,盖与德民之 Geschuftsfahigkeit 一语相当,乃专指法律之行为能力而言也。至不法行为能力,民法规定于债编中(参照第一百八十七条、第二百二十一条),当让诸债编之研究,而其他适法行为能力,则民法对之,并无规定,解释上自以按其性质,类推适用法律行为能力之规定为宜也。

行为能力又可分为一般及特别行为能力二种,前者适用于一般之法律行为;后者则限于特殊之法律行为,始适用之,民法总则之规定,盖属于前者,而亲属及继承编上,所谓婚姻年龄,遗嘱年龄(第九百八十条、第一千一百八十六条)之规定,则属于后者,据现今一般之通说,以一般行为能力之规定,只适用于财产上之法律行为,若身份之法律行为,则不适用之,夫身份行为,应尊重本人之意思,且禁治产一语,原只限于财产上之意义,故私意亦以通说为当。由是以言,则此之所谓行为能力,固仅限于财产上之一般法律行为,其他身份行为,则法律虽未予以特别行为能力之规定,亦不能解为当适用此一般行为能力之规定也。

第二　行为能力与意思能力

意思能力者,足以判断自己行为之能力也。能生法律上效果之行为,以有意思为要素,乃现今立法上一大原则,故缺意思能力之行为,其为无效,固属当然;然事实上其行为之相对人,欲断定其有无意思能力,或行为者自己欲证明其无意思能力时,皆非容易之事,是以法律为免除实际上之纠纷,及保护无意思能力者并其相对人起见,乃不得不进而规定一种制度,以求法律关系之明确划一。于是或就能决定意思之智识上,以年龄长幼为标准,于法律中预定一成年制度,以达于其中年龄者,其智识始充分发达,为完全有行为能力人,否则不问实际上能具为意思能力与否,概以为无行为能力人或限制行为能力人;或更就能保有意思之生理上,以有无变态为权衡,于法律中预定一禁治产制度,以欠缺一定精神状况经人申请者,亦不问其实际上具有意思能力与否,概宣告其为无行为能力人,此种无完全无行为能力人,不待客观之断定及证明,其行为皆为无效或者不生效力,此民法总则上,行为能力规定之所由来,亦即行为能力与意思能力相关联之处也。

虽然,行为能力与意思能力,如上所述,固有密切之关联,然二者之观念,却不可不区别之。盖我国民法之规定,乃采取德国之立法例,以意思能力为事实上之状态而行为能力为法律上之状态者。行为能力,虽由意思能力而来,而其自身,另有其成立之基本事务,并非以具有意思能力为要件。故与瑞士民法之明定以意思能力有无为行为能力之标准者(参照民法第十三条及第十六条至第十九条),原属不同。其解释上,意思能力只能为法律行为上意思表示之要件,而非行为能力之要件:一时欠缺意思能力者,其行为能力无效,然不能谓之为无行为能力人:反之如七岁未满者及禁治产者,因为无行为能力人,却又不能谓之全无意思能力,此二者之观念上,所不能不分清者也。

第三　行为能力规定之态样

行为能力规定之方式,从来有二种主义,有仅就限制行为能力人,设有规定,而无行为能力,则付诸事实上之决定,法律并不为之设一般规定者;亦有就无行为能力人与限制行为能力人,皆有明文规定其种类及范围者;前者为法国民法所采取,后者为德国民法所采取,我国民法,盖亦采取后者之主义者也,故就我国规定之态样言之;行为能力,可分三种:一,已满二十岁者,为有行为能力人,其所为之法律行为,除别有无效或撤销之原因外,均绝对有效;二,未满七岁者及禁治产者为无行为能力人,其所为之法律行为,绝对无效;三,已满七岁以上之未成年者,为限制行为能力人,其受限制之法律行为,须得法定代理人之允许,始得为之,否则为无效或不生效力,其形式上固极明确也。又他国立法例有以妻为限制行为能力人及另设准治产之制度者,我国民法,皆未采取之,其立法之理论上,亦甚合现在社会之意义也。

民法关于行为能力之规定,为强行法规,不许任意违反,其理论盖亦与权利能力之不能抛弃限制让与或创设相同也,至外国人之行为能力,据法律适用条例第五条之规定,以依其本国法为原则。又关于行为能力之举证责任,民法上原以行为人有行为能力为通则,故主张行为有效之人,毋庸证明其人为有行为能力者,惟主张其人为无行为能力或其行为能力被限制时,始负证明其责任耳。

第二项　有行为能力人

第一　已成年人

民法第十二条规定,满二十岁为成年,而第三条第一项、第二项复规定,未成年者为无行为能力人或限制行为能力人,故就此二条之反对解释上观之,则已成年者,为有行为能力人,固当然之结论也。民法之所以如是规定,一方固以人之智识,当与年龄之并进,一方亦因民法为裁判之规范,不得不设此划一的制度,其详已与结论第一章及本款第一项中论述之矣。

关于成年年龄之规定,各国立法例,因其人种、气候、风土、文化等各有差异,故其规定之标准,亦不无迟速之别。有以十五岁为成年者,如波斯是;有以十八岁为成年者,如苏俄是;有以二十岁为成年者,如日本、瑞士是;有以二十一岁为成年者,如意、英、法、美、德、葡是;有以二十二岁为成年者,如亚尔然丁是;有以二十三岁为成年者,如荷兰、西班牙是;有以二十四岁为成年者,如澳、匈是,有以二十五岁为成年者,如智利、丹麦是,我国前清律以十六岁为成丁,而旧大理院判例,谓成丁为之人为有行为能力(参照民国三年大理院判例上字第七九七号),自新民法依照旧草案,改正案之旧例,乃规定满二十岁者,始为成年人焉。

年龄之计算方法,有从出生之日起算者,有从出生之时起算者,为便利计,自以前者为宜,民法第一百二十四条第一项之规定,盖即采此计算方法者也。又出生之月日,无从准确者,则其计算方法,又将如何?据该条第二项之规定,则以七月一日,推定为其出生之日;若知其出生之月,而不知其出生之日者,其推定其为该月十五日出生也。

第二　未成年人之已结婚者

各国民法之规定,虽以成年人为始有行为能力为原则,但人之发育程度,当不齐一,且因家庭之情事,及生活之状况,有虽未达于成年,而不得不独立以为社会活动者,故于例外上,恒多设一处补充制度,以和缓之。考其规定之方法,约有二种:

(1)有以达于一定年龄以上之未成年人,由法院宣告其为成年,赋予以成年人同一之能力或相当之能力者,如德民第三条至第五条、瑞民第十五条之成年宣告制度及法民第四百七十七条以下之自治产制度是也。

(2)有以已结婚之未成年人,由法律直接赋予以成年人同一之能力或相当之能力者,如瑞民第十四条二项及法民第四百七十六条之婚姻补充成年制度是也。我国民法,关于第一种方法。未加采取,惟于第二种方法,则在第十三条第三项中,明定以未成年人已婚者有行为能力,盖与德民之采用成年宣告制度,而不采用婚姻补充成年制度者,则相反对也,由是以言:我民法上之所谓有行为能力人,除成年者外,未成年已婚者亦与焉。探诸社会之实情,其立法上固甚得当也。

第三项　无行为能力人

第一　未满七岁者

未满七岁之未成年人,无行为能力,此民法第十三条第一项所明定者也,考各国立法例上,关于未成年人之规定,有采区分主义者,亦有采无区分主义者,前者如德、澳民法是,后者如法、日民法是。我国民法以未成年人,区分为满七岁以上者及未满七岁者,始为无行为能力,大体盖仿德、澳之立法者也。

第二　禁治产者

禁治产(Entmundigung interdiction)者,法律于人之生理上,以决定人之行为能力之制度也。在古昔罗马法,以心神错乱者,应置管财人(Curator)为其助理,否则其所为之法律行为无效。此法理因袭至于后世,于是遂有禁治产制度之确立,近则几成为民法上之一通则矣,虽然,各国之法例之规定,亦不一致,有采禁治产与准禁治产而立制者,如法、日民法是,有采禁治产单一制者,如德、瑞民法是。我国民法虽亦采禁治产单一制,然与德瑞民法,则又不同。盖德国民法对于同一之禁治产者,因其宣告之原因不同,尚划为无行为之禁治产者与限制行为能力之禁治产者二种(参照德民第六条、第一百〇四条)。瑞士民法则以有无判断能力为标准,亦如德民之例,于其能力上,加以区分(参照瑞民第十八条、第十九条)。而我国民法对于禁治产者,概以为无行为能力人,并无其他区分之规定,此其差异之点也,以下根据民法第十四条及第十五条之规定,析述如次。

1. 禁治产宣告之要件

禁治产宣告之要件,可分为事实上之要件与形式之要件二项述之:

(a)实质上之要件者,须本人有心神丧失或精神耗弱至不能处理自己事物之原因是也,心神丧失,为因精神错乱或其他类似之情况,无合理的判断能力之谓,而心神耗弱,则为因精神之不健全,缺少合理的判断能力之谓,二者之区别,在德国学者间,虽有种种之争论,但通说则以此非性质上之差异,惟程度上之不同耳。因此等心神之欠缺,致不能处理其事物者,概得为禁治产宣告之原因,不必问其病状之种类及其由来,亦不必问其将来有无恢复之希望也,特此有当注意者,各国立法例上,多有此等精神状况,须限于常态为要件者,我国民法于明文上虽未加以规定,但第七十五条后段关于一时的精神障碍者,既已有规定,而理论上禁治产亦并非应付暂时状况之制度,故自以采取同一之解释为得也。但所谓常态者,以常是保有此等状态为已足,并非绝对无间断之谓,有时虽能回复于普通之精神状况,亦不失为常态。

(b)形式之要件者须经一定之人之申请,故应依照人事诉讼法之规定,以合法程序宣告之是也。禁治产之宣告,法院非经当事人之申请,不得以职权为之。至得为此申请之人,民法规定为本人、配偶、或最近亲属二人。盖以配偶或亲属与本人关系,较为密切,而本人于精神状况回复中,亦得自计其利害,以为申请,故特定此等人为申请人也,其他宣告之程序则当于民诉法中详之。

2. 禁治产宣告之效力

禁治产人,无行为能力,此为第十五条所明定,故其唯一之效力,惟在其人无为法律行为之资格一点耳。然因此规定之推论,则当得下述三点之结果,即(a)禁治产人既不能自为法律行为,则法律必须为之另置法定代理人,以代理其财产之一切行为,此于亲属法禁治产人之监护节中,详有规定。(b)禁治产既为一种公告之制度,故其效力为绝对的,不论关于何人皆能发生。(c)禁治既为一种确定之制度,于死亡宣告之采取推定形式者,原属不同,故一旦宣告后,非经撤销之程序,不能推翻其效力也。

3. 禁治产宣告之撤销

禁治产宣告之撤销情形有二,一为宣告不当之撤销,一为原因消减之撤销,前者于民事诉讼法第六百〇五条第二项规定之,后者则为民法第十四条第二项所规定者也。所谓原因消减之撤销者,即其心神丧失或精神耗弱之状况已除去,有处理其事务之智能,法律许其撤销,回复其未经宣告时所具有之能力之谓也,盖其人既已具有判断能力,与普通一般之人相等,则其所受禁治产之宣告,自无再存在之理。至其撤销之程序,及宣告不当之撤销,则当让其诸民诉法上讨论之也。

第四项　限制行为能力人

我国民法所定限制行为能力人,仅限于已满七岁之未成年人一种,其规定之范围,较其他立法例为狭,为求法律关系之明确上言之,亦未始无其相当之理由也。至其以已满七岁之未成年人,为限制行为人者,盖以此等人其知识已较为发达,未能与未满七岁之人同视,故许其对于其某种行为,得法定代理人之允许或承认,亦可单独为之而生效也。

第四款　人格权之保证

第一　人格权之概念

人格权为保护权利人自身之人格为内容之权利,其意义已于绪论第五章中述之。此种权利之发生,乃在十九世纪中叶,至近世始渐具雏形,然犹未能与其他权利相比,已达于完备之境地。各国立法例中,有未以明文规定之者,亦有虽有明文之规定,而学者对于其种类,尚争论未已者。我国民法仿瑞士立法例,于民法总则中,确定其名称及保证,盖欲藉此免学者之纷争,并表示其立法之精神,于理论上固甚允当也。至其种类,虽未例示,然据现今之学理上所公认及已见诸德法判例者,当包含下列诸种权利,盖已无疑,即生命权、身份权、自由权、名誉权、姓名权、信用权、肖像权利、贞操权是也。

第二　保护之态样

民法关于人格权保证之态样,可分为下列三种述之。

1. 一般保护之规定

此于第十八条规定之。保护方法有二:(a)侵害之除去,此即人格权受侵害时,得请求法院除去其侵害是也。所谓侵害者,因某种事实,致人格权之享有或行使上，受有不利益之状态之谓也。其发生侵害之事实，有属于人之行为者，亦有属诸单纯之事实者，不问其原因如何。苟为不法之侵害，概得请求法院除去之，又当受侵害之时，若为急迫状态，不及受法院之援助者，则可依第一百五十一条之规定，于请求法院援助前，亦得自力除去之也。(b)损害赔偿或慰抚金之请求，此即以有法律上其他特别之规定为限，并得请求损害赔偿或慰抚金是也。所谓法律上特别之规定者，如第一百九十五条一项前段，关于身体、健康、名誉、自由等权利被侵害得请求相当慰抚金之规定，及第一百九十三条关于身体、健康等权利被侵害，得请求之损害赔偿规定是。窥诸法意，盖人格权之损害与其他权利之损害不同，其赔偿之范围，非更有明文之规定，颇难确定，故特设此限制也。

2. 自由保护之规定

自由权者，人之活动不受不当约束之权利，人无自由，则一切活动，皆受拘束，不惟直接有损于个人之人格，且间接亦有害于社会之公益，故民法于十七条中，特设明文，以保护之，盖以自由受人之不法侵害时，固可依第十八条一般人格权之保护，以资救济，然若权利人自己抛弃或不当限制之，则法律为社会一般公益计，亦所不许，此即本条设立所由来也。所谓自由不得抛弃者，盖与权利能力与行为能力之不得抛弃相同。若其人对于其自由之全部一部，声言永远不能享有或行使，则其无效，自不待言。反之，所谓自由不受不当之限制者，则以人之自由，原得合法限制之，特如违背公共秩序或善良风俗时，亦为法所不许也。

3. 姓名权保护之规定

姓名权者，使用自己姓名之权利也。日本民法中，关于姓名权，未有规定，学者解释上，有谓其民法之理论上当然承认此种权利者，亦有谓明文上既未列举，此种权利，实无发生之余地者。议论分歧，莫宗一是。我国第十九条，于一般人格权保护之后，又特明示此姓名权之保护者，即一方为免除如日本民法上无谓之争议，一方以姓名足以为个人之代表，有于总则中，确定其名称与保护之必要也。至其保护之方法，亦如一般人格权保护之例，分为二种即(a)侵害之除去；(b)损害赔偿之请求是也。瑞士民法认姓名权之侵害，得请求慰抚金(瑞民第二十九条第一项)，德国民法，则不认之(参照德民第十二条、第八百二十三条、第八百四十七条)。我国民法，于他之人格权之侵害，虽有于法律特别规定有得请求慰抚金。如第一百九十五条第一项之例者，在姓名权之侵害，则并无何等之规定，概采取德国之立法例者也。

第五款　住　　所

第一　住所之设定

住所之意义，据民法第二十条第一项规定，盖谓已久住之意思，住于一定地域之处所也。故住所之设定，须备下列要件。

1. 设定之意思

设定之意思者，即有久事居住其处所之意思之谓也，暂时逗留之地，无住居之意思者，固不得谓之住所，纵有住所之事实，而无久住之意思者，亦不得谓之住所也。民法之规定，概采取瑞士立法例(瑞民第二十三条)，明定以此主观意思为要件者也。

2. 住居之事实

虽有择定某地域久住之意思，然于该地域上，并未实行其意思而居住之者，则亦不能谓该地域上有其住所也。但所谓住居云者，只需有住居之事实即足，暂时离去其处所，而仍有常归住居之事实者，仍不害其为住居也。

具备上述要件，始得谓之住所，然于此有一问题，即一人同时得设定数个之住所否？致诸各国立法例，有采复数主义，认同时得设数个住所者，亦有采单数主义，认同时只得设住所者，前者如德民，后者如瑞士是(参照德民第七条第二项、瑞民第二十三条第二项)。我国民法第二十条第二项,明定一人不得同时又两住所,盖为免除法律关系,易致纷亲错乱起见,从瑞士之立法例者也。

第二　法定住所

住所之设定,固徐具备上述要件,然法律有时于某种情形之下,不问本人之意思如何,具备上述要件与否,经视某处所为其住所者,亦有之。此种法定处所,盖与上述之任意住所对立而言者也,据民法第二十一条至第二十三条之规定,其情形约分四种,析述如次:

1. 无行为能力人及限制行为能力人,以其法定代理人之住所为住所,此盖以此等人既受法定代理人之监护,自应以其住所为住所也。

2. 住所无可改者,以其居所视为住所,所谓居所者,因一定目的暂时继续居住之处所也。因其无久住之意思,原与住所有别,但遇无住所或住所不明时,则法律不得不设以救济之规定,此其所以以之视为住所也。

3. 在中国无住所者,以其居所视为住所,但此有一限制,即依法须依住所地法者,则不适用本项之规定也,所谓在中国无住所者,不问其为中国人与否,亦不问其于中国境外,设有住所与否,凡在中国领土之内无住所者,皆包含言之。至其以居所视为住所者,盖不外使其法律关系,在中国内,易于确定计耳。但法律为尊重国际私法上立法之意旨,故于应适用住所地法时,则定为本项之例外也。

4. 因为特定行为选定居所者,关于其行为,视为住所,此盖以本人关于特定行为,因原定住所之远隔,或其他不便,另选定居所时,则法律为使其能适应实际上之便利计,关于其行为,许其以所选定之居所为住所也。

第三　住所之效力

住所之效力者,即因住所而生法律上之效果也。兹举其重要者,列举如下：

1. 定诉讼上关于法院管辖之标准。

2. 为决定死亡宣告中失踪之根据。

3. 定债务清偿地之标准。

4. 为取得国籍之要件。

5. 定国际私法上使用法律之标准。

6. 为受送达之处所。

7. 为决定继承开始地之。

第四　住所之废止

住所之废止者，以废止其现在住所之意思，而离去住所之谓也。有废止之意思，而无离去之住所之事实，固不得谓之废止，虽有离去之事实，而尚无不再归还至意思者，亦不得谓之废止也，其废止之要件，盖亦与住所设定之要件相同，至废止后是否另设定新住所，则非所问也。

第三节　法　　人

第一款　总　　说

第一项　法人之概念

第一　法人之本质

法人（Juristische person morale juridique）者，自然人以外之具有法律上人格者也，非自然人而能为权利义务之主体。享有法律上之人格，则其构成之本质如何？洵有讨究之必要。以下总括历来学说，论述如次：

1. 拟制说

此说以得为权利义务主体者，惟限于自然人，非自然而能具有与自然人同等之人格者，乃法律本其万能之力，反乎自然之状态。拟制之使等于自然人耳，倡此说者，为德学者 Savigny 氏，其渊源盖根据于罗马法之法人思想而来。后之 Winpscheid puchta,诸氏,皆祖述其说者也。虽然,此说以权利义务主体,限于自然人始得为之,其立论之前提,实已谬错。盖人与权利主体,原为二个之观念,自然人之所以得为权利主体者,亦为法律所赋予,离法律,实无所谓人格也。法律因自然人担当社会之活动,有独立享有人格之必要,故赋予此种资格与能力。然则于同一标准之下,自然人以外之团体,因其有社会的价值,需独立担当社会之作用,法律亦赋予以同样之资格与能力。其间又何轩轾之有耶,故其谓权利主体限于自然人之前提,盖已错误,从之其以法人为法律拟制之于自然人之断案,自亦难认为正确也。

2. 否认说

此说否认法人之存在,其中又可分为数派:(a)有谓法人本属无实体之物,特为一种之无主财产,此等财产,因一定之目的而存在,与特定个人,脱离关系,法人之本质,即不外此等无主财产者,是谓无主财产说。(b)有谓法人之本身,非权力主体,享受法人权利之人类,始得谓之真正权利主体者,是谓受益人主体说。(c)有谓法人之权利,不过其管理人之权利,从之其权利主体,亦不外此等管理人者,是谓管理人主体说。以上诸说,虽其持论,不必同一,然徵诸现在社会之实际,及各国立法例之规定,其不相容,故不待多言自明也。

3. 实在说

此说以法人有实在之本体,并非法律所拟制或空虚无实体之物,其中亦可分为两派,(1)有谓法人系一团体人(Verbandsperson)于其统一之全体内,有其团体意思(Gesamtwille),与自然人同为社会的有机体(Gesellschafrlichor organismus)者,此 Gierke 氏所倡团体人说也。此说虽能说明法人在社会上实际之现象,然于法人在法律上之理论,则未论及之,此其缺点也。(2)有 houd、Saleilles 氏等所主张之组织体说也。此说由实事而进于法律论,虽较团体人说为进步,然于法人何以适于为权利主体之理由,尚未加以说明,此吾人犹未能认为满足者也。

上列三说,第一、第二两说,其谬点已如上述,第三说则虽近于实际,然其理由,又不完满,故据私意,窃以为此当于法律之设立权利主体之根本理论上讨论之。法律因某种基本事物,有独立担当社会活动之必要,故不得不赋与一种资格,以享受权利或承担义务,此权利主体规定之由来,亦即法律上人格观念之所由发生也。由是言之,得为权利主体者,惟限于须独立担当社会活动之物,自然人之所以具有人格者,其本质在于是,法人之具有人格者,其本质亦在于是也,特自然人为自然存在之基本事物,而法人则为依法律组织而成之基本事物,此其不同之点耳。学者不于其法理根本处以立论,此其所以纷争辩论而终莫明也。

第二　法人之种类

法人之种类,可以别之为公法人与私法人,而私法人中又可分为(a)社团法人与财团法人;(b)盈利法人与公益法人二种。兹特析述如次:

1. 公法人与私法人

公法人者。国家及其他为国家生活所设立之法人也。私法人者,经营社会生活所设立之法人也。二者之区别,视共事业之作用而定,前者又可谓之国家的法人,多属于行政法及其他公法之规定,后者又可谓之社会的法人,则属于民法规定者有之,属于其他特别法之规定者亦有之。又法人虽有公私之别,但公法人亦能享受私法上之权利,私法人因明文之规定享受公法上之权利,此则不可忽视也。

2. 社团法人与财团法人

社团法人者,以社员为成立要件之法人也,财团法人者,以捐助行为为成立要件之法人也,二者之区别,在学说虽有种种争论,但通说均已视其成立要件如何而定。社团法人之设立,须有二人以上之社员,为其构成分子,由此等社员组成总会,为法人之意思机关。其设立时虽须订章程。但以有其自社员之存在,故于设立后,对其章程,仍得随时变更之,此社团法人之特质也。财团法人之设立,则须有捐助行为,为其根本意思之决定。关助人于捐助财产后,与法人本身完全分离,并非其机成分子,法人之目的、组织、财产,皆由捐助行为确定之,别无意思机关,亦不能如社团法人之章程,得以随时变更,此财团法人之特质也。二者之不同如此,故我民法做各国民法之先例,于法人节中,即大别为此二者而规定之也。

3. 盈利法人与公益法人

盈利法人者,经营营利事业,且分配其所得利益于社员之社团法人也。公益法人者,经营一般社会公共利益事业之社团或财团法人也。民法仿日本民法(日民第三十四条、第三十五条),于社团法人中,为此二种之分类(第四十五条及第四十六条)自理论言,实不如仿德瑞民法之区分为营利法人与非营利法人为当(德民第二十一条、第二十二条、瑞民第六十条),盖不以公益为目的之法人,未必皆以营利为目的,而非营利之法人,其目的未必尽为公益也。至一法人,同时具有营利及公益两种目的这,据一般通说,则以仍认为营利法人为当也。

第二项　法人人格之取得

第一　须依据法律之规定

民法第二十五条规定"法人非依本法或其他法律之规定不得成立",故法人之取得人格,首先须有法律上之根据,此盖以我国民法不采法人自由设立主义,以法人为法律上之组织体,法律上所未规定之法人,自不能认为成立也。

第二　须经主管官署之许可

关于法人之设立,由来立法例上有四种主义。有以每设立一法人,必须制定法律或须经国家元首之许可者,是谓特许主义;有以许其自由设立,法律上或行政上并不加以干涉者,是谓自由设立主义;有以主管官署之许可,为法人设立之要件者,是谓许可主义;有以法律上设以一定准则,凡适合其准则,即得设立法人者,是谓准则主义。我国民法关于财团法人及公益社团法人,采许可主义(第四十六条、第五十九条),关于营利社团法人,则依特别法之规定之(第四十五条),故除营利法人之另有规定外,一般法人关于于人格之取得,固皆非经主管官署之许可而不可也。所谓主管官署者,法人事业之目的而定,例如关于学术、技艺者,则教育部为其主管官署,关于宗教祭祀者,则内务部为其主管官署是。法文不曰主管各部,而曰主管官署者,盖以主管各部,得将其许可之权,委任于受其指挥监督下之官厅,法人之设立,不必直接得主管各部部长之许可,得此等官厅之许可,亦得成立也。

第三　须向主管官署登记

此为第三十条所明定。即法人虽经主管官署之许可,若非登记后,仍不能取得人格,谓之成立也。但此所谓主管官署者,与受许可之主管官署有别,依民法总则施行法第十条第一项及法人登记规则第一条规定,盖指由法人事务所所在地之地方法院或县司法机关之登记处而言也。又依民法总则施行法第五条之规定,设立法人,须经登记为法人,若不登记,则亦不能成立焉。

第三项　法人之能力

第一　权利能力

法人与自然人同为具有人格者,故其得享有权利能力,自不待言。但其所得享受权利之范围如何,从来学者问,对之颇多争论。据我国民法第二十六条之规定,盖原则与自然人相等,特有次述二种之限制耳。

1. 基于法令之限制

法人与自然人之人格,同为法律所赋予,故自得以法令限制之,其理由盖亦。与外国自然人于法令限制内,始有权利能力相同也。惟此所谓法令限制之义,乃指得以法令限制之谓,如法令未特设限制之时,自仍与自然人同得享有相等之权利也。

2. 基于性质之限制

瑞士民法第五十三条谓“法人除于性、年龄、亲族关系等以自然人天然之性质为要件之权利义务外,其他权利义务,皆得享有之”。我国民法第二十六条后段所谓“但专属于自然人之权利义务,不在此限”,其意义正与之相当,盖即关于法人权利能力性质上之限制也。法人为法律上之组织体,与自然人之性质,自未必同一,专属于自然人之权利,例如身体权、生命权等之人格权,夫权、亲权等之身份权,法人不能享受,故当然之是也。

第二　行为能力

法人有行为能力与否,采拟制说者,皆否认之。谓法人无意思能力,因代理人行为,而取得权利或负担义务。采实在说者,则所见迥异,谓法人有其团体意思或组织意思,基此意思而行动之法人机关之行为,即为法人之行为。二说在德、日民法之解释上,颇多争议。瑞士民法,则明定法人有行为能力(瑞民第五十五条),我国民法第二十七条第二项谓“法人之董事,对外代表法人”,以董事为代表法人之机关,盖亦采取后说者也。

第三　不法行为能力

法人是否有不法行为能力。学说上亦多争论。现在通说多采肯定说,民法第二十八条规定法人对于其董事或职员因执行职务所加于他人之损害,与该行为人连带负赔偿之责,盖亦承认法人有不法行为能力者也。依本条之规之,法人不法行为成立之要件有三:(a)须为董事或职员之行为,董事为法人之机关,职员为法人之使用人,法人对之,自应负责。(b)须为董事或职员执行法人职务之行为,董事或职员关于自己个人之行为,法人自无对之负责之理,故必限于执行法人职务之行为。

(c)须他人因之受有损害之行为,此盖以无损害之发生,自无赔偿责任之可言也。具此要件,法人故当负责,然为求行为人于其行为之注意,及保护交易之安全起见,对于行为人,亦有使其负责之必要,此本条之所以又定为法人与该行为人连带共负其责也。

第四项　法人之住所

法人既为权利主体,则其所生之法律关系,与自然人同,不可不有一住所,以为其根据,故民法第二十九条规定法人以其主事务所之所在地为住所,事务所为执行法人事务之处所,而主事务所则为法人设有数个事务所时,其中之主要事务所也。据民法第四十八条及第六十一条之规定,主事务所及其他分事务所,均于法人设立时应行登记,又据地三十一条之规定,登记后而又变更者,亦应为变更之登记,故何者主事务所,可于其登记中认定之。若仅有一事务所时,则应以该事务所为住所,自不待言也。

第五项　法人之机关

第一　法人机关之概念

法人之机关者,经营法人之活动,而为其构成部分者也。机关为法人构成之部分,故其本身无人格,不能与法人对立而为权利义务之主体;又机关在经营法人活动,其所行为,为法人之行为,非其机关组织员自身之行为,若其行为而不在经营法人活动之范围内者,则已失其机关之本意,不能谓之为法人之行为,同时亦不能谓之为机关之行为也。据民法之规定,构成法人之机关有二:一为意思机关,由社员组织之;一为执行机关,由董事组织之。前者惟社团法人始须具备,后者则社团法人财团法人皆须具备,故民法关于前者,以之规定于第二款社团中,关于后者,则大体于第一款通则中规定之。本项所述,亦依民法规定之次序,专论其后者,若社员总会之规定,则当俟诸第二款中,再详叙之也。

第二　董事之性质

董事者,执行法人之事务,且就其事务对外代表法人之法定机关也。民法第二十七条第一项规定法人须设董事,故董事为法人之法定机关。董事之任免,虽可于设立法人之章程中,自由订定,但若以不置董事为订定者,其为无效,故不待言。又董事一时缺亡,虽不能解为法人当然解散,然此为法人之必要机关,不宜久缺,自应从速选任也。他国立法例关于董事缺额,另有临时董事之规定(参照德民第二十九条、日民第五十六条),民法对此,虽无明文,然解释上,如遇急迫情事,不能依章程从速选任时,自应许利害关系人申请法院,选任临时董事,宜补充之为当也。董事之必要,既如上述,若再就其职务言,则凡法人对内对外之事项,除另加有限制外,皆得代表处理之,此其所以与社员组织之意思机关对立而又称为执行机关也。其详俟述董事之权限中论之。

第三　董事之任免

董事之任免者,关于董事之选任或罢免之谓也。在社团法人,民法于第四十七条明定应于章程中订明记载之。在财团法人,则依第六十二条之解释,亦当由捐助人以捐助章程定之。如不完全者,法院得因利害关系人之申请,为必要之处分。故其任免之方法,可视其设立章程之记载如何而定,设立人有自由订定之权限,亦有其必须订定之义务也。特在社团法人,以由社员总会意思机关之存在,故民法第五十条第二项明定实际上之任免董事应经总会之决议,此可解为设立社团章程中之一限制,如设立人违反此规定,以任免董事之权,属诸他人,则其无效,自不待言也。

选任董事之行为,在法律上之性质如何?有主张为单独行为者,亦有主张为契约行为者,但通说则多从后说,盖被选任者,非经其本身之承诺,实无当然为法人董事之义务,故应解为一张类似委任之契约为当也。至董事之罢免或自行辞任,则视章程之订定如何而定,不完全时亦应解为当适用委任契约之规定。又董事之姓名住所,据民法第四十八条及第六十一条之规定,当于设立法人时,登记之。其后有变更时,比应依民法第三十一条之规定,为变更之登记,否则不能以之对抗第三人也。

第四　董事之权限

董事之权限,可分下列二段述之:

1. 对外之权限

董事就法人一切事务,对外代表法人,此为民法第二十七条第二项所明定,前以略述之矣。故以此规定,凡属于法人目的范围内之事项,不论其为诉讼上之行为与否,亦不问起为法律行为与否,皆得代表法人行为之或受领之也。此种代表之行为,为法人之行为,并非董事自身之行为,其间无两个人格者之存在,原与代理行为不同,特民法关于此种代表行为,并无特别之规定,故解释上仍以准用代理之规定为宜。又据该条第三项规定,对于董事代表权所加之限制,不得对抗善意第三人。盖法人对于董事之代表行为,原得加以限制,特第三人若不知其有此限制而为善意时,则不得对抗之。其限制依民法第四十八条第二项及第六十一条第二项之规定,应向主管官署登记之,若不登记,则依民法第三十一条之规定,虽于恶意之第三人,亦不得对抗也。

2. 对内之权限

董事对内之权限,当依选任行为定之,故法律未于董事代表权之规定,特设一概括之明文。但次述各项,乃为其职务中之重要者,于民法上,则以散见各条中,特别提出规定之矣。

(a)申请登记。依民法第四十八条第三项及第六十一条之规定,关于法人之设立登记,应由董事向其主事务所及分事务所所在地之主管官署行之。又依法人登记规则第五条之规定,在法人解散前,凡变更消灭之登记,亦应由董事申请之也。

(b)召集总会。此为民法第五十一条所明定,即通常总会故应由董事召集,而临时总会,亦应由董事召集也。

(c)财产之清算。据民法第三十七条之规定,法人解散时,其清算人,原规上须由董事充任之也。

(d)申请破产。法人之财产不能清偿债务时,董事应即向法院申请破产,此为第三十五条所明定。如因过失不申请,致法人之债权人受损害时,则依该条第二项之规定,并应对于该债权人付赔偿之责也。

董事之对内对外权限,已如上述,然若董事有数人时,则其相互间之权限如何,亦一问题。民法对此,未设明文,解释上亦当分对外及对内之关系两点论之。对外关系,因第二十七条第二项,以得由董事一人代表为原则,故应解为各得单独代表之;即章程或社员总会有其他须共同代表或过半数以上之董事始得代表之限制,亦应依该条第三项之规定,解为不得对抗善意之第三人也。对内关系,则当依其章程所订定者定之,未有订定时,依一般观念,故应依董事中多数之表示行之为当也(参照日民第五十二条第二项、德民第二十八条第一项、旧改证案第六十一条第一项)。

第六项　法人之登记

第一　设立登记

设立登记者,法人设立时所应为之登记也。法人非经设立之登记,不得成立,其详已于第二节法人人格之取得中说明之。至其应登记之事项,在社团法人,依民法第四十八条之规定,则为目的、名称、主事务所及分事务所、董事之姓名及住所、财产之总额、应受设立许可者其许可之年月日、定有出资方法者其方法、限制董事代表权者其限制、定有存立时期者其时期;在财团法人,依民法第六十一条之规定,则为目的、名称、主事务所及分事务所、财产之总额、受许可之年月日、董事之姓名及住所、限制董事代表权者其限制、定有存立时期者其时期是也。

第二　补充或变更登记

补充登记者,有应登记之事项而不登记,其后应追加之登记也。变更登记者,已经登记之事项有变更时所应更正之登记也。此两者登记,民法于第三十一条规定之,若不为此种登记,则不得以其事项对抗第三人也。

第三　消灭或解散登记

消灭登记者,已登记之事项有消灭时所为之登记也。解散登记者,法人解散时所为之登记也。民法对于此两种登记,未设明文,解释上自亦应准诸变更登记之规定办理,如不为此种登记时,则不得对抗第三人也。

第七项　法人之监督

第一　法人存续中之限度

法人之设立,在公益之社团法人及财团法人,以经主管官署之许可为要件,已如前述。故关于其设立后存续中业务之执行,自亦以由为许可之主管官署监督之为宜。其监督之方法范围,据民法第三十二条至第三十四条及第三十六条之规定,监督范围,在检查其财产状况及有无违反许可条件与其他法律之规定,违反设立许可条件者,得撤销其许可,违反法律者,得请求法院解散之,若法人之董事,不遵主管官署监督之命令或妨碍其检查者,并得对之,处以五百元以下罚款焉。

第二　法人清算时之监督

法人解散后,其财产之清算,据民法第三十九条及第四十二条至第四十三条之规定,由法院监督之。即:(1)法院对于法人之清算,得随时为监督上必要之检查;(2)认有必要时,得解除清算人之任务;(3)如清算人不遵法院监督命令或妨碍检查者,并得对之处以五百元罚款。

第八项　法人之消灭

第一　法人消灭之概念

法人消灭云者,法人之权利能力终止者谓也。何时为法人消灭之时期,一向学说有二:有以法人解散之时,即为法人消灭之时者,是谓解散消灭说;有以法人解散后,直至法人清算终结时,始为法人消灭之时者,是谓清算消灭说。主张前说者,复可分为以清算财产属于社员之共有者,及以清算财产另为一种独立法人者之二派;而主张后说者,亦可分为以法人人格之存续,当然至于清算终结时者,及以法人人格之存续,原只至于解散时为止,特因法律之假设,于清算目的之范围内,至清算终结,是为存续者之二派。我国民法第四十条第二项明定法人至清算终结止,在清算之必要范围内,是为存续,盖即采取后说第二派之主张以立法者也。故依民法之规定,关于法人之消灭,当分"解散"及"清算"两项论之,必须经过此两种状态,始得谓之消灭也。

第二　法人之解散

法人之解散者,确定法人消灭之原因也。法人因解散,本应消灭,但因其有残余财产关系之存在,为达清算之目的起见,法律特使其在清算必要之范围内,于清算终结止,仍视为存续,故解散只可解为确定法人消灭之原因,其本身非即法人之消灭也。以下分二段,论述如次:

1. 解散之事由。此可分为后之三点述之:

(a)社团即财团法人解散之共同事由。据民法第三十四条、第三十五条、第三十六条之规定,列举如下:

Ⅰ. 撤销许可。撤销许可者,因法人违反设立许可之条件,主管官署撤销其许可,使其不得存续之谓也。法人因撤销许可,当然不得存续,故应因为解散之事由,但主管官署之撤销处分,须以法人违反许可之条件为前提,若法人并未违反其许可之条件时,则此种撤销处分为违法,法人自得以行政诉讼程序,请求救济也。

Ⅱ.宣告破产。法人之财产不能清偿债务时,董事应即向法院申请破产。法人经宣告破产后,当然解散,故宣告破产为解散事由之一。

Ⅲ.法人目的或行为违反法律或公序良俗。法人有此种事由发生,法院得因主管官署检察官或利害关系人之请求,宣告解散,此为第三十六条所明定。

(b)社团法人解散之特殊事由。据第五十七条及第五十八条之规定,列举如下:

Ⅰ.社员议决。社团得随时以全体社员三分二以上之可决,解散之。此盖以社团法人,既以各社员之合意而成立,故因有多数议员决议之事由,亦得解散之也。

Ⅱ.事务无从依据章程所定进行。社团法人之目的事业,订定于其设立章程中,若设立以后,而其事务之进行,不能依据章程者,则其目的事业,已无成功希望,利害关系人自可以之为解散者之事由,申请法院解散之也。

社团法人解散之特殊事由,除上述二项为民法所明定者外,其他若设立章程定又解散事由者,其事由已发生,或其组织社员全体缺亡者,亦应视为解散之事由。虽民法对之,未设规定,而法理上,故为当然之解释也。

(c)财团法人解散之特殊事由。据民法第六十五条之规定,因情势变更致财团之目的不能达到,主管官署,得斟酌捐助人之意思,而解散之。此盖以法人之目的事业,已不能成就,而事实上又无变更其目的可能,或虽有变更之可能,而又非捐助人所愿意者,故除解散而外,实无他道也。民法所定财团法人解散之特殊事由,惟此一种,至其他因捐助章程所定解散事由之发生,或其目的已成就之解散,自亦法理上所当然承认者,故不待明文之规定也。

2.解散之效力。解散之效力,可分三点论之:(a)解散为确定法人人格消灭之原因，此已于上文说明之矣。(b)解散后，法人财产，当付清算。至清算之规定，于后段再详论之。(c)解散后，其剩余财产，除清偿债务外，当归属于有归属权利之人或团体。据民法第四十四条之规定，其归属之情形有二：一，如依章程之规定或总会之决议，已确定其应得人者，自应依其章程及总会之所定；二，如章程或总会未确定其应得人者，则应归属于法人住所所在地之地方自治团体。至其归属之时期，当准诸第四十条之规定，于清算人移交时，其剩余财产始归属于应得人焉。

第三　法人之清算

法人经解散后，当依清算程序以结束之。清算者，以了结被解散法人之现务，及整理其财产关系之程序也。为达清算之目的，虽已解散之法人，于清算目的范围内，仍视为存续，此前已述之。故解散后之法人，惟于清算目的范围内，视为存续，若其他以法人存在为目的之一切章程规定、总会议决及机关行为，在清算时，当然失其效力，自不待言。又清算程序，有属于破产法之规定者，此惟因破产解散者，始适用之，民法所规定者，则指因破产以外原因解散之法人，当适用之程序而言也。特此种规定，仍属于强行法规定，章程之规定或总会之议决，皆不得任意变更之，盖以与第三者之利害，有至大之关系也。以下依据民法之规定，分为数段，详述如下：

1. 清算之机关。

法人之清算，又清算人为之，故清算人者，于法人清算之范围内，代表法人且执行其事务之机关也。清算人在法律上之地位，与董事同，他之立法例，亦有以明文规定者（参看德民第四十八条第二项），我国民法，虽无此概括的规定，然法理上于清算目的不抵触之范围内，清算人得类推适用关于董事之规定，故不容疑之是也。清算人应由何人充任，据民法第三十七条及第三十八条之规定，第一，当依章程之规定或总会之决议所选定之人；第二，如章程或总会未确定其人者，则应由董事充任之；第三，不能依第一、第二两项定其清算人者，则法院得因利害关系人之申请，选任清算人。至其解任方法，自亦得依章程或总会决议定之。第三十九条规定对于清算人，法庭认为有必要时，得解除其任务者，盖以法人之清算，属于法院之监督，法院自应由此解任之权也。又清算人任免之法律上性质，与董事同，其详参看关于董事任免之说明，自不再赘。

2. 清算之事务。

清算之事务，当依清算人之职务定之，清算人之职务，据民法第四十条之规定，列举如次：

(a)了结现务。即法人解散时已着手而未了结之事务，清算人当为了结之。如因了结现务，于其必要范围内，另为新之法律行为，故属无妨，但不能出此范围外，以着手其他新之事务耳。

(b)收取债权。即法人之债权，清算人当为收取之。债权之收取，普通固指对于社员以外之债务人而言，然法人对于社员所有之债权之收取，亦应包括在内，又法人之债权，由已至清偿期者，有未至清偿期者，对于未至清偿期之债权故不能直接请求债务人给付，但此时可以换价让与之方法代之，亦不失为间接之收取也。

(c)清偿债务。即法人之债务，清算人当为清偿之。此亦指已达清偿期之债务而言，但法人得抛弃其期限之利益，欲为清偿，亦属无妨也。

(d)移交剩余财产于应得者。即清偿法人之债务后，尚有剩余财产时，清算人应为之移交于法人财产之归属者是也。

3. 清算之程序。

据民法第四十一条规定，清算之程序，除本通则有规定外，准用股份有限公司清算之规定。即参照公司法第二百〇九条以下之规定，凡民法中未有明文者，得准用其规定是也。

4. 清算之终结。

清算终结后，法人即应之已消灭，完全丧失其权利能力，在法律上已无其人格之存在,征诸第四十条第二项之规定,故为当然之结论也。

第二款　社团法人之特则

第一项　社团法人之设立行为

法人取得人格,应具备之一般要件前已于本节第一款第二项法人人格取得中,详述之矣,本项所述者,为社团法人设立之特则,即社团法人之取得法人资格,除应具备第一款第二项说所述之要件外,更应履行本项所述之设立行为,始得成立也。何者为设立行为,即依第四十七条之规定,因"订定章程"是已,以下析述如下:

第一　章程之性质

章程者,规定法人活动之根本规则也。法人之目的,组织,及其他重要事项,皆因章程以确定,故设立社团之先,首应订定之,否则其法人实无由产生也。订定章程,为一种要式法律行为,须记载于书面,且应依据民法第三条之规定,由订定者签名,或履行其他与签名生同等效力之方式,始能生效。至此种行为,在法律上之性质如何?则学者间向有争论。有谓为契约行为者;有谓为单独行为者;亦有谓为合同行为者。夫订定章程,为二人以上之订定者,以并行的意思表示,合一而成立之行为。其目的在共同创设一新之法人,并非成立互相间之权利义务关系,故谓之为契约行为,故属不当。又此种行为,乃为订定者各自之意思表示,合一而成之一个法律行为,未为订定者各自之单独行为,亦属谬误,理论上自以第三说为当也。章程订定后,尚须经第三十条、第四十五条及第四十六条规定之程序,其法人始能成立,故在法人成立前,其章程只能认为设立社团者其设立行为之内容,必至法人成立后,始能发生效力也。

第二　章程记载事项

章程记载事项,可分必要事项与任意事项两种。必要事项者,章程非记载之,不能发生效力之事项也。据民法第四十七条之规定,为下列六种。即目的、名称、董事之任免、总会召集之条件程序及其决议证明之方法、社员之出资、社员资格之取得与丧失是也。任意事项者,章程记载与否,任诸订定者自由之意思,而与章程效力无关之事项也。民法第四十九条特以明文规定,社团之组织及社团与社员之关系,以不违反第五十条至第五十八条之规定为限,得以章程定之。盖章程中,得以记载之事项,法律原无限制,特不能违反法律上所确定之原则耳。

第三　章程订定之人

订定章程之人,为设立社团者,乃民法第四十七条所明定。其人数若何,在德国民法定为须七人以上(德民第五十六条),瑞日民法则无规定,我国民法亦然。据一般之解释,以有二人以上即足,盖以具有二人以上之设立人,即与社团成立之本质,不相违背也。设立人于法人成立后,通常即为其社员,又订定章程,为法律行为,如以自然人为其设立人时,则当具备行为能力之要件,自不待言也。

第二项　社团法人之社员

第一　社员之意义

社员者,为社团法人之构成分子,且对于社团法人,有取得一定福利及负担一定义务之资格者也。社团总会,为法人之机关,由社员组织之,故就其组织机关之地位而言,乃为法人之构成分子,而本身非与法人对立而为两个人格者。然若脱去其组织机关之地位,则其本身固有独立之人格,为法人发生一定之权利义务之关系。故社员之本质,实为具备此两种资格者,观念上不可不分谓之。

第二　社员资格之取得

社员资格之取得,应依章程所定条件,更应履行入社手续。即适于章程所定社员资格之人,须向法人表示愿为社员之意思,经法人承诺后,始能取得社员之资格也。在设立人通常虽当然为社员,然因章程中有社员资格之记载,故亦非依据章程,履行入社手续不可。又在营利社团法人之社员,得以让与或继承之方法,移转其资格于他人,而在公益社团法人之社员,则以其关系公益之故,与以营利为目的者不同,故德、瑞民法皆以明文规定不得让与继承(参照德民第二十八条、瑞民第七十条第三项)。我国民法对此虽无规定,然不妨为同一之解释也。

第三　社员资格之丧失

社员资格之丧失,除依章程之规定外,其他因法人消灭或本人死亡,亦为丧失之原因,固不待言。所当研究者,则为法人之开除社员,即社员自身之退社是也。开除社员,为法人解除其社员资格之单独行为,据民法第五十条之规定,须经社员总会之决议,更须有正当之理由,否则其开除行为为无效。至所谓具有正当理由者,指于法人本身有不利益之情形者而言,其理由固不必尽为章程所规定。又总会关于开除之决议,有违反法令或章程者,被开除之社员,尚得拨用民法第五十六条之规定,请求法院宣告其决议无效,以资救济也。社员退社,亦为社员脱离其社员资格之单独行为,民法第五十四条第一项前段,明定社员得以随时退社,故以章程规定禁止社员之自由退社者,当为无效。但若只于退社之时期及方法,如以限制,如限定于事由年度终或经过预告期间后,始准退社者,则依该条第一款后段之规定,自应认为有效,社员退社时,必须依据之,特章程关于预告期间之规定,不得超过六个月耳。既退社或开除之社员,除非公益法人之章程别有订定外,对于社团之财产,无请求权,但对于退社或开除以前自己应分担之出资,则仍负清偿之义务。此为民法第五十五条所明定,关于退社或开除以后之社员与法人之关系,自当准据之也。

第四　社员之权利义务

社员对于法人,得以独立之地位,取得权利或负担义务,已如前述。

故关于其权利义务之性质种类如何？洵有待讨论之必要，以下分为二项说明之：

1. 社员之权利。基于社员之资格，对于法人享有之一切权利，总括称之为社员权，其内容可分二种：(a)因达法人自身之目的所与社员之权利，谓之共益权，例如请求召集总会之权(民法第五十一条)、出席总会之权、表决之权(第五十二条)、请求宣告总会决议无效之权(第五十六条)等是。(b)为达社员自身之目的所与社员之权利，谓之自益权，例如分配利益之权，分配剩余财产之权，利用社团设备之权等是。是类权利，其本质若何，一向学者对之虽多争论，然就其不能离社员资格以存在之根本性质也，似应解为身份权之一种，特其权利之作用，有属于形成权者，亦有属于请求权之者耳。

2. 社员之义务。社员之义务，与社员之权利同，亦基于社员之资格而存在。其种类及内容，应视章程所订定者如何而定之。但通常其最重要者，则惟出资义务，盖社团之构成分子为社员，故其基金亦应由此等构成分子负担之，民法第四十七条之明定设立章程中应记载社员之出资一项，第五十五条第二项复规定已退社或开除之社员，对于其退社或开除以前应分担之出资，仍负清偿之义务者，盖即以之为社员当然之义务也。其他若法人事务之执行，在营利法人之特别法中，虽亦有规定为社员之义务者(参照公司法第十八条)，然在民法中，则并无此项规定，故一般社团法人之社员，除其章程另有订定外，尚不能以此认为其义务也。

第三项　社团法人之总会

第一　总会之性质

总会者，由社员组织之社团法人意思机关且其唯一之最高机关也。故：(1)总会应由社员组织之，非社员固不能参加总会，即社员而欲为法人意思之决定，亦非依总会之组织，共同发表其社会之总议不可。(2)总会为法人之意思机关，除章程或法律明定属于董事或其他职员之事项，不待总会之决议者外，凡法人之意思，皆当由总会决议后，始能产生；又以其仅为决定法人意思之机关，故不能执行法人之事务及代表法人。(3)总会为法人之唯一最高机关，不特对于执行机关之董事或职员，处于指挥及监督之地位，即对于为法人构成分子之社员，亦有开除之权限也。

第二　总会之召集

总会分通常总会与临时总会二种：前者于章程中定其时期，由董事按期召集之；后者因临时之必要，由全体社员十分之一以上人数，表明会议目的及召集理由请求召集之，其召集之机关，亦应属诸董事，特董事如受此请求后，一个月内不为召集时，则为此请求之社员，得申请法院自行召集之耳(参照民法第五十一条)。总会召集之条件及程序，应依章程之所定，又临时总会依法律之规定，虽应由社员请求召集之，但董事如认有必要时，亦应认为得以召集，盖以其为法人执行机关，其不能解决之事项，自不能不召集总会，以求解决也。

第三　总会之决议

决议者，得有一定人数以上社员之同意之谓也。决议非经一定人数以上社员意思之一致，不能成立。至其人数之定额，据民法第五十二条、第五十七条及第五十三条之规定：(1)一般总会，以出席社员过半数决之；(2)解散法人之决议，须经全体社员三分之二以上同意；(3)变更章程之决议，须有全体社员过半数之出席，出席社员四分之三以上之同意，或经全体社员三分之二以上书面之同意，又在公益之社团法人，则其变更章程之决议，并应得主管官署之许可，始能生效焉。关于应经总会决议之事项，据第五十条第二项之规定，虽仅列有变更章程、任免董事、监督董事职务之执行、因正当理由对于社员之开除四种，然此不过明定此种重要事项,非经总会之决议,不能生效而已,并非对于总会决议之事项,加以限制也。故如一章程之规定,或社员及董事之认定,与此四种事项外,亦列为非经总会之决议不可,在法律上,原非禁止,盖以其人之意思,当由总会之决议,始能产生,总会固有此当然之权限也。又社员之表决,据民法第五十二条第二项之规定,有平等之表决权,不以出资数额之多寡,而有差别。至其决议证明之方法,则为章程中应记载之事项,自应依章程之所定行之也。

第四　总会之拘束力

总会之决议,为法人意思之决定,对于全体社员,皆有其拘束力,故不待论。但其决议若为违反法令或章程之规定者,则依第五十六条之规定,对该决议原不同意之社员,于决议后三个月内,得请求法院宣告其决议为无效。盖以其决议既不合法或违反章程,则对于其原不同意之社员,自不能不与以依救济之道,使其得以撤销其总会不当之拘束也。

第三款　财团法人之特则

第一项　财团法人之设立行为

财团法人之设立,与社团法人同,除应具备本节第一款第二项规定之要件外,更应履行其设立行为,使得成立。设立财团之行为,学者亦称曰捐助行为(Stifungsgeschaft),据民法第六十条之规定,为“订立捐助章程”,盖亦与社团法人之订立章程,同为一种要式行为也。以下析述如下:

第一　捐助章程之性质

捐助章程,为规定财团法人活动之根本规则,且其订立行为,为一种要式之法律行为,其详与社团法人所述者同。特设立财团法人,若以遗嘱为捐助者,则得不另立章程,即以遗嘱代之耳。又财团法人,并不以人之集合为要件,故其设立人虽为一人,亦得订定捐助章程设立之。因之其订立捐助章程之行为,若为一人者,故当解为一种单独行为,若为二人以上者,则仍当解为一种合同行为,盖以其所捐助之财产,虽不必同一,而其法人之目的,则必须一致故也。捐助章程订立后,于法人成立前,只能认为设立财团者其设立行为之内容,得以随时撤销,故不待言。然若于法人成立后,则是否可以撤销,立法例殊不一致,我国民法对此未设规定,解释上应认为如具有正当之撤销原因时,亦得以撤销为当也。又法人成立后,其章程未经撤销者,董事执行法人事务,自当依据之,若有违反时,则依第六十四条之规定,法院得因依利害关系人之申请宣告其行为无效也。

第二　捐助章程记载事项

捐助章程记载事项,亦可分为必要事项与任意事项二种。必要事项,据民法第六十条第二项之规定,法人目的及所捐财产,应行订明。又据民法第六十二条之规定,财团之组织及管理方法亦应又捐助章程定之,特捐助章程所定之组织不完全,或重要之管理方法不具备者,则法院得因利害关系人之申请,为必要之处分耳。任意事项,则苟不违反法规及公序良俗者,得记载之,自不待论也。

第三　捐助章程订定人

订定捐助章程之人,为设立财团者,亦为民法第六十条所明定。又财团法人非以人之集合为其本质,故其设立人之人数,不必如社团法人之须有二人以上,虽仅一人,亦得订立捐助章程,设立之。设立人于订定捐助章程中,为订明捐助财产,交付之时期者,于法人成立时,应即将其捐助之财产移交法人,若于法人成立后,尚未提出时,则董事对之,得请求交付,此盖以捐助财产,不特为法人之基金,且为章程明订之事项,订立人既负有此出资之义务,自不得不尽其履行之责任也。至设立人应具备行为能力之要件,亦与社团法人之设立人所述者相同,特非订立捐助章程，而以遗嘱设立法人者，则当依据民法继承编第一千一百八十六条关于遗嘱能力之规定耳。

第二项　财团法人目的及组织之变更

财团法人之目的及组织，应于捐助章程中明订之，已如前述。特其后如生有因变更其目的或组织之情事时，则财团法人既不如社团法人有社员之存在，可以由社员总会，依变更章程之程序变更之，且其设立人，自财团法人成立后，即脱离关系，对于其订立之捐助章程，亦无变更之权，是实际上当不能不筹一救济之道。故民法特以明文规定其变更之权，属诸法院及主管官署，即依第六十三条之规定，为维持财团之目的或保存其财产，法院得因捐助人董事或利害关系人之申请，变更其组织；又依第六十五条前段之规定，因情势变更，致财团之目的不能达到时，主管官署得斟酌捐助人之意思，变更其目的及必要组织是也。

第四款　外 国 法 人

第一　外国法人之意义

自然人有内国人与外国人之别，法人亦有内国法人与外国法人之别，然其区别之标准，自然人因有国籍法明文之根据，解释上自不生若何之疑问，在法人则以立法例上多未予以明确之规定，故学说颇多争论。有以设立人或社员之为本国人与否而为区别者，是谓设立人或社员国籍准据说；有以完成其设立行为所在地之属于本国与否而为区别者，是谓设立行为地准据说；有以其住所所在地之属于本国与否而为区别者，是谓住所地准据说；有以其成立依据之法规为本国法与否而为区别者，是谓法规准据说；意见分驰，莫宗一是，然自法理上言之，则似以法规准据说为优。盖法人本为法律上之组织体，而其人格亦由法律所赋与，就法律上区别内外国法人？自当视起成立要件，是否依据本国法律而定，乃理论上之当然也。且从订立人或社员国籍准据说，则不特漠视法人有脱离其设立人或社员而独立成为一人格者之本质，若设立人或社员中兼有本国人及外国人者，其法人国籍之内外，亦将难以确定；从设立行为地准据说，则不特其设立行为之完成与否？仍当视其准据之法规，始能断定，且若以其设立章程之完成地，视为法人国籍之所在，则实际上此种区别，亦无甚意义之可言；从住所地准据说，则不特有单注重法人之住所，而没却其他一般成立要件之嫌，且就我国民法第二十九条及总则施行法第十三条之规定观之，外国法人在中国所设之事务所若为主事务所者，则虽在中国有住所，仍当称为外国法人，与此说亦不相容。是此三说，其自身亦皆有其悖谬难以采取之点，故吾人解释我国法律上所谓外国法人之意义，窃欲采取法规准据说，而谓非依据中国法律而成立之法人为外国法人也。

第二　外国法人之权利能力

此可分为后之两项论之：

1. 权利能力之取得。外国法人在中国取得权利主体之资格，据民法总则施行法第十一条及第十三条之规定，第一应经认许；第二如在中国设立有事务所者，并应履行民法总则上关于法人成立形式上要件之程序所谓认许者，即依据中国法律之规定，承认外国已成立之法人于中国亦有权利能力之谓也。所谓应履行民法总则上关于法人成立形式上要件之程序者，即该外国法人应依民法第三十条、第四十八条、第六十一条，以为登记；如为公益社团或财团，应依第四十六条、第五十九条，经主管官署之许可；如为营利社团，应依第四十五条，据特别法之规定，取得其法人资格之谓也。一般法人，非经认许，不能于中国内享有权利能力，若在中国设有事务所者，则虽经认许，如未履行上述之成立要件，亦不能在中国内享有权利能力也。至其应履行登记之要件者，若有应登记之事项而不登记，或已登记之事项有变更而不为变更之登记时，则亦当依民法第三十一条之规定，不能以其事项，对抗第三人焉。

2.权利能力之范围。外国法人依前段所述,取得权利主体之资格后,于法令限制内,与同种类之中国法人,有同一之权利能力,此为民法总则施行法第十二条第一项所明定。故依本条之解释,外国法人在中国得享受之权利能力,第一当在法令限制内;第二当与同种类之中国法人同其范围,然此不过其原则上之规定耳,若外国自然人不能享受之权利,或依条约所应限制之权利,则外国法人不能享有,故亦理论上当然之事也。又外国法人既在中国,享有权利能力,则对于中国法律,自与中国法人用,有服从之义务也。

第三　外国法人事务所之撤销

外国法人在中国设事务所者,依前述之程序,虽于中国内能取得权利能力;然其目的或行为,若违反法律或公序良俗者,据民法总则施行法第十四条之规定,法院得以撤销之。盖已成立之中国法人,如有此等情事,尚得依据民法第三十六条,由法院宣告解散,则对于外国法人其得撤销之,自不待言也。特此有当注意者,第三十六条之解散,须经主管官署检察官或利害关系人之申请,且其性质为确定法人消灭之原因,而此之所谓撤销,则虽无人申请,法院亦得以职权为之。又其性质,并非消灭其外国法人之本身,不过就其在中国之事务所,使其不得存在,于中国领土内,丧失其为权利主体之资格而已,二者尚有其差别之点存在也。

第四　未经认许成立之外国法人

未经认许成立之外国法人。在中国原无权利能力,然实际上亦难免不以其名义与他人为法律行为,故民法总则施行法复于第十五条规定,此时其行为人与该法人共负连带之责任,立法之意旨,盖为保护其行为之相对人之计也。

第三章　私权之客体

第一节　总　　说

权利之本质,为法律之力,而其目的则在满足人之生活资料,此与绪论第五章中已详述之。所谓权利之客体者,即指为其目的对象之生活资料而言也。权利目的,因其种类,各有不同,其客体亦虽之而异。物权以支配一定之物或权利为目的,其被支配权利或物,即为权利之客体;债权以请求债务者之行为或不行为或目的,其被请求之行为或不行为为权利之客体;亲属权以享有亲属关系之身份为目的,其被享有之亲属关系身份,即为其权利之客体;继承权以继承被继承人之地位为目的,其被继承之被继人地位,即为其权利之客体;人格权以维持权利人自身之人格上利益为目的,其被维持之人格上利益如生命、身体、自由、名誉等,即为其权利之客体。仅凡称曰权利之客体,若非就其权利之目的,一加探究,始莫能断定其果为何物也。

民法仿德日之立法例,于总则篇中,不设关于权利客体一般之规定,惟就物权客体之"物",于第三章中规定之。其意盖以物之观念,特为物权之客体,且与其他债权、亲属权、继承权等,亦有重大之关系,故于总则中有明示其一般通性之必要也。本书既以研究现行民法之主旨,故以下亦依其规定之次序叙述之。

第二节 物

第一款 物之观念

罗马法分物为有体物与无体物二种,前者指得以触觉之物,如土地、奴隶、衣服、金银等是;后者指不得触觉之物,如各种权利是。其后法法系民法,即从此观念,所称之物包括上二种而言(参照法民第五百二十六条以下、意民第四百〇六条以下、荷民第五百五十五条)。德国民法第一次草案(第七百七十八条),独弃此观念不取,单指有体物为物,现行德国民法从之(第九十条)。于是物之一语,其范围如何?遂成为法德两法系学者之争论问题。日本旧法(第六条)依民法之规定,现行民法则改从德民之观念。其修正理由书谓:"以无体物之权利,而认之为物,其结果将于债权之上复认一所有权。不特毫无实益,且足紊乱债权与物权之区别。”日本学者解释其立法规定之主旨,依多以是为其理由。瑞士民法虽大体亦以德民之规定为主旨,然于有体物之外,其他如登记于土地登记簿之独立继续的权利,及法律上得支配之自然力,亦视为物之一种(参照第六百五十五条、第七百一十三条)。盖其立法之意,一方注重物之有体性,一方并注重社会上交易之观念也。我国第一次民律草案及第二次改正案,均从德民之规定(参照旧草案第一百六十六条、修正案第九十五条)。现行民法对此并无明文,其所称之物,是否仅指有体物而言?解释上不无疑义。据吾人之意见以为现在社会一般之认识,既无以无体之权利,亦视为物之观念,则权利除法律以明文视为物者外,其不能与普通一般之物相含混,自不待言。且征诸法律规定之方式,完全依据德日民法而来,与法法系之民法原不相同。特以社会日益进步,其可为交易之客体者,亦已增加,法律上未能予以一定之准绳,故参酌瑞士立法之意,不明示其有体性,而委诸社会上一般观念之解释耳。是以就上述两点言之:似民法所称之物,仍有有体物为原则,若社会上一般有以无体之自然物,亦视为交易之客体时,则此种无体之自然物,亦不妨解为物之一种也。兹特参酌德瑞学者之通说,析述其观念如下:

1. 物以有体物为原则。视为有体者,即占有一定空间而存在之谓也。不论其为固体、液体、气体,凡占有一定空间者,皆得谓之为物。反之如声、光等无体之自然物及权利、义务无体之法定物,皆不得谓之为物也。但从一般社会之观念,如以某种之无体自然物,亦以视为交易之客体时,则不妨从社会之观念以解释之。例如电力本为无体之物,但现在社会一般之观念,均已视之为交易之客体,固亦不妨解释为民法上物之一种也。

2. 物为存在人间以外之物。故生人之躯体及其构成部分,不论其为天然或出于人工,皆不得谓之为物。反之,若已与人之躯体分离时,则仍得谓之为物。又与人订立分离其躯体之契约。但使不害及人之生活力及公序良俗时,亦得谓之有效也。尸体是否为物之一种?一向学者对之颇多争论,但通说则均谓之为物,后再申论之。

3. 物必为人力所能及之物。故如日、月、地球及其他行星等,为吾人事实上所不能支配之物,则虽于空间有体质之存在,仍不得谓之为物。但若割取地球之一部,足为交易上之客体时,则亦得称之为物也。

4. 物必为独立成一个体之物。但此须从社会之观念以断定之,为如房屋之栋梁,在物理上虽亦得为一个体,但社会观念上,究只认为其房屋之构成部分,尚不能谓为独立之个体,故法律上遂亦不得称之为物也。

第二款 物之种类

第一 动产及不动产

动产与不动产之区别,为物之种类中最重要者,其故盖以二者在经济上利用方法,既各不同,而其价值亦甚悬殊;加之不动产常固住于一定场所,动产则含有流动之性质,是以法律对之,生有差别中规定。以民法言:不特对于二者之得丧变更,设有严重之区别(参照第七百五十八条、第七百六十一条、第七百六十八条、第七百七十条、第一千一百〇一条之规定),且多数之物权中,亦有单有不动产为其客体者(例如土地权、永佃权、抵押权、典权等是)以他人之法律而言:则在诉讼法中,关于二者诉讼之管辖,固已有特殊之规定(参照民诉法第一章第一节之规定)而在执行法上,于其执行之程序,亦复异其方法(参照民事诉讼法执行规则第二章、第三章之规定),其法律上之效果,不同如此,此所以民法总则编于物之章中首列其区别,而吾人研究物之种类,亦遂以之为起始也。以下据民法第六十六条及第六十七条之规定,析述其意义如下:

1. 不动产。不动产者,土地及其定着物之谓也。德国民法,承认罗马法上“土地上之物属于土地”之观念,视土地上之定着物,仅为土地之成分,而以土地为唯一之不动产(参照德民第九十四条、第九十五条)。日本民法反之,以土地与其定着物分离,各得为独立之不动产(参照日民第八十六条)。我国民法之规定,盖仿诸日本之立法例者,故其所谓不动产,可分为土地及其定着物二种说明之。

(a)土地,土地者,电气与之一部分也。土地不单指地之表面而言,凡其地上之空间及地下之中心,皆包括之(参照民法第七百七十三条)。又其由土地产生之物,尚未分离者,据民法第六十六条二项之规定,亦为土地之部分焉。

(b)土地之定着物。土地之定着物者,社会之观念上,认为继续的附着于土地之物也。故①须非由土地出产之物。由土地产生之岩石或植物等,虽亦继续附着于土地,然谓为土地之部分,不能成为独立之不动产,故非定着物;②须为附着于土地之物,所谓附着者,即非加以毁损,不能使其与土地分离而移动之是也,故如搁置于地上之石像、假山等,固非定着物,即半藏于地中之石碑或电线柱等,能不毁损原物而移动着,亦不能谓为定着物;③须在一般社会之观念上,认为有继续附着之性质者,故如因起造房屋,暂时备置堆积木料之棚厂,或因开会,暂时建筑之演说台,一般社会观念上,皆知其不过因暂时之目的,附着于土地而无继续性者,亦非此之所为定着物也。

2. 动产。动产者,前项所称不动产以外之物也。故但使其非土地或土地之定着物,皆得谓之为动产,依第一款之观念中所说,无体之自然物,苟能为一般交易之客体者,固亦得谓之为动产,反之,有体物中形式极形笨重如飞机、火车等物,因其非定着于土地者,亦可称之为动产也。

第二　主物及从物

主物与从物之区别,渊源于罗马法,近世立法例。多袭用之(参照法民第五百四十七条以下,德民第九十七条、第九十八条,瑞民第六百

四十四条,日民第八十七条),我国民法亦然。兹据民法第六十八条第一项之规定,析述其意义如下:

1. 主物与从物须各为独立之物。故只为主物成分者,不得谓之为从物。

2. 从物为常助主物之效用者,故如装置古玩之玻璃盒,固可谓为古玩之从物,然室中陈列之古玩,则不能谓为室之从物,其故即在能助其效用与否耳。

3. 从物与主物须同属一人所有,故虽其物之性质上,有主从之关系,然苟不属一人所有时,亦不得谓之为主物与从物也。

据上所述要件,其主从物之关系,固得因之成立,然此亦非强制之规定,如交易上有特别习惯者,仍应从其习惯区分之也。至二者区分之实益,据六十八条第二项之规定,在使主物之处分及于从物。视为处分云者,如为买卖或设定其他担保行为是,仍指法律上一切之处分行为而言,苟当事人无反对之意思表示,则其处分行为之效力,当依本项之规定,并及其从物,故此区别,自甚重要也。

第三　融通物及不融通物

融通物者,有交易能力之物也。反是谓之不融通物。何者为有交易能力之物,当依社会之观念定之,兹先说明不融通物之种类如次,除此之外,通常之物,皆得谓之融通物也。

1. 公共物。公共物者,无论何人不能专有之物也。例如空气、海洋、光线等,其性质上不能归属于任何人所有,从之亦不能为交易之客体,故应为不融通物。然此种公共物,若割取一部分,以为专有,亦属无妨,故单就其能专有之部分言,则可谓之为融通物也。

2. 公有物。公有物者,属于国家或其他公法人公有之物也。如军舰,炮台等是。其不得为普通交易之物,自不待言。然此乃指其因公共目的所有者而言,若单为经济目的所有之物,如官地官产等,仍能为交易之客体,成为融通物也。

3.公用物。公用物者,其公众使用之物也,例如公园、道路、河川等是,其为不融通物,自不待言。然一旦若除去其公用之性质时,则亦得变为私人之所有,而成为融通物也。

4.禁止物。禁止物者,法令禁止持有之物也。例如鸦片、吗啡等物,性质上虽非不能为交易之物,然因法令之禁止,故亦遂成为不融通物焉。

5.尸体。尸体为一种物体,已为现今一般之通说所承认,虽学者对之有解为一种不许先占之无主物者,亦有解为不能处分之继承人所有物者,然其结局,固皆视为一种不融通物也。

第四　代替物及不代替物

代替物者,于一般社会之观念上,不重视其物之个性,而常指示其种类品质数量以为交易之物也,反是则谓之不代替物。前者如金钱、米、谷、油、酒等是,后者如牛羊、书画、古董品等是。其区别之实益,盖在于消费借贷及消费寄托,只能以代替物为其标的物也(参照民法第四百七十五条、第六百〇二条)。

第五　特定物及不特定物

特定物者,依当事人之意思或其他方法具体指定其个体之物也。例如约定购买某笔或某表,其笔或表之个体,既已确定,即为特定物是。不特定物者,当事人之意思不着眼其物之个体,而惟以种类品质数量指示之物也。例如约定购买价值一元之长锋羊毫一支或价值十元之手表一个,其笔或手表之个体,既为确定,即为不特定物是。此种区别与代替物及不代替物之区别,虽颇相似,然其观念,实不一致,前者乃属于当事人意思,主观之决定,后者则属于社会观念,客观之决定。故有代替物而为特定物者,如指定购买此包之米是;亦有不代替物而无不特定物者,如仅约定购买十元之羊一匹是,其观念上实不能不分清之也。至特定物与不特定物区别之实益，则因其与债之标的之确定及清偿上，皆有重要之关系也。

第六 消费物及非消费物

消费物者，依其本来之使用方法，使用一次即归消耗之物也，例如谷物、制造原料、金钱等是。反是谓之非消费物，例如土地、房屋、衣服、书籍等是。其区别之实益，盖在于借贷寄托等契约，须返还原物者，原则上只能以非消费物，为其标的，不须返还原物者，则得以消费物为其标的也。

第七 可分物及不可分物

可分物者，不损害其物之性质并不减少其比例上应具有之价值，而得分割之物也，例如土地、金钱等是。反是谓之不可分物，例如房屋、衣服等是。其区别之实益，盖在于共有之分割及债权债务为多数当事人时，有相当之关系也。又就物之性质上，虽为可分之物，然若当事人之意思，约定为不可分物者，此时亦得变为一种指定之不可分物焉。

第八 有主物及无主物

有主物者，有所有主存在之物也，反是谓之无主物。其区别之实益，盖在无主物，常得任人之先占也。

第九 单一物组成物及聚合物

单一物者，形体上成为一独立体之物也，如牛一头、树一株之类是。组成物者，由多数之物结合而成一体之物也，如由宝石与黄金而镶就之戒指，由玻璃与木料而造成之镜框等是。聚合物者，由多数之单一物或组成物聚合而成之团体物也，例如由多数之羊聚合而成之羊群，由多数之书聚合而成之书库是。其区别之实益，盖在单一物及组成物，法律上只视为一个权利之客体，在聚合物则除交易上或法律上认为以一定之数量，视为一个权利之客体者外，原则上其聚合之各物，仍各自独立为权利之客体焉。

第三款　物 之 孳 息

第一项　天然孳息

第一　天然孳息之意义

天然孳息者,指果实、动物之产物及其他依物之用法所收获之出产物也。兹析述其意义如下:

1. 天然孳息为物。物有独立性,若尚与他物组合为一体时,则只能谓为物之一部或物之成分,其自身不得谓之为物。故天然孳息如尚未与原物分离,如树上之果实,田中之稻禾等,不得谓之为物,从之亦不得谓之此之孳息也,特一般社会观念上,对于未分离之孳息,常得以之为交易之标的,其法律上之效力如何?学说上颇有争论。据一般通说之解释,则谓此时既尚非物,自不能独立为权利之标的,特得以未来之物之资格,为债权之标的耳。

2. 天然孳息为出产物。出产物者,依原物之性质,产生之物,且出产之后,仍不变更其原物之性质者也。故未分离以前,各为独立不系属之物,如盆中之花木,笼之虫鸟,固不能谓为其盆或笼之出产物,反之虽与原物有性质上之关系,然其出产之际,以变更其原物之性质,而不能各自存在者,如由鸡卵而产生之鸡雏,由牛乳而制成之牛酪,亦不能谓为鸡卵与牛乳之出产物也。具备上述之二要件,其物即得谓之出产物,从之亦得谓为天然孳息,至其物之本身,是否为有机体或无机体,可以不问,又其产生之方法,是否由于天然,抑由于人工,亦可以不问也。

3. 天然孳息为依物之用法所收获之出产物。关于天然孳息之观念,从来有三种解释:有谓须为定期收获之出产物,始为天然孳息者;有谓须为不消耗原物所收获之出产物,始为天然孳息者;有谓凡依物之用法所收获之出产物,皆为天然孳息者。依第一说,则鸡之产卵,牛之生子，均非孳息；依第二说，则无机物之产出物，如各种煤铁矿物等，亦非孳息；依第三说，则含义较广，凡适合于物之用法以产生者，不问其是否为定期之收获，亦不问其是否为消耗原物之收获，皆得谓之孳息也。征诸社会实际，自以第三说为合于理论，故民法即采之，以定孳息本质上之观念也。所谓依物之用法者，第一须为其物性质上固有之使用方法：故如耕地而获谷，其谷固应属于耕地之孳息，然若于耕地内掘得藏金，则以其非耕地性质上固有之使用方法以产生者，不得谓为耕地之孳息也。第二须为经济上之使用方法，故如种树以呼吸新鲜空气，其新鲜空气，虽亦为树之产生物，然以其非经济上之用法而产生者，亦不得谓为孳息也。第三须为社会一般承认之使用方法，故如种禾原以取谷，然若收取人之意思在于使之产生某种昆虫以为昆虫学上之研究者，则以其与一般之观念向违反，其产生之昆虫，不能谓之孳息也。反之在社会观念上，认为依其物之用法所产生者，则虽当事人未有如是用法之意思，其产生之物，亦得谓之孳息也。民法第六十九条第一项，特予例示果实及动物之产物，均为天然孳息者，盖恐解释当事人之意思，亦生疑义而设也。

第二　天然孳息之取得

天然孳息与原物分离时，应归属于何人？德国固有法采生产主义，罗马法采分离主义，前者谓加以劳力资本助之生产者，取得其物，后者则谓于分离时有收取权利之人，取得其物。我国民法第七十条第一项明定“有收取天然孳息权利之人，于其权利存续期间，取得与原物分离之孳息”，盖即采取后之主义，以立法者也。所谓有收取权利之人，不限于原物之所有者，依法律或当事人之约定，其他之物权者，或债权者，亦得有之，又于权利存续期间内，其原物之孳息，一有分离之事实，即当然取得其所有权，并无须更行占有也。

第二项　法定孳息

第一　法定孳息之意义

法定孳息者,利息、租金及其他因法律关系所得之收益。析言如下:

1. 法定孳息为收益。收益者,因原本之使用所取得之利益也。原本与利益,均不限于有体之物,虽权利亦包含之。盖关于法定孳息之本质,一向之立法例有二,有以因物之使用对价所取得之物,始为法定孳息者,如日民是(参照日民第八十八条第二项);有不以有体物为限,凡本于法律关系所产生之收益皆得谓之为法定孳息,如德民是(参照德民第九十九条、第一百条)。我国民法之规定,乃仿照德民而来者,故关于其原本与利益之范围,亦自以从宽解释为当也。但其利益之取得,须限于因原本之使用而来,若为处分原本所取得之对价,则不能谓之法定孳息,自不待言。

2. 法定孳息为因法律关系而生之收益。此即法定孳息与天然孳息相异之点,盖基于事实关系所生之收益,只能谓之天然孳息也,必基于法律规定之关系上所生之收益,始得谓之法定孳息也。

第二　法定孳息之取得

法定孳息与原物本非一体,故无所谓分离之观念,时时皆可发生,亦时时皆可为比例的分配收取。民法第七十条第二项明定有收取法定孳息权利之人,按其权利存续期间之日数,取得其孳息者,盖即按诸法定孳息之性质,如收取权利人前后不同时,以权利存续期间内之日数,为分配收取,较为公允也。

第四章　私权之得丧变更

第一节　总　　说

第一　法律关系及法律效果

法律关系(rechtsverhaltnis)者,法律规定之生活关系也。人之生活关系(Iebensverhaltnis),有以法律规范为对象者,有不然者,前者谓之法律关系,后者谓之事实关系,其区别之要点,盖即在是否为法律所认知及是否为法律所保护耳。事实关系,因乏法律上之根据,故只能生事实上之效果,法律关系,因为法律所认知保护,故其所生之效果与事实效果有别,可名曰法律效果(rechtswirkung)。法律效果,因法律之规定,虽有种种不同,然其直接与间接之目的,皆不外在发生权利之得丧变更,兹特析述其意义如次:

1. 私权之取得

私权之取得者,私权与特定之主体相结合之谓也,无主体之权利,不能存在,已如前述,故权利之发生,必有其取得者,以下就其取得之状态分为二种,析述如次:

(a)原始的取得。原始的取得者,非继承他人之权利以为取得也,其中有为新权利之取得者,如因先占、加工或取得时效而取得之权利是;有为旧权利之回复者,如附解除条件之让与,其后因条件成就而回复其旧有之权利是。

(b)传来的取得。传来的取得者,继承他人之权利以为取得也。其被继承之前主权利,谓之原权,须有真实存在之事实,始能发生传来取得之观念也。其中因其取得方法及原因之不同,又可为次述之分类:

一,因取得方法之不同,可分为创设的传来取得及移转的传来取得二种:创设的传来取得者,本于既存之权利,设定一新权利使其取得之谓也。例如土地所有人于土地上设定地上权永佃权,使他人取得此种权利是。移转的传来取得者,本于既存之权利,不变其性质而使他人取得之谓也,例如因买卖而取得前主对于其物之所有权是。

二,因取得原因之不同,可分为特定的传来取得及包括的传来取得二种:特定的传来取得者,各个之权利,因各个之原因而取得之谓也。例如因买卖房屋之契约,则其取得之权利只为该房屋之所有权,因买卖土地之契约，则其取得之权利，只为该土地之所有权是。包括的传来权利者，各个之权利，因唯一之原因而取得之谓也。例如遗产之继承，包括遗赠之取得是。

2. 私权之丧失

私权之丧失者，权利与其主体分离之谓也。此可分之为次二种：

(a) 主观的丧失。主观的丧失者，谓权利移转与他人而自己丧失其权利之谓也。此时其权利虽与自己相分离，然尚有其继承之主体者在，故只能谓为主体的丧失或相对的丧失。

(b) 客观的丧失。客观的丧失者，权利虽去其原有之主体，而绝对不能存在之谓也。例如物之灭失，其原存之所有权故丧失，而他人亦未能继承取得其所有权是。

3. 私权之变更

私权之变更者，权利之原来状态发生变化之谓也。可大别为次述三种：

(a) 主体之变更。此有为主体之更代者，亦有为主体之增减者，前者如前述之传来取得，后者如甲独有之物变而与乙共有，或甲乙共有之物，变而为甲所独有时。

(b) 客体之变更。如丧失所有物之一部或增加担保物权之标的物是。

(c) 内容之变更。如权利存续期间之变更或权利性质之变更等是。

第二　法律要件及法律事实

法律要件（guristischer tatbestand）者，发生法律效果之原因也，而构成此原因之各个事实，则谓之法律事实（guristischer tatsache）。盖法律效果之发生，不可不具有一定之原因，而其原因之构成，又不可不具有一定之事实，其相互间，实有不可分离之关系，故于法律效果叙述之后，对于后之二者，亦当一言即之也。关于法律要件与法律事实之区分，学者虽亦有忽视之,而以法律要件归并于法律事实以立说者,然为求用语上之明确起见,仍以分别观之为当。盖法律要件为抽象的概括之用语,而法律事实,为具体的个别之用语,一法律要件之构成也,其中包含之事实,各有不同。例如为法律要件中最重要部分之法律行为,则有为一方意思表示之一个事实构成者(如单独行为),有为双方意思表示之二个事实构成者(如契约行为),亦有为多方意思表示之数个事实构成者(如合同行为)。然法律不因其事实构成之多寡,概括以一法律行为为之名称,一法律行为之构成,即赋予一法律效果。故欲知其否能发生一法律效果,当视其是否为一法律要件以定之,否则误以同为一样之意思表示事实,遂谓由多数意思表示而成立之一个法律行为,为数个之法律行为,则其悖谬,自不堪言矣。

构成法律要件之事实,有基于自然事实者,亦有基于人之容态者,兹特析述如下:

1. 自然事实。自然事实者,不基于人之心理作用,而成立之法律事实也。例如人之生死,时之经过,天然孳息之分离等是。

2. 人之容态。人之容态者,基于人之心理作用,而成立之法律事实也。其中有为内部的作用者,例如善意、恶意、占有者之意思、所有之意思等是;亦有为外部的作用者,此即通常所谓人之行为是也,人之行为,在法律事实中,占有重要之地位,一般法律要件之构成,几以人之行为,占其一大部分,兹特再为分说如次:

(a)不法行为。不法行为者,违反法律之根本精神,而为法律所不容许,且付以一定效果之行为也。其中又可分为侵权行为及债务不履行之行为二种,现行民法以之规定与债编中。

(b)适法行为。适法行为者,适合法律之根本精神,而为法律所容许,且付以一定效果中行为也。其中,复可细别为次之二种:

甲、非表示行为。非表示行为者,法律效果之发生,不以其心理作用之表示为必要之行为也。例如埋藏物之发现、住所之设定、无主物之先占等是。

乙、表示行为。表示行为者，法律效果之发生，以其心理作用之表示为必要之行为也。学者亦有单称之为“心理表示”者。因人之心理，可分为知、情、欲三种，于是此种行为，复得为下列之分类：

子、知之表示行为。知之表示行为者，行为人表示其对于事物之认识也，学者亦称之曰观念表示。其中有单纯表示其事实之观念者，例如承认他人权利之存在是；有主张其事实者，例如代理人主张自己有代理权是；亦有通知某事实者，例如债权让与之通知，赠与标的物瑕疵之告之，召集总会之通知等是。

丑、情之表示行为。情之表示行为者，行为人表示其对于事物之感情也。学者亦称之曰感情表示。此种行为能生法律效果者甚少，在现行民法上如第一千〇五十三条所谓夫妻间宥恕，第四百一十六条所谓赠与人对于受赠人之宥恕，此即适例也。

寅、欲之表示行为。欲之表示行为者，行为人表示其对于事物之欲望也。学者亦称之曰欲望表示。其中有为事实上欲望表示者，例如召集总会之请求，债务履行之催告等是。亦有为私法效果之表示者，此即称之为意思表示，其详俟后论之。

第三　私法之自法及近世趋势

私人相互间之法律关系，由私人自己之意思以作成之，法律不加干涉，并尊重其意思，以定法律之效果，此为现今私法上立法之原则，学号名之曰“私法之自治”（Privat autonomie）。此种原则，在古代法律，即已承认，自法兰西大革命以后，一方因民权之自由思想之发达，一方因自然法学之勃兴，于是所谓契约自由、遗嘱自由、个人意思自由种种观念，遂益确立矣。虽然，迄乎近世，以资本主义之经济组织，形成社会畸形发展之结果，此种原则，到底难以维持，而私法基础之思想，亦遂因之一变。举其最重要者,厥为下述二种:(1)私法之公法化,于昔日认诸个人自由意思,而成立之私法关系,今则在法律上加以种种之限制,直以法律之意思,代表其个人之意思,如所谓保护经济上弱者而制定之劳动法,关于其劳动之时间、待遇等,皆由法律预予以一定之标准限制,即其适例也。(2)个人之团体化,以个人之力量,终不能与资本主义相对抗,故法律许可处于同一地位之人,得缔结团体,以团体所决定之意思,代表其个人之意思,如所谓团体协约之设立,足以限制个人之自由意思,即其适例也。我国现行民法,关于法律关系之构成,虽仍采个人自治之原则,然其他足以变更此原则之法规,如土地法、工厂法、团体协约法等已次第公布,则将来民法之观念,当因之有所变迁,自不待言,此吾人所以于本章之开始中,特为提出以研究上之注意也。

第二节 法律行为

第一款 法律行为之本质

法律行为者,以意思表示为其构成要素之法律要件也。能生法律效果之法律要件,不限于法律行为之一种,其他如由自然事实而构成之要件,或由其他行为而构成之要件者亦甚多,特法律行为乃为其中最重要者,故民法于物之规定后,特设专章以规定之。以下析述其意义如下:

1. 法律行为法律要件。故与其构成分子之意思表示有别,其详已于上节中论之。

2. 法律行为以意思表示为构成要素。故不独时效,成年等自然事实构成之法律要件,非法律行为,即先占、通知、催告、宥恕等,不以意思表示为要素之行为而构成之法律要件,亦非法律行为也。特意思表示,乃法律行为不可缺之要素,并非法律行为唯一之要素,故一法律行为之构成,除意思表示外,尚须其他事实之参人也,亦不少其例也。

3. 法律行为之法律效果,由其意思表示定之。此即适用上述私法自治原则,所得之结果,亦即法律行为与不法行为及其他适法行为区别之要点也。当然,法律除其主要之效果,须本于其意思表示以决定者外,其他附随或补充之效果,如不能依意思表示以决定是。则法律为补充当事人之意思,常设有种种特殊之规定,例如买卖契约,原以价金之交付及标的物质移转,为其主要效果,其价金及标的物之如何确定?原应由当事人之意思定之。若其他从属之效果,如出卖人所负瑕疵担保之责任。买受人所负受领标的物之义务,则当事人虽无表示发生此种效力之意思。然依法律之规定,亦应使双方负担此种拘束也。故学者亦有称前者为法律行为之固有效力,而后者为非法行为之固有之效力者,又当事人所为之意思表示,亦不必全部皆能生法律上之效果,如一部违反,一部适法之时,则其违法之部分,固为法律所否认,而其适法之部分,有时仍可发生法律上之效果,犹能构成一法律行为也。

第二款　法律行为之分类

第一　单独行为契约行为及合同行为

1. 单独行为。单独行为者以一方当事人之意思表示,为其成立要件之法律行为也。故学说上亦有称之为一方行为者,其中又可分为有相对人之单独行为及无相对人之单独行为二种:前者因有特定的相对人为其行为之对象,故必向其相对人为之,始生效力,如法律行为之撤销,契约之解除,债务之免除等之单独行为是,后者因其行为无一定之对象,故不必向于特定人为之,亦能生效,如权利之抛弃、遗嘱、捐助行为等之单独行为是。又虽为有相对人之单独行为,亦不过其行为,须向其人为之而已,并非其行为须待于其人之承诺,始能生效,故与后述之契约行为,性质上亦绝不相同,不能因之混视也。

2. 契约行为。契约行为者,因双方当事人以相对立之意思表示合致而成立之法律行为也。故契约行为又可名为双方行为,例如买卖、赠与、租赁等之行为是。其合致之双方意思表示中,发生于前者,谓之要约,发生于后者,则谓之承诺。又其行为之效果,有发生债权上之关系者,有发生物权上之关系者;亦有发生身份法上之权利关系者,因其效果之不同,复得分为债权契约、物权契约、身份契约几种。现行民法虽仿日本之立法例,以一般契约之通则,规定于债编中,立法之理论上虽以采取仅以能发生债权效果之债权契约。始得谓为契约之观念,然实际之适用上,其能发生他种效果之契约行为,亦应类推适用之,自不待言也。

3. 合同行为。合同行为者,因多数当事人以非对立之数个意思表示合致而成立之法律行为也。例如社团之设立行为,总会之决议行为等是。此种行为,虽以多数意思表示之合致为必要,然其彼此间之意思表示,并非立于对立之地位,故与契约行为不同。又因其须由数个当事者之意思表示,始能构成,故亦与单独行为有异。学者中虽亦有以此种行为与契约行为或单独行为同视者,然此实观念上之错误,不足取也。

第二　身份行为、债权行为、物权行为及准物权行为

1. 身份行为。身份行为者,以发生身份上之关系为目的之行为也。例如婚姻、离婚、非婚生子认知等行为是。

2. 债权行为。债权行为者,以发生债权债务为目的之行为也。例如买卖、租赁等行为是。

3. 物权行为。物权行为者,以发生物权之变动为目的之行为也。例如所有权之移转、限制物权之设定等行为是。

4. 准物权行为。准物权行为者,以发生物权外其他权利之变动为目的之行为也。例如债权著作权之让与、债务之免除等行为是。

第三　死因行为及生前行为

1. 死因行为。死因行为者,因行为者之死亡而发生效力之法律行为也。例如遗嘱遗赠等行为是。

2. 生前行为。生前行为者,死因行为以外之其他法律行为也,多属此种行为,其与死因行为不同者,惟在于不以行为者之死亡,为其行为上效力发生之原因耳。

第四　要式行为及不要式行为

1. 要式行为。要式行为者,须依据一定之方式,始能有效成立之法律行为也。例如婚姻、遗嘱等行为是。

2. 不要式行为。不要式行为者,不必依据一定之方式,即能有效成立之法律行为也。通常之法律行为,多属此种。又据法律之规定,虽为不要式行为,而依当事人之意思,定为要式行为与者亦有之。例如买卖契约,本非要式行为,若其买卖当事人约定其契约非立字据,不能认为有效时,则其买卖契约,非履行此种方式,即不能构成也。

第五　有偿行为及无偿行为

1. 有偿行为。有偿行为者,能取得相当对价之法律行为也。例如买卖、租赁等行为是。

2. 无偿行为。无偿行为者,不能取得对价之法律行为也。例如赠与、使用、借贷等行为是。

第六　要因行为及不要因行为

1. 要因行为。要因行为者,以具有一定之原因为构成要素之法律行为也。例如买卖契约,须以取得对方之给付为原因,始能成立是。

2. 不要因行为。不要因行为者,不以具有一定之原因为构成要素之法律行为也。例如票据行为,即为不以一定之原因,为其成立要件者是。

第七　主行为及从行为

1. 主行为。主行为者,为其他法律行为所附随而存在之法律行为也。例如附有担保物权契约之消费借贷契约是。

2. 从行为。从行为者,附随主行为而发生之法律行为也。例如前例之担保物权契约是。其与主行为之关系,既居于主从之关系,故主行为如无效或撤销等,此种行为之效力,亦常因之消减。

第八 独立行为及辅助行为

1. 独立行为。独立行为者,非为发生其他行为之效力而存在之法律行为也。通常之法律行为,皆属此种。

2. 辅助行为。辅助行为者,为他行为发生效力要件之法律行为也。例如未成年人与他人所缔结之契约,欲使其发生效力,须得法定代理人允许或承认之行为是。

第九 设权行为变权行为废权行为及保权行为

1. 设权行为。设权行为者,以发生一新权利为标的之法律行为也。例如地上权设永佃权等之设定契约是。

2. 变权行为。变权行为者,以变更权利之原来状态为标的之行为也。例如变更原约定租赁期限之行为是。

3. 废权行为。废权行为者,以消灭已存在之权利为标的之行为也。例如所有权之抛弃、债务之免除等行为是。

4. 保权行为。保权行为者,以保全或确定已存在之权利为标的之法律行为也。例如前例法定代理人对于未成年人所缔结之契约取得之债权,加以承认是。

第十 有效行为无效行为与撤销行为及效力未发生之行为

1. 有效行为。有效行为者,即完全有效之法律行为也。

2. 无效行为。无效行为者,即完全无效之法律行为也,例如不依法定方式之法律行为是。

3. 撤销行为。撤销行为者,即得因撤销权之行使,而消灭其效力之法律行为也。例如因被胁迫而抛弃自己所有权之行为是。

4. 效力未发生之行为。效力未发生之行为者,即其行为虽已成立,而其效力尚未发生之法律行为也。例如附有停止条件之试验买卖是。

第三款　法律行为之要件

第一项　总　　说

法律行为之要件者,法律行为应具备之条件也。其中有属于构成上不可缺之条件者,谓之成立之要件,亦有属于生效上不可缺之条件者,谓之效力要件。以下析言如次:

1. 成立要件。成立要件之中,又可分为一般要件及特别要件二种:前者为一般法律行为成立上共同应具有之要件,后者为各种法律行为成立上,各别应具有之要件。一般法律行为之本质,以意思表示为其构成之必要事实,前已一言及之,故其一般构成要件,亦应解为即此意思表示。学者中虽亦有谓除意思表示外,其他如行为之当事人及行为之标的亦应为一般要件者,然自理论上言之:无行为之当事人则意思表示决不能发生,无行为之标的,则意思表示,亦不能构成,故标的只可谓为意思表示之内容,当事人只可谓为意思表示之发生者,不能与意思表示分离,而独立构成一法律行为之要件也。特别构成要件,应视其各个法律行为之性质而定,殊不能分割一之论断。例如契约行为,除意思表示外,须双方之一致,始能成立;寄托契约,除意思表示外,更须双方意思表示之一致,及将其寄托物交付于对方,始能成立。此种意思表示之一致,寄托物之交付,即为该法律行为成立上,应具有之特殊要件也。

2. 效力要件。效力要件之中,亦可分为一般要件及特别要件二种:前者为一般法律行为生效上共同应具有之要件,后者为各种法律行为生效上各别应具有之要件。特别生效要件,因各种法律行为性质之特异,其要件亦各不同,如遗嘱以遗嘱者之死亡而生效。试验买卖,以买受人承认其试验之标的物而生效,殊难一概而论。一般生效要件,则可大别为下列三种:(1)其行为之标的须为适当;(2)其行为者须有行为能力;(3)其意思表示之自身须无瑕疵及欠缺。

现行民法,关于法律行为要件规定之方式,以法律行为与其标的之关系,规定于第四章第一节通则中;法律行为与行为能力之关系,规定于同章第二节行为能力之;法律行为与意思表示之关系,规定于同章第三节意思能力中;故本书亦依其编列之次序,分为下之诸项,以讨论之。

第二项　法律行为与其标的

第一目　标的之概念

标的者,为法律行为构成要件之意思表示,其内容所具备之事项也。一意思表示之构成,必有其内容事项之存在,故标的不能离意思表示,而独立为法律行为构成之要件,固不待言。虽然,标的如不能确定,则其意思表示所欲发生之效果,即不能推知,此时其行为之效果,实无由发生。又其标的虽已确定,而其所欲发生之效果,无发生之可能,或虽有发生之可能,而又为法律之评价上所不容许者,则其行为亦不能依之生效,故自行为效力方面言之,标的与其行为,却有至大之关系,能为效力要件之一也。

标的与法律行为之关系,依有所述,则第一,须有确定性;第二,须有可能性;第三,须有合法性,始能为法律行为生效之要件。故学者亦有称此三种性质,为标的之适格要件者。现行民法,关于第一、第二种要件,以其为事理上当然应具备之性质,未于民法总则上,特别加以规定,惟于第三种要件,则于第四章第一节通则之,设有概括之明文,以下再分为数项论述之。

第二目　标的之确定

第一　确定之意义

标的之确定者,其标的之性质、内容、范围,可以推知之谓也。故但使有可以推知之方法,则虽于为意思表示时,未有具体之确定,仍不害其具有确定之性质。例如买卖契约,其价金之多寡与标的物之为何者？若无推知之方法，则其行为，固应为无效；反之若当事人于缔结契约时，虽未有具体之确定，然依双方之意思，尚有其推知之方法存在者，如价金依市价，标的物依第三者之指定是，此时其买卖契约，仍为有效。又何者始能认为已达到确定之程度，则当解释法律之规定，及意思表示，以决定之。例如买卖契约，若为特定物之买卖者，则固非当事人有特定其标的物之意思不可；反之若为不特定物之买卖者，则但使当事人对于物之种类，有确定之方法，对于其物之品质，虽未加以确定，依民法第二百条之规定，此时尚有补充之法规存在，亦能谓之确定也。

第二　确定之方法

标的物如何确定？首当解释当事人之意思以定之。当事人于行为时，有已具体确定其标的者，固无问题；反之若只有确定方法之表示者，则亦惟依其方法，以为确定之标准。至依其方法而亦不能确定，或对于确定之方法，亦无表示者，则当依下列标准，以为其确定之方法。

1. 法律有补充规定者，此时得依法律之规定，以为确定之标准。例如第二百条关于种类债权，其给付物品质之确定，第二百〇八条及第二百一十条关于选择债权，其选择人之确定是也。

2. 法律无补充之规定者，则当视其行为地之习惯上，有无解决之标准。如有可依据之惯行者，得据之以为确定方法。例如关于不动产买卖，对于居间人之报酬，若未确定者，依据北平之习惯，则出卖人当依买卖价金百分之二，买受人当依买卖价金百分之三，以定其报酬额是也。

3. 法律及习惯，皆无确定之标准，而依行为时之情事，或行为之性质，可以决定者，则亦得依据之，以为确定之方法。例如买卖食品，系以供病人之用着，则当确定为良好品质之物，缔结契约之际，曾声明不能给以某种品质之物者，则当确定为某种品质以上之物是也。

第三目 标的之可能

第一 可能之意义

标的之可能者,其标的之效果,得以实现之谓也。故标的之可能与标的物之存在,当分别观察之。有标的物存在,而其效果不得实现者,例如以全国之土地而出卖于他人是。亦有标的物不存在,而其效果得以实现者,例如以将来收获之稻禾而出卖于他人是。又标的之可能,与标的物之合法,其观念亦不必一致。标的之可能,固多以标的之合法为要件,然亦有标的不合法而属于可能者,例如有配偶者之重婚,在未撤销以前,其婚姻之行为,仍属有效,而应认为可能也。至可能之标准,如何确定,则当就下述不能之种类,分别观察之。

1. 法律上之不能。法律上之不能者,即基于法律之规定,而认为不能者是也。例如创设法律规定外之物权,及直系血亲而为婚姻之行为是。此种不能,当然应谓为标的之不能。

2. 事实上之不能。事实上之不能者,其于事实上之理论而认为不能者也。其中又可分为下之数种。

a. 自然之不能与理论之不能。前者乃基于事物之性质而当然不能者,例如与人约定摘取空间之行星是。后者乃其于社会之观念上而认为不能者,例如与人确定捞上沉于海底之针是。此之所谓不能,当包括二者而言。

b. 客观之不能与主观之不能。前者乃通常人居于行为者之地位而当然不能者,例如与人约定书百万言是。后者乃行为者基于自身之情事,而认为不能者,例如不识英语者,而与人约定为英语之翻译是。此之所谓不能,乃单指前者而言。

c. 原始之不能与后发之不能。前者乃于行为成立当时之不能,例如以已灭失之物,而与人缔结买卖契约是。后者乃于行为成立后之不能,例如以已与人缔结买卖契约之物,其后被焚毁是。此之所谓不能,乃指前者而言。

第二　不能之效力

标的不能者,则其效果,无由实现,故其行为应为无效。但在契约行为,则民法于第二百四十六条,对之有特殊之规定。即缔结契约时,其标的虽属不能,但其不能之情形可以除去,而当事人并预期于不能之情形除去后给付者,其契约仍为有效是也。又标的若为全部不能者,固应无效;反之若为一部不能,而除去该不能之部分,其行为亦可成立者,则据第一百一十一条之规定,其可能部分,仍能有效也。

第四目　标的之合法

第一类　标的须不违反强制或禁止规定

第一　强制及禁止规定之意义

法规因其有强行效力与否,得分为强制法规及任意法规二种。后因其含有禁止性与否,得分为禁止规定与许可规定二种。前者之区别,为法律适用上,效力强弱之分类;后者之区别,为法律本质上。评价方法之分类;故二者之观念,不必一致。任意规定固常为许可规定,但强制规定,则与禁止规定之范围,不尽相当。有难为强制规定而非禁止规定者,例如第三十条法人不经登记,不得成立之规定是。此时不经登记,其法人即不能取得人格,固属强制规定。然登记与否,仍为设立人之自由,该条之规定,原非禁止设立人非为此登记之行为不可也,故不能谓之禁止规定。又有难为禁止规定而非强制规定者,例如第一百〇六条代理人不得代理本人与自己为法律行为及不得为双方代理之规定是。此时代理人若违反该条之规定,因为法律所不容许,应属于一种禁止规定,自不传言。但本人若加以许诺者,则其代理之行为,仍为有效,故不能谓之强制规定。亦有既为禁止规定亦为强制规定者,例如第十六条权利能力及行为能力不得抛弃之规定是。此时其规定之本质上固有禁止之作用,而其适用上,亦有强行之效力,故为其具有二种性质之法规。依上所述,则二者之意义及范围,既各不同,故吾人于解释法规之性质上,不能不分别观察之也。

第二　违反强制或禁止规定之效力

德国民法第一百三十四条,规定违反禁止规定之法律行为,无效。日本学者,解释其民法第九十一条之规定,则多谓法律行为违反强制规定者,依该条间接之理论,应为无效。我国民法第七十一条,则包括禁止与强制规定,而并列举之,凡违反此二种规定之法律行为,皆应为无效。盖以禁止规定,为法律评价上,所不许可发生之事项,而强制规定,则为法律适用上,所应该遵行之事项。以违反前者为标的之行为,固属违法,以违反后者为标的之行为,亦当然不能生效,乃法律理论上,应有之结论,故包括德、日民法之解释,而并规定之,于立法之技术上,自不能不认为较德、日民法为完善也。又违反强制或禁止规定之行为,如该规定上无其他规定,原则上因本条之适用,固应视为无效。反之如该规定中,有特别之明文,非认为无效者,或依其立法之意旨,可解释为有效者,则依本条后段之规定,亦不能概谓为无效也。例如重婚重之规定,固属于禁止法规。然依其第二百〇五条及第九百九十二条之规定,则此种行为,不过债权者丧失其请求权,其利害关系人得向法院请求撤销之而已,其行为之自身,原非无效也。又如第三百九十二条拍卖人于其经营之拍卖物,不得购买,亦不得使他人为其购买之规定,固为一种强制法规。然解释上,如其拍卖之委任人,不顾受该条之保护,而承认其所谓之买卖行为为有效者,则法律亦殊无强认其为无效之必要是也。

第三　脱法行为

脱法行为者,以适法之手段,而达其违反禁止规定效果之行为也。其行为之形式上虽非违反,然其实质,则与违反禁止规定者无异。例如因规避重利之禁止,而以其利息之一部,作为缔结契约之手续费;因规避不可让与之权利,不能为质权标的之禁止,而以委任之名义,委托债权人有受取其权利之利益,直至债务清偿终了时止之行为是。此种行为,是否应与违反禁止规定者,生同一之效果?则学说之解释上,殊不一致。就理论言:此时原非直接违背法规之行为,谓之为标的不合法,固属不当。但由其标的所生之效果,既明明与法规禁止之目的相抵触,为维持法规之同一性,自仍以否认其效果之存在为当也。但此有当注意者即其禁止规定之目的并非在其实质上之效果,而惟在其行为上之手段者,此时若换用其他之手段,则不能谓之脱法行为,而否认其行为之成立。例如因规避重婚之禁止,而为纳妾之行为,因规避流质契约之禁止,而为附有买回权之买卖行为,此时不能援用第九百九十二条或第八百九十三条第二项之规定,而主张其行为之撤销或无效也。

第二类　标的须不违反公共秩序或善良风俗

第一　公共秩序及善良风俗之意义

公共秩序者,谓社会公共生活中,应具有之健全状态也。善良风俗者,谓社会道德观念上,一般所表现之思想也。故二者之观念,不必一致。有违反公共秩序,而不能认为违反善良风俗者,例如与人约定毒杀其父兄之仇人是。亦有违反善良风俗,而不能认为违反公共秩序者,例如与人约定为通之行为是。学者中亦有主张二者为同一观念者,然自理论上言之,仍以区别观察之为当也。又违反公共秩序与善良风俗之行为,有为法律以强制或禁止之方式,加以明文之规定者,亦有为法律上所未规定者。对于前者之违反,只能谓为强制或禁止规定之违反,对于后者之违反,始得谓为公共秩序或善良风俗之违反。例如与人约定终身不结婚或终身不信教,乃为使人抛弃其结婚或信教自由之行为,因有第十七条第一项之规定,应适用第七十一条而谓其无效。反之如只约定非至四十岁不得结婚或信教,则此时因无具体法律之禁止,只能解释为第十七条第二项违反公序良俗限制他人自由之行为,应适用第七十二条而谓其无效也。至解释其行为是否违反公序良俗?则当就下列之标准,以认定之:

1. 应以客观之观念为标准。即其行为是否违反公序良俗,应从社会一般观念上以认定之,不能就判官个人之主观意思,或行为人之身份,地位,思想而决定之也。故有谓公序良俗,为审判官个人之立法,或行为人主观之反社会性者,实与法律认定公序良俗之本旨相违反,非正论也。

2. 应以行为时之观念为标准。公序良俗之观念,时有变通,如立法时行为时或裁判时,社会上所认定之观念,各有不同者,应以行为时之观念为标准,例如在之际,所缔结不忠于清室则给以现在立法时或裁判时之社会观念,而承认其行为为有效也。

3. 应以一般已实现之观念为标准。故公序良俗之观念,若只为社会上一部分人之理想,而未为一般人所公认者,固不能据之为标准。例如非孝之理论,在现今主张之者,非无其人,然因其尚未为社会所公认,即不能谓其为现代公序良俗之标准。反之其理论已为社会上一部分人所实行,而未普及至全社会者,亦不能据之为标准。例如在宗教之,难以信仰其教义,为其特有之秩序与道德,然在一般人如为违反信仰而教义之行为者,亦不能即断定为违反公共秩序与善良风俗之行为也。

第二　违反公序良俗之容态

违反公序良俗之行为,应为无效者,固以其行为之标的,违反之者为限。若为动机之违反时,则通常仍不影响其行为之效力。但其动机已表现于外者,则共发欲生之法律效果,虽非不法,而其由此效果所生之生活关系,既明明与社会之妥当性相违反,据第七十二条规定之立法意旨观之,仍应认为不当容许为当也。例如租赁房屋,虽其动机在以之为秘密卖淫之用,若未明示之时,其租赁契约,固仍为有效,反之若以此种动机为租赁之条件,或虽不以此为条件,而已公表之者,则亦不认为其契约为有效也。

第三　违反公共秩序及善良风俗之效力

法律行为背于公共秩序及善良风俗者,依第七十二条之规定,应为无效。此种规定,不仅可使法律之本质,与社会实况相符合,且有概况限制私法自治原则之效力。故自实际上言:其标的是否有悖于公序良俗,虽当依据当时社会之具体事实,以为判断。然因其无效之认定乃根据本条之规定而来,是明文上已将此事实问题,定为法律问题,如对其是否无效,发生争执时,自可上诉于第三番,以求解决也。

第三类　标的须不违反公平之观念

第一　违反公平观念之认定

给付之约定,依当时情形愿失公平者,亦为不法。此种规定,德民第一百三十八条第二项之规定而来,以违反公平之观念,未必即与当时之善良风俗相违反,故于法律之顾全人类生活圆满之本质上,有于第七十二条规定外,再为本条规定之必要也,分述其认定要件如次:

1. 公平之观念须于行为当时决定之,故于行为当时,依该行为地观念认为,并不违反公平之观念者,其极难因经济之状况之变通,而致有失公平时,亦不能援用本条之规定,而主张其行为之标的为不法。

2. 公平观念之违反,须行为人双方有助成之主观事实,即其公平观念之违反,须基于利用对方之不能谓之不法;反之如对方虽有此等事实而构成。故如对方无此等方无此等急迫之主观事实,则其标的虽有失公平。不能谓之不法;反之如对方虽有此等事实,而已方无利用之意思者,其行为亦非不法也。

3. 违反公平观念标的,限于财产上之给付,故以非财产之给付为标的者,从其契约,有失公平,亦不能为本条之适用,反之如为财产上之给付,则不问事实上交付与,皆援用本条,而排斥行为之效力。

第二 违反公平观念之效力

以财产给付标的之法律行为,有失公平者,据德国民法之规定,应为无效,而我国民法则只视规定为得以撤销或减轻其给付,且须在审判上始得行使之。盖就立法之理论言,此种行为,难为违反社会正义之行为,然若巡视无效,有时亦有过于当事人意思于不愿之嫌。故不如使法院根据不利益方面当事人之请,或使其自始无效,或使其适合于公平而为有效之行为为当。又此项请,据民法第七十四条第二项之规定,尚有一定除斥期间之限制,即于行为后经过一年,其申请之权,即为消减是也。

第三项 法律行为与行为能力

第一 无行为能力人所为之行为

无行为能力人,为未满七岁之未成年人及禁治产者,其意义已于第二章第二节第三中述之。此等人所为或所受之意思表示,据第七十五条前款之规定,应为无效。故法律行为,应以行为人无无行为能力之事实,为其生效要件之一,自不待言。又此项法条,为强行规定,不许当事人之任意违反。即法定代理人,对于其意思表示,加以允许承诺;或其行为之效果,于无行为能力人有莫大之利益,及为其日常生活上所必需者,亦不能使之生效也。惟无行为能力人,既不能谓法律上有效之行为,则法律不能不设一补充机关,以代理之。故民法第七十六条复规定,其意思表示,由法定代理人代为或代受之,特法定代理人为代理行为时,依亲属之规定,尚有相当之限制耳(参照民法第一千一百〇一条、第一千一百〇二条、第一千一百一十三条)。

第二 无意思能力人之行为

意思表示,以有意思能力为要素,始能构成。在无意识或精神错乱中所谓之意思表示，根本即不能谓为法律上之意思表示，故此时应解释为欠缺构成要件之事实，不仅为欠缺生效要件之事实而已。我民法第七十五条，虽德民第一百〇五条之规定，以之与行为能力人并列规定，亦以其意思表示为无效，然自然法理上言之：此二种事实欠缺之效果，其性质实不一致也。

第三　限制行为能力人之行为

已满七岁而未结婚人之未成年人，为限制行为能力人，其意义亦已于行为能力中述之。据民法第七十七条以下之规定，此等人所为或所受之意思表示，原则上应得其法定代理人之允许（第七十七条前段）。否则在单独行为，当为无效（第七十八条）；在契约行为，则事后非经法定代理人之承认（第七十九条），或其限制原因消减后自己之承认者（第八十一条第一项）亦不能生效。故限制行为能力人之法律行为，原则上以具有此等辅助行为为要件，始能发生效力也。以下析言如下：

1. 允许与承诺之性质。允许与承认，同为欲发生限制行为能力人得自为或自受意思表示效果之辅助行为。故（a）其行为所发生之法律效果，既因行为人之欲望表示而生，则其应为法律行为，自不待言。（b）其行为只含有补充他法律行为之效力，与他行为间，并无主从之关系，故不能误认为附随他行为而生之从属行为。（c）其行为虽只因一方之意思表示而生效力，但因有特定之相对人为其行为之对象，故应解为由相对人之单独行为。（d）此种行为，依民法之规定，并不以履行一定之方式为必要，故应为不要式行为。

2. 允许与承认之区别。允许与承认，虽如上述，同其性质，但二者尚有其区别之点存在。即（a）允许须由法定代理人为之，而承认则亦有为行为人自己为之者。（b）允许为行为前之同意，而承认则为行为后之同意。（c）允许能使限制行为能力人一切法律行为有效，而承诺只能使其契约行为生效。（d）允许在限制行为能力人行为前，得撤回之，而承认则不能行使此项撤回权。

3.允许与承认之效果。允许与承认,有辅助限制行为能力人有效行为之效果,诉诸上文,已甚明了。至其效果发生之时期,据第一百一十五条之规定,虽为事后之承认,亦溯及限制行为能力人行为时生效,自不言而待。又此时其须待承认之行为,并非附有条件之行为,亦不能解为得适用第九十九条以下之规定也。

4.相对人之保护。法律对于限制行为能力人,设此允许与承认之制度,于保护限制行为能力人方面,顾及周全。但其行为之相对人,则常当因之处于不确定之地位,为期立法之公允,及交易之安全起见,对于相对人之利益亦不能放弃不顾。故民法于第八十条至第八十三条特设有下列保护之方法,分述如次:

(a)确答承认之催告。即限制行为能力人,未得法定代理人之允许,订立契约者,其相对人得行使此项催告权,催告其是否为永远之确答也。其行使之方法,有向法定代理人催告者,亦有于限制原因消灭后,向本人为之者。但以定有一个月以上之期限为要件,否则其催告愿为无效。至受催告人若确答承认者,则其契约,自始即为有效,若于其所定期限内,不为确答者,则视为拒绝承认,其契约亦即自始不生效力也。

(b)契约行为之撤回。即限制行为能力人,所订立之契约,未经承认前,如其相对人于缔约之际,不知其有未得允许之情事者,得行使其撤回权,以撤回其契约之要约或承诺也。其行使之方法,在限制原因未消灭之前,应向法定代理人为之,在限制原因消灭以后,则应向本人为之,又其撤回发生效力时,则其契约,即归消灭,自不待自言也。

(c)拒绝承认之剥夺。此即限制行为能力人,用作行使人信其有行为能力人,或已得法定代理人之允许时,则不问其所为之行为,为契约或单独行为,皆应令其有效,不能再主张拒绝承认是也。

盖法律之创设承认制度者,为保护限制行为能力人之利益,今限制行为能力人,既有此欺诈之行为,则法律自无保护之必要。又所谓诈术者,必有极诈欺手段之存在,仅以消除之态度,或泛之言语,诈骗对方者,尚不能主张本条之效力也。

如上所述,限制行为能力人之行为,应该允许或永远承认,始能有效,固为原则,但若为限制能力人单纯有利益之行为,或为其智能相当之行为,则殊无再为此种限制之必要,故民法对此,复设有下列之例外规定焉。

(a)纯获法律上利益之行为。即其行为之利益效果,专属于限制能力人方面享受之谓也。如单纯赠与之承诺,债务免除之接受等是。此种行为,既于限制行为能力人专有利益而无其他损害,故自应使其得独断为之。

(b)日常生活所必需之行为。何者为日常生活必需之行为,应依限制行为能力人之年龄身份,及社会一般之观念以定之。此种行为,若皆须经法定代理人之允许,亦非保护限制行为能力人之道,故亦应许其得独自为之。

(c)允许处分财产时对于其财产之行为。此时其法定代理人,既已信任限制行为能力人,有处分其一部分财产之智能,加以概括之允许。则限制行为能力人,在其允许之范围内,所为之处分行为,应认为完全有效。又依法律之规定,既得为处分行为,则对其他管理、保存、改良等行为,能单独为之,更不待言之。

(d)允许营业时对于营业之行为。所谓营业者,即指以营利为目的之一切而言也。据民法之规定,对于其种类并无限制又其为单独营业或合同经营,抑系新设营业或继续营业,亦非所问,苟法定代理人允许限制行为能力独立经营者,关于其营业之一切行为,即完全有行为能力。此盖以法定代理人,既已斟酌限制行为能力人之才能景况,加以允许,若于其经营之中,又对其行为,须一一应求其同意,则不特阻碍其经营事务之进行,且亦有碍交易之安全。故法律此时,直视其允许之行为,有充限制行为能力人能力之效果焉。但其营业后,如据客观观察,有不胜营业之时,则法定代表人亦得加以撤销或限制之。所谓撤销者,即对于从前之允许,使其自撤销之意思表示后,完全失其效力之谓也。此与一般之撤销不同,只能向将来发生效力。允许一经撤销,关于其经营之行为,即与通常之行为同,非得法定代理人之允许承认,不得为之。又所谓限制者,即对于从前之允许,使其自限制之意思表示后,丧失其一部效力之谓也。例如从前允许其经营数种之营业,而今则仅限于为一种之营业是。限制亦无溯及力。限制后,限制行为能力人,惟在其限制之范围内,有行为能力而已。

第四项　法律行为与意思表示

第一目　意思表示之本质

意思表示者,以欲望发生私法上之一定效果之意思,而表示于外部之行为也。故其成立要素,可分效果意思,表示意思及表示行为三点,以设明之。以下析言如次:

1.效果意思。效果意思者,对于法律效果,而事实上有欲望发生之意思也。其欲望之意思,虽不必先有法律上之认识,然其效果,则必为法律上所认知者,始能谓之效果意思。例如与人约定其处理某项事务,行为者虽不知法律上有委任效果之存在,亦能谓为有发生此项法律效果之意思;反之如与人约定为散步之行为,则行为者,虽亦有发生散步效果之意思,然因此非法律关系内所认知之效果,即不能谓其意思为效果意思也。又效果意思,虽亦为内部之心理作用,然因其能直接以法律效果,为其心理之对象,故与他种心理作用,如认识、感情、事实上效果之欲望表示等,亦各不同,则前于法律事实中,已达及之矣。

2. 表示意思。表示意思者，对于表示行为，有认识之意思也。其中有为表示自身之认识者，亦有为表示内容之认识者，前者如此无此认识意思之存在，其表示行为，根本不能成立。例如戏书一致友人之买卖要约书，置于桌上，不知，误认为真之要约书而发出是。此时行为者，对于其行为之表示自身，既无认识，即不能谓为要约之行为是。后者如无此认识意思之存在，则其表示行为，亦能成立，不过其效力上，得发生撤销问题而已。例如以甲物赠人，而误表示以乙物赠之，此时只为表示内容之不认识，其赠与行为，仍能有效成立是。

3. 表示行为。表示行为者，其表示之外形上，是以推测其内部意思之行为也。表示行为，既为一种行为，故必本于行为者意思之作用，始能发生。又表示行为既为推知内部意思之行为，则必表示之外形上，有足以推知之价值始可。故如内心之意思为借贷，而外部表示为赠与，则其内心欲望之借贷效果，因其行为之表示上，不能推知固不能发生。反之其外部表示之赠与效果，是否亦能发生？自理论上言：此时既于内部所欲望之效果，不相一致，则无内部效果意思之存在，应认推测，故此保护交易之安全起见，例外上尚识其为有效之意思表示。其详细极论之。

第二目　意思表示之方法

意思表示，为表示行为，已入前述。至其表示之方法如何？则可分为次之二项之：

1. 须具备一定方式者。即以法律之规定或当事人之约定，其行为之表示，非履行一定之方式，原则上不能认为有效之意思表示是也。其依法律之规定，定其方式者，谓之法定方法，例如：

不动产物权之移转设定，须履行第七百六十条规定之方式，遗嘱之成立，须依第一千一百八十九条规定之方式是。其依当事人之约定，定其方式者，谓之约定方式。例如当事人缔结一买卖契约，而定为非立有字据,不能成立是。违法法定方式者,据第七十三条之规定,其所构成为法律行为,应为无效,但法律另有规定者,不在此限。违反约定方式者,据第一百六十六条之规定,其所缔结之契约,亦原则上退订为未成立,特当事人如能另举反证,证明其最初约定之无效,足以推翻此推定之效力者,亦能认为有效成立也。

2. 不须具有一定方式者。即其行为为之表示,只须足以推知其内部之效果意思,不必依据一定之方式,亦足认为有效之意思表示也。通常之意思表示,皆属此种。至是否足以推知其内部之效果意思,当依客观上具体之情形决之。明示与默示,皆有同一之效力,但单纯之缄默,则除法律另有规定,或当事人另有约定外,通常不能认为意思表示之方法。

第三目　意思表示之种类

第一　独立之意思表示及非独立之意思表示

独立之意思表示者,不待他之意思表示,而能独立构成一法律行为之意思表示也。例如所有权之抛弃、债务之免除等行为是。反是谓之非独立之意思表示,例如契约之行为,必须具有要约与承诺二个之意思表示,始能构成者是。

第二　有相对人之意思表示及无相对人之意思表示

有相对人之意思表示者,须由相对人始成立之意思表示也。例如允许、承认、撤销、要约及承诺等意思表示是。反是谓之无相对人之意思表示,例如遗嘱、法人设立行为、社员总会之决定等意思表示是。

第三　对于特定人之意思表示及对于不特定人之意思表示

对于特定人之意思表示者,其相对人必为特定人之意思表示也。例如允许承认撤销,通常之要约或承诺行为等是。反是则谓之对于不特定人之意思表示,例如以标定卖价方法或以自动机贩卖方法所成为之要约是。

第四　直接之意思表示及间接之意思表示

直接之意思表示者，由行为人自身之行为所为之意思表示也，例如由本人或代理人之口头或文书所为之意思表示是。反是若参以他人之行为者，则谓之间接之意思表示，例如依使用人、翻译人或其他传达机关等所为之意思表示是。

第五　明示之意思表示及默示之意思表示

明示之意思表示者，以一般人或其相对人得直接推知其行为意思之方法，所为之意思表示也。例如明言出卖某物或买受某物之要约承诺是。反是若须斟酌周围情事，始得推知其表示之存在者，谓之默示之意思表示。例如现实买卖中所包含之要约或承诺是。

第四目　有瑕疵或欠缺之意思表示

第一类　意思表示之不一致

第一　概说

意思表示不一致时，其影响于其行为之效力如何，则历来学说上之见解，殊不一致，有谓此时当尊重行为人之真实意思，而应视为无效者，是为意思说；有谓此时当注意交易上之安全，而应视为有效者，是为表示说；亦有谓此时当斟酌行为人与相对人或第三者之情况，而分别认定其有效或无效者，是为折中说。就我民法第八十六条至第九十一条之规定观之，亦如德日民法之例，截取第三说者也。依民法规定，此种不一致之能样，约分四种，即真意保留、虚假表示、错误、传达之不实是也。以下分述如次：

第二　真意保留

真意保留者，表意人无欲为其意思表示所拘束之意，而为之意思表示也(第八十六条上段)。其成立之要件，得析述如次：

1. 须由外部效果意思之存在。故如由其表示行为上,不足以推知其外部效果意思之所在,或虽足以推知,而其意思表示之非真实,为一般人所明晓者,则不生真意保留之问题。

2. 须为表示时不一致。故如表示时,内心原有此种效果意思之存在,其后因心理之变故,始生无欲为此意思表示所拘束之意思者,亦不能谓之真意保留。

3. 须其不一致为表意人所明知。故若为无意识之表示,或内容错误之表示,亦非此之真意保留。至苟系表意人所明知,则不同其动机若何?及对于他人有预期其明知之意思与否?皆于本行为之构成无碍。

4. 须于相对人无通牒之事实。否则只能构成第八十七条之虚伪表示,不能视为此之行为。具备上述要件,其意思保留,即为成立。据民法第八十六条后段之规定,此种行为,并不能以其非真之表示而无效,必其非真意之事实,已为相对人所明知者,于相对人保护之必要时,始得认为无效,立法之意旨,完全偏重于保护交易上之安全也。故依此规定,则解释上对于下列各点,有不可不注意者,即:

1. 所谓相对人之明知者,指事实上已明白知晓其非真意而言,故若为可得而知之情形,尚不应包括在内。民法关于此点之规定,德民而来,与日民之立法不同(参照德民第一百一十六条、日民第九十三条)。自法理言:此时相对人对于其行为上,原不负何等注意之义务,故若科以失之责任,殊为失当,比较上自以我国民法及德民之规定为善也。

2. 此时举证之责,应理解为主张有效者,只以证明其有此表示行为足;主张无效者,则对于真意保留及相对人明知之事实,皆有证明之责任,只以其为自己免责之条件也。

3. 本条之规定,既完全在保护交易上安全,故难以无相对人之行为,若因其行为而有影响于善意第三人者,亦应解为不得对抗为当。

4. 真意保留之意思表示,如认识他项法律行为者,其真意保留之意思表示,虽为无效,而其认识行为,若于成立要件及有效要件,均无欠缺时,仍应照第八十七条第二项之法理,认为有效。

第三　虚伪表示

虚伪表示者,表意人与相对人通牒所为之非真意之意思表示也(第八十七条上段)。其与真意保留中所述之不同者,惟在于表意人与相对人有通牒事实之一点耳。故其构成要件,除应具备真意保留中所述一至八条之要件外,对于次述要件,亦应具备。

1. 须为有相对人之意思表示。故若为无相对人之意思表示,则不能构成本条之虚伪表示,自不待言。

2. 须由通牒之事实。所谓通牒,即表意人与相对人间,对于其虚伪之表示,须有意思合致之事实也。故难为相对人所明知,而彼此同无合意者,亦只能谓为真意保留,不能谓为此之虚假表示。反之苟有此种通牒之事实,则不问双方之动机若何,皆于本行为之构成无碍。

3. 须完全无欲使之发生法律效果之意思。所谓完全无欲使之发生法律效果之意思者,即其意思表示之对内对外,皆不欲使之发生法律效果之谓也。故如当事人间对外仍有使之发生效力之意思,虚伪表示,其效力若何?据德民之规定,认为绝对无效(参照德民第一百一十七条第一项);我民法则日民之规定(参照日民第九十四条),因对于当事人间与对于第三者,而其效力,兹分述如次:

1. 对于当事者间,绝对无效,故不论当事者之何方,皆不能谓有效之主张,又即令善意第三人对之主张有效时,在当事人间,亦为无效。

2. 对于第三者,则因其为善意与否?而其效果,不相一致。即对于善意之第三者,其意思表示,仍为有效,对于恶意之第三者,则当事人得以无效之主张对抗之。所谓第三者,指当事人及其一般为有效,对于恶意之第三者,则当事人得以共无效之主张对抗之。所谓第三者,指当事人及其一般继承人之外之人而言，所需善意与恶意者则指其对于表示虚伪事实之知与不知而言。至其知与不知之时期，其标准如何？则法律对之，虽未设有规定，然自法理上言：本条之意旨，既在保护交易之安全及第三者之利益而设，自应解为以第三者而其应为表示发生利害关系之时为准也。又所谓不得对抗善意第三者，乃指善意第三者，主张有效时，不得对抗之之谓。若善意第三者，不为有效之主张时，自不生对抗与否之问题，故学者间虽有谓对于善意第三人，为无效者，非正论也。

虚伪表示，而隐藏他项法律行为者，其虚伪表示自身之效力，虽如上述，在当事人间，应作无效。然其隐藏之他项法律行为，是否有效？则学者间之议论，尚不一致。我民法于第八十七条第二项，德瑞民法之先例（参照德民第三百一十七条第二项、瑞债第十八条第一项），以明文定为适用关于该项法律行为之规定，是此种隐藏行为，知其自身已具备法律行为成立及有效之要件者，仍为有效之法律行为也。

第四　错误

错误者认识与对象相，即观念与事实不一致之谓也。例如镀金之铁，而误认为纯金之铁，债务之承担，而误认为债务之保证是。错误以有认为为前提，持因其认识之不正确斯谓之错误，故与完全无认识之存在，所谓不知者不同：但我民法德民之规定（参照德民第一百一十九条第一项我国民法第八十八条第一项），对此二者，并无区别，认为有同一之效果。又认为之对象，有为法律上之事物者，亦有为事实上之事物者。对于前者与认识不一致时，谓之法律之错误，对于后者与认识不一致时，谓之事实之错误。二者之性质虽各不相同；但我民法上，亦未设有差异之区别，故解释上应认为得以发生同一之效果。有错误之意思表示亦为意思与表示之不一致，特其不一致之现象，为表意人不正确之认识所发生，故与上述之真意保留及虚伪表示有别，此民法之所以于二者外，又复设第八十八条之规定也。兹将意思表示错误之能样折述如下：

1. 动机之错误。动机之错误者即为其意思表示之缘由,有错误之谓也。例如误信其为品学优良之学生,而给以学资之辅助,实则其人为不良之青年;误信某书工之作品为杰作,而购买之,实则为恶劣之作品也。此种错误原则上于其意思表示之效力,不生影响,仅以动机,为存于表意人内部之缘由,客观上不易推知,若因其有错误,而足以影响意思表示之自身,则殊有害于交易上之安全也。特其动机之错误,由于他人之诈欺行为所致者,则此时当据第九十二条之规定辩理,亦生影响于意思表示效力之问题。又其动机若以之作为意思表示内容之一部者,此时如有错误,则应归纳于下述内容之错误中,以为解释也。

2. 内容之错误

内容之错误者即意思表示之效果意思上,有认为之错误之谓也,何者为其效果意思之所在,当就各种涉法律行为及表意人之意思以认定之,兹略举起决定时之重要标准如次:

(a)法律行为性质之错误。例如认识借贷为租赁,误认买卖为赠与是,如有此种错误,其法律效果即将因之变更,故自应认为内容之错误。

(b)标的物之错误。标的物之错误,有为标的物本身之错误者,例如误认为甲物为乙物是,有为标的物数量之错误者,例如认为千元为百元千石为百石是,有为目标物性质之错误者,例如认为物为真物是,有为标的物履行手续之错误者,例如关于履行地或履行时之错误是。标的物之本身及数量,为意思表示中,必须确定之事项,不确定时,其行为不能生效,故关于其确定上之错误,自应为内容之错误;标的物之性质及履行手段,则非意思表示中,必须确定之事项,故除表意人以之为意思表示之构成要件外,关于此种事项之错误,原不能谓之内容之错误。但在标的物性质之错误,虽非表意人以之为构成要素者,据民法第八十八条第二项之规定,若交易上认为重要者,亦认为内容之错误。

(c)当事人之错误。当事人之错误,亦有二种。有属于当事人本身上之错误者,例如误认甲为乙是。当事人为行为之主体,非意思表示之内容,其错误自不能谓之内容之错误,但表意人以特定当事人为其意思表示之构成要素,或该法律行为特别注重个人时,则得认为内容之错误,亦有属于当事人资格之错误者,例如认为日本人为中国人是。当事人之资格,苟表意人不以之为意思表示构成之要素时,则其错误,自亦不能谓之内容之错误,但据民法第八十八条第二项之规定,其错误若交易上认为重要者,亦得与标的物性质之错误同视,应视为意思表示内容之错误。

3. 表示之错误。表示之错误者,即其意思表示之表示行为上,有错误之谓也。此种错误,与上述内容之错误不同,上述内容之错误,乃指其内容认定之错误而言,此之所谓错误,则并非其内容确定有错误,乃其表示行为上有错误也。例如之误,言辞之误是,此时表意人即不知其错误之情事,而为此非真意之表示行为,则自应与内容认定之错误同视,故据民法第八十八条第一项之规定,此种错误,与意思表示内容之错误,生同一之效力。

关于内容及表示之错误,据民法之规定,表意人得将其意思表示撤销之。此种规定,德民之立法例而来(参照德国民法第一百一十九条),与日本民法之采取无效主义(参照日本民法第九十五条)及法国民法之采取无效撤销主义(参照法国民法第一千一百〇九条、第一千一百一十条至第一千一百一十七条)者不同,就法律效果上之易使他人明了及保护相对人及第三者时,自以我民法及德民之立法为当也。又此种撤销权行之是,据民法之规定,尚须具备二种要件,即:第一,须表意人对于其错误或不知,为无过失者(第八十八条但书);第二,须自其意思表示后,一年之内行使之(第九十条)是。故若为有过失者,则不同其为经营过失抑重大过失,皆不能行使此项权利,反之若为无过失者,则其权利因经过此一年之除斥期间,亦归于消减也。至民法总则编施行前所存在之此项权利,则据民法总则施行法第十七条之规定,其经过期间之算定,应准用该法第十六条之规定,即此项期间,如已经过,或尚有残余者,虽自施行之日起,一年行使之,但其期间经过后,至施行时,已逾半年者,则不在此限耳。意思表示因有上述之错误原因,固得加以撤销,但对于信其意思表示为有效,而受损害之相对人或第三人,亦不得不予以保护,故第九十一条复明定除受害人对其撤销之原因,为民治或可得而知,有此主观之故意过失存在者外,表意人对之尚应负赔偿之责任也。

第五　传达不实

传达不实者,即意思表示,因传达人或传达机关以表示时,而因其误传,致为非真意之表示是也。其构成之要件,可分述如次:

1. 其传达之意思表示,须表意人有表示意思之存在,否则为意思表示不构成之问题,非此之所得传信不实。

2. 其传达之意思表示,须因其传达行为而始构成,若其传达已成立之意思表示,而有错误者,亦不得谓为此之传达不实。

3. 其不实之事实,须由传达之表示行为而构成,至传达者,对于其误传致构成上,有无故意过失之存在,则非所问。

且备上述要件而构成之传达不实,据民法之规定,其效果于错误相同,即表意人除于其误传上,亦有过失存在者外,得据第八十九条之规定,此照错误之规定撤销其意思表示。又其撤销之除斥期间,及撤销后对于善意之相对人或第三人,应负之损害赔偿责任,据民法第九十条第九十一条及民法总则施行法第十七条之规定,亦与错误相同,此可参看错误之说明,不再赘述。

第二类　意思表示之不自由

第一　概说

意思表示之不自由者,因他人不正当之干涉,所为之意思表示之谓也。表示行为之动机,固以不影响于其行为之效力为原则。然基于他人不正当之干涉,致表意人失其自由,而决定效果意思者,如仍认其行为,为绝对有效,不使表意人有一救济之道,对于表意人,未免失之过苛,反与干涉者,以不当之利益,此法律所以许因被欺诈或被胁迫为意思表示者,得撤销其意思表示也。又诈欺或胁迫之行为,有时能发生刑事上之效果,有时亦能发生民事上权行为之效果,而此之所撤销之效果者,则为民法总则第九十二条规定之问题,其成立之要件,与法律上保护之目的,与前之二者,不必尽问。故一个诈欺或胁迫之行为,虽有时能发生此三种效果,而其认定之标准,则各有不同,此不能不注意者也。

第二　因诈欺而为之意思表示

诈欺者,表示虚伪事实,而使他人陷于错误之故意行为也。其因此行为,而致于错误以为意思表示者,则谓之因诈欺而为之意思表示。兹述其构成要件如次:

1. 须有诈欺意思。诈欺意思者,即诈欺者,须有使他人陷于错误,且因之以为意思表示之故意存在也。故对于虚伪事实之表示,自己不知其为虚伪,或其虚伪与否?尚不能决定者,则他人虽因之陷于错误,而自己并无使他人陷于错误之故意,尚不谓之诈欺,又虽明知其为虚伪之事实而表示,有使人陷于错误之故意,然并无使他人因之为意思表示之故意者,如新闻记者,捏造记事之类,亦不能谓之诈欺。诈欺意思,以且备此二种故意为足,至诈欺者,是否尚有其他恶意之存在?可以不问。故刑法上因诈欺而构成之犯罪,虽以须意图取得财产上利益为要件,权行为上因诈欺而成立之损害赔偿,虽以侵害他人之权利为要件,而此则不然,虽无此等恶意,而在使表意人取得利益者,亦能成立诈欺也。

2. 须有诈欺行为。即以非真实之事实,而作为真实以表示之行为也。其表示之方法,并无限制,不论其为言语或文字,亦不论其为明示或默示均可。但单纯之缄默,则应以依法律,契约或交易之习惯上,负告知真实之义务者,故意不告知,而为此消极之表示时,始能谓之欺诈行为。至其表示之虚伪事实,是否关于诈欺者之故意捏造,抑系关于真实事实之隐藏或变更,所为之表示,具不可问。惟诈欺,以关于客观事实之表示为必要,若系表示主观之意见时,则虽为虚伪者,亦在,或与交易上之诚实信用原则,过于违反者,据现今一般之通说,亦认其为诈欺行为。又此种行为,其发生之撤销效果,并非根据行为者之欲望意思而生,故非法律行为,从之关于行为能力之规定,对于诈欺行为者,亦不能适用,但既曰行为,自应与一般行为同视,于其行为时,不可不具有事实上之意思能力也。

3. 须有因诈欺而生错误之意思表示。虽有诈欺行为之存在,而他人并未因之而生错误,或虽因之生有错误,而并未基于其错误以为意思表示者,亦不能构成此之欺诈,仅以第九十二条之规定,须有被诈欺而为意思表示者,始生诈欺之问题也。故诈欺与表意人之错误,及其错误与意思表示上,均非有因果关系之存在不可,至其错误之是否为行为动机之错误,抑为表示内容之错误,则可不问也。

因诈欺而为之意思表示,其效果如何?据第九十二条之规定,可分为下之二段论之。

1. 对于相对人之效力,因其诈欺之是否系相对人所为,而其效果不同。系相对人所为者,表意人得撤销其意思表示,如果第三人所为者,则以相对人明知其事实,或可得知者为限,始得撤销之。仅以其相对人如为善意之时,则亦应加以保护,不能单因表意人一方之诈欺事由,而使其受撤销之效果也。但表意人之错误,如为意思表示内容之错误,且自己并无过失存在者,则仍得援用第八十八条之规定以主张撤销,自不待言。

2. 对于第三人之效力,亦因其第三人之为善意与否?而其效果不同。第三人系恶意者,即对于其意思表示之因诈欺而为之事实,明知之者,表意人得以对于相对人撤销之行为对抗之。反之如第三人系善意者,则法律为保护交易之安全计,不许表意人以其撤销行为对抗之,故此时其意思表示,对于此等第三人,尚应该认为有效也。

因诈欺而生之撤销权,据民法第九十三条之规定,亦有一定除斥期间之存在。即表意人行使此项权利者,应于发现诈欺后,一年内为之,又虽未发现,而自其意思表示后,已经过十年者,无论如何不得再行使之。仅以法律关系,久不确定,实有害于交易之安全,故应由法律上设此期间为限制之也。至民法总则编履行前存在之此项权利,据民法总则施行法第十七条之规定,其经过期间,应准用该法第十六条之规定。即此项期间,未经过者,依民法第九十三条之规定计算;如已经过,或尚有残余期间而不足一年者,应有施行日起,一年内行使之,但其期间经过后,至施行时已逾第九十三条所定期间二分之一者,则不在此限耳。

第三 因胁迫而为之意思表示

胁迫者,意思不当之危害,而使他人发生恐惧之故意行为也。其因此行为,而致于恐惧以为意思表示者,则谓之因胁迫而为之意思表示。兹析述其构成要件如次;

1. 须有胁迫意思。胁迫意思者,即胁迫者,须有使他人发生恐惧,且因之以为意思表示之故意存在也。此与诈欺相同,亦必须由此二重之故意存在,始能构成胁迫。故其危害之表示,并非在使他人生有恐惧而为之者,如以新奇之趣旨,而为谣言之传达等,不能谓之胁迫。又虽有使他人生有恐惧空言恫吓之类,亦不能谓之胁迫。具有此二种故意,其胁迫意思,即为构成,至是否有其他恶意自存在?及胁迫之结果,其利益应归属于何人?均可不同。又此二种故意,不必同时存在,即最初只在使人恐惧,其后始生使其因此恐惧而为意思表示之故意者,亦得谓之胁迫也。

2. 须有胁迫行为。即须有表示不当之危害行为也。其表示之方法,亦无限制,不论其为言语,文字或其他行为均可。消极之不作为,例如他人已陷于危害,而不为解救之者,是否能构成胁迫?学说上亦有争论。有谓其危害虽已发生,然因其不作为之结果,将使其危害继续存在,是与新加以危害无异,应谓之胁迫者。有谓此时若有排除其危害之义务,而不为之排除,则此种违反义务之不作为,即应与胁迫同视者。亦有谓他人之危害,须新由此不作为而发生,始能谓其为胁迫者。据我民法之解释,则应以第三设为当。仅苟他人之恐惧心,非新由此不作为而发生,则不过为利用他人危害而为之行为,并不能谓为新由行为者,造成之危害行为,此时应依第七十四条之规定辩理,不属于此之胁迫之问题。又即为有排除之义务者,其不作为虽违反义务,然其使他人危害之继续行为,亦不能谓为新创设之危害行为,其因之使他人为意思表示者,乃第七十二条违反公序良俗之问题,不能谓为此之胁迫也。故就第九十二条适用之本旨言,必须其危害乃新由此不作为创设者,始能谓为胁迫也。至危害之种类,及被其危害者,应属于何人?危害之程度如何?是否应为现在急迫之危害?在他之立法例,虽亦有附以相当限制之规定者(参照民法第一千一百一十三条、瑞债第三十条),但我民法上,则并无何等限制之明文存在,故解释上,但使其为危害之行为,不问其所危害者,为何种之法益,其应受此危害者,与表意人之关系若何,是否为重大之危害,及现在不可避免之危害,皆能成立此之胁迫行为也。特既曰胁迫,则必有其违法性之存在,苟其行为,并非违反法律之规定,或公序良俗者,如债权人向债务人表示,不还债则将诉之法院之类,不能谓其此种表示为胁迫也。又但使其行为有违法性之存在,则不问其行为本身之不法,或其行为所希圆目的之不法,皆能构成此之胁迫。所谓行为本身之不法者,例如甲与乙本有婚约之存在,今甲为违婚姻之目的,向乙表示不结婚,则将杀害其父母,是此时其欲发生之目的,并非不法特其欲此;目的之行为本身,则为不法是。所谓行为之目的不法者,例如甲向乙要求缔结婚约,谓若不认允者,则将告发其所犯之刑事罪,是此时其表示告发之行为,原为刑诉法所允许,不能谓之不法,特欲藉此行为以达其婚约成就之目的,则为不法是。苟此二者之中,有一不法者,据现今之通说,皆认为均能构成胁迫也。至此种胁迫行为,虽亦为行为之一;但其所发生之撤销效果,并非根据行为者之欲望意思而生,故与诈欺同,亦非法律行为,抵以行为时,有事实上之意思能力,并不以具有行为能力为要件。

3. 须有因为危害生恐惧之意思表示。虽有危害行为之存在,而他人并未因之生有恐惧,或虽因之生有恐惧,而并未基于其恐惧以为意思表示者,亦不能构成此之胁迫。故危害与表意人之恐惧之发生,及其恐惧与意思表示上,均非有因果关系之存在不可,此点亦与诈欺相同。特其恐惧之结果须不致完全丧失其判断能力,否则所表示之意思表示,乃为无意识之表示行为,应属于意思表示本身不能构成之问题,不能为本条之适用也。

因胁迫而为之意思表示,其效力若何?据第九十二条之规定,亦认为表意人得撤销其意思表示。特此与诈欺不同者,即不问其相对人或第三者,是否善意,皆能行使此项权利,或主张此种撤销之事实,以对抗之是也。又此种撤销之行使,民法亦于第九十三条中,与诈欺同设有除斥期间之规定,即应于胁迫终止后,一年内为之是也。至民法总则编施行前所存在之此项权利,亦应依据总则施行法第十七条准用同法第十六条之规定。

第五目　意思表示之生效时期

第一　概说

意思表示之构成要件与生效要件,不必一致,有虽经成立而不能生效者,亦有成立后须经相当之时日始能生效者,故意思表示之能生效与否,原则上须视其效果要件之是否具备之定之。关于意思表示具有特别生效要件者,法律上常以其要件具备之时,为其效力发生之时,例如遗嘱以遗嘱者死亡之时为生效之时(民法第一千一百九十九条),使用借贷及消费借贷,以其借用物交付之时为生效之时是(民法第四百六十五条、第四百七十五条)。此皆各有其特殊规定之存在,固可按其规定以认定之。反之不必具有特别生效要件者,应以何时为其生效之时?则于民法总则中,有研究之必要。就理论而言,此种意思表示,苟已具备一般生效要件而成立时,原应以其成立之时,即为;其生效之时为当,但在有特别之相对人存在者,则法律为愿及其相对人之利益计,亦有其特殊规定之必要。故我民法关于此点,特设有第九十四条至第九十七条之规定,兹分述如次:

第二　向对话人为意思表示之生效时期

对话人者,表意人能向之直接传达意思,且其自身复居于即时了解地位之相对人也。苟在此种状态之下,以为意思表示者,不问其空间之距离若何,传达之方法如何,皆能谓之向对话人之意思表示,例如直接对话、以电话交谈、用暗号表示、使传达人口传等皆是。此种意思表示,据民法之规定,不以其表示之时,为生效之时,而以相对人了解之时,为生效之时,故表示后而对方未了解者,尚不能谓其效力已发生也。又其不了解之事实,不问相对人是否有故意过失之存在?皆不能使其意思表示之效力发生,至举证之责,则应解为由相对人负之。仅以此时其相对人原则上事实居于了解之地位也。

第三　向非对话人为意思表示之生效时期

非对话人之解释,则与对话人处于反对之意义,即表意人对之固不能直接传达其意思,而其自身亦居于不能即时了解其意思之地位之相对人也。在此种形状下所为之意思表示,即谓之向非对话人之意思表

示,例如通常以书信电报所为意思表示是。此种意思表示,应于何时发生效力,则一向有四种主义存在,兹列举如下:

(1)表意主义。此以意思表示已成立之时,为其效力发生之时,例如书信已结就,决定发出时是。(2)发信主义。此以意思表示,已交付传达人之时,为其效力发生之时,例如书信已投入邮筒时之。(3)受信主义。此以意思表示,已到达相对人之时,为其效力发生之时,例如书信已达到相对人是处所是。(4)了解主义。此以相对人已明晓其意思表示之时,为其效力发生之时,例如相对人已开阅其书信时是。

上述诸主义中,以第三主义,较适合于实际,故民法第九十五条一项,即采此主义,定为非对话人而为意思表示者,其意思表示,以通知达到相对人时,发生效力。故依此规定,但使其意思表示已达到于相对人,不问其相对人已了解与否,及已在于一种可以了解之状态与否,皆能由其达到之时而生效也。又既依到达而生效,则其效果,尚有下列三点,当注意者:

(1)意思表示于达到相对人时,既已生效,嗣后即不能撤回,如欲撤回,则须其撤回之通知,与意思表示同时或先时达到者始可,此于民法第九十五条第一项后段,已有明文规定。(2)表意人于发出通知后死亡或丧失行为能力,或其行为能力受限制者,其意思表示,不因之失效。此于民法第九十五条第二项,亦有明文之规定。(3)未达到前如有迟延或遗失者,应由表意人负其责任,此于民法,虽无明文,但在解释上乃无容疑者。

非对话人间之意思表示,其效力发生之时期,固如上文所述,但据民法第九十七条之规定,表意人非因自己之过失不知相对人之姓名,居所者,得依民事诉讼法公示送达之规定,以公示送达为意思表示之通知。此种公示送达之意思表示,论其性质,虽亦为非对话人之意思表示之一种,但其效力发生之时期。则与一般之情形不同,应依据民诉法之规定,以定其发生效力之时期也(参照民诉第一百五十二条)。

第四　向无受领能力人为意思表示之生效时期

无行为能力人，绝对无受领他人意思表示之能力（第七十六条），限制行为能力人，则在其限制行为中，亦无此种受领之能力（第七十七条、第七十八条、第七十九条、第八十四条、第八十五条）。故民法第九十六条，特以明文规定，向无行为能力人或限制行为能力人为意思表示者，以其通知达到其法定代理人时，发生效力。不过此时自应限于财产行为上之意思表示，若为身份行为之意思表示，则不在此限也。

第六目　意思表示之解释

第一　解释之意义

现今法律，采取私法自治之原则。法律行为之效果，应从其意思表示所欲望者以定之，故欲决定其行为之效果，须先确定其意思表示之意义。所谓意思表示之解释者，即指此确定之行为而言也，意思表示所表现之意义，有与其内部之意思不符者，亦有因他人不正当之干涉而生者，此之解释，则单指其外部表现意义之确定而言，其所确定者，是否为真意之表示，及有无其他瑕疵之存在？非所问也。又解释之结果，有认为不能使其生效者，亦有认为当适用其他强行法规以为修正，或其他任意法规以为补充者，此则为解释后适用法律之问题，亦非解释行为之问题，观念上亦不能不分清之也。至解释是否正确？固当视其解释之对象是否存在，及解释之自身，是否合于社会理性以定之。然此二种之确定行为，其性质各不相同，关于前者确定之错误，乃事实问题，不能上诉第三番，以求解决，关于后者确定之错误，乃法律问题，得为上诉第三番之理由，学者中虽亦有混同此二种行为为一事，而谓解释之错误，均为事实问题者，非正当之论也。

第二　解释之目的

解释之行为，既在确定其意思表示之意义，故其唯一之目的，亦在期其所确定者,与表示上之正意义,能相符合。民法于此点,德民第一百三十三条规定,设有准则之法条,即第九十八条所谓:解释意思表示之应探求当事人之真意,不得拘泥于所用之词句是也。仅以语言文字,虽为意思表示之重要表示方法,于解释行为上,固不能不加以斟酌,然苟依据其他之材料,能证明其语言文字为错误或不足者,则亦不能拘泥其所用之词句,而没却当事者之真意也。又法律既已明文规定此种解释之标准,则违反之者,应为法律问题,得为上诉第三番之理由,自不待言,前段所谓解释错误,非书为事宜问题者,此亦其例证之一页。

第四款　法律行为之附款

第一项　统　　说

法律行为之附云者,即当事者对其意思表示所欲望发生之效果,加以一定限制之条款之谓也。法律效果,既可由当事者之欲望定之,则对其效果,如有限制之意思者,其能有效,自不待言。特关于此种限制之附,其性质如何?解释上尚有下列诸点,当注意者,兹分述如下:

1. 附款乃法律行为内容之一部。附款为一独立之附属行为,抑为法律行为构成之部分?学者对之,虽有争论。然就其存在之本质言,乃为法律行为自身内部效力之限制,并非外部所加之拘束,故应该为组成效果意思之一部内容为当,不能视为单独之行为也。又附款既为法律行为内容之一部,则其自身虽含有附带条款之性质,然在法律之评价上,与其他主要部分之内容,亦有同一价值,其本身如有无效或撤销原因者,其主要部分之效力,亦将因之不能存在。故不能以其为附款,而谓与他部内容之效力,有区别也。

2. 附款因当事人之表示而成立。附款既为效果意思之一部。故自须由当事人之意示行为,始能成立,若依法律规定,或事物性质所应有之限制条款,则不能谓为此之附,又当事人虽有附加之意义,若未以明示或默示之方法，表示于外部者亦不能成立也。

3. 附款须于法律行为成立时表示之此乃因其为法律行为内容之一部，当然应有之结论。故若于法律行为成立后，以另一意思表示附加之限制，则其限制，乃为一独立行为，不能谓为此之附款。

附款之意义，固如上述，至其种类，约可别为条件，期限及负担三种。前二者于法律行为中，适用较广，后之一种，则通常于无偿行为，始能发生，故民法于含有通则性质总则编中，亦只视定前之二种，至负担则惟于各个无偿行为中附带规定之（参照民法第四百一十二条至第四百一十四条又第一千二百〇五条），兹所研究者，亦依民法编纂顺序，专论条件与期限二种，以下分为两项述之。

第二项　条　　件

第一目　条件之意义

条件者，法律行为之效力，其发生或消灭，诸将来客观不确定事实之成否，而为表示人所加之附也。例如甲与乙约，汝若考取法官，则赠与千元。此时其赠与效力之发生与否？由乙之能否考取法官之事实，以决定之，是即为附有停止条件之行为。又如甲与乙约，汝若不能考取法官则赠与之千元，应予归还，此时其赠与效力与消灭与否？亦由乙之能否考取法官之事实，以决定之，是则为附有解除条件之行为。以下析述其意义如次：

1. 条件为法律行为之附款。条件既为法律行为之附款，故前项所述附款构成之要件，皆应具备，自不待言。又条件依其附款之性质，应为意思表示内容之一部，与所谓条件事实，原属不同，但我民法之用语，常将其混同用之，此在解释上，则当严格予以区别。

2. 条件以决定法律行为效力之发生或消减目的。条件之目的，在为法律行为成立之决定，抑在为法律行为效力之决定？学说上尚有争议。就理论言:一般法律行为,原以经行为人之表示行为即成立为通则,且附条件之行为者,并非以其共条件事实之确定后,而始有效果意思或表示意思之存在,亦极明了,故通说均以仅为其效力上之决定为宜。我民法之规定,亦采取通说者也。惟解释上,尚有下列诸点,当注意者。

(a)法律行为之效力,虽为条件事实成就时,始发生或消灭,然其成立要件及一般生效要件,如意思表示之是否存在,行为能力之是否具备,标的之是否适法可能及确定,意思表示之是否有欠缺或瑕疵等事项,仍应于其行为成立时决定之。(b)条件所限制之法律行为之效力,不限定为其效力之全部,即于全部效力之中,只使其一部之效力发生或消减,由条件决定之者,亦于条件存在之性质无碍。

3. 条件以将来客观不确定之事实为内容。当事人之所以使其法律行为附有条件者,在使其效力之发生消灭与否,举诸将来不确定之事实耳。若为过去及现在之事实,或虽为将来之事实,而客观已确定者,则与条件之应以不确定之法律行为为前提之本质不容,自不能以为条件之内容也。惟所谓客观不确定者,应以现代社会上一般人之智识即经验为标准而决定之。于哲学及科学之理论上,虽为已确定之事实,若一般人之推测能力,尚未能加以确实之判断者,仍得以之为条件内容也。

第二目　条件之种类

第一　停止条件及解除条件

此为着眼于条件所限制之法律行为效力之状态上,所加之区别。即其条件,在决定法律行为效力之发生者,谓之停止条件;反之在决定法律行为效力之消减者,则谓之解除条件。前者例如上述第一例之赠与契约是。其法律行为,乃于条件成就时,始生效力,不成就时,不能生效,在行为成立之后,条件成否未定之前,则应保持其效力发生与否不确定之状态。后者例如上述第二例之赠与契约是。其法律行为,原已先生效力,惟于条件成就时,应使其已生之效力消减,不成就时,其效力不消减之事实,即应确定,在行为成立之后,条件是否未定之前,则应保持其效力消减与否不确定之状态。此二种区别,民法会以明文承认之。在学说上则有谓解除条件,理论上实即停止条件,而主张只有停止条件之一种者。然此说不惟与我民法明文之规定相冲突,不能采取。且即就当事人之意思言,其所加字解除条件,乃于其被限制之法律行为表示之时为之,原与其被限制之法律行为,为一个之意思表示,亦不能误解其解除条件之附加部分,乃另一意思表示,而谓其目的,仍在使其法律行为自消减效力,由此条件而发生也。

第二　积极条件及消极条件

此为着眼于条件内容之事实上,所加之区别。即其事实,在变更现在之状态者,谓之积极条件,例如甲与乙约,汝若明年结婚,则赠与千元是。反之其事实在维持现在之状态者,则谓之消极条件,例如甲与乙约,汝若明年不结婚,则赠与千元是。此种区别,惟在条件事实成否之认定上,有其实益,于学理之研究上,固无甚重要也。

第三　随意条件偶成条件及混合条件

此为若眼于条件成就之根据上,所加之区别。兹再分述如次:

1. 随意条件。即其成就之根据,诸当事人之意思之条件也。其中有由双方之意思以决定其成否者,曰双方随意条件。例如甲与乙约,余等若其往愿法官考试,则对于汝之川资,归余供给是。亦有由一方之意思以决定其成否者,曰一方随意条件。其中复可分为积极之随意条件及消极之随意条件二种,前者其事实之成否,纯由权利人之意思决定之,例如甲与乙约,汝若往愿法官考试,则赠与百元以作川资是。后者其事实之成否,纯由义务人之意思决定之,例如甲与乙约,余若往愿法官考试,则将余之房屋汝是。关于附消极随意条件之法律行为,其效力若何？学者问颇有争论。有谓其为有效者；有谓应视其为片务行为或双务行为，而其效力不同，即在片务行为应为无效，而在双务行为则为有效者；亦有谓应视其为解除条件或停止条件，而其效力不同，即在解除条件应为有效，而在停止条件之片务行为则为无效者。我民法上关于此点，未设若何之规定（参考民法第一千一百七十四条、日民第一百三十四条）其立法之理论，与德民相同，乃认为无论何种消极随意条件，皆应完全有效者。就事理言，自以我民法之理论为当，以其条件之成否？虽单纯决诸义务者之意思，然此时亦不能谓义务者无受其行为拘束之效果意思存在也。

2. 偶成条件。即其成就之根据，诸当事人意思以外之事实之条件也。其中有由于人之意思以外之自然界事实决定之者，亦有由欲当事人意思以外之第三人意思或行为决定之者，前者例如甲与乙约，明日若雨，则赠与雨衣一件；后者例如甲与乙约，若得丙之同意，则赠与千元，或丙若结婚，则赠与千元是。

3. 混合条件。即其成就之根据，诸当事人及第三人之意思或行为之条件也。例如甲与乙约，汝若与丙结婚，则赠与千元，或汝若与丙均替成余之计划，则赠与千元是。

第三目　假装之条件

假装条件者，即类似条件之外形，而实非法律行为附款之条件也。其种类得分述如下：

1. 法定条件。法定条件者，因法律之规定，或法律行为之性质，当然为其行为生效或存续上应具备之要件也。此种条件，不待当事人之表示，即应为其行为之要件。故与法律行为、附款之条件，须因当事人之表示始成立者不同，不能相混视也。例如遗赠以遗嘱人先于受遗赠人死亡未条件而生效，保证以主债务之完全履行为条件而消减，此本为民法第一千二百〇一条及第七百三十九条明文之解释上,应有之要件,初不待于当事人之表示而成立,即当事人以之为表示,亦不能变更共法定条件之性质,而视为附款之条件也。学者中虽亦有谓法定条件,于法律行为当时,共条件事实,尚未确定,若当事人表示以之为该行为之生效或存续要件,则亦可成为附款之条件,而应适用附条件法律行为之规定者,此种说明,实未了解法定条件之本意,不足采取。苟为法定条件,如其条件事实,尚未确定,则其效力若何?自应依其法律之规定以定之,不能再使其适用附条件法律行为之规定,而谓此时可变更其法定条件之本质也。

2. 既定条件。既定条件者,其条件事实之成就或不成就,于法律行为当时,已经确定之条件也。此种条件,不能使其法律行为之效力,成为不确定之状态,故不能谓为真正之条件。如当事人仍以之作为条件,而附加于其法律行为者,则其效力,于行为时,既已确定,自无再以法为之确定其效力,或使其适用条件成就否未定时保护当事人规定之必要。日本民法,不知此旨,已设有第一百三十一条之赘文,而我国学者,乃多引用之,以解释我国民法,其为失当,自不待言。

3. 不法条件。不法条件者,即违反强制禁止之规定或善良风俗公共秩序之条件也。条件为意思表示之一部,如有此等不法事实之存在时,则依据第七十一条及第七十二条之规定,其全部法律行为,亦当因之无效,自不待言(日民对此于条件及期限一节中另定有明文视为无效,参照日民第一百三十二条)。故此等条件,既不能发生效力,即不能认为法律行为附之条件也。惟所谓不法云者,乃指条件之自身言,并非指条件事实言。条件事实,有时虽并非不法,而成为法律行为之条件时,则应为不法者有之,例如以离婚为条件事实,如此事实成就,则赠与千元是。亦有条件事实,原为不法,而成为法律行为之条件时,反应为适法者有之,例如以赌博为条件事实,如此事实成就,则终止其具备契约是。故二者之观念,不能不分清之。又如以不为不法行为为条件,例如汝若退出某种盗贼团体,则赠与千元,或汝若一年内不涉足赌场,则赠与千元,此时是否为不法条件?亦一问题。一向学者,对此问题,均本诸日民第一百三十二条后段之规定,谓应从肯定方面以为解释,视为不法。但据吾人之意见,以为此当就其权利人方面之情状,分别论定之。权利人一向原无此种不法行为者,则其不为不法行为,乃为事理上当然之事,今若以之为条件,是反有助长不法行为之流弊,故此时应视其条件为不法。反之若权利人一向原有此种不法行为者,今以希望其禁止或不为为条件,是实为有益于社会之事实,即不能亦谓其不法也。故如上述之二例,在前者应认为适法之条件,在后者,则认为不法之条件,实不能混同并论也。

4. 不能条件。不能条件者,乃以客观不能成就之条件事实为内容之条件也。例如汝若在旬日之内绕行地球一周,则赠与万元,或汝若在法律规定外能创设一有效之物权,则受赠之万元,即予退还是。此时其不能成就之事实,客观上既已足以推知,是与附有既定条件之情形相同,其行为之效力,于成立时,即可推测确定,实与条件在使其行为效力成为不确定之性质相反,不能谓为真正之条件也。故知上述第一例,当事者以之作为停止条件时,则当事者实无使之生效之意思甚明,应视其行为为无效之行为。反之如第二则,当事者以作为解除条件时,则当事者原无以之作为条件之意思,亦极明了,此时自应视为为未附条件之行为也。日本民法,关于此点,亦有明文之规定(参照日民第一百三十三条),然此种断定,乃为解释上当然应具有之理论,实无再以明文规定之必要也。

5. 矛盾条件。矛盾条件者,以与法律行为构成之共他部分相抵触之条件事实为内容之条件也。例如以他人之物为买卖,而于其契约成立时,谓以所有者不同意让与其物,为条件事实之成就,可使其买卖生效,或约定于其契约生效后,以其物之减灭为条件事实之成就,应使其契约失效是。此种矛盾条件,其效力若何?则一向有两种主张。(a)有谓在停止条件,应视共行为无效,在解除条件,则应视为无条件者。(b)亦有谓不问其为停止或解除之条件,皆应视为无效者。以理论言,应以后说为是。此时其法律行为之内容,既互相抵消,自无使其一部生效之理也(参照日本法学新报第二十四卷第五号乾政矛盾条件论文)。

第四目　条件之许可及禁止

第一　条件之许可

罗马法初时,因求法律关系之简单明了,对于法律行为,以成立后即将其效力确定为原则,故除遗嘱外,其他法律行为,皆不许附加条件。帝编纂罗马法全典时,因应实际上之需要,此种限制,已加解除,对于通常关于财产上之双务行为,即已许可因双方之同意,得附加条件中,至于近世,则因私法自治制度之确立,对于一切法律,更以许可附加条件为原则矣。我国民法,关于此点,虽无明文之存在,然于总则编中,既特就条件,设有一般之规定,则立法之意旨,在承认此种原则,自无疑义。故就我民法之解释言,与一般立法例相同,除后述之禁止附加条件之行为外,通常之法律行为,皆应依据当事人之意思,许可其附加条件也。

第二　条件之禁止

一般法律行为,如上所述,固以能附加条件为原则。但有时因愿及公共之利益或其相对人之利益,而不许附加条件者亦有之。此种禁止附加条件之行为,学者称之为避忌条件之法律行为。其种类得分述如次:

1. 因应及公益上之理由不许附加条件者。此即其法律行为如附加条件,则为违反法律强制,禁止规定或公序良俗时,因公益上的理由,应不许其附加条件。所谓违反强制或禁止规定者,例如依民法第三百三十五条第二项之规定，债务之抵销，不能附加条件是。所谓违反公序或良俗者，例如结婚、离婚、养父义子契约、非婚生子之认知等行为，皆不能附加条件是。

2. 因应及私益上之理由不许附加条件者　此即其法律行为，如附加条件，则对其相对人之利益，过于妨害，故亦不许附加条件。例如法律行为之撤销、承认、解除等之单独行为，其行为者既可单因其一已之意思，决定其法律关系，若再许其得附加条件，则其相对人，当更陷于不利益之地位，故不应许可也，然此乃因其有害于相对人之关系，故当禁止，若其条件事实之性质，无害于相对人者，则虽以之作为条件，而附加于其行为之上，亦应可能。例如以汝若于一月内不戒除烟癖者，则解除契约，或三日不亲来道歉者，则解除契约，此种条件事实，原无损于相对人，行为者固不妨任意附加也。又其条件事实，虽有害于相对人，若相对人对之同意者，则亦无保护之必要，例如相对人同意于行为人，以其货物之市价至若千元以上，为其买卖承认之条件者，亦能认其有效也。避忌条件之法律行为，若附有条件者，其效力若何？有谓其行为全部无效者。有谓此当视其避忌之理由，而类其效力，即因保护公益而禁止者，其行为无效，因保护私益而禁止者，其行为仍为有效，特此时应视为无条件之行为者。据理论而言，应以前说为是。条件原为意思表示之一部，苟其自身，不能生效时，则其限制之法律行为，自不能尚谓为有效也。

第五目　附条件法律行为之效力

第一　条件事实成否未定前之效力

附条件之法律行为，在其条件事实成否未定以前，其效力发生或消减与否？虽属于一种不确定之状态，然一旦成就时，则权利人方面，即可因之取得其行为所生之权利，故在此未确定状态中，权利人亦有取得其权利之希望。此种希望,为一种法律上静体之状态,抑为一种独立之权利,学说上本有争执。但就我民法第一百条之规定言:权利人既可本于此种希望,而发生请求损害债之力量,则其应为一种权利,自属无疑。此种权利,通常称为期待或复归权。其性质如何,则通说均谓成形成权,但亦有谓为形成权外之一种特殊的保持权者(关于权利作用上之分类一向学者均区别为支配权、请求权、形成权三种,以为说明。但日本明治大学教授大谷美隆博士则谓形成权中以保持某种法律关系为目的者应别称为保持权,而与一般形成权相区别。参照该氏民法论集保持权论文),若就用语上之明晰言:此种权利之作用,既在保持条件事实成就后之权利,则谓之为一种特殊之保持权,以与形成权相区别,自亦有其相当理由之存在也。

关于上述期待权之保护,各立法之规定,尚不一致,有谓相对人侵害之时,应负损害赔偿之责任者,如苏俄民法是(参照俄民法第四十二条)。亦有谓相对人侵害之时,应视其侵害行为为事实行为,抑为法律行为,而其保护之效果各别,在事实行为,应负损害赔偿之责任,在法律行为,则于妨害权利人之利益范围内,应使其行为无效者,如德国民法是(参照德民第一百六十条、第一百六十一条)。日本民法仅设有不许侵害之规定,至侵害之结果,应负如何之责任,则未予定明(参照日民第一百二十八条),故其解释上常易生争论,但最近学者,则多采取苏俄立法同一之解释。我国民法,苏俄之立法例于第一百条中,明定附条件之行为当事人,于条件成否未定前,若有损害相对人因条件成就所应得利益之行为者,负赔偿损害之责任。仅以苟如德民之例,使其行为无效,则因保护此期待权之结果,置一般人之利益于不顾,亦殊有害于交易之安全,非法律所以保护团体利益之道,故不能采取也。又第三人如侵害此种期待权者,苟已具备不法及故意之要件时,则依民法第一百八十四条之规定,应视为侵权行为,而负担损害赔偿之责任,自不待言。

第二 条件事实成就时之效力

此可分为下列二段论之：

1. 成就之意义。关于条件事实成就之意义，依我民法之解释，盖有二种：(a)自然之成就，即其条件事实，实际上已发生之谓也。例如在以考取法官之事实为积极条件者，其法官已考取，在以不能考取法官之事实为消极条件者其法官已不能考取是。(b)法定之成就，即其条件事实，实际上并未发生，然依民法第一百〇一条第一项之规定，如其不发生之原因，乃基于条件成就而受不利益之当事人之不正当行为加以阻止所致者，此时亦应视为已发生谓也。例如上述之例，以考取法官之事实为积极条件者，而其不能考取之原因，乃因对方以强制之手段不许其应应试所致；以不能放取法官之事实为消极条件者，而其能考取之原因，乃因自己觅人抢替所致，此时在前者，应视为其法官已考取，在后者，应视为其法官未考取是。

2. 成就之效力。据民法第九十九条第一、二项之规定，此当分为停止条件及解除条件二疑论之。即(a)在停止条件之法律行为，共条件事实成就者，于成就时，其行为发生效力。例如以得第三人同意为条件，而使其买卖生效之行为，或以对方结婚为条件，而使其所有权让与生效之行为于第三人同意及对方结婚时，其买卖及所有权让与行为，即因之发生效力是。(b)在附解除条件之法律行为，其条件事实成就者，于成就时，其行为失其效力。例如以出租人法返归北平为条件，为使其租赁失效之行为看，或以第三人不同意为条件，而使其所有权让与失效之行为，于出租人返归北平及第三人不同意时，其租赁及所有权让与之行为，即失其效力是。在解除条件之成就，其行为难因之失效，但其失效之结果，是否仅发生请求回复原状之债权关系，抑不待求，即直接发生回复原状之物权关系吗，解释上颇多争议，但就此种失效之效果，乃属当然发生之性质言：则应解为除当事者有特殊之意思外，以能直接发生一物权之关系为当。又其失效之效力,原应对于一般人皆能发生,但因顾及交易之安全,仍应解为不能对抗善意之第三人为宜。

依上所述,条件事实之成就,不问其为停止条件或解除条件,皆于成就时起,使其附加之行为,发生效力或丧失效力,是为原则。但依当事者之意思,有欲与成就时起,诉诸既在,使其发生此种效果;或欲与成就后,经过相当时间,始使其发生此种效果者,则条件即可由当事人任意附加,此种条件效果发生之时期,自亦应依当事人之意思而定。故民法第九十九条第三项附以明文规定,则解释上,尚有当注意者如次:

a. 所谓特约者,乃指特别意思表示之谓,并不限与契约,故如在附条件之单独行为,依行为者一方之意思表示,使其条件效果,溯及既往或待诸将来,始能发生者,亦属有效。又此种特约成立之时期,亦不限与其法律行为成立之时,如得其相对人之同意,则难与行为成立后,始为此种特约,亦无不可。惟与条件成就后,再为此种特约者,则共行为,既已根据第九十九条第一、二两项之规定,发生效果,自不能再为反对之表示也。

b. 其条件效果发生之时期,故应依其特约之所定;且其效力,亦于法定效果发生之时期相同,除当事者有特殊之意思外,亦能直接发生一物权之关系,并对于一般人能发生效力,但因顾全交易安全,对于善意第三者,仍应解为不能对抗为当。

此亦可分为下列二段论之:

1. 不成就之意义。关于条件事实不成就之意义,依我民法之解释,与条件事实成就之意义相同,亦可分为自然之不成就及法定之不成就二种。前者即实际上,其条件事实已不发生之谓,例如以考取法官之事实为积极,其法官未巧取,以不能巧取法官之事实为消极条件者,其法官已巧取是。后者即实际上,其条件实际原已发生,然依民法第一百条第二项之规定,如其发生之原因,乃基于条件成就而受利益之当事人之不正当行为加以促成所致者,此时仍应视为未发生之谓。例如以巧取法官之事实为积极条件者,其巧取之原因,乃由其自身人枪替所致,以不能巧取法官之事实为消极条件者,其不能巧取之原因,乃由于对方强制之手段,不许其应试所致,此时在前者,应视为其法官为巧取,在后者应视为已考取是。

2. 不成就之效力。条件事实,不成就时之效力如何?民法于明文上,并无若何之规定,但据第九十九条第一、二项之反面解释,则应如下述,即:

a. 在附停止条之法律行为,其条件事实不成就者,于不成就时,即确定其行为不生效力。故不特其行为应生之权利义务,由此已确定不能发生,即希望此种权利义务生之期待权及其他从权利,亦因此面而确定归于消灭。惟此与无效之行为有别,并非其成立当时,即确定与法律效果,不相关联也。

b. 在附解除条件之法律行为,其条件事实为成就者,于其不成就时,即确定其行为不失效力。于此时不特其行为原有之效力,确定存绩,即希望其条件事实成就所生之期待权及其他从权利,亦随之而确定归于消灭。惟此种不成就之效力,仅能保持其行为固有之效力看,使之存绩而已,若其行为原有其他无效或撤销之原因者并不能因此而除去其无效或撤销之原因;亦不能谓因其条件事实之成就,可以变更其法律行为之性质,成为一新的无条件之法律行为也。

第三项 期 限

第一目 期限之意义

期限者,法律行为之效力,其发生或消灭,繁诸将来客观确定事实之到来,面为表意人所加之怀疑也。例如甲与乙约,明岁三月一日,将其房屋租其居住,此时其租赁之效力,须待明岁三月一日之到来,始能发生,是即为怀有始期之行为。又如甲与乙约,至丙死亡时为止,供给其生活费用,此时其赠与之效力,须待丙死亡事实之至,始能消灭,是即为怀有终期之行为。其与条件者,特一以将来确定事实,为其限制之怀疑,一以将来不确定事实,为其限制之怀疑耳。兹析述其意义如次:

1. 期限为法律行为之怀疑。此与条件同。故第一项所述怀疑构成之要件,在期限亦应具备。又其自身,既然意思表示内容之一部,与所谓期限事实之意义,亦各不同,应区别之。

2. 期限以决定法律行为效力之发生或消灭为目的。此亦与条件相同,即期限所限制者,惟在法律行为效力之发生或消灭二点,至效力发生后履行期限之限制,则不能谓之民法上之期限也。关于此点,学者中难亦有采取日本民法及法国民法规定之意指(参照日民第一百三十五条、法民第一百八十五条),以解释我民法,谓履行期限之限制,亦应视为期限者,此种说明,实未了解民法规定期限之真,盖履行期未到来前,其行为之效力,本已发生,此时债务人依靠其行为之本本义,原应以善良管理人之注意,负保管其标的物之之责任,属于再以法律之规定,对于权力人加以保护之必要。惟其行为未生效以前,权利人尚未取得其权利,不过对于其权利,有取得之希望而已。此种希望,是否亦应保护?使之成为一种权利,则法律有以明文为之确定之必要。故民法为确定此种期待权之关系,始于民法中有期限一节之规定。若以之与履行期限相混,则失却民法规定之精神咦。故此种说明,为本书所不取。又解释上,对于下列二点,亦当注意,即:

(a)法律行为之效力,难于期限事实成就时,始发生或消灭,然其成立要件及一般生效要件,仍应于行为成立时决定之。

(b)期限所限制法律行为之效力,不限定为其效力之全部,即使对其行为一部之效力,由期限决定之者,亦属可能。

3. 期限以将来客观确定到来之事实为内容。此则与条件刚相反。故其限制事实,到来与否?不确定者,如以汝至二十岁,则赠与求学费千元,或汝至毕业时,则赠与学费千元,此时其至二十岁及毕业之时期看,能到到达与否,尚属不能确定之事,果其行为怀有此种限制事实者,则只能谓为怀条件之行为也。

第二目　期限之种类

第一　始期与终期

始期者,因其期限事实之到来,其法律行为始发生效力之期限也。例如上述租赁契约,因明岁三月一日之到来,始生效力是。终期者。因其期限事实之到来,其法律行为之效力,即应归于消灭之期限也。例如上述赠与契约,因丙死亡,应归消灭是。此二种期限,为民法取明定,其区别之点,惟在其期限制行为效力状态之不同耳。

第二　确定期限与不确定期限

确定期限者,其期限事实之发生及到来,具已确定之期限也。例如明年元旦,赠与千元是。不确定期限者,其期限事实之发生,虽以确定,但其到来之时期,尚未确定之期限也。例如某甲死亡之时,则赠与千元是。

第三　约定期限及法定期限

约定期限者,由行为者所附加之期限也。法定期限者,由法律之规定,所附加之期限也。前者例如当事人约定于来年元旦让与所有权,或使其地上权消灭是。后者例如法律规定之取得时效消灭时效之期限是。此之所谓期限,则单指前者而言。

第四　不能期限及不法期限

不能期限者,其期限事实到来之时期,过于长远,客观上应认为不能之期限也。例如以于一万年后即赠与万金,或将其赠与之万金返还于已是。法律行为,以此期限为始期者,其行为应为无效,以此期限为终期者,应认为无期限。不法期限者,即违反强制禁止之规定或善良风俗公共秩序之期限也。例如对于永佃权之设定加以终期之期限,对于继承人之指定,加以始期之限制是。此时其行为之全部,原则上应为无效。

第三目　期限之许可

期限与条件同,无论何种法律行为,原则上皆许附加期限看,但有时因保护公私益之关系,或其行为之性质上,不许附加期限者亦有之。所谓因保护公私益之关系不许附加期限者,例如继承人之指定及婚姻行为是。所谓因其行为之性质上不许附加期限之,例如撤销及解除等行为是。此种不许附加期限之行为,学说上种为禁避期限之法律行为。若因违反保护公私益之关系,而附加之者,其行为无效;若因违反其行为之性质而附加之者,则此时并非其行为无效,特应视为与加期限之行为相等而已。

第四目　附期限行为之效力

第一　期限事实到来前之效力

在附条件之法律行为,其条件事实成就与否?常属于一种不确定之状态,民法于第一百条中,对其权利人之期待权看,既已设有保护之规定。今期限事实之到来,则为至之事实,与条件事实之性质回避,是其对于权利人之期待权,须有相当之保护,更不待言,故民法于第一百〇二条第三项,特以明文规定,关于第一百条在规定,对于期限亦准备用之。其详可参看前述条件中之说明。

第二　期限事实到来时之效力

期限事实到来时之效力,据民法第一百〇二条之规定,得分述如次:

1. 附始期之法律行为,于期限至时,发生效力。此盖与附有停止条件之法律行为相同乃以其限制事实到来时,始使其行为发生效力也。

2. 附终期之法律行为,于期限届满时,失其效力。此则与附有解除条件之法律行为相同,乃以其限制事实到来时,始使其行为发生失效力也。

第五款　法律行为之代理

第一项　代理之概念

第一　代理制度之由来

法律行为,既为取得法律效果之重要要件,故吾人日常之生活,岁无时不需此种行为之存在。然为此种行为者,再法律上有一定能力之限制,又有时虽已取得此种能力,而因事实上之格扞,不能自为之者亦有之。故法律上为救济当事人之此种穷屈起见,乃不得不创设一种制度,使其能藉他人之智力,以代理其行为,此即代理制度之所由发生也。在罗马法,因法律关系,注重简明,除家属及奴隶得代理其家长为法律行为外,其他一般之代理,原则上皆不承认之。迄乎中世纪之际,因交易之频繁,若使当事者,事必躬亲,实属难能,且以一人之行为,而使其对于他人发生效力,于事实上亦无其他窒碍,故在当时商事上之行为,已首先承认此种制度。至于近世,则自法国民法以明文规定以来,一般立法例,盖莫不是认之唉(参照法民第一千九百八十四条、第一千九百八十条、第一千九百九十八条,澳民第一千〇二条、第一千〇八条、第一千〇一十七条、第一千〇二十九条,日民第九十九条以下,德民第一百六十四条以下,瑞债第三十二条以下,俄民第三十九条以下)。我国民法,于总则编及债编中,亦以明文承认此种制度,故解释上除其行为之性质,应决于本人之自己意思,如婚姻、遗嘱、认知养父子契约等行为外,一般法律行为,原则上皆应许可其发生此种代理之关系也。

第二　代理之意义

代理之意义,据一百〇三条之规定,乃代理人于代理权限内,以本人名义所为之意思表示,或所受之意思表示,直接对于本人发生效力之行为也。兹分述如次:

1. 代理需要有代理权限之存在。代理人之行为,其能直接对于本人发生效力者,盖以有代理权限之存在也。故若无代理权限之存在,或其行为超过其代理权限者,则为无权代理,除具有第一百六十九条之原因外,非经本人之承认,对于本人,不生效力。其行为在未经本人承认以前,自不能谓之代理行为也。至代理权限,其性质范围及授与之行为若何?则于后款论之。

2. 代理需以本人名义为之。所谓以本人名义为之者,乃表示该法律行为,以本人为其当事人之谓也。故但使有此表示之存在,则不问其行为之实际上,是否由本人享受其利益,亦不问代理人有为本人谋利益之意思与否,皆得谓为代理之行为。反之如无此等表示,则其行为虽有代理权限之存在,或虽直接对于本人发生效力,如有代理权限者,以自己名义为本人而为之行为,或担保物权者对于其担保物所为之处分行为,亦不能视为此之代理行为也。又此种表示,原则上固以对其行为之对方,明白通知为必要,但依情形,如对方已明知其为本人而为之者,则代理人虽未为明白之通知,亦应视为能生此等代理关系也(参照德民一百六十四条第一项、日民第一百条、瑞债第三十二条第二项)。

3. 代理须关于意思表示。即代理,须限于为本人向第三人为意思表示或受意思表示之谓也。向第三人为意思表示者,谓积极代理或动方代理,例如为本人向第三者为要约或承诺之表示是。向第三人受意思表示者,谓之消极代理或受方代理,例如为本人向第三者受领要约或承诺之意思表示是。代理既须关于意思表示,故通常未含有意思表示之行为,如所谓事实行为或不法行为等,其不能发生代理之观念,自不待言。但其代理之意思表示所构成之法律行为,如附有其他事实行为之存在者,则因代理其意思表示,并代理其事实行为,亦属无妨。例如寄托契约,以交付寄托物为成立要件(民法第五百八十九条),如代理人既代理本人为寄托契约之要约或承诺,并代理其为交付或受领寄托物者,则其交付或受领寄托物之事实行为,既为寄托行为构成之一部,代理为之者，自亦能生民法上代理之关系也。

4. 代理行为须直接对于本人发生效力。即其代理之法律行为，虽为代理人之行为，然其法律效果，则须直接对于本人发生。若使代理人取得其权利或负担义务后再移转与本人者，则非此之代理。至代理行为之效果，何以能直接对于本人发生效力？则一向之说明，共有三种。有谓代理人既本于本人授予代理权限之意思，始能为之代为或代受意思表示，故其所代为或代受之意思表示，实即本人之意思表示，自应对于本人发生效力者，是谓本人行为说；有谓代理行为，系由本人之代理权授与之意思表示，及代理人为其行为时之意思表示组合而成，故应对于本人发生效力者，时谓共同行为说；亦有谓代理行为，原为代理人之行为，特因其以本人名义为之，故应使其效果对于本人发生效力者，是谓代理人行为说。以上三说，自理喻言，自以第三说为当，我民法第一百〇三条之规定，盖亦採取第三说而规定者也。

第二项　代理之种类

第一　直接代理与间接代理

直接代理者，以本人之名义，所谓之行为，而其效果直接对于本人发生之代理也。间接代理者，其行为之效果，不能直接对于本人发生效力，故有时对于本人或代理人方面，均不免发生不测之损害。我民法上所谓之代理，则系专指直接代理而言。

第二　积极代理与消极代理

积极代理者，为意思表示之代理也。消极代理者，受意思表示之代理也。前者为民法第一百〇三条第一项所规定之代理，后者则为该条第二项所规定之代理，其意义已于上文加以说明，兹不再赘。

第三　有权代理与无权代理

有权代理者，有代理权限存在之代理也。反是无代理权限存在之代理。有权代理,其代理权之发生,有于代理行为当时即已存在者,亦有于行为后,经本人之承认而始存在者,前者谓之原始之有权代理,后者谓之后发之有权代理。无权代理之中,亦有绝对不能对于本人生效及因具备民法第一百六十九条规定之原因,而可对于本人生效者二种,前者称之曰狭义无权代理,后者称之曰表见代理,其详当于债编总论中讨究之。

第四　意定代理与法定代理

意定代理者,其代理权基于本人之意思表示而生之代理也。法定代理者。其代理权非基于本人意思表示而生之代理也。此二者之区别,惟在其代理权发生原因之不同。其详矣于代理权发生原因中。

第五　一般代理与特别代理

一般代理者,不限定其代理权范围之代理也。特别代理者,限定其代理权范围之代理也。代理应属于一般代理抑属于特别代理,当依法律之规定及其授权行为以定之。

第三项　代　理　权

第一　代理权之本质

代理权者,能使其代理行为对于本人生效之权能也。此种权能,其本质若何?学者之主张,殊不一致。有根据法、奥民法规定,谓代理与委任之观念,并无区别(法国民法第一千九百八十四条谓委任为受任人以委托人之名义代为处理其事务之契约;澳国民法第一千〇二条则谓委任为发生代理行为之契约故均不承认代理与委任有区别之存在)。代理只为一种委任之法律关系,其自身无独立存在之本质?不能于委任之外,单独认为一种权能者,是谓否认说。有谓之代理与委任,原为独立个别之观念,代理人须有此项代理权之存在,始能使其代理行为,对于本人发生效力。故因其行使即可发生一种法律关系,应认为形成权者,是谓权利说。亦有谓代理与委任,故属个别之观念,而代理权与形成权之性质,亦不尽相同,即形成权之行使,须依权利人之意思表示,始能发生效果,而代理权之行使,则不问代理人之意思如何,皆非使其发生代理效果不可,故不能谓为形成权,只应视为法律上静态之地位,与权利能力或行为能力相类似之一种资格而已,是谓能力说。以上三说,第一说与我国民法之规定,明相矛盾(参照民法第一百六十七条、第五百二十八条),其不能采取,自不待言。第二说则与说明形成权之性质上,亦稍有牵强。惟第三说于理论上较为适当,故吾人亦主张之。

第二　代理权之发生原因

代理权发生之原因,可分为法定代理及意定代理论二段之。

1. 法定代理。法定代理,其代理权非基于本人意思表示而生,故与意定代理不同。至其发生之原因,约可分为下列诸点述之。

a. 直接由于法律之规定者。即其代理权之发生,直接基于法律之规定,并不须其他行为之存在者是也。例如父母对于未成年之子女,依据民法第一千〇八十六条之规定,当然取得代理权是。

b. 由于法律之规定并须一定选任行为之存在者,即其代理权之发生,除具有法律规定之根据外,尚须有其他选任行为之存在者是也。例如亲属会让所选任之监护人,根据民法第一千〇九十八条,虽当然对于未成年人有代理权,然据民法第一千〇九十四条之规定,则非先经亲属会议之选定不可是。

2. 意定代理。意定代理,其代理权基于本人之意思表示而生。故其代理权之发生,须有本人之授予行为存在。此种授予行为,通常称为授权行为,其本质若何? 学者间亦有争论,兹分述如次:

(a)委任契约说。此说谓意定代理人之代理权,由于委任契约而产生,于委任契约外,别无所谓授权行为之存在。此在法澳民法上因将委任与代理相混同(参照民法第一千九百八十四条、澳民第一千〇二条),

故其国之学者，多主张是说。然在我民法之解释上，则因有第一百六十七条及五百二十八条之规定，授权行为与责任，既明白区别为两种之独立行为，其不能采取此说，自不待论。即就法理以言，委任为一种债权契约，只能创设双方之债权债务关系，亦不能创设一种代理权之资格，故此说之不当，不待烦言自明。

(b)无名契约说。此说谓意定代理人之代理权，虽非由于委托契约而产生，然其授权行为，亦不能有授权者一方之意思表示，即能发生，应属于一种契约行为，非经代理人之同意不可。特此种契约，在民法上既无明文之规定，故应视为无名契约。此说在日本民法之解释，虽为有力之主张(参照鸠山氏民法总论第四百一十五页、穗积氏民法总论下卷第九七页、我妻氏民法总则第四百六十七页、石田氏民法总则第三百九十三页)。然与我民法第一百六十七条之规定，既明相冲突，其不能采取，亦不待言。且就法理言，代理权之效力，乃在使其代理行为对于本人发生效果而已，于代理员方面，既非负担何种义务之事实，亦不以经其同意为必要也。

(c)单独行为说。此说谓意定代理之授权行为，与其基本契约，故属个别之行为，且依授权者一方之意思表示，即能发生，亦不必待诸代理人之同意，始能生效，故应视为一种单独之行为。此说在德国民法之解释，已成通说(参照的民一六七条第一项)，就我民法第一百六十七条之规定言，其应采取此说，以为解释，亦无容滋疑者也。

以上三说，在我民法之解释，故以第三说为当。然此种授权行为与其基本法律行为之关系若何？则尚有讨论之必要。有谓基本之法律行为，只发生本人与代理人内部之关系，授权行为则尚有其代理行为之相对人之外部关系存在，故二者应个别独立，不能发生因果关系之牵连者，是谓授权行为无因说。亦有谓授权行为，既由基本之法律行为而发生，期间当然有因果关系之存在者，是谓授权行为有因说。以上二说，自理论言,当以第一说为当。盖基本行为只有内部之关系。其关系如何,他人无从而知,为保护第三者计,自应使其授权行为独立存在,不受基本行为之牵涉为是。但就我民法第一百〇八条第一项之规定言,则代理权之消减,既应依其所由授予之法律关系定之,是乃采取第二说以立法者也。特此种规定,并非强行法规,如授权者以其他意思表示,使其与基本行为,不能关联者,亦能有效也。

第三　代理权之范围

代理权之范围如何?在法定代理,应依法律之规定以应之,在意定代理,则应依其授权行为之意旨以定之。此于理论上乃极明了之事体,故我民法仿德民之立法例,对于代理权之范围,不设若何之规定,然实际上如依上述之标准,不能确定其范围者,亦恒有之。此在法、日民法虽皆设有补充之规定,认为管理行为中如保存、利用、改良等行为,不致变更其物或权利之性质者,代理人得有权为之,处分行为,则无权为之(参照法民第一千九百八十八条、日民第一百〇三条)。但在民法上则不能采取同一之解释,此时当依其代理权之性质及其基本法律行为以定之。例如破产管财人之代理权,若不使其对于破产财团有处分之权能,则根本不能执行其职务。又由委任而生之代理权,若解为凡管理行为皆能为之,则与第五百三十四条,所谓不动产之租赁其期限逾二年者,须有特别授权行为之规定,固明明相冲突也。

第四　代理权之限制

关于代理权之限制,亦得分为下列二段论之:

1. 法定代理之限制。法定之限制云者,即依法律之规定,对其代理权上所加之限制也。其中有属于总则编以外法规之规定者,亦有属于总则编之规定者,前者例如共同代理,依债编第一百六十八条之规定,应共同为之限制;监让人之代理,依亲属编第一千一百〇一条之规定,对于受监让人之财产,非为受监让人之利益,不得使用或处分之限制

是。后者则为第一百〇六条所规定代理人不得为双方代理之限制。兹专就后者,论述如次:

(a)双方代理之意义。双方代理云者,代理本人与自己为法律行为,或既为第三人之代理人,而又代理本人与之为法律行为之代理行为也。代理本人与自己为法律行为者,通常称为自己契约;代理自己有代理权之第三人与本人为法律行为者,通常称为重复代理。此种双方代理,是否有效?在德国普通法上,本有争论。但现行德国民法,则于其第一百八十一条中,以明文规定原则上当禁止之。我国民法第一百〇六条之规定,盖亦沿用德民之规定而来者也。

(b)双方代理之禁止。双方代理,据民法第一百〇六条之规定,原则上固应加以禁止。但其禁止之根据若何?则一向之说明有二:有谓此与双方行为之性质相违反者,其意盖以双方行为之当事人,必为二个独立之人格者,今双方代理,乃以代理人一人,而兼双方当事人之资格,故应认为不能。亦有谓此乃保护本人之关系而禁止者,其意盖以此时双方当事人既处于利害相反之地位,若其意思表示,皆由一代理人决定之,则其结果于本人一方,必易受损害,故应加以禁止。以上二说,自理论言,自以第二说之主张为当。盖在双方代理,其一方之当事人,仍为本人,代理人不过为之决定意思表示而已,不能谓此时其双方之当事人皆为代理人也。故法律禁止之意旨,实恐本人因之受有损害,并非因其违反双方行为之性质,甚为显然。且据本条例外之规定,如经本人许诺或专履行债务者,其行为之效力如何?则学者之见解,亦不一致。有谓其行为应视为无效者,亦有谓此时其行为与无权代理之行为相同,若经本人之承认,亦可视为有效者,据立法之意旨言,亦应以第二说为当。盖本条既往在保护本人之利益而设,若实际如本人之利益无损,而本人愿意承认其有效者。法律自无强使其无效之必要。且本条在例外之情形上,如本人事先许诺者,已可使其有效,则事后承认者,亦应使其有效,乃属当然之解释也。

(c)禁止之例外。双方代理,原则上固应禁止,但据本条之规定,尚有例外之情形如次:

Ⅰ.其行为已经本人之许诺者。法律禁止双方代理之规定,原在保护本人之利益而设,今本人既不愿受此保护,而许诺其为此双方代理之行为,则法律自无再加以干涉之必要,故此时其行为,应对于本人,仍为有效。

Ⅱ.其行为系专履行债务者。履行债务之行为,通常于当事人间不致有利害相反之事实发生,故应许可其双方代理之有效。惟此种行为,有时亦须为双方?利害者,例如待物清偿及未到清偿期之履行等,仍应解为不能为双方代理为当。又抵销是否能为双方代理?学说上亦有争论,但解释上仍以肯定说为是,盖抵销不过为清偿债务中之一简易方法,并非双方交换利益之行为,于当事人间原无利害冲突之可言也。

2.意定之限制。意定之限制云者,即依本人之意思,对其代理权上所加之限制也。法定代理,其代理权乃根据法律之规定而生,自不许本人之意思,加以限制,故此之所谓意定之限制,乃专指意定代理而言,盖在意定代理,其代理权既由本人之意思而授予,则对其代理权之范围,自亦能由本人之意思而加以限制也。惟关于其限制之效力,法律为保护交易上之安全,于第一百〇七条中,特以明文规定,不得以之对抗善意第三人,但第三人如因过失而不知其限制事实之存在者,则不在此限耳。

第五　代理权之消减

关于代理权之消减,得分为消减原因及消减效果二假论之,兹分述如次:

1.消减原因。代理权消减之原因,有为法定代理及意定代理所共同适用者;亦有为法定代理及意定代理所各别存在者。前者谓之共同

消减原因;后者谓之特别消减原因。兹再分述如下:

(a)共同消减原因。得为法定代理或意定代理共同消减之原因者,约如次述:

Ⅰ.人或代理人之死亡。本人或代理人之死亡,其代理关系,自应归于消减,因代理乃以对人之关系而发生,今当事者,既有一方已归死亡,当然不能使其关系,再及于其继承人也。但法律亦有以明文限制其不能消减者,例如民法第五百五十一条、第五百五十二条之规定是。此时既有此特别固定之存在,自应依其规定辨理,不能视其代理权,因一方之死亡,即归消减也。又在意定代理,如当事人双方约定,不以此为其消减原因者,其约定应解为有效,亦不待言。

Ⅱ.代理人之丧失行为能力。代理人丧失行为能力时,据民法第五百五十条及第一千〇九十六条规定之解释,不论意定或法定代理,皆应认为其代理权消减之原因,自不待论。但在意定代理,据第五百五十条但书之规定,若当事人间另有约定,或其事务之性质上,不能消减者,亦不能因是而使其代理权消减,此则例外耳。

Ⅲ.授予法律关系之终了。此为民法第一百〇八条所明定。即代理权之消减,应依其所由授与之法律关系定之,迄授予之法律关系终了者,则其代理权亦应归于消减是也。例如,由监护而生之法定代理权,依监护关系之终了,即应归于消减;由委任关系之生之意定代理权,依委任关系之终了,即应归于消减是。

(b)特别消减原因。法定代理权,基于法律之规定而生,故其自身应具有之特殊消减原因,亦应依据各种法律规定,以为决定,不可一概而论。至意定代理权之特别消减原因你,则除应依据本人授与时之意思,以为决定外,据民法之规定,尚有下列之原因存在。

Ⅰ.本人丧失行为能力或本人与代理人之破产。此种事实,据民法第五百五十条之规定,原则上亦应解为意定代理权消减原因之一,特当事人间另有约定,或其事务之性质上,不能因是而消减者,则不在此限耳。

Ⅱ.代理权之撤回。据民法第一百〇八条第二项之规定,代理权得于其所由授予之法律关系存续中撤回之,但依该法律关系之性质不得撤回者,不在此限。故依本条之规定,意定代理权,除其法律关系之性质,不能撤回者外,原则因本人之撤回,亦应归于消减。

2.消减效果。代理权消减之效果,此刻分为当事人间之效果及对于第三人之效果二点论之。前者因其代理权之消减,其代理人已失其为代理行为为之资格,故其代理权之授与,有授权书之存在者,据第一百〇九条之规定,于代理权消减或撤回时,代理人应交还于授权人,不得留置。后者则在通常原因之消减,固能对于一般人皆能发生效力,但在撤回原因之消减,则民法为顾及交易之安全,特于一百〇七条,以明文规定。不得以之对抗善意第三人,但第三人如因过失而不知其事实者,则又不在此限耳。

第四项 代理人之能力

第一 权利能力

代理行为,直接由本人承受起权利义务之效果,故对于其行为,是否须有权利能力之存在?应就本人以为决定,不能就代理人以为决定。本人对于其行为,苟有权利能力,则不问代理人对之有无权利能力,皆能为本人有效为之。例如外国人对于中国之土地所有权,本无享有之能力,然如代理中国人,以取得土地所有权者,其代理行为,亦能视为有效是也。

第二 行为能力

据民法第一百〇四条之规定,代理人所为或所受意思表示之效力,不因其为限制行为能力人而受影响,故基于本条之解释,代理人亦不必如法律行为之当事者,须有完全行为能力之存在,盖以其行为之效果直接由本人承受,对于代理人自身无利害之关系,今既本人愿以之为其代理人,则其代理行为,自应视为有效也。惟基于本人本条之反面解释,及前述代理权消减原因之规定,若代理人为无行为能力者,则无此代理之能力,自不待言。

第三　意思能力

代理行为之意思表示,应由代理人决定之,故代理人自须为有意思能力之人。无此能力者,据民法第七十五条之规定,应与无行为能力人同视,其自身所为之行为,既为无效,则代理他人所为之行为,自不能使之生效也。又民法关于其代理行为之意思决定上,有无欠缺或其他瑕疵情事之存在,尚设有第一百〇五条准则之规定,兹分述如次:

1. 其欠缺或其他瑕疵情事之有无原则应就代理人决定之。即据本条前段之规定,代理人之意思表示,因其意思欠缺,被诈骗、被胁迫,或明知其事情,或可得而知其事情,致其效力受影响时,其事实之有无,皆应就代理人决定之。此盖以代理人之意思表示,既由代理人决定之,则此等事实之有无?自亦应由代理人方面决之为当也。惟此有当注意者,即基于此等事实而生之撤销权因本人既为其行为之当事者,故解释上仍应属于本人,而不属于代理人,不过代理人此时亦得代为行使之耳。

2. 在意定代理本人有指示者则应就本人决之。即据本条但书之规定,代理人之代理权,系以法律行为所授与者,其意思表示如依照本人所指示之意思而为时,则前述事实之有无,应就本人决之。盖以此时其意思表示,既依照本人之指示,以为决定,则其决定上有无此等事实之存在,自不能再就代理人方面决之,故复设此例外之规定也。

第五项　无权代理

无权代理者,无代理权限存在之代理行为也。其不存在之原因,约有三种：一有因于基本生效原因之不存在者，例如其代理权之发生既无法律规定之根据，亦无本人有效授权行为之存在者是。二有因于其代理权自身之已消减者，例如原存在之代理权，因消减原因之到来，已归消减者是。三有因于代理权范围之逾越者，例如其代理权之范围，只在为财产上之保管行为，而代理人乃以之为处分行为是。此种无权代理之行为，有因其表面上足使他人信为有代理权，依据第一百六十九条之规定，而成为表见代理者；亦有因本人嗣后之承认，依据第一百七十条之反面解释，而成为后发之有权代理者；亦有因保护善意第三人之关系，依据第一百〇七条之规定，而使其对于本人生效者。若无此等有效原因之存在，则其代理行为既不能对于本人生效，是其行为之相对人，非受不测之损害不可。故民法为保护此善意之相对人计，特于第一百一十条，以明文规定：无代理权人，以他人之代理人名义所为之法律行为，对于善意之相对人，依据上述规定，应负赔偿责任，固不待言。但其责任发生之根据如何？则学者主张，各不一致，约可分为下列诸说：一有谓无权代理人此时为其行为之当事人，故应对于其行为之相对人负责者，是谓行为当事人说。然无权代理之行为仍系以本人之名义为之，其行为之当事人，属于本人，并非属于代理人，故此说不能采取。二有谓无权代理之行为，对于本人既不能生效，则其咸贵人所受之损害，实基于无权代理人之侵权行为所致，故应负责者，是谓侵权行为说。然侵权行为，须以故意或过失为其成立要件，而无权代理人之此种赔偿责任，据民法之规定，并不以有此主观意思存在为必要，故此说亦不能采取。三有谓代理人于为行为之际，应注意其有无有代理权之存在，今因此项注意义务之欠缺，致相对人受有损害，故应负责，是谓注意欠缺说。然代理人为代理行为，法律上并无科以此等注意义务之规定，且其责任之构成，亦不以此等注意之欠缺为必要，故此说亦不能采取。四有谓代理人于其代理行为，原对于相对人有担保其对于本人生效之从行为之存在,今违反其担保义务,故应负责者,是谓担保说。然代理人为代理行为之际,不必皆有此等担保意思之存在,而法律之使无权代理人负责者,亦不以此等担保意思存在为要件,故此说亦不能采取。五有谓法律为保护交易之安全,特以明文规定无权代理人应负担此项责任,而无权代理人据此种规定,故应负责者,是谓法定责任说。据民法之解释,应以此说为当。盖无权代理人之此项责任,依第一百一十条之规定,并不以其他事实之存在为其成立之前提要件,其负责之理由,实即根据于该条之规定而来也。

1. 责任之要件。无权代理人之此项责任,其构成要件,约如下述:

(a)须有无权代理行为之存在。即须以他人之代理人名义而为法律行为是。如以自己名义而为之法律行为,则有时虽于他人发生间接代理之关系,然自己既直接为其行为之当事者,其行为之效果,皆由自己负担,故不生此项责任之问题。至共无权代理行为,是否为积极代理抑为消极代理?又行为者,对于代理权不存在之事实,有无故意过失,均可不问,皆非负本项之责任不可。

(b)须其行为对于本人不能生效。关于此点,民法第一百一十条中,虽无明文之存在。然解释上,如其行为已具备表见代理之要件,或经本人之承认,或据法律之规定,本人不能以其无效对抗善意之第三人者,则其行为既可对于本人有效,相对人之损害,即无由发生,故无权代理人之此项责任亦不能成立也。

(c)须其相对人为善意之相对人。所谓善意云者,即其相对人非明知其无代理权之谓也。如相对人明知其无代理权,而犹愿与之为此等行为,则法律无再为保护之必要,故此项责任之发生,以其相对人系善意为要件。又在德、日民法,有以相对人因过失不知其无代理权,亦可使无权代理人免责者(参照德民第一百七十九条第三项、日民第一百一十七条第二项),但我民法上则无此等明文之存在,不能为同一之解释。

故相对人但须不知其无代理权，行为者即应负责，至其不知，是否有过失之存在，可以不问也。

2. 责任之内容。无权代理人对于相对人应负之责任，其内容如何？立法例上亦不一致。有认为无权代理人应负履行或损害赔偿之责任，而由其相对人选择定之者，如德、日民法是（参照德民第一百七十九条第一项、日民第一百一十七条第一项）。有认为无权代理人只负损害赔偿之责任者，如法、瑞民法是（参照民法第一千一百二十条、瑞债第三十九条）。此二种立法例，据理论言，当以后者立法为当，因无权代理之行为，共当事人仍属于本人，行为者既非当事人，自不能使之负履行之责也。故我民法采取法瑞之立法规定此项责任，单以赔偿相对人之损害，为其内容。至其损害赔偿之范围若何？民法对之，既无特别之规定，解释上自应依据债编通则中第二百十六条之规定，以为认定之标准。即相对人对于其行为之无效上，所受之损害及所失之利益，皆应包括以为计算也。

第六项　复　代　理

代理人以自己名义，就其代理权限内之行为，为本人所选任之代理人，曰复代理人。其与本人所生之关系，曰复代理关系。此种复代理人，虽由代理人所选任，然并非代理人之代理人，亦非本人与代理人之共同代理人，实直接为本人之代理人也。故其与本人间所生之复代理关系，与通常之代理关系相同，其复代理之行为，皆直接对于本人生效。至其复代理权之范围，如何认定？则因其系由代理人所选任之代理人，故原则应依其选任中之授权行为以定之，但复代理权既根据于代理人之代理权而发生，故其范围自不能大于原存在之代理权也。又复代理人既由代理人所选任，故代理人对于其复代理之行为，除法律别有规定外，应对于本人，负一切之责任，自不待言。

对于复代理,我民法上未设有概括之规定,一般代理人,是否得有此选任复代理人之权限?当分为法定代理与意定代理以论之。在法定代理,应以法律之规定,以为决定,苟法律上无许可之明文者,则除代理人有不得已之事由,不能亲自为共代理行为者外,原则上应解为无此复任权之存在。在意定代理,则应依其基本法律关系之认定及本人之意思,以为决定,苟当事人别无认定而本人亦无许可之意思者,则除法律有特别之规定外(参照第五百三十七条之但书),亦应解为无此权限也。

第六款　法律行为之无效及撤销

第一项　概　　说

法律行为,就其内容所生之效果关系言,有在法律上已确定生效者,是谓有效之法律行为;有在法律上绝对不能生效者,是谓无效之法律行为;有因撤销权之行使,而能使其效力消减者,使谓得撤销之法律行为;亦有于行为成立后,其效力尚未确定发生或存在者,是谓效力未定之法律行为。民法因法律行为除无效撤销及效力未确定者外,均为有效之行为,故于总则编法律行为章中,只对于无效及撤销二点,特设专节,加以规定,其效力未定之法律行为,亦附于该节中规定之,以下依照民法之规定,析述如次:

第二项　无　　效

第一　无效之意义

无效云者,其法律行为之意思表示,所欲发生之效果,于行为成立当时,已确定不能发生之谓也。兹析言如次:

1. 无效系不能发生意思表示所欲发生之效果。现今立法,对于法律行为,采取私法自治之制度,凡法律行为所发生之效果,原则均由行为人之意思表示决定之。但亦有不许可其表示上所决定之效果发生者,例如行为者无行为能力或其标的不适法等之行为是,此种行为,即谓之无效行为,故无效之意义,乃指不能发生意思表示上所决定之效果而言,至能发生其他效果与否?则非所问,例如虽为无效之行为,有时亦能发生侵权行为或不当得利上之效果是也。

2. 无效系行为成立时之不能生效。故如其行为根本未成立,固不能谓之无效,即成立时尚无无效之原因,其后始不能生效者,亦不能谓为此之无效也。

3. 无效系确定不能生效。所谓确定者,即不须当事人何等行为之加入,无论何时,皆得主张其无效之谓也。无效之效果,不待当事人何等行为之参入,皆能发生,故与撤销之行为,固属不同,且其无效之事实,乃已确定存在,故与效力尚未发生之行为,亦复有异。又当事人随时皆得主张其无效。故其无效之效果,亦决定不能因失效而消减之也。

第二 无效之种类

1. 自始无效与嗣后无效。于行为成立当时,即欠缺生效要件,而致无效者,谓之自始无效。于行为成立后,始欠缺生效要件,而致无效者,谓之嗣后无效,前者例如行为成立时,其标的已不适法是;后者例如行为成立时标的尚属适法,惟在停止条件成就前,其标的始成为不适法是。此之所谓无效,乃指前者而言,至后者之无效,则为效力尚未发生中所生之问题,不能谓为真正之无效也。

2. 绝对无效与相对无效。其无效之效力,无论对于何人,皆能主张之者,谓之绝对无效,反之对于一定之人,虽能主张无效,而对于他人,则不能主张无效者,谓之相对无效。无效之效力,以具有前者之绝对性为原则,但亦有因法律之规定,而只具有后者相对之效力者,例如虚伪表示,虽属无效,但不得以其无效对抗善意第三人是(民法第八十七条)。

3. 全部无效与一部无效。法律行为之内容,全部皆为无效者,谓之

全部无效,反之只有一部分无效者,则谓之一部无效。一部无效之行为,是否应视为全部无效?在立法例上,有两种主义:

有以除去其无效之部分外,尚属有效者,此为罗马法所采取之主义,有以原则上均应视为全部无效者,此为德、瑞民法所采取之主义。就理论言;应以后之主义为当,盖法律行为之内容,原则上均有互相牵连不可分离之关系存在,一部无效之时,自不能再令其他部分为无效也,故我民法第一百一十一条,仿德、瑞之立法例,以明文规定,法律行为之一部分无效者,全部皆为无效,是为原则,但除去该部分亦可成立者,则其他部分,仍为有效,是为例外。因有时依据法律行为之性质,其内容为可分者,亦不必强使其拘守此原则辨理,而视为全部无效也。

第三　无效行为之转换

无效行为之转换云者,即无效之法律行为,若具备他法律行为之要件,并因其情形,可认为当事人若知其无效即欲为他法律行为者,其他法律行为,仍为有效之谓也。例如迟到之承诺,虽应无效,但亦可转换为新要约,视为有效(民法第一百六十条第一项)。又发出本票之行为,虽因欠缺法定欠缺记载事项而无效(参照票据法第八条及第一百一十七条),若可作为不要因之债务承受契约者,则亦可转换为该契约,而视为有效是(参照大理院八年上字一四一四号判例)。此种无效行为之转换,我民法仿德民之例(参照德民第二百四十条),于第一百一十二条中,以明文承认其有效。盖以此时其行为之自身虽无效,然一方既已具备他行为之要件,一方又可认为当事人有为他行为之意思存在,为免除当事人对于他行为,再从新表示构成之重复意思计,自不如直接以其无效行为,转换为他行为,而视为有效为当也。

第四　无效行为当事人之责任

无效法律行为之当事人,于行为当时,知其无效,或可得而知者,应负回复原状或损害赔偿之责任,此为民法第一百一十三条所明定,盖以无效之法律行为，其一方当事人因之已为给付者有之，或因之而受损害者亦有之，若使知其无效或因过失而不知其无效之当事人，不负回复对方之原状或赔偿其损害之责任，则不惟有损于对方之利益，且足以妨害交易之安全也，至本条之规定，与不当得利之规定不同者（民法第一百八十一条、第一百八十二条），即第一，须于行为当为，知其无效者，始适用本条，若事后知之者，则当适用不当得利之规定辨理；第二，此之所谓知其无效者，包括明知及可得而知之二种情形而言，于不当得利之限于明知之时，始负返还责任者，亦复不同；第三，在不当得利，原不尽同，不宜混视也。又基于本条之规定，而负损害赔偿之责任者其行为亦不必即为侵权行为，虽未具备侵权行为之要件，基于本条，亦应负责也。

第三项　撤　　销

第一　撤销之意义

撤销者，可撤销之法律行为，经特定人否认其效力之存在或发生之谓也。兹析言如次：

1. 撤销乃否认其法律行为效力之存在或发生。得为撤销之行为，其效力原已存在或将发生，撤销云者，特使其已存在之效力，归于消减，或使其将发生之效力，不能发生而已。故得撤销之行为，与无效之行为不同，一则其效力在行为当时已确定不能发生，一则其效力原已发生或有发生之可能，特因撤销行为之行使，而使其消减或不能发生耳。

2. 撤销乃因特定人之行为而表现。据民法第一百一十六条第一项之规定，撤销应以意思表示为之，其自身乃为法律行为之一，无此行为时，其效果故无由发生，反之有此行为时，则其被撤销之行为，即将因之丧失效力，又此种撤销行为，亦非尽人皆得为之，能为之者，须有其撤销权之存在，故撤销之效果，必限于享有此撤销权之特定人，有撤销行为后，始能表现。

3. 撤销乃对于得撤销之行为始能行使。即撤销须有其撤销之原因存在,对于具有撤销原因之行为,是谓一般之撤销原因,例如民法第七十四条、第八十八条、第八十九条、第九十二条所规定之原因是,亦有为特种之法律行为始能适用者,是谓特别之撤销原因,例如民法第二百四十四条、第四百一十六条、第四百一十七条、第九百八十九条、第九百九十一条至第九百九十五条所规定之原因是,关于总则编中撤销之规定,因一般撤销原因而撤销之者,其能适用,固不待言,至因特别撤销原因而撤销之者,能否适用?学者间虽有异论。但据吾人之见解,则以为除非法律之自身,另有特别规定外,自应仍适用之。盖以总则编之规定,原为一般民事法之普通法,根据特别法无规定,应适用普通法之原则,固不能排除其规定而不适用也。

第二　撤销之方法

关于撤销之方法,一向之立法例有二:有认为须向法院申请,始得撤销之者,是谓诉讼主义,法法系之民法采取之(参照法民第一千三百〇四条、意民第一千三百条、荷民第一千四百九十条)有认为仅以意思表示,即可撤销之者,是谓意思表示主义,德、日民法采取之(参照德民第一百四十三条、日民第一百二十三条)。我国民法,原则上采取后之主义,于第一百一十六条,以明文规定,撤销以意思表示为之,如相对人确定者,并应向相对人为之。但例外上亦有须于诉讼上为之者,例如第七十四条所规定违反公平之行为第二百四十四条所规定诈害债权之行为第九百九十七条所规定被诈欺或被胁迫之婚姻行为等之撤销是。撤销依上所述,既以意思表示为之为原则,至其表示行为之认定,则尚有下列各点,当注意者:

1. 为此表示行为者,除其撤销权之本质为专属权者外,不限于有撤销权之本人,即其代理人亦得为之,自不待言。惟其被撤销之行为,如当事人有数人时,此种表示行为,应如何行使,则当如下列各款,以解决之:

(a)当事人全体皆有撤销权者,固应准用第二百五十八条第二项关于解除权行使之法理,此项表示行为,原则应由全体为之。但如其行为之给付为可分者,则亦可由其中之一人,单独行使之。盖以此时其表示行为之效力,虽只及于表示者之自身,然其给付既属可分,则对于其他当事人,即不生若何之影响,故应许其单独为之也。

(b)当事人一部有撤销权者,此时有撤销权者,不须得其他当事人之同意,亦不问其撤销之结果,对于其他当事人之影响若何?皆得单独为此表示行为。盖以其他当事人,既未共同享有此项撤销权之行使也。

2. 此表示行为,其相对人确定者,依第一百一十六条第二项之规定,固应向其相对人为之。但所谓相对人者,指其行为当初之相对人而言,抑系包括其后继承其相对人之地位者而言,则学说上稍有争执。据吾人之意见,本项之意义,应取扩张解释,其后继承其相对人之地位者,亦应视为相对人。盖非如此,则有时常使撤销权者,陷于不能行使其撤销权之虞也。至其相对人不确定者,应向何人表示?法律虽无明文,据理论言:此时如有利害关系人之存在者,亦应向此等人表示之,无次等人存在者,则对于一般人以为表示,始能生效也。又其相对人如有数人时,其解释亦与上段所述情形相同,即(a)对于相对人全体有撤销权者,除其行为之给付为可分者外,应对于全体为之;(b)只对于相对人一部有撤销权者,则不问撤销之结果,对于其他相对人之影响若何?皆得单独向之为此表示也。

第三　撤销之效力

撤销之效力,据第一百一十四条第一项之规定,其被撤销之法律行为,视为自始无效。故其法律行为,已发生效力者,经撤销后,等于自始未生效力。未发生效力者,经撤销后,亦不能再发生效力。惟据第九百九十八条之规定,婚姻撤销之效力,不溯及既往,此则其例外耳。又当事人知其得撤销或可得而知者,其法律行为撤销时,依第一百一十四条第二项之规定,应准用无效行为之规定,对于相对人当负回复原状或损害赔偿之责任,其详可参看无效项中之说明。

第四　撤销权之消减

撤销权消减之原因有二。一经撤销权人行使者,应归消减,盖撤销权乃形成权之一,经行使后,一方虽能发生撤销之效果,一方其权利之本身,亦不能再事存在也。二经过法定期间,亦应归于消减,法律对于撤销权,定有存续期间者,如第七十四条第二项、第九十条、第九十三条之例,其期间经过后,撤销权亦当然消减也。

第四项　法律行为效力之确定

第一　概说

效力未定之法律行为,欲使其效力之发生,其确定方法,原有种种,兹略举如次:

1. 有以条件事实之成就而使其生效者,例如附有停止条件之行为是。

2. 有以当事人之死亡而使其生效者,例如死因行为是。

3. 有以当事人或特定人之承认,而使其生效者,例如限制行为能力人所为之契约行为是。

4. 有以第三人之同意,而使其生效者,例如对于有配偶者之收养行为是。

5. 有以权利人之承认或当事人之取得其权利,而使其生效者,例如无权处分之行为是。

第二　须经承认之法律行为

承认者,对于可承认之法律行为,经特定人确定其效力之发生之谓也。兹析言如次:

1. 承认乃确定效力之发生

故承认与撤销之目的,刚相反对,一则在使已存在之效力,归于消灭,一则在使未发生之效力,能事发生。

2. 承认乃因特定人之行为而表现

据民法第一百一十六条之规定,承认与撤销同,应以意思表示为之,故其自生亦为法律行为之一,须有此表示行为后,始生效力,自不待言。有为此行为者,亦须有其承认之存在,故有必限于享有此承认权之特定人,使得为之。

3. 承认乃对于得承认之行为始能行使

何种行为,始为得承认之行为,此当根据法律之规定定之。据现行民法总则编制规定而论,其得承认之行为,有二种:即一限制行为能力人未经允许所为之契约行为,二无权利人未经权利人允许所为之处分行为是也。至他国立法例中,虽亦有对于无效及撤销之行为,亦得以承认而生效者(参照德民第一百四十一条,日民第一百一十九条、第一百二十四条),但我民法上,既无此等规定之存在,自难与之为同一之解释。

承认之意义,已如上述,至其表示之方法及效力,据民法之规定,尚得分述如次:

1. 承认之表示方法

据第一百一十六条第二项之规定,盖与撤销行为相同,相对人确定者,应向相对人为之,其详可参看前述撤销之说明。

2. 承认之效力

据第一百一十五之规定,经承认之法律行为,如无特别订定,溯及为法律行为时发生效力。故此与撤销之效力,稍有不同,即撤销据第一百一十四条之规定,其溯及效乃属于确定者,而此则须当事人无反对之订定时,始使其生此溯及之效力也。

第三　须经第三人同意之行为

法律行为,有以第三人之同意,为生效要件者,此时其法律行为,非经第三人之同意,不能生效,起步待言。至同意之性质,盖与承认相同,亦为辅助行为之一,须有同意权者,始得为之。其表示方法,民法对之,于第一百一十七条中设有规定,即向一方为之,对于他方,亦能有效也

第四 无权处分之法律行为

无权利人对于其权利标的物所为之处分行为,原则上不能发生效力,固属当然。但民法为顾全权利人之意思,及共处分行为相对人之利益计,于第一百一十八条中,尚设有下列例外之规定,兹分述如次:

1. 经权利人承认者,其处分行为,亦能发生效力。至此项承认,应使用第一百一十五条及第一百一十六条之规定,自不待言。又其处分行为之自身,是否善意及有无过失之存在?可以不同,一经权利人承认后,皆能发生效力也。

2. 无权利人嗣后取得其权利者,其处分行为,自始即发生效力。盖以其为处分之时,既有使之发生效力之意思,故于其取得权利后,当然应使其效力,溯及于行为时发生之也。又于取得权利前,会为数个处分行为者,如其前后之处分,有抵触时,则应以其最初之处分为有效,特此时行为者对于其他无效之相对人,仍应负第一百一十三条所规定之责任耳。

第五章 期日及期间

第一节 概 说

第一 时间在法律关系上之重要性

时间为宇宙构成之元素,故宇宙间之生活现象,殆无一不受其势力之支配。法律关系,既为人类生活现象之一,则其不能外于此种原则,自不待言,兹就二者之关系,举其重要者,分述如次:

1. 有为法律上能力之发生或消灭要素者,例如出生或死亡之时,为权利能力终始之要素,二十岁届满之时,为行为能力取得之要素是(参

照第六条、第十二条)。

2. 有为权利自身之取得或消灭要素者,例如取得时效及除斥期间与权利之关系是(参照第六百七十八条至第七百七十二条、第九十条、第九十三条等之规定)。

3. 有为权利效力之发生或消灭要素者,例如定期租赁物返还请求权,须于期限届满时始能行使,及一般请求权,因消灭时效之经过,而其效力及归于消灭是(参照第四百五十条第一项、第四百五十五条及第一百二十五条以下之规定)。

4. 有为法律现象认定之要素者,例如死亡宣告,须经过失踪期间是(参照第八条)。

5. 有为法律行为效力发生或消灭之要素者,例如附有始期或终期之法律行为是(参照第一百〇二条第一十二项)。

6. 有为迟延责任发生之要素者,例如清债期到来时,或经债权人催告时,不履行债务者,即应负迟延之责任是(参照第二百二十九条)。

时间于法律关系之重要性,既如上述,故关于其计算之方法及确定之标准,在法律上自不可设一解决之明文,此民法之所以仿德、日立法例,于法律行为一章后,又复设此期日及期间之规定也(参照德民第一百八十六条至第一百九十三条、日民第一百三十八条至第一百四十三条)。

第二　期日及期间之意义

时间确定之方法有二,有指一定之特定时期,以为确定之标准者,是谓日期,例如约定以某年某月某日为清债日期是;有指一定之继续时期,以为确定之标准者,是谓期间,例如约定以民国二十年一月二日至民国二十一年一月一日为买回特约中之买回期限是。二者区别之点,特一则含有特定之性质,一则含有继续之性质耳。如本民法只对于后者,设有规定,我国民法则仿德民之例,以二者在计算上,皆有为之设定一确定之必要，故于总则编第五章中，概括此二者，而规定之。

第二节　计算之方法

第一　概说

期日及期间，有由法令定之者，有由番判定之者，亦有由法律行为定之者，其应如何以为计算，原则固当依其所订定者以定之。但如无特别之订定时，据民法第一百十一十九条之规定，应依第五章所定，以为计算标准。至其计算方法，可大别为次之二种：

1. 自然计算法

自然计算法者，依时机时间而计算之方法也。例如以日定期间者，则以满足二十四小时为一日，以星期定期间者，则以满足七日为一星期，以月为定期间者，则以满足三十日为一月，以年定期间而非连续计算者，采此种计算方法（参照第一百二十三条第一项之反面解释及该条二项之规定）。

2. 历法计算法

历法计算法者，即依历法上关于月年计算之标准，以为计算之方法也。例如一月之日数，依自然计算法，应为三十日，若依历法计算，则有为三十日者，有为三十一日者，亦有为二十八日或二十九日者，一年之日数，以自然计算法，应有三百六十五日，若依历法计算，则因其年之平润，其日数亦有出入是。我国民法对于以月或年定期间，而系连续计算者，采此种计算方法（参照第一百二十三条第一项）。至所谓历者，应指太阳历而言，自不待言（民国十九年一月二十五日国民政府令时例应用阳历）。

第二　期间起算点之标准

关于期间，应由何时起算？民法对之，设有下列二种确定之标准：

1. 以时定期间者。以时定期间者，据民法第一百二十条第一项之规定,应即时起算。例如于上午七时三十分,预定六小时内交款,则应自上午七时三十分起,计算其六小时之时间是。

2. 以日星期月或年定期间者。以日、星期、月或年定期间者,据民法第一百二十条第二项之规定,起始日不算入,故其起算点,应从其订定之翌日起计算。例如于一月一日,约定十日间,二星期间或三个月间交款。则不问其约定时为午前或午后,均以一月二日午前〇时为起算点是。此项起算法通常谓为延长计算法。在他国立法例,亦有规定以日、星期、月或年定期间,而其期间如由午前〇时起,则当日仍须算入者(参照德民第一百八十七条、日民第十四条但书),但我国民法。既无明文,自难与之采取同一只解释,故虽在该日午前〇时订定期间者。仍应从其翌日以为计算也。

第三　期间终止点之标准

关于期间,应至何时终止,民法对之,亦设有下列二种确定之标准:

1. 以日星期月或年定期间者。以日、星期、月或年定期间者,据民法第一百二十一条第一项之规定,应以期间末日之终止,为期间之终止。例如约定以十日为期,则应以此十日末日之午后十二十时为其终止点,约定自日曜日起算以一星期为期,则应以土曜日午后十二时为终止点;约定自月之一日起算以一月为期,则应以该月末日午后十二时为终止点;约定自一月一日起算以一年为期,则应以该年十二月末日午后十二时为终止点是。

2. 以星期月或年定期而不自其始日起算者。以星期月或年定期间,而不自其始日起算者,据民法第一百二十一条第二项上段之规定,应以最后之星期,月或年与起算日相当日之前一日,为期间之末日,例如于星期一午后一时约定一星期之期间,则自翌日星期二起算,以下星期之相当日,即下星期二之前一日,为期间之末日是。其他月或年之计算,亦可依此类推。惟以星期定期间者,其最后之星期,固必有其与起算日相当之日存在,若以月或年定期间者,则因月有大小,其最后之月,未必有其与起算日相当之日。故本项但书又复规定,以月或年定期间,于最后之月,无相当之日者,以其月之末日,为期间之末日。例如自一月三十日起约定一个月或一年之期间者,至二月或次年二月无相当之日即三十日时,则应以其月之末日即二十八日或二十九日,为期间之末日是也。

第四　期日或期间终止点至延长

于一定期日或期间内,应为意思表示及给付者,其期日或其期间之末日,为星期日纪念日或其他休息日时,距民法第一百二十二条之规定,应以其休息日之次日代之。此盖以休息日为安息日,不能强人工作,故应使其延长至于次日以为终止也。至所谓星期日者,指历定之日曜日而言,纪念日则指法定之纪念日而言,固不待论;惟休息日之认定标准如何?则学说上稍有争论,有谓但有此休息之习惯即足者,亦有谓须其休息之习惯,在停止市面之交易者,我民法上关于此点,虽无明文之规定,但理论上自应前说为当,以本条例法之意志,在保护人之安息,并非因交易之停止,始许期间终止点之延长也。又本条并非禁止规定,如在此等休息日以为给付,经对方受领之者,亦不能其解为期间前之给付也。

第五　月或年之计算法

月或年之计算,我民法上采取自然及历法之二种计算方法。即依第一百二十三条第一、二项之规定,称月或年者,原则依历计算,但其月或年,非连续计算者,则此时应依自然计算法以为计算,即每月应为三十日,每年应为三百六十五日是也。

第六　年龄之计算法

年龄之计算,其起算点与一般期间认定之标准不同,据民法第一百二十四条第一项之规定,不自其出生之翌日起算,而应自出生之日起算。又其出生之月日,无从确定者,据本条二项之规定,共推定之标准如次:即1.出生之月日,俱无从确定时,推定其为七月一日出生。2.知其出生之月,而不知其出生之日者,推定其为该月十五日出生是也。

第六章 消灭时效

第一节 概 论

第一 时效制度之沿革

时效制度,起源于罗马法。考罗马法因时之经过而发生权利变动之制度有二:一为经过相当之年日占有他人之物,即可取得其物之权力者,是谓取得实效;一为因经过相当之年日,而不行使其诉权,其诉权即归消减者,是谓消减时效。兹将二者关联之沿革,略述如次:(1)关于取得时效,罗马于十二铜表法中,即已承认之。其最初之期间甚短,于动产为一年,不动产为两年,但只适用于罗马之市民。嗣后因裁判官之公告,对于非罗马之市民,亦适用此制度,惟其时间较长,即占有人与所有人同住一州者须十年,非同住一州者须二十年。迨后帝编纂罗马法全典时,废止此二种区别,关于不动产,适用此十年及二十年之规定,而动产则以经过三年,即取得其物权。(2)关于消灭时效,在罗马法上发展之经过可分为三期述之。第一为市民法时代,对于罗马市民,除关于请求撤销不正当遗嘱之诉,须于五年内提起外,其他并无限制。第二为万民法时代,对于外事裁判官之诉讼,限于一年内提出,否则其债权即消灭。第三,为统一时代,认为一般诉讼,应于三十年内提出,对于外事裁判官之诉讼,则虽经过一年而不提出,亦不过使其债务,变为自然债务,其债权之自身,并不因之消灭。

上述二种时效制度,在德法系之立法,因德儒Windscbeid氏研究罗马法之诉权,将其性质辨明,区分为公法上之诉权及司法上之请求权二种。于是德国民法上虽亦承认此种制度,但对于消灭时效,则单指对于私法上之请求权,始能适用;且其效力亦与取得时效不同,并非能发生权力自身之变动，特在使其权力行使上之效力，不能表现而已(参照德民第一百九十四条、第二百二十二条)。故因其认定此二种时效，适用之权利及其自身之效力，既各不相同，乃将二者，分别规定，消灭时效，规定于总则当中，而取得时效，则规定于物权编中(参照德民第九百条)。反之，在法法系之立法，亦承认此种制度，但因陷于罗马法注释派之误解，反对罗马法之旧例，认为二者，对于权利自身，皆有同一变动之效力，且消灭时效，除所有权外，其他财产权，亦得适用之，故将二者概括规定于其第三编财产权取得法中(参照法民第二千二百一十九条至第二千二百二十三条、意民第二百一十五条至第二千一百四十七条、荷民第一千九百八十三条至第二十三条、西民第一百九十三条至第一千九百六十七条)，而明知为取得权利及免除义务之方法。其他若日本及奥国之立法，虽另以时效名称，概括此二种制度，以为规定(参照日民第一百四十四条至第一百七十四条、奥民第一千四百五十一条至第一百五十二条)。然其规定之内容及体裁，仍多采取法民而来也。我国民法，因消灭时效与取得时效，其认定之理由，各不相同，一则在使不明之关系，诉诸消灭，一则在使永续之状态，归于确定，有区别见察之必要，故仿罗马德国之立法例，不特将二者适用之权利及效力，加以区别，且于编制上，亦划分于总则及物权二编中，以规定之。自立法之体例及理论上言，故甚得当也。

第二　消灭时效之意义

消灭时效者，因经过一定期间，继续不行使请求权，其请求权行使之效力，因义务人之抗辩；即应归消灭之法律事实也。兹分述如次：

1. 消灭时效须经过一定期间。消灭时效，须经过一定之期间，始能发生消灭之效果。此种期间，谓之时效期间。原则上不得以法律行为加长或减短之(参照民法第一百四十七条、德民第二百二十五条)。至其应经过之期间，则因请求权性质之差异，有为十五年者；有为五年者，亦有为二年者,其长短亦不一致(参照民法第一百二十五条至第一百二十七条),其群以后述之。

2. 消灭时效须继续不行使请求权。消灭时效,不仅以单纯经过其时效期间为要素,并以于其时效期间内,继续不行使其请求权,有此等消灭事实之存在为要素。所谓不行使云者,即在法律上,有可以主张其请求权之状态,而不主张之谓。具有此等消灭事实,则消灭时效之效果,即当因之发生。

3. 消灭时效在使其请求权行使效力发生消除之效果。消灭时效,在消灭其请求权之自身,抑系消除其请求权行使上之效力,在学说上原属争论之问题。但就我民法第一百四十四条之规定见之,其时效完成后,不过使债务者,得享有有一种消灭抗辩权,使对方权利之行使上不能发生效力而已。若债务人仍为履行,或以契约承认该债务及提出担保者,则权利人对其给付,仍有受领之权利,是其非否认其权利本身之不存在,其为明了。故就我民法之规定言:消灭时效之效果,仅在使其请求权行使之效力,归于消灭而已,不能误解其权利之自身,亦因之消灭也。

4. 消灭时效具有法律事实之性质。消灭失效,依上所述,须具有义务人之抗辩,始能直接发生权利效力变动之效果,故其自身之性质,应属于构成法律要件之一种事实。

第三　消灭时效之客体

何种权利,始能为消灭时效适用之客体,各国立法例,不尽相同。有以债权及所有权以外之财产权为客体者,如法日民法是(参照法民第二千二百一十九条、日民第一百六十七条);亦有仅以请求权为标的者,如德瑞民法是(参照德民第一百九十四条、瑞债第一百二十七条)。我民法则从后者之立法例,以请求权为消灭时效之客体(参照民法第一百二十五条以下)。故如支配权中之物权、准物权、人格权身份权及形成权中之撤销权、解除权、催告权等,则除法律另有规定外,不能适用总则编消灭时效之规定,固不待言(参照民法第五百一十四条)。至由此等权力而生之请求权,例如由物权而生之物上请求权,由身份权而生之扶养请求权等,则应解为其权利之自身,含有财产之性质者,始能为消灭时效之客体,如未含有财产之性质者,则不能适用消灭时效之规定,盖以消灭时效之性质,原须财产权,始能适用之,若非财产上之权利,则虽其自身具有请求权之作用,亦不能解为应适用消灭时效之规定也。

第四　消灭时效与除斥期间之区别

除斥期间者,法律对于某种权力所预定之存续期间也。故一种预定期间。其与消灭时效之区别,有 Unger 氏首创之,其后 Grawein 氏因之著有时效与法定期间论一书,对于二者之区别,言之尤详。兹略举其区别之要点如次:(1)消灭时效适用之客体,原则上限于请求权,而除斥期间适用之客体,则限于形成权。(2)消灭时效在消灭其权利行使效力,而除斥期间,则在消灭其权利自身之存在。(3)消灭时效,得依中断及不完成之原因。而延长其期间,而除斥期间,则为不变期间。原则上不能因此等中断及不完成之事由,而使其延长。(4)消灭时效,非当事人主张,法院不能以职权援用,而除斥期间,则当事人虽不主张,法院亦应以职权援用,为裁判之资料。

第二节　消减时效之期间

第一　时效期间认定之标准

消减时效,须经过一定期间,始能发生效果,其意义已如前述,至其应经过之期间如何?据民法之规定,得分述如次:

1. 一般时效期间。此为民法第一百二十五条所规定,即一般请求权之消减时效期间,原则为十五年,但法律所定期间较矩者,则依其规定。

2.特别时效期间。此为民法第一百二十六条及第一百二十七条所规定,得再析言如次:

(a)五年之时效期间。即为利息、红利、租金、赡养费、退职金及其他一年或不及一年之定期给付债权者,其各期给付请求权,因五年间不行使而消减。

(b)二年之时效期间。即为下列各款请求权者,因两年间不行使而消减:

一、旅店、饮食店及娱乐场之住宿费、饮食费、座费、消费物之代价及其垫款。

二、运送费及运送人所垫之款。

三、以租赁物动产为管业者之租价。

四、医生、药师、看护生之诊费、报酬及其垫款。

五、律师、会计师、公证人之报酬及其垫款。

六、律师、会计师、公证人所收当事人物件之交还。

七、技师、承揽人之报酬及其垫款。

八、商人、制造人、手工业人所供给之商品及产物之代价。

第二　时效期间之起算点

时效期间之起算,除特别消减时效,法律对之另有规定外,据第一百二十八条关于一般时效之规定,则为:(a)其请求权以他人之行为为目的者,自请求权可行使时起算;(b)其请求权以他人之不行为为的者,自他人行为时起算。前者例如其债权以债务人给付一定之物为目的者,自清偿时到来时,其时效即进行,后者例如其债权以债务人不为竞业行为为目的者,则自债务人为竞业行为时,其时效即进行是。但此有当注意者,即所谓请求权可行使之时,乃指关于其请求权之行使,法律上已认为可能之时而言,至权利者之相对人是否有其他拒绝抗辩权之存在,可以不问。故如双务契约之请求权,其对方虽有援用同时履行之抗辩权存在，然其请求权之时效，则仍然进行也。

第三节　消减时效之中断

第一　中断之意义

中断云者，已进行之时效期间因特定事由之发生，而使其归于无效之谓也。时效期间之完成，本以权利人继续不行使其请求权为要件，如因某种事由，已可认为权利人有行使其请求权之意思者，自应使其时效再进行之理。故我民法，仿各国立法之先例，于第一百二十九条至第一百三十八条，设有时效中断之规定。时效被中断，其经过期间，固不能再算入时效之中，然自中断事由停止之日起，则其时效，仍从新进行焉。

第二　中断之事由

时效中断之事由，据民法之规定，得分为次之四项述之：

1. 请求。其请求者，有请求权者，向其相对人主张其权利之谓也。此种请求，乃专指私法上之请求而言，但不以请求对方履行为限，凡向其相对人主张其权利存在之表示，皆包含之。盖以此时权利人既有行使其权利之意思，故第一百二十九条第一项第一款规定其能生中断之效力。惟此种效力，并非确定存在，据第一百三十条之规定，若于请求后六个月内不起诉者，仍视为不中断焉。

2. 承认。承认者，请求权之相对人对于请求权人承认其权利存在之谓也。此时相对人既已承认其权利之存在，故不问权利人自身有无表示，据第一百二十九条第一项第二款规定，亦认其能生中断之效力。惟所谓承认者，不以直接及明示之表示为限，如以情事，已可推知相对人对于权利人，有此表示之存在者，仍能发生本款中断之效力也。

3. 起诉。起诉者，即请求权人于诉讼上主张其权利之谓也。请求权人以诉讼之方法，主张其权利，较之诉外之请求，更为严重，故第一百二十九条第一项第三款，亦规定其能生中断之效力。又所谓起诉云者，其方式及种类,并无限制,故不问其提起之形式,为本诉、反诉或附带民事诉讼,及之种类,为给付之诉确认之诉形成之诉,均可发生同一之效力,据民法第二百四十四条之规定,起诉应以诉状提出于法院为之,其诉讼拘束,自诉讼时起,即生效力。故权利人但以诉状提出于法院,即生中断之效力,亦不必待法院将其诉状送达相对人后,始生中断之效力也。惟当事人起诉后,而又撤回其诉,或其诉因不合法而受驳回之判决其判决已确定者,其诉既已不生效力,则中断之效力,自亦不能发生,故第一百三十一条规定,此时仍视为其进行之时效,并未中断。

4. 与起诉有同一效力之事项。尚可分为次之五项述之:

(a)依督促程序送达支付命令。支付命令者,即债权人所请求之给付,为一定数量之代替物或有价证券,依据民诉法第五百〇四条之规定,申请法院,依督促程序,所发之清偿命令也。依督促程序所发之支付命令,于送达时起,即生诉讼拘束之效力,与起诉同,故民法于第一百二十九条第二项第一款中,定为送达时,亦生中断之效力。但其诉讼已失拘束时,例如支付命令所载期间已满后,债权人于一个月内不为假执行之申请,或其申请被驳回者,则依民诉法第五百一十六条之规定,其支付命令,应失其效力,与未发此项命令相同,故民法于第一百三十二条,亦规定,此时视为不中断。(b)因和解而传唤。因和解而传唤者,因和解之申请,而法院向其相对人为传唤之谓也。既有和解之申请,则其主张权利的意思,已甚显然,故与起诉同,据第一百二十九条第二项第二款之规定,于传唤相对人时,亦应生中断之效力。但其相对人不到庭或者和解不成者,则据第一百三十三条之规定,视为不中断,盖以此时,其和解已不生效力,故此中断之效力,亦当然不能发生也。(c)报名破产财产。报名破产者,债权人因加入破产财产之分配,而向破产管理人申报其债权数额及其原因之行为也(参照破产法第六十五条第一项第五款)。既有此等陈报行为之存在,则权利人有行使其权利之意思,亦甚明显,故第一百二十九条第二项第三款规定,此时亦生章中断之效力。唯债权人撤回其报名时,则与自始为主张其债权无意,故第一百三十四条又复归定,如有此情势,视为其时效并未中断。(d)告知诉讼。告知诉讼者,当事人在诉讼拘束中,对于利害关系之第三人,为促其参加,而告知其诉讼存在之行为也(参照民诉法第六十五条以下)。权利人既对于被告知人,有此告知行为之存在,则有向之行使权利之意思甚明,故第一百二十九条第二项规定,此时与起诉同,亦生中断之效力。为告知人于诉讼终结后六个月内不提起诉讼之时,则据第一百三十五条之规定,视为不中断,盖以既经过相当之时日而不起诉,已可推知权利人无行使其权利之意思也。(e)开始执行行为或申请强制执行。强制执行者,执行机关对于债务人,以强制方法,使权利者得现实其权利之处分行为也。其执行机关,据强制执行率草案之规定,原分二种,一为承发吏,一为执行法院(参照强制执行率草案第三十六条、第五十一条)。向承发吏请求执行者,应以执行行为开始时,是其时效中断,向法院请求执行者,则应以申请之时使其时效中断。盖以有此二种之情形发生,是权利人已实际主张其权利,故第一百二十九条第二项第五款,又复规定,与起诉同,亦应生中断之效力也。为因开始执行而时效中断者,若因权利人之申请或法律上要件之欠缺而撤销其执行处分时;又因申请强制执行而时效中断者,若撤回其申请,或其申请被驳回时,则据第一百三十六条第一、二项之规定,其时效视为不中断。盖以既有此等是由,则与未开始执行行为及未申请强制执行相同,故其中断之效力,亦不能发生也。

第三　中断之效力

中断之效力者,即时效被中断后,其以前进行之时效期间,皆应发生无效之效果之谓也。故中断后,其时效应重新进行。特此等效力,据民法第一百三十八条之规定,只对于当事人、继承人、受让人之间,始能生效。至其新时效进行之起算点如何?据民法第一百三十七条第一、二项之规定,尚可分为次之二点述之:(1)因一般事由而时效中断者,自中断之事由终止时,重新起算。(2)因起诉之事由,而时效中断者,则自受确定之判决,或因他方法诉讼终结时,重新起算。所谓受有确定判决者,既其所受之判决,依诉讼法之规定,已确定不能变更之为,所谓因其他方法诉讼终结者,则只因诉讼上之和解,或诉之撤回等情形,而使其诉讼终结之为,一有此等事项之发生,则其时效期间,复重新进行焉。

第四节　消灭时效之不完成

第一　不完成之意义

不完成云者,时效期间进行终止之际,因一定事由,而暂时不令其完成之谓也。此与时效之停止不同,时效之停止,乃指时效期间进行之中,无论何时,皆能不进行之谓,而此则需于进行之终止时,使令其不完成,故其意义各别。德国立法例,采时效停止之制度,而我国民法与日本民法则采时效不完成之制度(参照德民第二十二条、法民第二千二百五十一条、日民第一百五十八条以下)。自立法之理论言,此种延长其时效期间之规定,原恐其期间完成之际,当事人虽于中断其时效,故有特别加以是项保护之必要,若在未完成之中,则当事人与其虽于中断之事由经过后,上有中断其时效之机会,自不必再使其适用此等规定,故比较上当以后之制度为视是也。

第二　不完成之事由

时效不完成之事由,据民法之规定,得分为次之五项述之:(1)因事实之不完成。即时效之期间终止时,因天灾或其他不可避之事实,至不能中断其时效者,据第一百三十九条之规定,自其妨碍事由消灭时起,一个月内,其时效不完成。盖以既有此等不可抗力之事由存在,则当事人虽欲中断其时效而不可能,故应特别加以保护,使其时效期间,自该事由消灭后,更延长一个月之期间,使其完成也。(2)因继承关系之不完成。既属于继承财产之权利,或对于继承财产之权利,据第一百四十条之规定,自继承人确定或管理人选定,或破产之宣告时起,六个月内,其时效不完成。盖以此种权利在其享有财产者,或管理财产者,未确定以前,欲使其向他人行使权力,固属不能,既他人欲向之行。(3)因能力关系之不完成。即无行为能力人或限制行为能力人之权利,于时效期间终止前六个月内行使权力,亦属困难,故有令其时效期间,特为延长之必要也,若无法定代理人者,据第一百四十一条之规定,自其成为行为能力人或其法定代理人就任使起,六个月内,其时效不完成,盖以此等无完全行为能力者,既不能自行行使权利,又无法定代理人之存在,代为行使,若任其时效自然完成,则殊不足以保护其利益,故意有延长其完成期间之必要也。(4)因监护关系之不完成。即无行为能力人或限制行为能力人,对于其法定代理人之权利,据第一百四十二条之规定,于代理关系消灭后,一年内其时效不完成。盖以被监护人在监护之中,欲向其监护人行使权利,固属困难,且因其一切财产行为,均需监护人之辅助,因之不变行使其权利者亦有之。故对于此种权利,非延长其完成期间,亦不足以保护此等被监护之人也。(5)因婚姻关系之不完成。即夫对于妻或妻对于夫之权利,即第一百三十条之规定,于婚姻关系消灭后,一年内其时效不完成。盖以配偶之间,关系密切,虽有权利,虽于行使,故意有延长其完成期间之必要也。

第三　不完成之效力

时效不完成之效力,在始其原应完成之时效,经过不完成之期间,始为完成。故与时效中断之效力不同,并非使其已经过之期间,归于无效,乃使其已完成之期间,延期完成也。又在此不完成之期内,如当事人有中断之事由发生者,亦应发生中断之效力,并不因其为不完成之期间,而与通常之时效期间,有所区别也。

第五节 消灭时效之效力

第一 效力之内容

消灭时效之效力,因时效期间完成而发生。在他国立法例,虽有直接实际其权利之本身,归于消灭者,但我民法则仿德瑞之立法例,仅令义务人享有拒绝给付之抗辩。故消灭时效之效力,并非直接消灭其权力之自身,乃因义务人行使抗辩权之结果,其请求权自始消灭耳。兹据第一百四十四条之规定,分述如下:

1. 时效完成后,债务人得拒绝给付。故如债务人不主张此项消灭抗辩权时,则其债务,仍为存在,并不消灭。

2. 请求权已经时效消灭,债务人仍为履行之给付者,不得以不知时效为理由,请求返还。其以契约承认该债务提出担保者亦同。盖以此时其请求权之消灭,只为其行使之效力部分,并非其权利之自身,故债务人如有此等之给付或承认之行为,自不能再请求返还或主张无效也。

第二 效力之范围

消减时效之效力,其所及之范围如何?据民法第一百四十五条及第一百四十六条之规定,得析述如次:

1. 以抵押权、质权或留置权担保之请求权,虽经时效消减,债权人仍得就其抵押物,质物或留置物取。盖以其请求权因有此等担保权利之存在,权利人因信赖其担保物之关系,恒易放任其权利而不行使,故应使其请求权消减之效力,不能推及之。但此有一例外,即于利息及其他定期给付请求权,经时效消减者,则其效力,仍及于其担保之权利,而不适用此原则之规定也。

2. 主权利因时效消减者,其效力及于从权利,此盖以从权利原与主权利同一运命,故主权利之消减效力,当然能推及之。但如法律另有规定者,则应从其规定辨理,而不得为本条之适用。例如上述附有担保物权之请求权,其请求权虽因时效消减,而其担保物权则存在者是也。

第六节　时效期间之加减及时效利益之抛弃

第一　时效期间之加减

时效期间,能否由当事人以法律行为加减之,立法例之主张,向不一致。有许其减短而不许其加长者,此为德国民法所取之主义(参照德民第二百二十五条);有许其加长而不许其减短者,此为俄国民法所取之主义(参照俄民第四十九条);有减短与加长,均绝对不许者,此为瑞士债务法所取之主义(参照瑞债第一百二十九条);我国民法,于第一百四十七条前段,明定时效期间,不得以法律行为加长或减短之,盖采取第三种主义,以立法者也。基此规定,则其加减之行为,是否为单独行为或契约行为,固不可问,皆无禁止。立法之意旨,盖因时效乃关于公益之规定,为求其期间之划一计,故不许当事者至任意违反也。

第二　时效利益之抛弃

时效利益,据民法第一百四十七条后段之规定,不得预先抛弃,盖时效未完成前,如许预先抛弃其利益,则时效制度,等于虚设,有悖公益,故应禁止之。惟时效完成之后,则许其抛弃,他国民法,亦有以明文规定者(参照法民第二千二百二十条、意民第二千二百〇七条)。我国民法,对之虽无明文,但据本条后段之反面解释,预先抛弃者,虽应禁止,事后抛弃者,则既不在禁止之列,其能有效,自不待言,故亦得为同一之论断也。惟此种抛弃之行为,其性质若何,则为学者所争论之问题,有谓对于已消减之债务,再事负担,其性质乃为赠与者;有谓此乃表示负担新债务之行为,其性质与承认相同者,亦有谓此仅不受时效利益之表示,其性质与通常利益或权利抛弃之行为相同者。据理论言,自以第三说为是,盖此种抛弃,并不限于契约行为,且亦非创设新债务之行为,其目的,不过在使其已享受之时效利益,归于消减而已,故其性质,仍与通常之抛弃行为无异也。

第七章　权利之行使

第一节　概　　说

第一　权利行使之意义

权利之行使者,首先其权利内容之行为也。权利有须权利人或其代理人之行为。始能实现其内容者,亦有不须此等人之行为,亦能实现其内容者。前者为多数权利共同具有之通性,后者则在静态享有之权利,如人格权中之生命、身体、自由、名誉等少数之权利,有此例外。故就一般权利言:仍以具有此等行使之行为为必要。至其行为之自身,因权利种类之不同,其性质亦各差异,有须为诉讼上之行为者,如撤销诉权行使是;有须为法律行为者,如形成权之行使是;亦有不限制其为何重行为者,如物权之行使,其支配权能之实现,有为法律行为者,亦有其他适法行为者是。兹将权利行使与其应区别之观念,分述如次:

1. 权利行使与权利之主张,其认定之范围不同,前者单指其权利内容实现之行为而言,后者则包括权利者得为之一切行为而言,故如提起确认之诉,主张其权利之存在者,只能谓之权利之主张,不能谓之权利之行使,因其非权利内容之实现,而只为权利者得为之行为也。

2. 权利行使与权利之实现,其意义亦各不同,前者指其实现之行为而言,后者则指其已实现之状态而言,故如向债务人之请求,此可谓无权利之行使,若债务人之履行,则可谓为权利之实现也。

第二　权利行使之限制

权利之行使,原属权利人之自由行为,但法律因保护社会公益之关系,而加以限制者有之。其限制之态样,约可分为次之二种述之:

1. 积极之限制。积极之限制者,即就积极方面,强制其权利之行使之谓也。其中有定其行使为权利人之义务者,如第一千〇八十四条,关于亲权行使之限制是;亦有定其不行使则当受不利益之影响者,如第二百一十条,关于选择权行使之限制是。

2. 消极之限制。消极之限制者。即就消极方面,强制其权利不能行使之谓也。民法关于此种限制,除于债编中设有行使债权,应依诚实信用方法之概括限制(第二百一十九条),及物权编中相邻关系之诸多限制外(第七百七十三条至第七百八十九条)于总则编第一百四十八条中,亦设有权利滥用之禁止。又关于第一百四十九条以下,防御、避难、自助等行为之规定,虽一方在保护权利,然一方亦有抑制他人权利上排他效力行使之意旨存在。以下特就总则编之规定,分节说明如次。

第二节　权力滥用之禁止

在个人主义下之立法,对于权利,含有绝对保护之性质,一般权利人行使权利,虽致他人发生损害,亦可不受任何拘束。但至现代立法,则已由个人主义,而进化于团体主义。法律之保护,以团体为对象,于团体利益,足以保护之范围内,始对个人之权利,加以保护。故其权利之行使,苟为不当而侵害他人利益者,则谓之权力之滥用,不能受法律之保护。我国民法于第一百四十八条中,仿德民之立法例(参照德民第二百二十六条),明定权利之行使,不得以损害他人为主要目的,盖亦在维持法律应保护团体利益之意旨也。惟本条之规定,以损害他人为主要目的者,始不能行使,其认定之范围,未免过狭,理论上实不如依瑞士民法第二条第二项之规定,定为"权利虽然之滥用,不得受法律之保护",不论其权利人主观之意思如何为当也。

第三节　防卫行为

防卫行为者,对于现时不法之侵害,为防卫自己或他人之权利,所为之行为也。此种行为,据民法第一百四十九条之规定,苟不逾越必要之程度者,不负损害赔偿之责任,兹分述其构成要件如次:

1. 须有现时不法之侵害

即其侵害之行为,须现时存在并须客观上为法律所不容许者是也。故对于过去及将来之侵害,固不能因之构成防卫行为,即对于合法之侵害,亦不能为此防卫行为也。至其行为之自身,是否为积极行为?加害者是否有责任能力及故意过失之存在?皆可不问。但其侵害行为,为防卫者不正当挑衅之行为所致者,则通说皆认为不能再构成防卫行为,盖以已先有先有不法行为之存在故也。

2. 须为防卫自己或他人之权利

即只须于自己和他人权利之上,有防卫之必要者,皆得行使此种行为是也。至其权利之种类如何,其被侵害之程度如何,皆可不问也。

3. 须其防卫逾越必要程度

即其防卫行为,不能逾越其侵害排除之必要范围也。逾此范围者,谓之过当行为。其逾越部分,仍应适用侵权行为之规定,而负损害赔偿之责任。

第四节 避难行为

避难行为者,因避免自己或他人生命、身体、自由或财产上紧迫之危险,所为之行为也。此种行为,据民法第一百五十条之规定,苟为避免危险所必要,且未逾越危险所能致之损害程度,而其危险之发生,行为人亦无责任者,不负损害赔偿之责任。故其构成要件,亦得分述如次:

1. 须有紧迫之危险

虽有危险,而非急迫者,不能构成此种避难行为。至其危险发生之原因,由于事变,或由于人类之行为,可以不问。是否急迫,则当就实际之情形,依客观标准以定之。

2. 须对于自己或他人生命身体自由和财产加有危害

对于此等法益,加有危害者,始能构成此种行为,是否虽有急迫危险,于此等法益,无加害可能者,自不能对于他人,妄行加以损害。

3. 须为避免危险所必要

即其危险,非有此等行为,不能避免之谓。苟逾越此必要之程度者,仍应按诸侵权行为之规定,负赔偿之责任。

4. 须未逾越危险所能致之损害

即由避难行为所生之损害,不能较大于其危险所能致之损害,如有逾越者,对其逾越之部分,仍应依侵权行为之规定,负赔偿之责。

5. 须其危险之发生行为人无责任

故如其危险行为之发生,行为人会有加以原因之行为者,应仍负赔偿之责。

第五节　自助行为

自助行为者,权利被侵害时,径用自力以救济之行为也。关于权利之保护,原有两种方法。一为公力救济,乃系依国家权力以保护之方法;一为自力救济,即本节所述者是也。此种自助行为,应否许可?学者之间,虽有争论,但我民法则仿德瑞之立法例:(参照德民第二百二十六条至第二百三十一条、第八百五十九条、第八百六十条,瑞民第九百二十六条,瑞债第五十二条)于第一百五十一条,以明文规定,为保护自己权利,对于他人之自由或财产,施以拘束押收或毁损者,不负损害赔偿之责任。盖以现时社会情况,尚有承认此种制度之必要也。惟据本条但书及第一百五十二条之规定,尚有其应限制之点如次:

1. 须不及受官署之援助。故如可向官署,请求援助者,则应为公力救济之请求,不能自为此等行为。

2. 须非于其时为之则请求权不得实行或其实行显有困难。非有此等急迫之情事,则自助行为,自亦不能认其存在。

3. 须及时向官署申请援助。否则亦不足以保护义务人之利益。至此项申请,如被驳回,或其申请迟延者,则行为人仍应负损害赔偿之责。盖以此时乃为其自助行为之滥用,对于义务人,自应负责也。

中华民国二十五年七月二十日初版
每部定价国币一圆二角
外埠加邮费一角

著作人 桂林曾志时
出版人 北平朝阳学院
发行所 北平朝阳学院法律评论社
印刷所 中华印书局

民法债编

目　次

第一章　买卖
　第一节　买卖之性质
　第二节　买卖之种类
　第三节　买卖之成立
　第四节　买卖之效力
　　第一款　出卖人之义务
　　第二款　买受人之义务
　　第三款　其他之效力
　第五节　买回
　第六节　特种买卖
第二章　互易
第三章　交互计算
　第一节　交互计算
　第二节　交互计算之效力
　第三节　交互计算之原因
第四章　赠与
　第一节　赠与之性质
　第二节　赠与之效力
　第三节　赠与之撤销及拒绝履行
　第四节　特种之赠与
第五章　租赁
　第一节　租赁之性质
　第二节　租赁之成立
　第三节　租赁之效力
　　第一款　总说
　　第二款　出租人之义务
　　第三款　承租人之义务
　第四节　租赁之消灭
第六章　使用借贷之性质
　第一节　使用借贷之性质
　第二节　使用借贷之效力
　　第一款　贷与人之义务
　　第二款　借用人之义务
　第三节　使用借贷之消灭
第七章　消费借贷
　第一节　消费借贷之性质
　第二节　消费借贷之效力
　　第一款　贷与人之义务

第二款　借用人之义务
第八章　雇佣
第一节　雇佣之性质
第二节　雇佣之效力
第一款　受雇人之义务
第二款　雇佣人之义务
第三节　雇佣之消减
第九章　承揽
第一节　承揽之性质
第二节　承揽之效力
第一款　承揽之义务
第二款　定作人之义务
第三款　危险负担之效力
第三节　承揽之消灭
第十章　出版
第一节　出版之性质
第二节　出版之效力
第一款　出版权授与人之义务
第二款　出版人之义务
第三节　出版之消灭
第十一章　委任
第一节　委任之性质
第二节　委任之效力
第一款　受任人之义务
第二款　委任人之义务
第三节　委任之消灭
第十二章　经理人及代办商
第一节　经理人
第一款　经理人之意义
第二款　经理权之授与及消灭
第三款　经理人之义务
第二节　代办商
第一款　代办商之意义
第二款　代办权之授与及消灭
第三款　代办商之权利义务
第十三章　居间
第一节　居间之性质
第二节　居间之效力
第一款　居间之义务
第二款　委托人之义务
第三节　居间之消灭
第十四章　行纪
第一节　行纪之意义
第二节　行纪与相对交易人的关系
第三节　行纪与委托人之关系

第十五章 寄托
第一节 寄托之性质
第二节 寄托之效力
第一款 受寄人之义务
第二款 寄托人之义务
第三节 寄托之消灭
第四节 消费寄托
第五节 场所主人之保管义务
第十六章 仓库
第一节 仓库营业人之意义
第二节 仓库契约之效力
第十七章 运送营业
第一节 总说
第二节 物品运送
第一款 运送单据
第二款 运送人之义务
第三款 运送人之权利
第四款 受货人之权利义务
第五款 相继运送
第三节 旅客运送
第十八章 承揽运送之意义
第一节 承揽运送人之意义
第二节 承揽运送人之义务
第三节 承揽运送人之权利
第十九章 合伙
第一节 合伙之性质
第二节 合伙之效力
第一款 对内关系
第二款 对外关系
第三款 财产关系
第三节 合伙人之退伙及入伙
第四节 合伙之消灭
第二十章 隐名合伙
第一节 隐名合伙之性质
第二节 隐名合伙之效力
第一款 对内关系
第二款 对外关系
第三节 隐名合伙之终止
第二十一章 指示证券
第一节 总说
第二节 指示证券之性质
第三节 指示证券之效力
第二十二章 无记名证券
第一节 无记名证券之性质
第二节 无记名证券之效力
第二十三章 终身定期金
第一节 终身定期金之性质
第二节 终身定期金之效力
第三节 终身定期金之消灭

第四节　终身定期金规定之准用
第二十四章　和解
第一节　和解之性质
第二节　和解之效力
第三节　和解之撤销
第二十五章　保证
第一节　保证之性质
第二节　保证之效力
第一款　保证契约当事人间之效力
第二款　保证人与主债务人间之效力

各　论

第一章　买　　卖

第一节　买卖之性质

第一　买卖之特质

买卖之意义，据民法第三百四十五条第一项之规定，为当事人约定一方（出卖人）移转财产权于他方，他方（买受人）支付价金之契约。依此规定，买卖之特质，可得析述如下：[①]

一、买卖为有价、双务、诺成、要因不要式之债权契约

买卖系契约之一种。此种契约，以双方之行为为标的，故为债权契约。[②] 不拘定式，故不为要式契约。[③] 双方之给付，互为原因，故为要因契约；当事人

---

① 参照法民第一千五百八十二条第一项、德民第四百三十三条第一项、日民第五百五十五条、瑞债第一百八十四条第一项、俄民第一百八十条。

② 于买卖成立时即为给付者之现实买卖，学者虽有谓之为非债权契约者，然此不过其债权契约成立之行为与物权契约实践之行为，同时实现而已，不能谓其与之债权契约之观念不合也。

③ 债权法上不动产之买卖，亦只以当事人之合意而生效力，并不以书立字据为契约成立之要件，前大理寺早著有判例（民国四年上字一八一七号）。

须各失其利益之一部，始能自他方取得利益，故为有偿契约。

二、买卖以财产权之转移及价金之给付，为契约之标的

买卖契约，在出卖人一方，以财产权之转移，为其债务之标的；在买受人一方，则以价金之给付，为其债务之标的，兹分述如次：

1. 财产权之转移。得为出卖人债务之标的物，限于可以转移之财产权，故非财产权或系财产权而不可以转移者，均不能为其债务之标的物。固不待论。[①] 然自其反面言之：则凡可以转移之财产权，不问其是否属于出卖人？亦不问其现时存在或特定与否？皆可为其标的物也。又转移云着，乃指一方使他方继承取得其财产权之谓，与一般权利转移之义，稍属不同。故出卖人不特将已存在之财产权转移于买受人。得谓之转移，即从新设定一定财产权，使买受人取得，亦得谓之转移也。

2. 价金之支付。得为买受人债务之标的物，限于价金，故以金钱以外之物，为转移财产权之对待给付者，固废此之所谓买卖契约。即于金钱以外，更加以他种财产权之给付者，亦只属于第三百九十九条所定之互易契约，不能谓为买卖也。[②] 至苟系金钱，则不问其为法定货币或自由货币，亦不问其价格之以铭价为准亦以通价为准。均与买卖契约之性质无碍。又其价金数额，亦不必由始确定，仅有可以确定之方法即足。所谓支付云者，则为转移其金钱之所有权于地方之义，非转移其所有权者，亦不能谓之支付也。

第二　买卖规定之特质

买卖契约，在有价契约中，堪作模范，民法第三百四十七条，明定买

① 法律之以财产权为买卖之标的者，盖以其能为一般交易上之物体耳。故苟一种利益，虽非财产权，而能含有财产的价值，足为交易之物体者，则以之缔结契约，揆诸法理，原非无效，特此为一种无名契约，非民法上所称之买卖，不过得以准用买卖之规定而已。

② 于金钱以外更加以其他财产权给付之契约，学者有谓之为一种混合契约者，亦有谓之为买卖契约者，再民法第三百九十九条既有明文之规定，自应视为一种互易契约为当。

卖契约以外之有价契约，皆准用买卖契约之规定，但为其契约性质所不许者，不在此限。故凡为有价契约，不问其为有名契约，或无名契约，苟为其性质所许者，皆应准用买卖之规定，此实买卖规定较诸其他契约规定，另有其足为典型值特质也。

第二节　买卖之种类

第一　自由买卖及强制买卖

此以当事人意思为标准，而为之分类。其出于双方自由之合意以构成之买卖，谓之自由买卖，通常之买卖属之。其处于法律之强制，或行政上之处分而构成之买卖，谓之强制买卖，如依强制执行或公用征收所为之买卖是已。①

第二　现金买卖、信用买卖及前付买卖

此以支付价金时期为标准，而为之分类。买受人与出卖人转移财产权时，须即付价金者，谓之现金买卖。买受人于出卖人转移财产权后，始支付价金者，谓之信用买卖。买受人于出卖人转移财产权以前须先付价金者，谓之前付买卖。

第三　随意买卖及竞争买卖

此以买卖方法为标准，而为之分类。其依普通方法，由当事人随意定明价金，并选择特定相对人而为之买卖，谓之随意买卖。其依竞争之方法，有当事人对于公众以要约若干限度之价额者为相对人，而为之买卖，为之竞争买卖。通常之买卖，属于前者。拍卖及投票则属于后者。②

第四　即时买卖及非即时买卖

此以标的物转移时期为标准，而为之分类。标的物之转移，与买卖

---

① 强制买卖，多适用公法上之程序，故又曰公卖。自由买卖，多适用私法上之程序，故又曰私卖。

② 竞争买卖，有投票及拍卖二种，民法只就后者，设定规定。

成立同时者，谓之即时买卖。反之在买卖成立以后，谓之非即时买卖。此区别之要点，特在解决债之成立行为与债之履行行为，是否须同时实现而已。

第五　货样买卖及试验买卖

此以标的物认定方法为标准，而为之分类。其使出卖人交付与样本相同物品，而成立之买卖，谓之货样买卖。其经买受人试用或查验认为合意，而成立之买卖，谓之试验买卖。民法与此两种买卖，皆有特别之规定，其详俟后述之。

第六　分期付价买卖及继续供给买卖

此以给付分期为标准，而为之分类。其将买受人债务之标的物，分期支付者，谓之分期付款买卖。其将出卖人之标的物，分期转移者，谓之继续供给买卖。民法就前者，设有特备之规定，后者则委诸法理上之解决。①

第三节　买卖之成立

第一　买卖之预约

买卖之预约云者，于缔结买卖契约前，更约定以缔结此买卖契约之契约也。此种契约在民法上，未设有若何之特殊规定，解释上自以准诸债编总论关于一般契约成立之通则，乃应认其有效为当。② 兹分述其构成之情形如次：

1. 买卖之一方预约，即当事人一方约定与他方将来缔结买卖契约

---

① 继续供给买卖，基于一个契约之合意而成立应解为一个买卖契约，不能误认为数个之买卖契约或买卖之预约。

② 关于预约，在各立法例上，有就一般预约，设有规定者（参照瑞士债务法第十二条）；亦有仅就买卖预约，设有规定者（参照日民第五百五十六条）。我国民法仿德国之立例，虽就此二者，均无规定。然买卖契约，既为社会上所习见，且征诸般契约之成立，亦无抵触之处，在法理上，其应认许，自不容疑也。

之预约是也。其由出卖人一方约定者,为之出卖预约;其由买受方一方约定者,则谓之买受契约。此时负缔结买卖契约之义务者,只为出卖人或买受人之一方。其对手方则不负任何义务,未定有期限者,则相对人为完成买卖之意思表示时,预约义务有负有缔结买卖契约之义务。否则相对人可依民法第二百二十六条之规定,请求损害赔偿焉。自他一方面言之,预约权利人,随物任何义务之约束,然若永远不为完成买卖契约之意思表示,则将使预约义务人,受无期限之约束,亦非法理上,所应许可。故此时应解为如缔结买卖契约,定有期限者,自其期限到来后,未定有期限者,则自预约义务人催告后,若预约权利人上不为完成买卖契约之意思表示者,预约义务人,自可因之免除其义务也。

2. 买卖之双方预约,即当事人双方互相约定,他日缔结买卖契约之预约是也。此种预约,双方皆负缔结买卖契约之义务,同时双方亦皆有使他方缔结买卖契约之权利,与一方预约制情形,微属不同。故上述预约权利人享有之权利及预约义务人免除其义务之方法,应解为双方预约之当事者,皆能形式之为当也。

买卖预约,不论为一方预约或双方预约,其成立时,只发生缔结买卖契约之义务而已,并非买卖契约即因之成立也。故此种预约,仅可解为买卖契约成立前之一种特殊契约,法国民法(参照法民第一千五百八十九条)径视为买卖契约,故属非是,即日本民法,以附有相对人完结买卖意思表示之停止条件之买卖契约,视为买卖之一方预约(参照日民第五百五十六条),亦为不当也。

第二　买卖之定金

买卖之定金云者,与缔结买卖契约之时,一方对于他方给付以金钱或其他有价代替物是也。其给付致目的,有以为买卖契约成立之要件者,是谓成约定金,有以为保留买卖解除权之代价者,是谓解约定金;亦有以买卖契约不履行时,定金收受人,即得予以没收者,是谓违约定金。

其目的如何？原当解释当事人给付时之意旨定之。但民法为杜止争议起见，特于债编总论第二百四十八条中，明定为一种成约定金。换言之，即订约当事人一方，由他方受有定金时，不问当事人给付致意旨如何，其买卖契约，为视为成立是也。[①]

买卖之定金，依民法之规定，既视为买卖成立之要件，至买卖契约成立后，起定金究应如何处置。亦唯依债法总论第二百四十九条之规定，当事人如无约定则当适用下列之准则，即：(1)买卖契约履行时，定金应返还或作为给付之一部；(2)买卖契约因可归责于付定金当事人之事由，致不能履行时，定金不能请求返还；(3)买卖契约因可归责于受定金当事人之事由，致不能履行时，该当事人应加倍返还其所受之定金；(4)买卖契约因不可归责于双方当事人之事由，致不能履行时，定金应返还之是也。

第三　买卖之缔结

买卖契约之成立，除如上述负有预约或定金之特殊情形者外，通常应依第三百四十五条第二项之规定，当事人就标的物及其价金互相同意时，即为成立，盖据第一百五十三条第二项之规定，缔结契约，当事人对于必要之点，苟意思一致，其契约即推定为成立，今买卖契约，既以标的物即价金，为其要素。则对于此必要之点，苟已合意，自当认为成立。至于其他之事项，如契约之费用，履行之时期、处所、担保责任等，原非其必要之点，除当事人另有约定，认为要素外，虽未表示一致之意思，亦无碍其成立也。又价金如前所述，原不必于缔结契约时，即已确定，据第三百四十六条之规定，则：(1)以依情形可得而定者，视为定有价金。

① 立法例上，有将定金，规定于买卖中者（参照法民第一千五百九十条、日民第五十七条），亦有将定金规定于债编总论中者（参照德民第三百三十六条至第三百三十八条、瑞士债务法第一百五十八条）。我民法以授受定金，为买卖契约中所习见，是以于述买卖成立节中，当略论及之。

(2)当事人约定依市价者,除双方另有约定外,应依标的物清偿时及清偿地之市价,以为给付也。

第四 买卖之费用

缔结买卖契约时,不能无所费用,其中有属于成立时之费用者,亦有属于成之后履行之费用者,此等费用,究应有谁负担?其分配率如何?据第三百七十八条之规定,则除法律另有规定,或当事人间,另有成约,及契约缔结第另有习惯外,应依下列标准,以解决之。即(1)买卖契约之费用,由双方平均负担;(2)移转权利之费用,运送标的物至清偿地之费用及交付至费用,由出卖人负担;(3)受领标的物至费用,及送交清偿地以外处所之费用,由买受人负担是也。

第四节 买卖之效力

第一款 出卖人之义务

第一 转移财产权之义务

买卖契约,以财产权之转移,与价金之支付,为其成立要素。故一旦成立后,出卖人为履行其契约上本来效力所发生之义务,自不可不转移其财产权于买受人,使买受人完全取得其权利主体之地位。民法就此,于第三百四十八条,设有规定,兹分述如次:

1. 物之出卖人

负交付其物于买受人并使其取得所有权之义务。此为第三百四十八条一项所明定。即出卖之标的物,如为物者,须移转其占有于买受人,并关于使买受人取得其所有权必要之行为,均应为之是也。例如,在动产之买卖,则于契约成立之后,须订立履行转移之物权契约,并经交付,始发生移转之效力(参照第七百六十一条)。在不动产之买卖,则于契约成立后,须以书面订立履行移转之物权契约,并经登记(参照第七百五十八条、第七百六十条),始生移转之效力也。

2. 权利人之出卖人

负使出卖人取得其权利之义务，如因其权利而得占有一定之物者，并负交付其物质义务。此为第三百四十八条第二项所明定，其与前项异者，唯在其标的物之为权利耳。依次规定，凡使买受人取得权利之必要行为，出卖人皆应为之，例如债权之让与，应为让与之通知（参照第二百九十七条），著作权之让与，应为转移之注册（参照著作权法第十五条）是。又其权利若以物之占有为其内容者，如物权中之地上权、永佃权、债权中之租赁权之类，则出卖人于基本权利之移转以外，更负有交付其物质义务焉。

转移财产权义务之概念，虽如上述，但于此尚有应注意者数事。分述如下：

1. 基于买卖契约之双务性质，出卖人所负移转财产权自义务，与买受人之价金支付义务，除法律另有规定或另有订定及另有特别习惯之存在外，应同时为之（参照第三百六十九条）。故买受人为履行价金交付至义务，而请求出卖人为本段所述之义务者，出卖人得为同时履行之抗辩。

2. 从物与从权利，应依民法总则编第六十八条第二项之规定，除当事人有反对约定外，以同时移转于买受人为原则。

3. 其物或权利之附有孳息者，亦应依民法总则编第七十条之规定，在天然孳息，出卖人于转移权利前，仍为有收取权利之人，于转移后，应由买受人收取；在法定孳息，则应由出卖人于买受人按其转移前后之日数，以取得其孳息。

4. 交付地即清偿地之决定，应依第三百十四条之规定，即除当事人间，另有约定，或买卖行为地，另有习惯，或依标的物之性质及其他倾向，足以决定者外，在特定之交付，须于买卖缔结时其物之所在地为之；在不特定物之交付，须于债权人之现在住所地为之。

5. 出卖人不履行转移财产权之义务，据第三百五十三条之规定，买受人得依关于债务不履行之规定，行使其权利。

第二 权利瑕疵担保之义务

权利瑕疵担保之义务,出卖人对于其标的物之权利上,应担保其无有欠缺之义务也。此种担保义务,虽因法律之规定而生,[1][2]但无强行性质,当事人得以特约免除或限制之,故当事人有特约存在时,则除出卖人有故意不告知其瑕疵之情形外,皆应依其特约办理,不适用法律上关于此种义务之规定(第三百六十六条)。以下析述如次:

1. 物之要素。即买卖之标的物,须具有法定应负担保之态样,出卖人始负其责也。兹据第三百四十九条、第三百五十一条及第三百五十二条之规定,分述如下:即(1)在一般之买卖,应担保第三人对标的物不得主张任何权利;(2)在权利之买卖,应担保其权利确系存在;(3)在有价证券之买卖,则并应担保其证券,未因公示催告为无效;(4)在债权之买卖,则除当事人有特约外,原则上出卖人对于债务人之支付能力,不负担保之责任,即使因特约而应负担保之责任时,亦之推定其担保债权转移时债务人之支付能力是也。[3]

2. 人之要素。即买受人须有不知之情事,出卖人始负其责也。据第三百五十一条之规定,若买受人于契约成立时,明知其有此等瑕疵之存在者,应认为买受人有抛弃其担保之意思,出卖人不负担保之责任。但其契约另有订定者,不在此限。出卖人因上述要件,不履行其应负之权利瑕疵担保责任时,与违反移转之义务,生同一之效果。即据第三百五十三条之

① 权利瑕疵之担保责任,学者沿用法日民之用语,有称之为追夺担保责任者,然在我国民法之解释上,则此名称,实非正当,盖据民法之规定,此种担保义务之发生,原不必以追夺为其要件也。

② 立法例上,关于权利瑕疵担保责任之规定,有采概括规定主义者,亦有采列举规定主义者,前者如德国民法(第四百三十四条至第四百三十七条)瑞士债务法(第一百九十二条)是,后者如日本民法(第五百六十一条至第五百六十七条)是,我民法之规定,盖采取前之主义者也。

③ 民法关于债务人支付能力担保时期之规定,盖仿诸德国民法者,在日本民法,则推定为契约缔结之当时。自理论言,当事日本民法之规定为当,参照德国民法第四百三十八条、日本民法第五百六十九条。

规定,买受人亦得依关于债务不履行之规定,行使其权利焉。

第三 物的瑕疵担保之义务

物的瑕疵担保之义务者,出卖人对于其标的物之价值效用上,应担保其无有欠缺之义务也。此种义务,亦系因法律规定而生,除出卖人故意不告知其瑕疵外,当事人亦以特约免除或限制之(第三百六十六条)。其他群里瑕疵担保义务不同者,特一在外形效能上之担保,一在内质权原上之担保耳。兹分述其构成要素如次:

1. 物之要素。据第三百五十四条之规定,物的瑕疵担保之态样,可分为下列三种:一在当事人间无特约时,出卖人应依一般交易之观念,担保其物所应具有之价值或通常效用,于危险移转于买受人时,无灭失或减少之瑕疵;二契约上有预定其物之效用时,出卖人应依其契约之意旨,担保其物所应具有之预定效用,与危险移转于买受人时,出卖人应依其约定之意旨,担保其物所应具有之预定效用,于危险移转于买受人时,无灭失或减少之瑕疵;三出卖人有保证其物之品质之约定者,更应担保其物之品质,于危险移转至买受人时,无其他毁损之瑕疵是也。为此有当注意者,即本条所谓物的瑕疵,照文意之解释,固应单指有体物之买卖而言,然权利之买卖之标的物时,亦非不能发生此种瑕疵之情形,故不宜不拘文意,凡权利之买卖,皆应解释当类推适用本条之规定为宜。[①] 又所谓卖价或效用之减少者,若其减少至程度,无关重要时,亦不得视为瑕疵焉。

2. 人之要素

此可分为次之两项述之:

(a)须买受人无重大过失不知情者,据第三百五十五条之规定,买

① 例如地上权之买卖,而其土地不适于建设或种植竹木,专卖特许权之买卖,而其专卖年限,已将期满是,此时不能谓其权利不存在,只能解为其权利之效用或价值有瑕疵而已。

受人须于契约成立时,不知标的物之瑕疵者,出卖人始须担保之责。若契约成立时,已明知其瑕疵,则是情甘买受,法律殊无保护之必要。又其不知,若系因重大过失所致者,则亦有其疏忽之咎,出卖人此时,若未保证其无瑕疵,或未故意不告知其瑕疵者,亦得免其担保之责任焉。

(b)须买受人不怠于为检查即通知者,据第三百五十六条至第三百八十八条之规定,买受人之行使物的瑕疵担保权,须对于所受领的标的物,从速检查通知,否则不得行使此项权利,而出卖人亦引致免其责任,其内容约如下述。即(一)瑕疵得及时发现时,买受人应按其物之性质,依通常程序,从速检查其受领之物。如发现应由出卖人负担保责任之瑕疵时,应即通知出卖人,若怠于为此项通知,则认识承认其所受领之物,不得复行使其瑕疵担保权。(二)瑕疵不得即时发现时,至日后发现时,应即通知出卖人,若怠于为此项通知者,亦视为承认其所受领之物,不得在行使瑕疵担保权。(三)买受人怠于为检查通知,依上二次之所述,固应剥夺其担保权之行使,但此亦以出卖人之善意为限,如出卖人意图蒙蔽,故意不告知买受人以其瑕疵者,则不能适用上述规定,而免其责。(四)他地送来物之瑕疵,买受人于检查后,应依相当方法,证明其瑕疵之存在,通知于出卖人,否则推定于受领时无瑕疵,出卖人亦可因之免除其责任也。

出卖人因上述规定,不履行其应负之物的瑕疵担保责任时,据第三百五十九条至第三百六十四条之规定,其所生之效果,的析述如下:

1. 一般之效果。即在通常情形应负物的瑕疵责任时,买受人得解除契约或请求减少价金是也。此二种方法,在买受人一方,原的选择为之,但依其情形,若解除契约,显示公平者,则买受人仅得请求减少价金。以下再分述之:

(a)解除契约。因物的瑕疵而发生之买受人解约权,为法定解约权之一,与基于债务不履行而生之解约权,其性质相同,原则上本应适用债编通则中第二百五十七条以下之规定,但法律对于此种解约权,尚有其特殊之规定者如次:(一)买受人于主张其物有瑕疵时,出卖人得定相当期限,催告买受人,于其期限内,是否解除契约? 买受人于所定期限内,不得解除契约者,则丧失其解除权。此尽以买受人既有欲令出卖人负担物的瑕疵担保责任之意思,而由不确定其效果,则法律关系,久悬不决,殊非所宜,故法律特授出卖人以此催告之权利。(二)因主物有瑕疵,而解除契约者,其效力及于从物,概据第六十八条之规定,从物乃常助主物之效用者,既不买主物,则从物亦无所用,故法律特定其解除之效力及之。特若因从物之瑕疵者,则以其于主物无多大之影响,买受人只得就其从物之部分,以为解除,而不得推及主物。(三)为买卖标的物之数物种,一物有瑕疵者,买受人仅得就有瑕疵之物为解除。此盖以其间无主从牵连之关系存在,故应使其他无瑕疵之物,不受解除之影响。但因有瑕疵之物,与他物分离,而显受所害者,则当事人任何一方,均得解除全部契约。又出卖人以总价金将数物同时出卖者,则买受人因上述单就其有瑕疵之物以为解除时,并得请求减少与瑕疵物相当之价额也。

(b)减少价金。买受人于发现瑕疵后,亦有不愿解约者,或因其解约,将致出卖人受过大之损失,而法律不许解约者,此时得比例瑕疵之程度请求减少价金,以资救济。此种减少价金之请求,初不必确定其减少额,只以抽象的为减少之请求者,亦能发生效力也。

2. 特殊之效果。即在特殊情形,应负物的瑕疵责任时,买受人不得发生上述之一般效果,而代以其他效果也。分述如次:

(a)请求不履行之损害赔偿,此限于买受人保证其物质品质或故意不告知其物质瑕疵时,买受人始得请求之,盖以出卖人既负有特别之保证义务,或有故意之诈伪情形,自应使其负担较重之责任也。

(b)请求交付无瑕疵之物。此限于买卖之物,系以种类指定者,始的行使之。盖以种类之物,原得以其他代替之物,以为给付,为是双方皆可收缔约之实效,及符合当事人之意思计,自应许买受人有此种请求权也。

惟此种请求,许即时为之,又其另行交付同种类之物,如尚有瑕疵者,则不论其更易之次数如何,出卖人仍与出戏交付者相同,负担保之责任焉。

瑕疵担保之效果,略如上述。就中特殊效果之赔偿请求权,与基于其他原因而生者同,在一般时效期间以内,皆得行使之,自不待言。至交付无瑕疵物质请求权,须即时行之,亦已如上述。惟一般效果中止解除权及请求减少价金之权,则法律为使法律关系迅速确定起见,特于第三百六十五条第一项中,规定于物之交付后六个月间,不行使而消灭。此种特别消减时间之规定,一方故以期买卖效力之同意确定,一方亦因保护出卖人,免其受长期之拘束而使然。然若出卖人于给付当然:故意不告知瑕疵,希图蒙混时,则殊无保护之必要,故本条第二项,又明定出卖人故意不告知瑕疵者,不适用前项之规定也。

第二款 买受人之义务

第一 支付价金之义务

买卖契约之成立,既须有支付价金之约定,则买受人依据契约之本旨,自不可负支付价金之义务,此盖与出卖人所负移转权利之义务相同,乃基于其契约上本来发生制效力也。此项义务,为金钱债务之一,关于摘编通则中金钱债务之一般规定,自应适用之,但民法就此于第三百六十八条至第三百七十二条,尚设有特则之规定,以下析述如下:

1. 交付价金之期限。价金交付之期限,应根据法律之规定及契约之本旨以定之,不能依此决定时,则当适用债编通则之规定,出卖人得随时请求交付,买受人亦得随时以交付(第三百十五条),此原则也。但民法对此尚设有二条之特则如次:即(一)依第三百六十九条之规定,除法律另有规定,或契约另有订定即另有反对之习惯外,价金之交付,应与标的物之交付,同时为之。此种同时履行法理之适用,盖因买卖为双务契约而使然。故如出卖人未提除其应交付之标的物时,买受人固得本此规定,以为延迟交付;反之若出卖人已提出其标的物,而出卖人尚不交付时,则不可不负迟延之责也。(二)依第三百七十条之规定,标的物之交付,定有期限者,其期限推定为价金交付之期限。此盖因普通交易情形,多为现金买卖,信用买卖及前付买卖。从之当事人在标的物已定有交付至期限时,因有本条之适用,不必举证,即得主张。

2. 交付价金之处所。价金交付至处所,原则上亦得应依债编通则之规定,不能根据法律、契约、或买卖行为地之习惯,以为决定时,在特定货币价金之交付,于出卖人之处所为之(第三百十四条)。但民法对于价金之交付,同意期限者,尚设有特则之法条,即依第三百七十一条之规定,此时其价金应于标的物之交付处所,以交付之是也。此盖以双方之债务,既须同时履行,则即以同一处所,为其相互交付之地。不特于实际上极为便利,且于当事人之本意,亦甚符合也。特此并非强行规定,若当事人有反对之意思表示时,自以从其约定是也。

3. 价金计算至方法。价金之计算,原应依当事人之方法以定之,无具体之约定或约定依市价计算者,则当适用第三百四十六条之规定,以为解决标准,亦已如第三节中所述。唯价金若依标的物之重量而计算者,则民法对之,尚设有特则之法条,即依第三百七十二条规定,此时应出去其包皮之重量而计算之。盖以既依标的物之重量,而计算价金,资不可不以其纯重量为准,否则殊不足以保证交易之公允也。特此规定,亦仅有补充性质,若当事人间另有订定,或履行地另有习惯,足资准据者,自无强适用本条之必要也。

4. 价金之拒付。买受人支付价金,虽为其契约上不可不履行之义务。然此种义务之履行,亦以完全取得对方之权利,为其对待条件。故民法为保护买受人之利益计,除于第三百六十九条,觇定双方应为同时之履行外,更于第三百六十八条规定买受人对其买受之权利,有不确实之虞者,得拒绝支付价金。夫出卖人对于其标的物,如遇第三人主张权利时,依第三百四十九条之规定,原应负瑕疵担保之义务,似于买受人之保护,亦已周全。然法律终恐出卖人不能尽其担保之责任,此种以后复有该条之规定,得分述如次:(一)须有正当理由恐第三人主张权利,致失其因买卖契约所得之权利全部或一部者,始得行使之。所谓恐第三人主张权利者,以客观上有可主张之权利,其种类如何?亦可不问。但以因此而致其标的物之权利上,受有损害者,即得行使此项拒绝权,以资救济。(二)其价金拒绝支付之数额,当视其所丧失权利之情形而定,若因其权利之丧失,有解除其全部契约之可能,固得为全部价金支付之拒绝。反之,如只能比例免付一部之价金者,则仅得为一部价金支付之拒绝。(三)此种拒绝权:盖恐买受人有损失而赋予,若出卖人对之已提出相当担保者,买受人即无再受损失之虞,自不能更为此项拒绝权之行使。(四)买受人行使此项拒绝权时,对于出卖人之利益,亦不得兼事顾及,故法律为保护出卖人将来得受完全价金之支付计,并使其在此种情形之下,得请求买受人提存其价金,以昭立法之公允。

第二　受领标的物之义务

买受人除基于契约之本来效力,应负交付价金之义务外,并依法律之规定,应负受领标的物之义务。此种义务,既系根据法律之规定而生,非其契约上固有之效力,故与出卖人所负之瑕疵担保义务相同,解释上当事人亦得以特约除去之。① 惟于双方无反对之特约时,则依第三百六十七条之规定,买受人即应负担此种义务。苟出卖人已适法提出其标的物,而尚不受领之者,则不仅发生债权人受领迟延之责任,并且发生债务不履行之效果,出卖人此时得直接依据债编通则中债务不履行之规定,请求损害赔偿或解除其契约也。

① 民法此项规定,盖仿照德国民法第四百三十三条二项之规定者,日本民法,则无此项规定,据其一般通说之解释,亦不承认买受人有受领标的物之义务。

第三　保管之义务

买受人虽如前段所述,负有受领标的物之义务,然苟出卖人交付之标的物,为有瑕疵者,则自无强使买受人受领之必要,买受人不愿受领者,得拒绝受领,自不待言。但民法为保护出卖人计,于第三百五十八条复规定买受人此时尚负有暂为保管其物质义务。此种义务,亦系法律规定义务之一,当事人原得以特约除去之。特无反对之特约时,则应负担此项义务之情形,约如下述:

1. 此项义务。仅限于出卖人不能自行保管时,始能发生,若为同地之买卖,或虽未异地之买卖而其物质受领地,有出卖人之代理人者,则出卖人或其代理人,既得以自行保管,自无再使买受人负担此项义务之必要。①

2. 此项义务,只有暂时之性质,以维持其物质现状,至出卖人得自行保管时止,负其责任。

3. 不履行此项义务,致其物发生损害时,固应负赔偿之责。反之,如因保管其物而支出之必要费用,或因之受有损害时,得准据寄托之规定,请求偿还,自不待言。

4. 其物易于败坏,不宜保管者,则买受人经物质所在地官署或商会及公证人之许可,得变卖之。如为出卖人之利益,有必要时,并由变卖之义务,特此须从速通知出卖人,否则亦应负损害赔偿之责任。

第三款　其他之效力

第一　标的物危险之负担

在买卖契约成立后,因不可归责于双方当事人之事由,致买卖之标的物给付不能者,此时出卖人依据第二百二十五条第一项之规定,固可免除其给付致义务。但对于买受人之所负之对待给付,是否亦因之免

① 民法之规定,与德国商法第三百七十九条、日本商法第二百八十九条二项、瑞士债务法第二百〇四条,同一趣旨。

除。据第三百三十七条之规定,此时不能适用第二百六十六条,关于一般双务契约原则之规定,而应视其标的物交付于买受人与否,以为解决之标准。标的物已交付买受人者,自交付时起,其危险应由买受人负担之,其物虽有毁损灭失买受人亦应向出卖人履行全部价金之给付;反之,若其物尚未交付于买受人者,则其危险,仍应由出卖人负担之,如有毁损灭失,买受人即可因之免为对待之给付也。① 此种规定,虽为第二百六十六条之例外法,然亦仅有补充性质,若当事人间,另有特约者,自应从其特约而不受本条之适用。又关于标的物危险负担,据民法之规定,尚有应注意者数点,即:(一)危险之负担,既以交付与否为标准,则关于利益之享有,自亦应准据之,故依第三百七十三条之规定标的物所生之利益,在交付前,固当归出卖人享有,自交付时起,则应由买受人承受之。(二)标的物在送达中,固不能谓为已事交付,此时发生之危险,依上述规定。原应由出卖人负担之。但若由买受人请求将其标的物送交于清偿地以外之处所者,则以其非出卖人基于契约上所应尽之义务,故其危险负担之责任,据第三百七十四条之规定,于交付其标的物于送达承揽人时起,即移转于买受人,由买受人负担之。特买受人关于标的物之送交方法,有特别指示而出卖人无紧急之原因,违其指示者,则对于买受人因此所受之损害,苟尚使出卖人得免其责任,殊不足以保全买受人之利益,故第三百七十六条复规定,此时出卖人亦应负赔偿之责。(三)标的物之危险负担,固仅限于物之买卖,始能发生,然权利之买卖,有须占有一定之物者,则关于其物之危险,应如何负担?亦不可不有一标准,据第三百七十七条之规定,此时亦应准用上述规定,以为解决。

---

① 关于买卖标的物危险之问题,立法例上之规定,殊不一致,有采债务人主义者,有采债权人主义者,亦有采交付主义者,我民法关于一般双务契约,才债务人主义,而于买卖契约,则采约交付主义,盖仿德民之立法而规定者(参照法民第一千一百三十八条、第二千二百二十条,意民第一千四百九十六条,日民第五百三十四条,德民第三百二十三条、第四百四十六条)。

第二　标的物费用之负担

关于标的物支出之费用,应如何负担?原则上应视其物之占有,已归属于何方以定之。故在通常之情形,物质交付前所支出之费用,固当由出卖人负担,交付后,则当移转于买受人承受之。但如其标的物之危险,于交付前应由由买受人负担者,则此时其物之利益,既已随危险之移转,同时归买受人承受,自无再使出卖人负担其物质费用之理,故第三百七十五条对于出卖人于危险移转后,标的物之交付前,所支出之费用,规定买受人,应负偿还之责。

1. 如系必要费用,则应依关于为委任中第五百四十六条第一项之规定,除偿还其支出之费用外,并应负自支出时起之利复。

2. 如系得必要费用,则应以关于无因管理中第一百七十六条及第一百七十七条之规定,其支出之费用,不违反本人明示或可得推知之意思者,则只须为有益费用,即应偿还,且应支付其自支出时起之利息;若其支出之费用,系违反本人明示或可推知之意思者,则买受人仅就事实上受益之部分,负偿还之责。又本条规定,于权利之买卖,因其权利而得占有一定之物者,当其物质危险移转后,买受人尚未为事实上之占有前,出卖人所支出之费用,依第三百七十七条之规定,买受人亦应准用者,以尽其偿还之责也。[①]

第五节　买　　回

第一　买回之性质

买回者,乃出卖人保留于一定期限内,在买回其已卖出标的物之谓也。盖物质所有人,为资金之融通,暂时出卖其物,而期于日后资金余裕之时,再谋备价值收回者,乃事实上之所常有,故立法例上,多承认此

---

① 第三百七十五条之规定,既指对于其标的物所支出之费用而言,则关于其物之运送及交付等费用,自亦应包括在内,故此条实可谓为第三百七十八条第二款之例外规定。

种买回制度。[1] 然所谓买回权之保留,其性质若何?则立法例及学说上之见解殊不一致,有人为再买卖契约者,有人为再买卖之预约者,亦有认为买卖契约之解除者,有认为原契约之附有解除条件者,亦有认为附有停止条件之再买卖者。据民法第三百七十九条之规定观之,则应以采取最后一说为当。因其立法之意旨,原重在以买回人之表示买回意思为停止条件而成立一新之买卖契约也。故依此解释,则关于买回之性质,吾人应当注意者如次:(一)买回为买卖契约之从契约,故著契约之买卖如无效或撤销者,则买卖契约,并不因之而受影响。(二)买回为正式之契约,于当事人双方为买回之约定后,即为成立,与再买卖预约之须将来另有本约契约之规定,始能成立者不同。(三)买回非解除权之保留,故买回人并不以返还原所有受领之价金为限,亦不能依据债编通则关于解除权之规定,以定其效力。(四)买回为附有停止条件之契约,故与单纯之再买卖契约不同,双方为买回之约定时,随契约已成立,然尚须买回人将来表示其买回之意思后,不能生效。

第二 买回之要件

买回之要件,可分为次之二项述之:

1. 成立要件。关于买回特约之成立,除应具备一般契约之成立要件外,据民法第三百七十九条之规定,尚有应注意者如次:(一)买回之特约须与买卖契约同时为之,尚未于买卖当时为此特约者,则应认为出卖人有绝卖之默示,嗣后即不得再为买回之约定。(二)买回之标的物,应以原买卖之标的物为限,否则为买回之性质上所不许,但其标的物为可分者,则为部分之买回,窥诸法意,亦应视为有效。[2] 买回之价金,原

---

① 参照德民第四百七十九条、瑞民债第二百二十六条、法民第一千六百五十九条、日民第五百七十九条、奥民第一千〇六十八条。

② 日瑞民法仅限于不动产之买卖,始能成立此种买回契约,我国民法则并无此种限制,故解释上不能日瑞民法同视。

则固应由当事人自由定之,但如无约定者,其契约亦非无效此时应以其原买卖契约所受领之价金,为买回之价金。

2. 生效之要件。买回之特约,既为附停止条件之再买卖契约,故必待买回人表示其买回之意思,行使其买回权后,始能生效,自不待言,但关于此种买回权之行使,据民法第三百八十条之规定,尚有一定期限之限制,兹分述如次:

(a) 我民法规定买回之期限,不得超过五年,故当事人苟未约定买回权行使之期限者,则于原买卖契约成立后,五年内不行使其买回权时,其买回之契约,即归于消灭而成为绝卖。

(b) 当事人如约定有行使之期限者,此时固应在其约定之期限内,始能行使之,但其约定期限,如超过五年以上者,亦应缩短为五年。

(c) 民法债编施行前所定买回契约,定有期限者,固亦应在其期限内行使之,但其残余期限,自施行日起算,较民法第三百八十条所规定期限为长者,则应自施行日起,适用民法第三百八十条之规定,缩短为五年,如买回契约未约定期限者,自施行日起,不得逾五年(债编施行法第十二条)。

第三　买回之效力

买回既系再买卖之契约,则其所生效力,自应与普通买卖之效力无异,凡关于买卖效力之规定,除与买回性质抵触者外,均应适用,但民法对此尚设有特别之规定,兹析述如次:

1. 买回人之义务。买回人基于买回契约所生之义务,据第三百七十九条、第三百八十一条及第三百八十二条之规定,略如下述:(一)买回人应本于约定之本旨,交付买回价金于买受人,如关于价金,无约定者,应返还其原受领之价金于买受人,但此时原价金之利益,则视为与买受人就标的物所得之利益,互相抵消,毋庸返还。(二)原买卖费用,有买受人支出者,买回人应与买回价金,连同偿还之。又关于买回之费用,亦应概有买受人负担之。(三)买受人为改良标的物所指出之费用,及其他有益费用,而增加价值者,买回人应于现存之增价额内偿还之。

2. 买受人之义务。买受人基于买回契约所生之义务,据第三百八十三条之规定,略如下述,(一)买受人应交付标的物及其附属物于买回人,否则买回人可依据第二百二十七条之规定,行使其权利。所谓标的物者,指原买卖之标的物而言,所谓附属物者,则指常助标的物之效用者而言,其意义盖与民法总则上所称之从物相当,且不必以原有者为限,嗣后增加者,亦应交付之,盖以买回人对于其标的物之改良费及有益费,已负偿还之责任故也。(二)买受人因可规则于自己之事由,致其标的物不能交付者,固应负不能履行之损害赔偿责任。反之如因其故意过失,而致标的物不能显有变更者,此时从能交付,然买回人因此所受之损害,亦应负赔偿之责,盖买回契约之本质,原在使买受人保持其原标的物之固有状态,以归还于买受人也。

第六节　特种买卖

第一　试验买卖

1. 试验买卖之特质

试验买卖者,谓以买受人之承认标的物为停止条件而订立之契约也。故试验买卖与普通之买卖不同,除于订约当时,应具备一般契约成立之要件,始能成立外,并一买受人之承认标的物为停止条件,限制其效力之发生。必须俟有买受人承认标的物之表意后,始发生买卖之效力,否则为条件之不能成就,其已成立之契约,亦将因之消灭也。[①]

2. 试验容许之义务

试验买卖是出卖人,有许买受人试验其标的物之义务,此为第三百

① 试验买卖,于条件成就前,原已成立,故在买受人未为试验行为以前,不可不具备一般契约成立之要件。若于试验后,在确其价金者,即非第三百八十四条所定之试验买卖。

八十五条所明定,乃试验买卖之性质上,所当然发生之义务。故依此规定出卖人不得拒绝试验,以妨害条件之成就,否则除成立债务不履行外,买受人并得依第一百〇一条第一项,以主张其权利。至于试验,应依如何方法为之?当事人间如有特约,或行为地原有习惯,自应依其特约或习惯,否则依标的物之性质,并据信义之原则一定之。

3. 承认与否之判定

买受人对于标的物,经试验后,若明示或默示标志其承受之意思者,其买卖契约即因之生效,反之若明示或默示其拒绝承认之意思者,其买卖契约亦将因之失其效力,故属无可滋疑之事。特买受人于承认与否?未为明白纸表意时,则将如何以为决定?法律上不可不设一标准,以为解决。据民法第三百八十六条及第三百八十七条之规定,略可分析如次:

(a)标的物曾经试验而未交付之者,如当事人约定由承认之期限时,在其期限内,买受人不表示承认,视为拒绝。又当事人未约定由承认期限时,出卖人得催告买受人,于相当期限内,确答是否承认。若在其期限内,尚不为承认之表示,亦视为拒绝。

(b)标的物因试验已交付于买受人者,如买受人经试验,尚不交还其物时,或双方有承认之约定期限及出卖人有催告之相当期限,而买受人于其期限内,不为拒绝之表示时,则视为承认。盖以此时标的物之占有,既已移转于买受人,若买受人不同意时,自应从速通知出卖人,否则可推知其有承认之意思也。

(c)买受人已交付价金或为试验外之行为者,视为承认。盖买受人于试验后,既已为价金全部或一部之支付,则其同意于标的物之事实,已甚显然。又如就标的物,为非试验所必要之行为者,则此时已行使其契约上所发生之权利,自亦视为承认也。

第二 货样买卖

1. 货样买卖之特质

货样买卖者,谓依货样而定标的物品质之买卖契约也。此种契约,与通常买卖契约相异这,唯在其标的物之认定方法,不依其他方式,而以样本为其标准耳。故因其有一确定样本之存在,一方既可较诸其他认定之方式为真确,一方亦可推知出卖人有担保其物品质意思,此种买卖契约之所以为交易上所通行,而法律上亦由特为规定之必要也。又此种契约,不限于不特定物之买卖,始能适用之,不问其为何种货样买卖,皆可根据之,以定期效力也。

2. 货样买卖之效力

货样买卖,其出卖人应担保其交付至标的物,与货样有同一之品质,此为民法第三百八十八条所明定也。故依此规定,货样买卖之出卖人,所负之物的担保责任,与第三百五十四条第二项所定之担保责任相同,如其交付之物,与货样不符之时,买受人除得解除契约,减少价金,及请求另交付与货样同一之物外,并得依据第三百六十条,请求损害赔偿也。至其交付之物,是否与货样相符,应依契约之本旨及交易之惯行以决定之。又其举证之责任,应解为是否货样买卖之举证,由买受人负担之,是否与货样同一之举证,则由出卖人负担之,该前者买受人行使其请求权上之要件,而后者乃出卖人履行其给付义务上之要件也。①

第三 分期付价买卖

1. 分期付价买卖之特质

分期付价买卖者,附有分期支付价金特约之买卖契约也。此种契约,以价金之分期支付,为其特征,故与通常买卖契约之价金清偿方法相异,其不能使用第三百六十九条,关于同时履行之规定,自不待言,从

---

① 关于货样买卖之举证责任,瑞士债务法对之设有详细之规定,参看该法第二百二十二条。

之当事人苟无特约时，其买卖标的物恒于契约之成立时，即行转移于买受人，而买受人之价金，非届约定之期限，可不支付之。又此种契约之标的物，以动产为常，然就不动产或权利之买卖，亦得缔结之。法律上并无何等之限制也。

2. 苛刻特约之限制

在分期付价之买卖，买受人多为经济上之弱者，因无一次支付价金之能力，始缔结此种契约，故出卖人常利用买受人此种弱点，对之为种种有利于己之特约。此就契约自由之原则，及保全出卖人之利益方面而言，其所为特约，若于公序良俗无违反时，故应承认其有效，但民法为保护经济上弱者起见，于第三百八十九条及第三百九十条，设有下列之限制：

(a)期限利益丧失约欠之限制

分期付价之买卖，如约定买受人有迟延时，出卖人得即请求支付全部价金者，此种特约，虽非无效，然以限制买受人，过于苛刻，故民法严予制止，特于第三百八十九条规定，此时非俟买受人有连续两期给付之迟延，且其迟延之价额，已达全部价金五分之一者，其特约尚不能因之发生效力，而出卖人得依据之以请求支付全部价金也。

(b)失权特约之限制

分期付价之买卖，如约定出卖人于解除契约时，得扣留其所受领价金者，此种特约，于近剥削买受人之利益，故民法亦特予限制。据第三百九十条之规定，此时其扣留之数额，不得超过标的物使用之代价，及标的物受有损害时之赔偿额，否则亦为法所不许也。

第四　拍卖

1. 拍卖之特质

拍卖者，谓依竞争出卖方法，于多数应买人中，择出其出价最高者，与之缔结买卖契约之行为也。自理论上言之，拍卖只为买卖契约缔结之一种特殊方法，其依此种方法，所成立之买卖契约，原与依通常方法所成立之买卖契约无异，故立法例中，亦有以之规定于买卖契约节内者（参照瑞债法第二百二十九条以下）。又拍卖因其原因之不同，得分为强制拍卖及任意拍卖二种。前者乃本于法定之原因，由公共机关执行之，后者则依据出卖人一己之意思，委托他人或自己为之，就现行立法而论，关于民事执行法中所定之拍卖，乃属于前者，若民法中所定之拍卖，则专指后者而言也。

2. 拍卖契约之成立

依拍卖之方法，而为买卖契约之缔结者，既与通常买卖契约之缔结方法不同，故其特殊之点，据民法之规定，得分析说明如次：

（a）拍卖表示

拍卖表示者，即拍卖人。欲以拍卖之方法，出卖其标的物之意思表示也。盖在拍卖之开始，必须由拍卖人表示其依此竞争方法而为买卖契约缔结之意思，然后一般人始知履行此种程序，以为应买，否则其拍卖契约，实无由进行也。然此种拍卖之表示，其性质若何？则学说上颇多争议，有谓要约者，亦尤谓为要约之劝诱者。据民法第三百九十一条之规定观之，其当依后说以为解释，盖无疑义。因该条既规定拍卖之契约，依拍卖人之买定表示而成立，则买受人乃居于承诺人之地位，而应买人始居于要约人之地位，其拍卖开始前，所表示之希望缔结的意思，只含有要约劝诱之性质，故甚明也。故此种表示，虽足为拍卖契约缔结之起因，虽再加以撤回或变更，亦不受何等之拘束也。

（b）应买表示

应买表示者，即拍卖人为拍卖表示后，应买人争出高价，以要求拍卖人缔结契约之意思表示也。此项应买人表示，与通常契约缔结时，对话间所为之要约相同，以民法第一百五十六条之规定，如对方不即时承诺，原应失去其拘束力，但此种拍卖行为，乃在就多数要约中，选择出价最高者,若使即时失效,殊无以达竞争缔结之目的,故民法特于第三百九十五条,对此为例外之规定,使其应买表示,不得任意撤回,须直至再有出价较高之其他应买表示,或拍卖人撤回拍卖物时,始失其拘束力。又为应买表示者,法律上原无何种限制,无论何人,皆有为应买人之资格,但若以拍卖人而为应买,或使他人代为应买者,则据民法第三百九十二条之规定,应为法律所不许,盖拍卖人对于其所经营之拍卖,若使其得以应买,则不特有害于拍卖物所有人之利益,且若藉此以操纵竞争,于一般应买人亦多妨害也。

(c)买定表示

买定表示者,即应买人为应买表示后。拍卖人对之承诺其缔结拍卖契约之意思表示也。故拍卖契约,经拍卖人之买定表示后,即为成立。其表示方法,通常固依拍板定之,但若依其他惯用方法,以为表示者,据第三百九十一条之规定,亦非法所不许。又其买定之标准,原则上固应依委任人之意思定之,若委任人无其他表示时,则据民法第三百九十三条及第三百九十四条之规定,拍卖人得斟酌情形,将其拍卖物拍归于出价最高之应买人。或对于应买人所出最高之价,认为不足者,亦得不为买定之表示,而撤回其拍卖物,盖以拍卖人卖定表示既为承诺性质,则对于应买人之要约,承诺与否?原有其自由认定之权也。①

3. 拍卖之效果

拍卖为卖定之表示后,拍卖契约,即为成立。此时被拍定之应买人,居于买受人之地位,而拍卖人则居于出卖人之地位,其互相间所生之权利义务,原应依据通常买卖效力之规定,以为解决标准。但我民法因买卖契约之基于拍卖而成立者,究与通常买卖之性质有异,且受拍定

① 拍卖人违反委任人制定之意思,对于应买人,并非不能发买卖之效力,不过对于委任人应负委任人应负其责任而已。

者之资力如何？亦非拍卖人之所知悉，对于买受人方面，加以上列之效果。即：（一）拍卖之买受人应于拍卖成立当时或拍卖公告内所定之时，以现金支付买价。（二）如不按时支付价金者，拍卖人得解除契约，将其物再行拍卖。（三）再行拍卖所得之利益，如少于原拍卖之价金及费用者，原买受人应负赔偿其差额之责任。

第二章　互　易

第一　互易之特质

互易者，当事人双方约定互相移转金钱以外之财产权之契约也（民法第三百九十八条上段）。其与买卖契约相异者，唯在于双方之给付，均以金钱以外之财产权，为其标的物之一点。除此之外，则与买卖契约之性质，完全相同，故亦为有偿、双务、诺诚、要因、不要式之债权契约。在货币制度未发达以前，此种契约，固为财产权移转上之唯一交易方法。然自实物经济时代已经至于货币经济时代之际，则此种契约之效用，已渐形减少。至于近代，则除当事人有特别之意思，或穷乡僻邑货币制度未发达之地方外，其一此种方法，代替买卖行为，而为交易者，实属于罕见之事。故近世立法例上，对之皆不设详密之固定，以我民法而论，亦不过仅有第三百九十八条及第三百九十条之二条规定而已。①②

第二　互易之效力

互易在契约上之性质，既与买卖完全相同，故民法为免条文之重复起见，特于第三百九十八条后段规定，准用买卖之规定。质言之：即互易之双方当事人，均与出卖人，处于同一之处地，凡关于出卖人义务之

---

① 互易在罗马上认为要物契约，但近世立法，均认为诺诚契约，我国民法第三百九十八条，既标明“约定”二字，故其解释，与其他立法例相同（参照法民第一千七百〇二条、德民第五百一十五条、瑞债第二百三十七条、俄民第二百〇六条、日民第五百八十六条）。

② 以交换双方金钱所有权为标的之兑换，学说上虽有谓为互易契约者，但在我民法上之解释，则应视为类似买卖之无名契约。

规定，及其他同时履行危险负担等之规定，于互易契约上，均应准用之也。其详参看买卖契约效力节中之说明。

第三　附有补足金之互易

附有补足金之互易者，即当事人一方约定，除移转财产权外，更交付金钱之互易契约也。此种契约，于此种契约，于互易之标的物价值不相等时，最易发生。论其性质，则学说上之主张殊不一致，有谓为买卖者，有谓互易者，亦有谓为混合契约，今我民法既以之规定于互易节内，则名义上应认为互易契约为当。但据第三百九十九条之规定，此种契约关于金钱部分，应准用关于买卖价金之规定，是实质上，固等于一种混合契约也。①

第三章　交互计算

第一节　交互计算

第一　交互计算之性质

交互计算者，谓当事人约定以其相互间交易上所生之债权债务，为定期计算，互相抵消，而仅支付差额之契约也。此为民法第四百条所明定，故其特质，可析述如次：

（一）交互计算为有价、双务、诺成、要因不要式之债权契约。

交互计算，是否为一种独立之契约，从来学者对之颇多争论：有谓其契约者；有谓其为消费借贷、委任、抵销、更改等契约者；亦有谓其为一种混合之契约者。我民法既于债编各种之债中，则为独立契约之一，则以上诸说之不能适用，自不待言。故就其在契约上之性质言之，盖与买卖相同。既以双方之行为为标的，应为债权契约；缔结时，不须履行何种方式，应为不要式契约；因双方之约定，即得成立，应为诺成契约；

① 以立法之理论言，若其金钱部分，在契约中并不占重要地位者，乃以认为纯粹之互易契约为当。

双方给付，互为原因，且有对价值关系，应为要因、双务、有偿之契约。[1]

（二）交互计算以定期抵销双方由交易上发生制债权债务，而支付其差额为标的，此即交易计算与其他契约区别之点所在。故因其标的之特异，则其构成之要件，尚可析述如次：

1. 能为交互计算之内容之债权债务，以由交易上所生，且适于抵销者为限。故如监护人与被监护人间发生债权债务，及由不法行为所生之债权债务，因其关系之发生，非依据交易而来，故不能成为此种契约之内容。反之虽为交易上之债权债务，而其债之关系，非以财产权为其标的物者，则以其不适于抵销，亦不能成为民法上之交互计算。苟具备上述两种性质之债权债务，当事人自得以之，成立此种契约，但于其契约成立之时，则不必先有此等债权债务关系之存在，当事人于彼此间未有交易以前，预结此种契约，则不必先有此债权债务关系之存在，当事人于彼此行为上之交易，或商人间之交易，始能成立此种契约者，我民法仿瑞士之立法，并不设此等限制，故解释上，一般民事上或商事上之交易，皆能成立此种契约自不待言也。[2]

2. 交互计算，须有一定之计算期限，且其契约，须有继续之性质。故若约定仅以一次之交易上所生之债权债务为抵销者，固与交互计算之本质不符，不能谓为民法之此种契约。反之，其契约存续期限，则不必与其计算期限一致，然苟无一计算之期限，则亦不能表现此种制度之实益，故民法第四百〇二条规定，如计算期限无约定，每六个月计算一次，此种规定，不仅有补充当事人意思之性质，且表示交互计算之已具有此计算期限为必要也。

---

① 认交互计算为一独立之契约者，为德意志、日本、葡萄牙、意大利、西班牙商法及我国、瑞士、苏俄民法。

② 葡萄牙、意大利、西班牙商法限于商事之交易，始能适用此种契约，德日商法则限于与商人之交易，始能适用此种契约。

3. 交互计算于计算抵销后,须支付其差额。所谓差额者,自指就债权债务综述,抵销所余之数而言。抵销之结果,如双方综述相当,固无差额支付之可言,然实际上决不能如是吻合,故支付差额一层,仍应为交互计算至构成要件。此时存有差额之一方为债权人,对方则为债务人,交互计算至最后效果,即在发生此种差额之债权债务也。

第二　交互计算

交互计算,为信用制度之一种。在现金交易时代,此种制度,固无由产生。逮乎社会信用发达以后,彼此交易,多凭信赖,于是所谓现实支付之事,日形减少。而当交易频繁之际,为节省双方之一一清偿债务关系之繁重手续起见。此种定期计算仅支差额之方法,遂感其有存在之必要。故此种制度,一方固因交易上之信用观念而产生,一方亦有促进交易上信用发展之功能存在。当事人间,苟有此种契约之缔结,则不特可免除其彼此间各种债务清偿之手续费用,且因有他方之债权,以为抵销,亦可减少自己债权之危险。此所以近世立法中,对之皆设有相当之规定,而我国民法,亦于债编中特设专节,认为典型契约之一也。

第二节　交互计算之效力

第一　对于记入项目中原有债权债务之效力

记入交互计算之债权债务,原则上固由当事人之自由认定,但自记入以后,则当生下列效果。

(a)效用之停止

记入交互计算之债权债务,既须待在至结算时,互相抵销,故其彼此之间,遂形成一种不可分离之性质。当结算抵销以前,其债之效用,完全停止。各债权人既不得各自请求履行,或另加其他之处分,个债务人亦不得自为履行,或使他人承受其债务。此时消减时固因之不能进行,而关于迟延之规定,亦因之不能适用。但此有当注意者,即其债之效用,虽应停止,而其债之本身,则各自保持其独立存在之地位,如附有其他担保或利息者,依旧保持其效力,如未附有利息者,则依第四百〇四条第一项之规定,并得约定自记入之时起,附加利息焉。①

(b)记入之除去

交互计算之双方,应将其互相间预定范围内之债权债务,随时记入交互计算之项目中,原则上不得因当事者一方之意思,任意除去。但汇票、本票、支票及其他流通证券记入交互计算,如其证券之债务人不为清偿时,则依第四百〇一条之规定,当事人得将记入之项目除去之。盖以此时盖当事人既为受证券之实益,则对于因证券而负之债务项目,应应特许其加以否认,而保护其利益也。②

第二　对于结算终了后新生债权债务之效力

交互计算至计算期,如已届至,则当事人应将其记入之债权债务,分别结算,就其总额,互相抵销,而支付其所剩余之差额。此种差额之算定,得经他方加以承认,固不能发生效力,反之如他方承认后,则其效力即为确定,嗣后不得再主张更改。民法第四百〇五条之规定,记入交互计算之项目,自计算后,经过一年,得不再请求除去或改正者,该以承认之行为,亦为法律行为之一种,如其意思表示有瑕疵或欠缺,依据一般之规定,以主张无效或撤销时,则为期法律关系之迅速确定起见,故特设此一年之期限,以限制之耳并不能因此而误认为差额之计算,不必经他方之承认,或认为他方于承认后,在一年之期限内,随时有自由主张异议之权利也。至于承认后之效果,得析述如次:③

---

① 各债权债务,自记入后,即为计算中止一项目,非至结算时,不得各别抵销,亦不得与交互计算外之债权债务相抵销,故解释上,非至差额算出时,不能消减。

② 此时因证明债务人不为清偿,即能发生除去之效力,并不以实际上不能给付为限。

③ 如他方拒绝此种承认行为时,则计算人自得起确认之诉,以为救济。此时关于计算正确方面举证之责任,由计算人负担之,关于计算不正确之反证,则由对方负担之。

(a)差额之支付

原有之债权债务,因抵销而消灭,新生之债权债务,即为此计算之差额,故当事人对之自不可不负支付之义务。关于计算之差额,是否为以新生之债权债务?学说上虽有争执,但据吾人之意见,则以为此种差额,并非特定债权债务各个之残余,乃为债务全部之残余,其不能依据第三百三十五条第一项之解释,谓为原有债权债务为消减之部分,其属明显,其民法既以此种契约,为债之发生原因之一,则其间必有一新之债权债务存在,亦为当然之结论,故窃以为一新之债权债务为当。从之当事人亦至对于此新之债权债务上,有其请求之权利义务,若原有之债务上,另设有其他担保时,则因其主权利义务上之消灭当然亦不能继续存在,差额之债权人,不能对之主张权利也。①

(b)差额之利息

差额算定后,据民法第四百〇四条第二项之规定,其差额之债权人,得请求计算时起,支付利息。此种利息。自计算时起,即行发生,并不以对方之承认后,而始发生,且当事人间亦不必有此等特约之存在,差额权人之一方,依据本条之规定,即当然有其请求权也。

第三节　交互计算之原因

第一　终止之原因

交互计算,既为契约之一,则其效力之消减,自应与一般契约相同,得适用法律行为即债权效力消减之规定。惟交互计算,系基于当事人彼此间信用关系而成立之契约,且复为继续契约之一种,如对于他方之信用有疑虑,或其他情形,有消减其契约之必要者,则殊无强制再继续

---

① 依商行为草案第二百九十条之规定,虽谓编入交互计算之债权,如附有担保,得于原债权之范围内,移作差额之担保,但现行民法对此,则无明文,故除当事人有特约外,殊难为同一解释。

其契约之必要,故民法对之,没有特备消减原因之规定,即依第四百〇三条,当事人之一方,得随时以其自己之意思,而终止其契约是也。但此种规定,并无强制性质,如当事人有特约定明不能随意终止者,仍应从其特约以定之也。

第二　终止之效果

此种契约之终止,原与一般终止无异,其应适用第二百六十三条之规定,自不待言,惟其终止之后,对于记入计算中止债权债务,尚需清理,故民法规定,此时双方须履行计算之手续,即非至计算终结,差额支付后,其契约尚不能谓之消减也。

第四章　赠　　与

第一节　赠与之性质

赠与者,因当事人一方以自己之财产,为无偿给与他人之意思表示,经他方允受而生效力之契约也。此为民法第四百〇六条所明定,兹依此法定之意义,析述其特质如次:

第一　赠与之契约上之特质

赠与应认为契约?抑应认为单独行为?在学理上,虽多争论。但就受赠人方面而言:有时不愿享受他人无偿给付致财产者,则仍以尊重其意思为必要,故我民法仿一般之立法例,定赠为一种契约,非经受赠人为允受之承诺后,不能生效成立。① 至其在契约上之性质若何?则学说上之认定,殊不一致,且比诸上述买卖等契约上之观念,亦较复杂。兹特在分述如下:

1. 赠与为债权契约

赠与在使赠与人负担无偿给付财产之债务,其契约之标的,只为赠

① 民法第四百〇六条之规定,系抄袭日民第五百四十九条之规定而来,虽用于上稍欠明确,然据学理上之解释,应为赠与之成立要件,当无疑义。

与人给付之行为,故应是视为债权契约,固不待言。即就现物赠与言,亦不过其债权成立之行为与物权契约实践之行为,同时实现而已,不能谓此时无债权契约存在,而不得移转其财产为赠与,在未移转登记前,其赠与既不生效;则此种赠与,实因物权行为而成立,不能谓为债权契约者。然此乃对于该条之应属于构成要件之规定者不同。虽法文具用生效字样,然二条之性质,实不一致。不履行第四百〇六条之要件者,其契约根本不能构成;不履行第四百〇七条之要件者,不过已成立之契约,不能发生效力而已。故此时应解释须现有一债权契约存在也。①

2. 赠与为诺成契约

赠与因双方意思表示一致而成立,故应为诺成契约。第四百〇八条所谓赠与物未交付前,得撤销其赠与者,亦谓赠与物未交付前,其赠与契约所生之效力,可以撤销而已。并非赠与物未交付,则其契约未生效成立,故亦不能因此而误认为要物契约也。

3. 赠与为不要式契约

赠与是否为不要式之契约?立法例上,亦不一致。有认为要式契约者如德瑞民法是(德民第五百一十八条、瑞债第二百四十三条)亦有认为不要式契约者,如日本民法是(日民第五百四十九条)。我国民法第四百〇六条之规定,盖仿日民而来,对于赠与契约之成立,并不须履行一定之方式也。惟依第四百〇八条之规定,若为立有字据者,则其效力,较未立有字据者强耳。②

4. 赠与为片务无偿契约

赠与仅出赠与人乙方负担给付之义务,故为片务及无偿契约。在

① 若谓第四百〇七条为成立要件之规定,则此种财产之赠与,当为单独行为,其立论不当,自不待言。

② 就立法之理论言,赠与为无价行为,应定为要式,始较郑重。

附有负担之赠与,虽受赠人一方,亦须负有给付之义务,然因其与赠与人之给付,既无对待之性质,且无对价之关系,故仍不失为片务并无偿契约也。此点为赠与与买卖在契约上绝对相异之处,故学者亦有谓买卖依第三百四十七条之规定,为双务并有偿契约之典型,而赠与与依理论上之解释,亦应认为片务并无偿契约之典型。

5. 赠与为有因契约

赠与须以无偿之原因,而转移财产于受赠人,故为有因契约。苟他人之承诺,与赠与原因不符者,即无成立之契约之可能,故学者中,虽亦有以赠与为无因契约者,然此实与第四百〇六条之明文相矛盾,其误认为赠与之动机,为赠与之原因,不足取也。

第二　赠与之标的之特质

赠与之标的,为无偿给予财产于他方,故其要件,得析述如次:

1. 得为赠与之财产

所谓财产,广义言之,谓属于一定主体之财产上权利及义务之总体,但为赠与标的物之财产,则专指财产上之权利而言。

又财产有现为赠与人所有者,亦有将来始能取得者,赠与既为债权契约,故不以现存之财产为限。第四百〇六条所谓以自己之财产为赠与者,盖指给予时其权利确实属于自己所有而言,不能因之误解,而谓就将来取得之财产,不得为赠与之标的物也。

2. 得为赠与之原因

即其给予之财产,须有无偿之原因也。故若以得相当对价为原因,而始行给予财产者,即不能构成此种契约。

3. 得为赠与之事实

即其赠与之结果,须有减少自己之财产,而增加对方财产之事实也。故如遗产或遗赠之抛弃,他人虽因之取得利益,而自己固有之财产,并未减少,不得谓之赠与。反之,如免除他人土地之损害,而以自己之费用,修缮土地上蓄水、排水或引水等工作物,自己财产,虽因之减少,而他人财产则并未增多,亦不得谓为赠与。第四百〇六条所谓给予财产之意义,盖既包括此种双方财产,须具有互相增减之事实而言也。

第二节　赠与之效力

第一　赠与财产之义务

赠与成立后,依据一般契约通则之规定,固应按照其契约本旨,履行转移财产之义务。但民法因赠与为无偿之行为,除于第一百〇九条明定于字据之赠与,或履行道德上义务之赠与,始负担此种责任外,其他若以非经登记不得转移至财产为赠与者:则依第四百〇七条之规定,即在未为转移登记前,不生效力。是此种赠与,于转移登记前虽已成立,而受赠人不能因之直接请求其财产之交付,自不待言。又如未立有字据之赠与,则依第四百六十八条之规定:未交付前,得撤销其赠与,始受赠人虽向之请求交付,亦实益。故自实际上言:一般赠与,盖以不负担此种义务为原则也。又虽为应履行交付义务之赠与,而民法对之,尚设有做下列之特则,分述如次:1. 受赠人得行使其交付请求权之范围,据第四百〇九条之规定,以赠与物或其价金为限,对于迟延之利息或其他不履行之损害赔偿,则不得请求之。2. 赠与人因可归责于自己之事由,致不能给付时,其责任之标准,据第四百一十条之规定,以有故意或者重大过失为限,若仅为通常指轻过失,则尚不能使其负担第二百二十六条之责任。[①]

第二　瑕疵担保之义务

赠与为无偿行为,其不能准用买卖之规定,使赠与人就其赠与之物

① 第四百〇九条所谓不履行之损害赔偿,应指第二百二十七条后段所谓不为履行之损害赔偿言。第四百一十条所谓对于受赠人应负担之责任,应指第二百二十六条所谓不能履行之损害赔偿而言。揆诸二条之立法意旨,甚为明了,不能误疑其彼此间为矛盾之规定。

后权利上,负担瑕疵担保之责任,自不待言。但民法对此,于第四百一十一条之规定,尚设有下列之特则如次:(1)赠与人故意不告知其瑕疵者,此时赠与人既明知其瑕疵之存在,又故意不告知受赠人,是明与诚实及信用之义务相违反,故应令其负担赔偿受赠人因其瑕疵所生之损害。(2)赠与人保证其无瑕疵者,此时赠与人既有此担保之意思,则令其负担赔偿之责任,亦不为苛。

第三节　赠与之撤销及拒绝履行

第一　赠与之撤销

赠与契约,又下列原因之一者,据民法之规定,得撤销之,兹分述如次:

1. 未立有字据之赠与

赠与未立有字据者,据民法第四百〇八条第一项之规定,其效力较立有字据者为薄弱,赠与人无论有无正当原因,皆得任意撤销之。[①] 但有三种例外情形,即(a)其赠与物已完全交付者,不得撤销。(b)其赠与物已交付一部者,只能就其未交付之部分,加以撤销。(c)其赠与系履行道德上义务者,不得撤销。盖赠与物已交付,此时尚许赠与人得意撤销,则殊有碍于交易之安全撤销也。又其赠与关系履行道德上之义务者,则于单纯出于恩惠之赠与不同,故亦不续期任意撤销也。[②]

2. 受赠人有忘恩或违背义务之行为

赠与契约多基于双方之情感而成立。如受赠人对于赠与人或其最近亲属,有故意侵害行为,依刑法有处罚之明文,或对于赠与人有抚养义务而不履行者。则感情之基础已失,若仍使赠与有负担赠与之责任,

① 所谓赠与人立有字据者,只需于书面上载有赠与之意思即组,对于受赠人之尤受意思,记载与否可以不问。又其字据之作成,亦不必限于契约但是,其后订立者亦可,此盖以我国民法,并未字据之订立,为赠与构成之要件也。

② 此之所谓赠与物字样,应从广义解释,包括赠与之权利或事实上之利益。

殊为人情所难堪。故第四百一十六条规定，此时不问其赠与是否立有字据，或其赠与物是否已经交付，及是否为履行道德上义务而成立者，皆得撤销之。但亦有两种特殊情形，即(a)自赠与人知道有此种撤销原因之时起，一年内不行使者，其撤销权即为消灭；(b)赠与人对于受赠人已为宽恕之表示，其撤销权亦因之消灭。盖以虽有上述之撤销原因，若其撤销与否久不确定，亦与交易之安全有碍，故法律特设此一定之除斥期间，以示限制。又赠与人若有宽恕之表示者，则本意既无再行追究之意思，自不许更为撤销也。

3. 受赠人有故意致赠与人死亡或者妨碍其为赠与撤销之不法行为

受赠人既有此种不法行为，则于受赠人之方面，不特已破除情感，且为不法之加害人，故民法第四百十七条之规定，此时赠与人之继承人对其赠与，得撤销之。此种撤销之行使，与上述第四百一十六条之规定撤销相同，以不问其赠与成立之原因，方式如何，及赠与物交付与否，皆得主张之。惟依该条但书之规定，此时亦有一定除斥期间之限制，即继承人自知有此种撤销原因之时起，如六个月不行使起撤销权者，其撤销权即消灭是也。[1] 基于上述原因，而行使其撤销权者，因其有特定受赠者之相对人存在，故据第四百一十九条第一项及第四百二十条之规定，须向受赠人以意思表示为之，始生效力。若受赠人已死亡者，则其撤销权，亦因之消灭。至其撤销之效果，亦与一般法律行为之撤销无异，据民法第一百一十四条之规定，其赠与契约，应视为自始无效。故其撤销之时，如赠与尚未交付者，此时自不必再履行交付至义务，反之如已交付者，则据第四百十九条第二项之规定，赠与人此时尚得依据不当得利之规定，请求返还赠与物。

---

① 参照德民第五百三十条第二项及瑞士债务法第二百五十一条第三项。

第二　赠与之拒绝履行

赠与契约,应负交付至义务者,原则上固当知第二节所述依据第四百〇九条及第四百一十条之规定,以任其履行之责。但据第四百十八条之规定,赠与人于赠与约定后,其经济状况有变更,如因赠与而致其生计有重大影响,或足以妨碍其扶养之履行者,得拒绝赠与之履行。此盖以赠与契约与本人生计。及其扶养义务相较,则后者之关系,尤为重要,故法律特于此时,于赠与人以此拒绝之权利也。惟此仅为延期抗辩权之一种,其原契约之义务,并不因之消灭。故与撤销不同。如日后赠与人之经济状况,能恢复原状时,则受赠人仍得请求履行也。[①]

第四节　特种之赠与

第一　负有负担之赠与

负有负担之赠与者,即其赠与契约中,并负有受赠人亦负担给付义务之特约是也。[②] 此种契约,其性质若何?虽学说上之见解,尚不一致。但我民法既以之列入赠与节中,则其应视为特殊契约之一种,自不待言。从之除其自身另具有之特殊规定外,对于一般赠与之规定,亦应适用,乃为毋庸置疑之事。又负担之意义如何,民法上虽未予以明白之规定,然解释上则有下列三点,应注意者。即(1)其负担之约定,不能含有为赠与物对待给付之性质,否则只能构成其他双务有偿契约,不能视为此之赠与。(2)其负担之内容,虽无限制,然若违反第七十一条及第七十二条之规定者,则应为无效,自不待言。[③] 虽为适法之负担,而当事人未有以之发生债之效力之意思者,亦不能构成此契约。(3)其负担之价

---

① 参照德民第五百一十九条、第五百二十八条,瑞债第二百五十条。

② 此之所谓负担与条件不同,在契约成立后,负担未实现前,其赠与已生效力,并未如附有停止条件之赠与,须待条件之成就,始克生效。

③ 负担既为赠与契约内容之一部,故若失效时,除当事人有特别之意思外,其赠与契约本身,亦连带受其影响。

值,学者中亦有谓较赠与物价值为少,始符赠与之本质,否则应为无效者。然负担之履行,不必概为赠与人之利益,即为受赠人之利益者亦有之。且负担非反对给付,即使超过赠与物之价值,亦于赠与无偿之性质无碍。再说民法第四百一十三条之规定观之,如有超过之时,只能解释为受赠人不负担履行之责任而已,并非其契约本身,亦因之不能生效成立。故此种负担不能超过赠与物价值之观念,实非此种契约成立之要件也。以下就民法第四百十二条以下之规定,分述其效力上之特质如次:

1. 受赠人之义务

受赠人应依特约之订立,履行其负担之义务。不履行时,则赠与人依据第四百一十二条之规定,得就下列权利,选择其一以行使之。

(a)负担履行请求权。即赠与人此时,得依据一般债之效力之规定,请求受赠人履行其负担之给付也。但此种义务之履行,与赠与物之交付,只有主从之关系,并无对待之性质,故赠与人不能援引第二百六十四条一项之规定,主张同时履行之抗辩,非自己已将赠与物给付受赠人后,不能行使此项请求权也。[①] 又负担以公益为目的者,则于赠与人死亡后,其继承人若怠于行使此项请求权者,主营官署得直接命受赠人履行其负担。盖以其负担既以公益为目的。则继承人或不能认真行使此项权利,且为顾全一般公共之利益计,亦应认为主管官署有此命令其履行之权限为当也。

(b)赠与契约撤销权。即赠与人不行使上述之请求权时。得援用此项权利,以使其赠与契约,自始无效也。此项撤销,乃为第四百〇八条例外之规定,故虽为该条规定不得撤销之赠与,仍得依本项撤销之。

① 日民第五百五十三条规定,附有负担之赠与,适用关于双务契约之规定,故在日民之解释,赠与人得主张同时履行之抗辩,自与我民法不同。

又此时但以有不履行事由之发生,即得行使其权利,亦不必如一般契约之解除,须先为履行之催告也。依上所述,受赠人固应依其约定本旨,以尽履行之责任,但民法第四百十三条,对此尚设有特殊之规定。即其赠与如不足偿其负担者,则受赠人仅于赠与之价值限度内,有履行其负担之责任是也。盖负担之价值,超过赠与,虽依上述,其契约仍能成立,然此时受赠人因赠与而反受不利益之效果,则亦有保护之必要,故法律特设此缩减其责任范围之规定。如受赠人对于其价值超过之部分,不为履行时,赠与人即不得援用上述规定,以主张其权利也。

2. 赠与人之义务

赠与人除依通常赠与之规定,应负交付赠与物之义务外,据第四百一十四条规定,此时并应于受赠人负担之限度内,负担出卖人同一之担保责任。盖以受赠人既亦负有负担,自应使赠与人负有其担保责任,始较公允也。

第二　定期给付之赠与

定期给付之赠与者,即以其赠与之财产,为定期给付之赠与契约也。其定有存续期间者,固应以其期间满了之时,为其契约消灭之时。反之如未定有存续期间,或其期间届满前,当事人一方有死亡之情事者,则据第四百一十五条之规定此时除赠与人有反对之意思表示外,应以其一方死亡之事由,而丧失其赠与之效力,盖据通常赠与人之心理,多不愿以其无偿原因而负人债务,连累自己继承人,又此种示恩之举,亦多对于特定人而发生,未必及于受赠人之继承人,故法律上特设此推测之规定也。

第五章　租　　赁

第一节　租赁之性质

租赁者,谓当事人约定,一方以物租与他方使用收益,而他方支付租金之契约也(民法第四百二十二条第一项)。租与之一方,曰出租人,他方曰承租人,其租与之物,则曰租赁物。兹析述其特质如下:

一、租赁为有价、双务、诺成、要因不要式之债权契约

租赁之契约上之性质,与买卖同。其契约之标的,在使双方负担“物之租与”或“租金之支付”等行为之债务,故为债权契约,不拘一定之形式,即得成立,故为不要式契约。双方之给付,互为原因,故为有因契约。因双方之约定而成立,并不须履行何等实践行为,故为诺成契约。其契约之内容,在使双方各失其利益之一部,始能自他方取得利益,且双方债务,互有对待关系,故为有偿及双务契约。

二、租赁以物之用益权之租与及租金之支付为其标的

租赁契约,在出租人一方,以物之租与对方使用收益,为其债务之标的,在承租人方,则以支持一定租金于对方,为其债务之标的。兹析述如次:

1. 物之用益权之租与

此可分为此之数项论之:(a)得为租赁之标的物,据民法之规定,既以物为限,故当事人若就权利而成立一得有租金之用益契约,则不得谓此之租赁,只可解为一种类似租赁之无名契约。准用租赁之规定而已。[①] (b)在动产或不动产,则不问其为全部或一部,亦不问其为特定物或不特定物,皆得就之成立此种契约。又虽非私有之物。苟在法令许可之范围内,亦不妨成立此种租赁关系。[②] (c)出租人对于租赁物上,不必有所有权之存在,有时对于承租人所有之物,亦得与之成立租赁

① 德、瑞之立法例,所谓用益租赁,包括物及权利之租赁而言(参照德民第五百八十一条以下、瑞民第二百七十五条以下),我国民法,则仿日本之立法例(参照日民第六百〇一条)单指物之租赁,故解释上,关于权利之租赁,只能谓为类似租赁之一种无名契约。

② 消费物,依消费之方法而使用时,固不能为租赁之标的物。但若以其他得返还原物之方法而使用时,仍可成立一租赁之物。

关系。又对于自已毫无权利之物,依据第二百四十六条第一项但书之规定,成立一租赁契约,亦可有效。(d)租赁之目的,既只在物之用益权之租与,故其租赁物之所有权,并不转移于承租人。出租人或其他所有人,仍可本于所有权之作用,主张物上请求权,故承租人如宣告破产,得据以收回其租赁物,自不待言。(e)租赁成立后,通常固须将其租赁物之占有,转移于承租人,然此非成立契约之要件,有时不转移物之占有,亦得成立租赁契约。(f)民法之规定,既以使用与收益两者,共为租赁之内容,故苟当事人为特别约定单以使用为其内容,则解释上,自应包括此二者而言。① (g)出租人之一方,在使承租人得为物之使用收益,故不仅负妨害其用益权行使之消灭义务为已足,并应按其约定,负担使对方得完全使用收益之积极义务。

2. 租金之支付

此亦可分为次之数款论之:(a)租金之物体,通常固多为金钱支付,但据第四百二十一条第二项之规定,亦不妨以租赁物之兹息充之,又其数额,亦不必于契约成立之时,即已具体确定,其有一定计算之方法,可得而定之,亦不失为定有租金。(b)租金之支付,固为转移其所有权于出租人之行为,但其支付之方法,则法律上并无限制,故不问其为定期支付或一次支付,皆于租赁契约之成立无碍。

第二节 租赁之成立

租赁在契约上之性质,原与买卖相同,故其成立至理论,亦可参照买卖章之说明。依据第四百二十一条之规定,当事人若就租赁物之使用收益及租金之支付,互相同意时,其契约即为成立,固不待言。但租

---

① 德、瑞之民法,分租赁为使用租赁及用益租赁两种(参照德民第五百三十五条及第五百八十一条以下,瑞债第二百五十三条及第二百五十七条以下),但我民法,仿日本之立法例(参照日民第六百〇一条),亦不认此种区别之存在。

赁中租赁之使用收益,常含有时间继续之关系,与买卖之标的物,一经转移即为履行完了者,微有不同。且在承租人一方,多为经济上之弱者,有时为公益计,亦有保护之必要。故民法及土地法,对于租赁契约之缔结,复设有下列之限制,兹述如下:

1. 方式之限制

租赁原为不要式契约,已前如述,但对于不动产之租赁契约,其限制愈一年者,据民法第四百二十二条之规定,应以字据订立之,若不履行此种方式,虽其契约,亦能成立有效,然其约定之期限,则为无效,应视为不定期限之租赁,双方得随时终止其契约。此盖以此种租赁,与当事人之关系较大,为求明确及免却日后纠纷起见,有时其履行一定方式,以照慎重之必要也。

2. 期限之限制

租赁之期限,依契约自由之原则,原得由当事人任意缔定之,但过于久远,则常致害及其物之经济上效用,且有时因情状之变迁,而当事人受长期之约束,不得变更契约之内容,亦有失公平。故民法于第四百四十九条及施行法第十三条第二项,特规定其限制如次:(a)租赁契约之期限,不得逾二十年。逾二十年者,缩短为二十年者。此种限制,不问其为不动产之租赁,抑为动产之租赁,皆应适用。又虽为不确定期限之约定,而其经过,已超过此法定期限者,亦应受此限制,于二十年到来时,其契约即为终了也。(b)租赁之法定期限,虽如上述,但当事人有时于此时限满了时,尚感觉有继续其契约之必要者,若因避除此种限制,而再缔结一新之契约,则不特手续过于繁重,且亦徒费周折,故法律此时特许当事人就原存之租赁,而更新其期限。此种更新,原为契约之延长,故其契约之本身,仍不失同一性质。又更新之次数,法律虽未有制限,但其更新之期限,亦不得超过二十年,自不待言也。民法债编施行前所定之租赁契约,订有期限者,固依其约定。但其约定之残余期限,自施行日算起,超过二十年者,应自施行日起,适用上述之限制,缩短为二十年。

3. 租金数额之限制

租赁之租金,其数额如何?依民法之规定,原由当事人自由约定之,初无何等之限制;但据十九年六月三十日公布之土地法,则于其第三编土地使用中,尚设有下列限制之明文,兹分述如下:(a)房屋租金之限制,即市内房屋,如继续六个月之期间,其准备房屋额,不及房屋总数百分之一时,应为房屋救济。依据该法第一百六十三条之规定,以不超过地价册所载土地及建筑物之估定价额年息百分之十二限度内,规定房屋标准租金。在此标准租金施行期间,当事人约定之数额,超过此标准者,其超过部分,为自然债务,出租人对之,无请求权,承租人得不依原债务本旨,而依标准额,以为支付。其约定之数额,少于此标准者,应以其约定,出租人亦不得请求增加至标准租金之额数(土地法第一百六十四条)。若其租赁租赁契约,定有期限者,则依该法第一百六十七条之规定,虽有终止之情事发生,承租人亦得依原契约条件,继续租赁。又对于在房屋标准租金施行期间,新建筑之市民住宅,其租金之标准额,依第一百六十九条之规定,更不得超过建筑用地及建筑总额年息百分之八焉。(b)耕地租金额之限制,即据土地法第一百七十七条之规定,地租不得超过耕地正产物收货千分之三百七十五,约定地租,超过此数额者,应减为与此相当之数额,不及此数额者,则依其约定是也。

第三节　租赁之效力

第一款　总　　说

租赁之效力,依租赁之契约本旨定之。据民法第四百二十一条第一项所规定租赁契约成立之要素观之,则出租人应负有对方得使用收益其租赁之义务,承租人应负使对方取得租金之义务,乃为其契约上应生之固有效力，自不待言。但法律除此之外，对于双方，尚使负有法定之其他义务。兹为说明便利计，特分为出租人及承租人之义务二款，述之如下。又据民法债编施行法第十三条第一项规定：民法债编施行前所定之租赁契约，于施行前后，其效力依民法债编之规定。是以下所述双方之义务，不仅于债编施行后缔结之租赁应行适用，即于债编施行前缔结之租赁，自债编施行时起，亦应受其约束。此盖以民法上关于租赁效力之规定，多与公益有关，故特设此溯及效之规定。

第二款　出租人之义务

第一　交付租赁物及保持其约定状态之义务

租赁契约，在出租人一方，应使对方就其租赁物，得依契约本旨，为使用收益。故如其租赁物，须交付对方，始能达使用收益之目的者，出租人应以合适于所约定使用收益之租赁物，交付于承租人。又在租赁关系存续期间，若其租赁物有失其约定使用收益之状态，则承租人基于租赁契约所生之实益亦不能达到，故出租人并应附有继续保持其约定状态之义务。此种交付及保持状态之义务，虽为第四百二十三条所明定，乃出租人法定义务之一，然其义务之发生，实际基于契约之本质而来，与契约本来之义务，有不可分离之关系，故出租人若违反之，则承租人自得依据债编通则中契约不履行之规定，主张其权利焉。又在耕地之租赁，如将附有之农具、牲畜或其他附属用具一并租与者，依据本条之理论，出租人亦负有交付之义务，自不待言。惟此项附属用品，因系常供使用之物，事实上易于灭失，或承租人所有者混淆，故第四百六十二条一项，定为当事人应于订约时评定价值，并缮具清单，由双方签名，各执一份，作为凭证。当事人如不履行此种方式，虽以生交付之效力，但出租人将来收回原物，若与承租人发生争执，即应负证明之责，否则应视为此项附属用品与承租人焉。

第二 瑕疵担保之义务

租赁虽为有偿契约,依据民法第三百四十七条之规定,出租人自应负担与出卖人同一担保责任。即除承租人与缔结契约之时,明知瑕疵存在,或以特约免除或限制担保义务者外(参照第三百五十一条、第三百五十五条、第三百六十六条),在租赁物上有权利的瑕疵,足妨碍承租人之用益权者,出租人亦负有除去之义务,否则承租人得解除契约,请求减少租金,另换无瑕疵之物,或不履行之损害赔偿(参照第三百五十四条第一项、第三百五十九条、第三百六十条、第三百六十四条),此原则也,因有瑕疵,危及承租人或其同居人之安全或健康时,承租人虽于订约时,已知其瑕疵,或虽以特约,抛弃其终止契约权利者,仍得终止契约也。

第三 修缮租赁物之义务

如上所述,出租人既负有使承租人就租赁物上,得为使用收益义务,故为达对方之用益目的起见,关于租赁物有修缮之必要时,民法第四百二十九条第一项,复明定除当事人间有特约,或当地另有习惯外,应由出租人负担之。盖以为出租人履行前述义务上,应附带发生之责任也。所谓修缮者,既在维持其约定用益之状态,故若超出此范围外之修缮,出租人当然不负其责。又修缮结束,而致物性改变,需时过久,或仍不能回复约定用益状态,则为修缮不能,此时当生履行不能,契约终止或担保责任之问题。至修缮如属可能,则不问修缮发生之原因如何,出租人皆不能免除此种修缮之义务。如违反之者,则为债务不履行。在租赁物交付前,承租人固得不援债编通则上关于履行之一般规定,申请执行,请求损害赔偿或解除契约(参照第二百二十七条、第二百五十四条),反之若在租赁物交付时候,则承租人得定相当期限,催告出租人修缮,在此催告期限内,仍不修缮时,得依据同时履行之原则,以抗辩拒绝支付租金,或径行终止契约,或自行修缮。其自行修缮之费用,得请求出租人偿还,或于租金中扣除(参照第二百六十四条、第四百三十条)。修缮行为,虽为出租人履行契约之义务,然自其反面言之,出租人对于其租赁物之保存,原有正常之权利,且此种保存行为,于其物之经济效用上,极有利益,在公益上,亦应予以保护,故第四百二十九条第二项,又规定出租人为保存租赁物之必要行为,承租人不得拒绝。以此规定,则其保存之必要行为,如有妨害承租人之使用收益者,承租人虽得终止契约,或在此期间免除租金或减少租金之支付,然不能拒绝其保存行为之行使也。

第四　租赁物税捐负担之义务

租赁物为有偿契约,出租人虽已将租赁物之使用收益权,转移于承租人,然自己对于承租人,亦取得租金之报酬,故关于租赁物之税捐,据民法第四百二十七条之规定,定为应由出租人负担之。依此规定,则不问其租赁物,是否属于出租人所自有,亦不问其租赁之目的,是否包括收益而言,此种义务,概不得转移对方。否则如因出租人之不完纳,而致租赁物在使用收益上,受有妨害时,则承租人亦得据之终止契约,自不待言也。特此规定,并非强制规定,当事人如反对之约定,则依其特约办理耳。

第五　费用偿还之义务

承租人对于租赁物上所支出之费用,有为必要费者,有为有益费者,亦有为奢侈费者,奢侈费于租赁物之保存及改良上,均无关系,乃系承租人之奢侈意志而生,故出租人不负偿还之义务。必要费当视其是否专为保存租赁物而支出以定之,专为保存租赁物而支出者,其利益乃为出租人一方存在,自得即对之为全部之请求偿还;反之如兼为承租人之使用收益上所必需,则此时承租人为行使其权利,原有此支出之必要,即不应解为出租人亦负有偿还之责任。民法第四百二十八条,明定租赁物为动物者,其饲养费由承租人负担,盖即此旨也。有益费则民法第四百三十一条,设有概括之规定,即此项费用之支出,如出租人明知而未为反对之关系,且其租赁物,因之增有价值者,于租赁关系终止时,出租人应于现场增加价值之限度内,偿还其费用。又若其费用之支出,在就租赁物上增设工作物者,则此时承租人亦得不行使费用偿还请求权,而于能回复租赁物之原状下,取回其工作物。上述承租人偿还费用请求权及工作请求权,据民法第四百五十六条之规定,自得行使其权利之日起,均因经过两年之除斥期间而消灭。

第六　除去妨害之义务

出租人负有使承租人对其租赁物,得为完全用益之积极义务,故除上述修缮之义务外,如其租赁物之用益上,尚有其他妨害之事实发生时,则不问其发生事实上之妨害,或第三人主张其权利时所为之妨害,据第四百三十七条一项解释,出租人于自己知悉之时,或经承租人通知之时,应负有除去之义务。此种义务,盖亦由保持其约定用益权状态之契约本旨所生,故违反之者,亦生债务不履行之责任。又承租人在其租赁关系存续中,基于自己之占有权,对于租赁物上用益之妨害,有时虽亦能主张占有诉权,以为保护,然其主张与否?仍属承租人之自由,故出租人亦不能因此,而卸其责任也。

第三款　承租人之义务

第一　支付租金之义务

租金为租赁物使用收益之对价,承租人之应负担支付之义务,亦为租赁契约本旨所生义务之一,违反之者,自应生债务不履行之责任。兹据民法之规定,尚有须说明者析述如次:

1. 支付时期

支付租金之时期,据第四百三十九条之规定,有约定者,依其约定,无约定者,依其习惯,习惯亦无可依据者,则依下述之标准定之,即(a)约定为分期支付者,于每期届满时支付之;(b)租赁物之使用有季节者,于季节终了时支付之;(c)无上述之二情形者,于租赁期届满时支付之是也。

2. 支付之迟延

租金支付,依上述规定之时期,有迟延者,自得依据一般债务延迟之规定,以定其效力,但第四百四十条对此,尚有特殊之规定,即1. 依据债编通则第二百五十四条之规定,给付迟延者,他方当事人得当定相当期限催告其履行,如于期内不履行时,解除其契约,但在租赁中租金支付之迟延,经出租人催告而不履行者,则出租人只能终止其契约。2. 如租赁物为房屋者,则法律因承租人事实上多为经济上之弱者,特别加以保护,使其迟付租金之总额,非达到而期之租领,出租人尚不得依据上述催告之规定,终止其契约是也。

3. 减免之请求

租金之支付,原为租赁契约本旨产生之义务,原则上应不得减免之。但我民法为保护承租人计,除承租人因自己之事由,致不能为租赁物全部或一部之使用收益者,不得免除其支付之义务外(参照第四百四十一条)。如有下列二种情形,尚得为减免之请求。(a)在一般租赁,因不可归责于承租人之事由,致标的物一部灭失,或因第三人就租赁物主张权利,致不能为约定使用收益者,据第四百三十五条及第四百三十六条之规定,此时应视其存余部分,是否尚能达到租赁之目的而定。如已不能达到租赁之目的者,承租人得径行终止契约,否则尚可按其灭失或不能用益之部分请求减少租金。(b)在耕地之租赁,如因不可抗力,致承租人收益减少或全无者,据第四百五十七条第一项之规定,此时承租人亦得请求减少或免除租金。且此项规定,乃保护社会弱者之农民设立,事关公益,故该条第二项,复定此项减免请求权,不得事先抛弃。

4. 租金之修订

租金之数额,由当事人约定,依据契约之原则,原不能任意由一方之意思,请求修订,但我民法因租赁物之价值,时有升降之情形,为调剂双方之利害计，于第四百四十三条，特规定双方不得经对方之同意，而径行申请法院，增减其租金。此种契约内容之强制修改，其构成要件，得析述如次：(a)须为不动产之租赁，故若为动产之租赁，则双方不能有此申请修订之权。(b)须为不定期之租赁，故虽为不动产之租赁，若其租期为定有期限者，亦不谓援用本条之规定，而主张修改。

第二　保管租赁物及保持其生产之义务

租赁物在承租人占有之中，关于其管理及保存行为，出租人恒不易行使之，故民法为保护出租人及顾全其物之经济上效用起见，特课承租人以本项之义务，兹据第四百三十二条至第四百三十四条之规定，析述如下：

1. 对于自身行为之责任，即承租人自愿受领租赁物后，在返还以前，应以善良管理人之注意保管之。其物有生产力者，并应保持其生产力。若因违反此项义务，致其物损毁灭失者，则除依约定之方法，或依物之性质而定力之方法，为使用收益时，所生之变更或毁损外，对于出租人应负损害赔偿之责任。但其因失火之事由，而致其毁损灭失者，则民法因失火之人，其自己之财产，往往并早毁损，且其本身亦多负刑事上之责任，情甚可悯，故特予减轻责任，须有重大过失，始负损害赔偿之责。若仅有违反善良管理然注意之轻过失，则尚不负本项之责任也。

2. 对于第三人行为之责任，因承租人之同居人，或因承租人允许法租赁物之使用收益之第三人，应负责之事由，致租赁物损毁灭失者，则承租人虽无故意过失，存乎其间，亦应因其事由致发生，对承租人负有赔偿之责任。

第三　通知之义务

承租人如既如上述，有保管租赁物之义务，故其物有必要之保存行为发生时，如自己能为出租人为之者，固无问题，否则应从速通知出租人，使其得为此项之行为，而保存其租赁物。此种通知之义务，为民法第四百三十七条所明定，兹析述如次：

1. 发生之要件

此种通知之义务,因具备上列要件而发生。(a)须有应行通知事项之发生,(Ⅰ)租赁物有修缮之必要,且依第四百二十九条之规定,应由出租人负担之者;(Ⅱ)因防止危害,而设备之必要者;(Ⅲ)因第三人就租赁物主张权利者,有此等事项之发生,其保存行为,通常原应由出租人为之,故此时承租人即有通知出租人以为保存之义务。(b)须出租人未知悉该事项,法律所以使承租人负担此种通知义务者,盖恐出租人不知上述情事,而致受意外之损害也,若出租人已明知该事项之存在,则承租人自无再履行此通知义务之必要。

2. 违反之效果

如承租人怠于为此项通知,致出租人不能及时救济者,应赔偿出租人因此所生之损害。

第四　应依据一定方法以为使用收益之义务

承租人为使用收益,应遵守一定之方法。据民法第四百三十八条之规定,如其方法,在契约本旨中,有提别约定者,固应依其方法为之,无约定存在时,则应依其租赁物之性质而定方法为之。如违反之者,则出租人有阻止之权利,经出租人阻止而仍继续为之者,则出租人得终止其契约。此盖承租人苟超过一定之范围为使用收益,殊与其租赁物之本旨违反。故法律特课承租人以此项义务,而保护出租人之利益也。

承租人为使用收益者,依上述,固有遵守一定范围之义务,然自其反面言之如在其范围内以为使用收益时,则实为基于其租赁契约,所生之权利。此种权利,学者称之曰租赁权。其内容虽在直接支配其租赁物,享有所有权中一部分收益之权能,颇类似物权之作用,然此种权能,实基于请求出租人使其得为此种行为之债权而生。故仍为一种只债权。特民法此种债权,付以一种对抗第三人之效力,以保护之。兹据第四百二十五条及第四百二十六条之规定,分述如下:

1. 出租人将租赁物之所有权让与第三人时,即出租人交付租赁物于租赁物,从将其所有权让与第三人,其租赁契约,对于受让人仍继续存在。此时其受让人,直接继承出租人之地位,故凡租赁契约中,出租人应生之权利,受让人固得继承享有。反之,如由承租人租赁权所生之对应义务,则亦不可不承受负担之也。

2. 出租人就租赁物设定物权时,即出租人交付租赁物于承租人后,如租赁物上设定物权者,此时应视其物权之行使时,是否妨碍承租人之使用收益为标准。而定其效力,如有妨碍者,其物权有其妨碍之范围内,即不得行使之是也。

第五　不得任意转租之义务

转租者,承租人于自己之租赁物范围内,更将其物租赁他人为使用收益之契约也。此种转租契约,亦为债权契约之一,原则上效不及于原出租人,承租人在其使用收益之范围内,本可自由与他人缔结此等契约,但租赁物之使用收益,与其租用者本人之性情职业行为,均有关系,负法律为保护出租人计,特于第四百四十三条,仿德、日之立法例(参照德民第五百四十九条、日民第六百一十二条),规定有下列情形,承租人不得与他人为转租之契约。

1. 在一般之租赁,须经出租人之承诺,始得转租他人。

2. 在房屋之租赁,将其一部转租他人者,虽可不经出租人之承诺,但若为全部之转租,或原有须经承诺之特约者,则仍须经出租人承诺后,始能转租他人是也。苟无上述得以转租之情形,而承租人将其转租他人者,则为违反债务,此时出租人得据第四百四十三条第二项之规定,终止契约。反之,如合于上述之情形,而转租他人者,则其效力如下:

(a)承租人与次承租人间,基于转租契约,所生之效力,当依其契约本旨所定,如未有订立者,得适用租赁之约定,自不待言。

(b)承租人与出租人间,据第四百四十四条第一项之规定,其租赁关系,仍为继续,次承租人与出租人之间,原不生何等之法律关系,故第四百四十四条第二项,复规定次承租人应负责之事由所生之损害,应由承租人负赔偿之责任。租赁物之转租,虽如上述,但租赁权之能否让与,则民法对之,为设若何规定。惟据上述法理观之,承租人不变更其地位转租,已为法所限制,若为承租人变更之租赁权让与,则当在限制之列,更不待言。故关系租赁权之让与,亦应准用上述之法理,认为非有反对特约,或曾经出租人承诺者,不得任意让与,否则出租人亦可依照第四百四十三条之规定,终止其契约也。

第六　对于留置权之义务

基于租赁契约,承租人不履行债务时,出租人原则上固得依据一般规定,行使其权利。反法律嫌其效力之薄弱,不足以保护出租人,故于第四百四十五条以次,对于不动产之租赁,更付于出租人得享有法定之留置权以保护之,而使承租人对之,负起义务,兹分述如次:

1. 留置权行使之范围

据第四百四十五条第一项之规定,不动产之出租人,就租赁契约所生之债权,对于承租人之物置于该不动产者,有留置权,但禁止扣押之物,不在此限。又据该条第二项之规定,前项情形,仅于已得请求权之损害赔偿,即本期与之以前未交之租金之限度内,得就留置物取偿。故依次规定,则得为留置权之物体者,即限于非禁止扣押之物,且须属于承租人所有之动产,而置于该不动产者,否则出租人不得行使留置权,此种规定,实为第九百二十八条之例外法,盖依第九百十二八条规定,一般债权人得享有留置权以占有为要件,而本条所定出租人之法定留置权,则不以占有为要件,而仅以留置于租赁之不动产为已足也。又其行使之效果,在一般因租赁契约所生之债权,仅得使承租人不自其租赁之不动产,取去其留置物,在已得请求之损害赔偿及本期与以前未交付之租金所生之二种债权,则得拍卖其物或取得其物,以取偿也。

2. 留置权之消减出租人之留置权,因下列原因而消减

A. 留置物被取去时,即承租人将留置物,自租赁之不动产,移置于他处时,据第四百四十六条第一项段之规定,此时出租人之留置权,即因之消灭,盖以此项法定留置权之行使,必以其物置于租赁之不动产者为要件故也。但据该项之规定,尚设有下列限制。(a)其取去,系乘出租人之不知者,不能使出租人之留置权消灭。盖以出租人明知其取去,而尚不行使权利,此时其留置权,固应归于消灭,反之若为其所不知者,则自应加以保护,故不能因之而消灭其留置权,且出租人更可据第四百四十七条第二项之规定,终止其租赁之契约。(b)其取去,出租人对之会有异议者,其留置权不能因之消。盖以此时出租人既有行使其权利之意思存在,自不能因承租人一方之取去,而消灭其效力也。特此尚有当注意者两点,即(1)承租人如因执行业务取去其物,或其取去,使用通常在之生活关系,或所留之物,足以担保租金之支付者,据第四百四十六条第二项之规定,出租人不得提出异议。(2)出租人有提出异议权者,据第四百四十七条之规定,得不申请法院,径行阻止承租人提出异议,而承租人离去租赁之不动产者,并得据第四百四十七条第二项之规定,终止其契约也是也。

B. 承租人提出担保时,据第四百四十八条之规定承租人得提出担保,以免出租人行使留置权,并得提出于各个留置物价值相当之担保,以消灭对于该物之留置权,此为第四百四十八条所明定。盖以此时承租人既有相当担保之提出,出租人自无再行使此项权利之必要也。

第七　返还租赁物之义务

租赁关系终止后,承租人应返还租赁物于出租人,若其租赁物有生产力者,并应保持其生产状态而返还之。此种义务,本为租赁契约本旨所应发生,民法第四百五十五条以明文固规定之者特为杜止解释上之疑义耳。又在耕地之租赁,附有农具牲畜或其他附属物者,据第四百六十三条之规定,承租人于租赁关系终止时,亦应依订约时,双方缮具清单中所载者,须

返还于出租人之责任,不能返还者,应赔偿其依清单所定之价值。

第四节　租赁之消灭

租赁为债权契约之一,关于效力之消灭,自应与一般契约相同,得适用法律行为及债权效力消灭之规定,惟民法对之,尚设有特别消灭原因之存在,兹分述如次:

1. 期限届满

租赁定有期限者,其租赁关系,于期限届满时消灭,此为第四百五十第一项所明定,故其约定期限届满时,其契约之效力,当然消灭。但期限届满时,当事人以合意而更新其期限者,则在其更新之期限内,其契约让继续存在,不能视为消灭,自不待言。有虽为更新之特约,若于期满时,承租人仍为租赁物使用收益,而出租人不即表示反对之意思者,据第四百五十一条之规定,此时视为不定期限,继续契约,其契约之本身,亦不能谓之消灭也。

2. 终止契约

租赁契约,因当事人一方,行使其契约终止之权利,当然亦归于消灭。此种终止权发生之原因,有属于当事人之约定者,亦有属于法律之规定者。属于约定者,因其约定原因之到来,当事人即可行使此项权利,而消灭其契约,自不待论。但定有期限之租赁,如约定当事人一方,于期限届满时前,得终止契约者,据第四百五十三条及第四百五十四条之规定,该当事人虽得终止契约,但应依第四百五十条第三项,先期通知,如终止后始到期之租金,已由出租人预先受领者并应返还之,属于法定者,则其情形,可分为此之三项述之:(a)其终止权属于当事人之一方者,即在出租人之一方,得依据第四百三十八条第二项、第四百四十条、第四百四十三条第二项及第四百四十七条第二项之规定,行使其契约终止权;在承租人之一方,则得依据第四百二十四条、第四百三十条、

第四百三十五条第二项及第四百三十六条之规定，行使其契约终止权，此于租赁之效力节内，已附带说明，兹不再费。(b)其终止权属于当事人之双方者，据第四百五十条第二项之规定，在未定期限之租赁，除有利于承租人之习惯，应从其习惯外，各当事人得随时终止契约。但其终止之意思，应依习惯先期通知，如为不动产之租赁，而其租金以星期、半个月或一个月定其支付之期限者，出租人应以历定星期、半个月或一个月之末日为契约终止期，并应至少于一星期、半个月或一个月前通知之。(c)其终止权属于承租人之继承人者，据第四百五十二条之规定，定有期限之租赁，如承租人死亡者，其继承人仍得终止契约。但应依据第四百五十条第三项之规定，先期通知，如终止后始到期之租金，出租人已预先受领，并应返还之。一般租赁契约之终止，虽如上述，但在耕作地之租赁，则民法第四百五十八条至第四百六十一条之规定，尚设有下之特则，兹分述如次：(a)终止原因。在耕作地之承租人或其继承人，虽得依据上述一般终止之原因，而行使其终止权，但在耕作地之出租人，则限于下列原因，始得终止契约。即一系收回自己耕作及延付租金者，二因承租人违反第四百三十二条保管义务者，三因承租人违反第四百四十三条不得任意转租之义务者，四因承租人违反第四百六十二条第二项应补充因自己事由灭失之附属物之义务者，出租人始能终止契约。如无上列原因，则虽为不定期之租赁，出租人亦不能行使第四百五十条第二项之规定，随时终止契约之权利，反之如有上列原因，则不问其租赁之定有期限与否，出租人皆得终止之。又此种规定，乃为强行规定，不须当事人任意违反，故如以特约，定为出租人有其他终止权，亦不能有效也。(b)终止时期，在耕作地之承租人或继承人，终止契约者，其终止时期，固得依据一般终止之规定，但在耕作地出租人之终止契约者，则应以收益季节后，次期作业开始前之时日，为契约之终止期，此种规定，盖为保护承租人而设，亦为强行规定，故承租人虽以特约许可出租人在此等时日以外,得终止契约者,其特约仍无效。(c)耕作费用之偿还,即耕作之承租人,因租赁关系终止时,未及时收货孳息,所支出耕作费用,得请求出租人偿还之,但其请求不得超过孳息之价耳。

3. 租赁物灭失

租赁物全部灭失,此时租赁之目的,已不能达到,其契约当然应归消灭。如为一部灭失,而有第四百三十五条第二项之情形者,承租人得依据该项之规定,终止契约,亦已如前述,惟此有当注意者,即在耕作地之租赁,如有附属物者,若其附属物发生灭失之情形时,据第四百六十二条第二项、第三项之规定,虽定为可归责于承租人之事由者,由承租人负担补充之责任,不可归责于承租人之事由者,有出租人负补充之责,然其租赁之契约,并不能因此即归于消灭也。

第六章　使用借贷之性质

第一节　使用借贷之性质

使用借贷者,谓当事人约定,一方无偿贷与他方使用,他方于使用后返还其物之契约者(民法第四百六十四条)。其贷与一方,曰贷与人,借用之一方,曰借用人,贷与之物,则曰借用物。兹析述其特质如下:

一、使用借贷为无偿、片务、要因不要式之债权契约

使用借贷在契约上之性质,与赠与同。其契约之标的,在使双方负担"贷与其物"或"返还其物"等行为之债务,故为债权契约。不拘一定之形式,即得成立,故为不要式契约。贷与人之给付,以无偿为原因,故为要因契约。因双方之约定而成立,并不以履行何等之实践行为,为其契约之构成要件,故为成诺契约。关于使用借贷,是否为诺成契约?因民法第四百六十五条,有使用借贷,因借用物之交付,而生效之规定,于是学者间亦有主张其应为要物契约者,然第四百六十五条规定,乃生效要件之规定,并非成立要件之规定,使用借贷,未依据该条,交付其借用物于对方以前,虽不能成立,然果双方已有约定时,则依据第四百六十四条之规定,其契约原已成立,故不能与第五百八十九条,关于寄托以交付其物,始能成立之规定同视,而误解其为要物契约也。[①] 又其契约之内容,虽在贷与人一方,负贷与其物之债务,借用人一方,亦负返还其物之债务,然其双方给付之相互间,并无对待关系,且其契约之目的,只贷与人一方丧失其借用物之使用收益,而不能再就对方取得任何利益,以为交换之对价[②],故应为无偿之片务契约。

二、使用借贷以物之贷与及返还为其标的

使用借贷,在贷与人一方,以物之贷与对方使用,为其债务之标的,在借用人一方,以使用后返还其物于对方,为其债务之标的。兹分述如次:

1. 借用物之贷与

得为使用借贷之标的物,与租赁同,亦以物为限,故当事人若就权利而成立一无偿使用之契约,仅能谓为类似使用借贷之无名契约,得以准用使用借贷之规定而已。反之,苟为物之借贷,则不问其为动产或不动产,物之全部或一部,特定物或不特定物,及其物现属于贷与人与否,皆得成立此种契约。惟在公共物,则须在法令许可之范围内,消费物,则须使对方能履行其返还义务之使用方法内,始能成立此种契约耳。又贷与之义,仅以使用为其内容,故不能于租赁之以使用收益为其内容者同视,但如以特约规定,包括收益为其内容者,亦能成立一种类似使用借贷之契约。[③] 至其贷与之意思表示,原以欲望发生一定法律上权利

---

① 使用借贷,自罗马法以来,一般立法例皆定为要物契约,惟瑞士债务法,则定为诺成契约(参照瑞债第三百〇五条),我民法盖斟酌之立法而规定者,故不能与一般立法立法例。为同一之解释。

② 使用借贷,虽如赠与,得附有负担,但仍为不失为无偿契约。

③ 日本民法关于使用借贷,以使用及收益为其内容(参照日民第五百九十三条)我国民法仿德瑞之立法例(参照德民第五百九十八条、瑞债第三百〇六条),单以使用一项为其内容,故非当事人有特约之存在,不能解为包括收益在内。

义务关系之效果为前提,若仅为好意得使用时,则尚无此效果意思之存在,即不能以其听由使用之行为,视为此种使用借贷之契约也。

2. 借用物之返还

使用借贷,仅关系转移其借用物之占有于借用人,与消费借贷之借用人,直接取得其物之所有权者不同,故使用后,应以返还其物,为借用人契约上债务之标的,无此种标的之债务存在,亦不能构成一使用借贷之契约也。

第二节　使用借贷之效力

第一款　贷与人之义务

第一　使用容许之义务

使用借贷,依其契约成立之本旨,贷与人应负容许对方使用其借用物之义务,如因自己故意或过失之事由,致借用人不能实现其使用之利益者,即依据一般债之通则规定,负债务不履行之责任[①],但此种义务,以消极的不为妨害其使用即足,并不必如出租人之应负使对方得完全用益之积极义务。故租赁中关于物之修缮及妨害除去等责任,在贷与人则除有特别约定外,概不负担之。此盖以使用借贷为无偿契约,其责任自应减轻也。

第二　瑕疵担保之义务

使用借贷为无偿契约,与赠与同,故原则上,关于其借用物上所存在之瑕疵,不能准用买卖之规定,使贷与人负担之责任。但据第四百六十六条之规定,贷与人如故意不告知借用物之瑕疵,致借用人受有损害,则于其损害之限度内,应负有赔偿之责。盖以此时贷与人既知其瑕疵,而又故意不告知对方,是明与诚实及信用之义务相违反,故亦应如

① 德民第五十九条规定贷与人关于债务之不履行,因故意或重大过失所致者,使任其责,我国民法,既无此特则之规定存在,故解释上,应与一般之债务同视,虽为轻过失,亦不能免责。

第四百一十条关于赠与人担保责任之意旨,使其负担赔偿之义务为宜也。[①]

第二款　借用人之义务

第一　应依据一定范围以为使用之义务

借用人使用其借用物,固为其契约上之权利,但其使用,亦应遵守一定之范围,否则不特与使用借贷契约之本旨相违,且亦有害于贷与人之利益。故第四百六十七条,特以明文规定其限制如次:

1. 使用方法之遵守,即借用人应依约定方法,使用借用物,无约定方法者,应以依借用物之性质而定之方法使用之。此与租赁中第四百三十八条一项之规定相同,解释上应视为借用人在契约上固有之义务,违反之者,则贷与人除得依据第四百七十二条第二项之规定,终止其契约外,如有损害,并可适用第二百六十三条之规定,请求赔偿,自不待言。

2. 他人使用之限制,即借用人非经贷与人同意,不得允许第三人使用借用物。故不特为借用权之让与或借用物之转借,应得贷与人之同意,即使第三人为事实上使用,据本项之解释,亦非得有贷与人同意不可,此盖以使用借贷,完全为对人之关系,而成立之契约,且其本身,又含有无偿之性质,故自应较租赁中第四百四十三条第一项之规定,更加以严格之限制。违反之者,则贷与人亦得依据第四百七十二条第二项及第二百六十三条之规定,终止契约及请求损害赔偿。

第二　保管之义务

借用物在借用人使用之中,贷与人对其保管行为,恒不易行使,故法律为保护贷与人及顾全物之经济上效用起见,亦如租赁中第四百三十二条之例,设有第四百六十八条之规定,使借用人在其使用状态继续

---

① 贷与人原则上虽不负担责任,但当事人以特约为反对之约定者,自属有效。

之中,以善良管理人之注意,保管其借用物,倘因违反此义务,致借用物损害灭失者,则除依约定之方法,或依物之性质而定之方法,为使用时,所生之变更或毁损外,对于贷与人应负损害赔偿之责任。

第三　通常保管非负担之义务

借用人对于借用物,除如上述应负保管之义务外,据第四百六十九条第一项之规定,关于通常保管之费用,应由借用人负担之。又借用物为动物者,关于其饲养费亦同,盖使用借贷,乃专为借用人一方利益而存在之契约,为期公允起见,自应使借用人在使用之中,负担此种费用为宜也。

第四　借用物返还之义务

借用人基于使用借贷契约之本旨,有返还其借用物于贷与人之义务,违法之者则为债务之不履行,除第四百六十二条第二项但书所规定之情形外,应据一般债之通则,负担不履行之责任,兹析述其返还之态样如次:

1. 返还之物体。应返还之物,自为借用物,除因正当使用时所生之毁损外,原则上应合于其交付之原状而返还之,又其物在使用中,自然增加部分,借用人苟未约定有收益权者,并应如其增加状态,以返还于贷与人。惟借用人因自己之行为,就借用物所增加之工作物,据第四百六十九条,则得由借用人以为取回,但应回复其借用物之原状。

2. 返还之时期。返还之时期,据第四百七十条规定,其决定之标准如下:(a)借贷定有期限者,应于所定期限届满时返还借用物。(b)未定有期限者,应依借贷之目的使用完毕时返还之,但经过相当时期,可推定借用人已经使用完毕,贷与人亦得为返还之请求,借贷未定期限,亦不能依借贷之目的,而定其期限者,贷与人得随时请求返还借用物。

3. 返还之处所,法律对此没有明文规定,自应适用通则中第三百一十四条规定。

第五 共同借贷之义务

数人共借一物,谓之共同借贷,其彼此间内部之权益关系,固应依其约定,但对于贷与人之关系,则第四百七十一条定为应共同负担连带之责任。即共同借贷人,各对于贷与人,就其应负之义务均为连带债务也。故关于通则中第二百七十三条至第四百八十二条之规定,对此均应适用,自不待言。特此种规定,亦非强行法规,双方当事人,固不妨反对之约定也。

第三节 使用借贷之消灭

使用借贷之消灭原因,除得适用法律行为及债权效力消灭之规定外,民法对之,尚设有下列特则:

1. 终期之届满,即依第四百七十条之规定,应返还借用物时,其使用借贷契约,即归消灭。

2. 终止契约。据第四百七十二条之规定,有下列各款情形之一者,贷与人得行使终止权,而消灭其使用借贷之契约。(a)贷与人因不可预知之情事,自己需用借用物者,即贷与人有需用借用物之情事发生,而为成立契约时,所不预知者,得据之以终止契约。(b)借用人违反约定或依物之性质而定之方法使用借用物或未经贷与人同意允许第三人使用者,即借用人违反第四百六十七条所规定之义务时,贷与人亦得据之终止契约。(c)因借用人怠于注意致借用物毁损或有毁损之虞者,即借用人违反第四百六十八条第一项所规定之注意义务,而致借用物之保存上,发生危险时,不问其损害之已否发生,亦不问其损害之程度如何,贷与人皆得据之终止契约。(d)借用人死亡者,使用借贷,多基于借用人之个人关系成立,借用人死亡后,贷与人未必肯再惠及其继承人,故法律许其得据之终止契约。

使用借贷因上述原因消灭后,贷与人就借用物所受损害,对于借用人之赔偿请求权,及借用人依第四百六十六条及第四百六十九条规定,对于贷与人之赔偿请求权及工作物取回权,据第四百七十三条之规定,均因六个月间不行使而消灭。至其期间之计算,依该条第二项之规定,于贷与人之求偿权,自借用物返还时起算,于借用人之求偿权及取回权,则自借贷关系终止时起算,盖以此时即为其得行使权利之时也。

第七章 消费借贷

第一节 消费借贷之性质

消费借贷者,谓当事人约定,一方转移金钱或其他代替物之所有权于他方,而他方以种类、品质、数量相同之物返还之契约也(民法第四百七十四条)。其双方当事者及标的物之名称,民法亦如使用借贷之例,称贷与之一方曰贷与人,他方曰借用人,其目的物曰借用物。兹析述其特质如下:

一、消费借贷为有偿或无偿之片务、诺成、要因不要式之债权契约

消费借贷,其契约之特质,在单使借用人一方负返还之义务,贷与人基于其契约之本旨,则无任何义务之可言。盖依第四百七十五条之规定,借用物为转移其所有权于借用人前,其契约尚未生效,此时自不能谓贷与人负有转移之义务。至契约生效后,则借用物之所有权,已转移对方,借用人就借用物之使用,乃直接根据其所有权而行使,并非本于其契约上之债权而行使,是在其契约存续之中,贷与人亦非如出租人或使用借贷中之借用人,尚负有使对方得为用益之积极或消极之义务,乃以其行为为标的,且以对方之交付其物为原因,其契约因双方之约定,不拘一定方式,即得成立,第四百七十五条虽以其借用物之交付,为生效要件,然非其成立之要件[①],故与租赁及使用借贷相同,仍为一种诺

① 消费借贷,在一般立法例上,亦与使用借贷同,多因袭罗马法上之理论,定为要物契约,但我民法则参考瑞士之立法,定为诺成契约(参照瑞债第三百一十二条),故不能与一般立法例,采同一之解释。

成之要因不要式债权契约，特此种契约，有附有利息或其他报酬者，亦有未附有利息或其他报酬者，在后者固为无偿契约，在前者则贷与人对于其借贷之给付上，已有此种利息或报酬，以为对价之补偿，自应视为有偿契约也。

二、消费借贷以借用人返还与借用物同种类、品质、数量之物，为其标的

1. 消费借贷，为片务契约，故其债之标的，只在使借用人返还其与借用物相同之物。然此种债务，实际基于贷与人转移借用物所有权之行为而生，且其契约，乃因双方约定，一为贷与之行为，一为返还之行为而成立，故于研究借用人此种返还债务之先，尚须就贷与人之贷与行为上，加以讨论，以下分为两款述之：

(a)贷与之标的物，既以金钱或代替物为限，故若以不代替物为贷与者，则除当事人双方约定以其物折合之代价，为贷与人之标的物外，不能构成一消费借贷之契约。[①] 又代替物与消费物之观念，不必一致，虽非一经使用，即归消耗之代替物，亦不妨使之成立一消费借贷之契约。

(b)贷与之标的物，固非交付于借用人不可，但其交付之意义，则应广义解释，不特现实交付、简易交付、指示交付，得谓之交付，即交易上与转移占有同视之行为，亦得谓之交付，又据第五百七十五条之规定，此种交付行为履行后，其契约始生效，故交付与否，虽为贷与人之自由，然若不交付，则对方之返还债务，亦无由发生。贷与人之标的物，若只转移其占有，而不转移其所有权于借用人，则消费借贷之目的，亦不能

① 德、日民法上有所谓因消费借贷以外之原因，负担给付金钱或其他物之债务时，而当事者如约定以其物为消费借贷之标的者，得成立一准消费借贷契约之规定(德民第六百〇七条第一项、日民第五百八十八条)，民法上对此，并无明文，解释上应斟酌各关系之法条，以为适用，不能径使准用消费借贷之规定。

达到,故此与租赁及使用借贷不同,以转移其物之所有权为贷与之要件。至其转移所有权之方法,通常固基于双方之物权让与行为,但由于第三者所有与借用人之物权让与行为,以为转移者,亦非不可。又其标的物,虽属于第三者所有,而借用人苟具备民法第九百四十八条、第九百五十一条善意之条件时,仍可取得其物之所有权。

2. 借用物之返还,消费借贷惟一之标的,即在使借用人负返还与借用物同一种类、品质、数量之物返还者,则不能构成此种契约也。

第二节　消费借贷之效力

第一款　贷与人之义务

消费借贷,为片务契约,贷与人方面于契约上,原不负何等义务,业如前述,惟法律为顾全交易信用,及保护借用人起见,尚使贷与人负瑕疵保护之义务,特此种义务,乃基于法律上规定而生,并非其契约本旨上应有之义务,故虽为此等债务之存在,仍不害其为片务契约之性质,以下就民法第四百七十六条之规定,析述如下:

1. 有偿消费借贷之担保义务

消费借贷,约定有利息或其他报偿者,为有偿契约,据第三百四十七条之规定,如其借用物有瑕疵时,原应准用买卖中保护义务之规定,但民法因消费借贷,贷与人原无履行何等债务之可言,且其标的物为代替者,事实上易于更换,故关于其效果,另设以特则之规定,即不论其为物的瑕疵或权利的瑕疵,借用人此时不能援用买卖之例,主张债务不履行之权利或解除契约减少报酬,利息之数额,惟得向贷与人请求另易以无瑕疵之物,及损害赔偿,以保护其利益。此种代物请求权及求偿权,原为一种债权,应适用一般债权之规定,又关于其权利之行使上,消费借贷中,并无特殊之规定存在,如买卖中第二百五十五条至第二百五十八条、第三百六十四条第二项等规定,皆得准用之,自不待言也。[①]

2. 无偿消费借贷之担保义务

消费借贷,无偿者,为无偿契约,此与赠与相同,原则上贷与人不负瑕疵担保之义务,但借用人方面,基于契约之本旨,尚应负返还之责任,且如贷与人有恶意之存在时,亦无再加以保护之必要。故法律为保护借用人之计,尚设有下列之规定,即 a. 借用人此时不负返还同等物之义务,得照用瑕疵原物之价值,返还贷与人。b. 贷与人如故意不告知其瑕疵者,借用人并得请求损害赔偿是也。[②]

第二款　借用人之义务

第一　消费借贷之性质

借用人,基于契约之本旨,应负有返还借用物同等之物之义务,业如前述,违反之者,为债务之不履行,应据一般债之通则,负担不履行之责任,自不待言,兹析述其返还之态样如次:

1. 返还之物体。原则上自应返还与借用物种类、品质、数量相同之物,但民法对之,尚设有下列三种之例外情形。(a)借用物有瑕疵时,据第四百七十六条第二项之规定,借用人不得返还同等之物而照有瑕疵原物之价值,返还贷与人,此于上文,已加说明。(b)借用人不能以种类,品质,数量相同之物返还者,据第四百七十九条之规定,应以其物在返还时返还地所应有之价值偿还之。若返还时或返还地未约定者,则以其物在订约时或订约地之价值偿还之。(c)金钱借贷之返还,除契约另有订定外,据第四百八十条之规定,应依下列标准,以订其返还之义务。即(一)以通用货币为借贷者,如于返还时,已失其通用效力,应以

---

① 第四百七十六条所定之瑕疵担保情形,明文上既未限制单指物的瑕疵,故解释上应包括权利的瑕疵而言。

② 此种瑕疵物价值之算定,应以交付时交付地之价值为标准。

返还时有通用效力之货币偿还之;(二)金钱借贷,约定折合通用货币计算者,不问借用人所受领货币价格之增减,均应以返还时有通用效力之货币偿还之;(三)金钱借贷,约定以特种货币为计算者,应以该特种货币,或按返还时返还地之市价,以通用货币之偿还是也。

2. 返还之时期。返还之时期,当事人有约定者,固应于约定期限内,负返还之义务。如无约定者,则据第四百七十八条之规定,借用人得随时返还,贷与人亦得定一个月以上之相当期限,催告返还。

3. 返还之处所。法律对此,未设明文,自应适用通则中第三百一十四契之规定。

第二　支付报酬之义务

此仅于约定有利息或其他报酬之消费借贷,借用人始负担此种义务。兹分述如次:

1. 报酬之数额。利息或其他报酬之数额,固当依当事人之约定以定之,但其约定,不得违反通则中禁止高利之规定,自不待言。又民法关于以货物折算金钱而为借贷者,恐当事人虚折高价,以规避禁止高利之规定,故第四百八十一条,特定应以该货物按照交付时交付地之市价所应有之价值,为其借贷金额,且不许当事人为反对之约定。

2. 支付之时期。支付之时期,契约有订定者,固应照其所定之期限支付之,未定期限者,据第四百七十七条之规定,应于借贷关系终止时支付之。但其借贷期限逾一年者,则应于每年终支付之。

第八章　雇　　佣

第一节　雇佣之性质

雇佣者,当事人约定,一方于一定或不定之期制内,为他方服劳务,他方给付报酬之契约也(第四百八十二条)。服劳务之一方,民法称曰受雇人,他方曰雇佣人,兹析述其特质如次:

一、雇佣为有偿双务诺成要因不要式之债权契约

雇佣在契约上之性质,与买卖及租赁相同。其契约之标的,在使双方负担劳务之供给或报酬之给付等行为之债务,固为债权契约。不拘一定之方式,即得成立,故为不要式契约。双方之给付,互为原因,故为有因契约。因双方之约定而成立,并不须履行何等实践行为,故为诺成契约。其契约之内容,在使双方各失其利益之一部,始能自他方取得利益,且双方债务,互有对待关系,故为有偿及双务契约。

二、雇佣以劳务之供给及报酬之给付为其标的

雇佣契约,在受雇人一方,以为他方服劳务,为其债务之标的;在雇用人一方,则以给付一定报酬于对方,为其债务之标的,兹分述如下:

1. 劳务之供给。民法债编第二章第七节至第十七节之债,均为供给劳务之债,但出版、居间乃至运送等契约,则以处理特定之事务为标的,委任则以处理一般之事务为标的,承揽则以事务完成之结果为标的,故虽其处理行为非劳务不可,然此等之债,乃重在其劳务处理之对象,并非重在其劳务行为之本身。若其契约之内容,直接以劳务为标的者,则惟雇佣,此即雇佣与其他契约区别之点所在也。在罗马法上,以精神劳务之供给为委任之标的,只能构成委任契约,以体力劳务之供给为雇佣之标的,方能构成以雇佣契约,但在近世立法例,则无此区别之存在,我民法之规定亦然,故不问其为体力的劳务或精神的劳务,亦不问其为事实的劳务或法律的劳务,皆能为雇佣之标的也。又其供给之行为,固当视其劳务之性质而定,但其期限,则无限制,不问其为定期或不定期者均可。

2. 报酬之给付。雇用人基于契约本旨,须负报酬给付之义务,此种义务原则上固须经双方明示或默示之一致,始能成立。但据第四百八十三条一项之规定,则依情形,非受报酬即不服劳务者,视为允与报酬。又其报酬之物体,法无限制故不问其为金钱之给付,或其他给付均可。

其数额则有约定者，固当按其约定，以为给付，但如有劳动协约时，则不能低于其协约所定之数额。无约定者，则民法对之设有准则之规定，即据第四百八十三条第二项，此时应按照价目表所定给付之，无价目表者，则按照习惯给付之是也。至给付之算定，通常固多按劳动时间或工作多寡支给之，但以其他方法定之者，于法亦无限制，故如通常所谓花红、提成金、津贴等，亦不失为雇佣之报酬也。

第二节 雇佣之效力

第一款 受雇人之义务

第一 劳务供给之义务

受雇人基于契约本旨，应以劳务之供给为其债务之标的，业如前述，故受雇人怠于履行或不为完全履行时，自应依据一般债之效力之规定，负其责任，反之如履行时，则有下列各点，当注意者。

1. 注意义务

受雇人履行债务，不特当依据债务本旨，且因其为有偿契约之当事者，自己之给付，原有对价以为补偿，故应加重其责任，以善良管理人之注意，服其劳务。此虽法律未有明文之规定，然征诸债编通则第二百二十条，一般债务人责任认定之标准，乃解释上之不容疑者，特此亦得以特约减轻之耳。

2. 服从义务

受雇人履行债务时，应受雇用人之指挥监督，故于不违反公序良俗之范围内，常有服从其指挥监督之义务。盖以雇佣之标的，并非事务之处理，受雇人于劳务处理之对象即所谓事务者，应如何进行？自己无独立决定之权，故解释上自不能不负担此种义务也。惟在智力的劳务，雇用人有明示或默示抛弃其指挥监督权者，则受雇人基于此种表示，亦可不负担本项义务。

3. 遵守特约义务

当事人如有禁止漏泄秘密、竞业行为及违约金等特约之存在者,其特约苟不违反公序良俗,受雇人自有遵守之义务。

4. 不得干涉雇佣人事业计划之义务

受雇人依工厂法第五十条及第五十一条之规定,虽有建议改良工场及筹划自身福利之权,然如限制雇佣人采用新式机器或改良生产方法,及限制其买入制成或加工品等行为,则非法之所许,当事人就此纵有反对特约,亦难认为有效(团体协约法第十三条),故受雇人基于此等规定,负有不得干涉雇用人事业计划之义务。

5. 移转权利及交付文书物件之义务

受雇人于其职务上有所发明,其发明权究应归属于何人?此固当依特别法之规定以定之。惟我国关于此点?尚无专法,则解释上,苟为其职务上利用雇用人企业之设备而发明者,自应归属于雇用人,此时雇用人即有请求转移之权利,而受雇人亦因之而须有转移之义务。又因职务上所管领之文书物件,苟属于雇用人者,则无论其契约已否终止,雇用人随时皆有请求交付之权,受雇人因其请求,亦当负交付之义务。

6. 不得轻率罢工或为暴行之义务

罢工原属职业权之一,并非法律所否认。惟受雇人如因权利义务关系,与雇用人发生争议而在调解或仲裁期内者,则不得进行罢工(劳资争议处理法第三十三条)。又即在前项期间外之罢工,亦只能以和平行为为之。不得取采斗争手段,而有封锁商店或工厂,并毁损货物器具,以及强迫他人罢工等情事,违反之者,不但构成刑事责任,且成为民法上之侵权行为(团体协约法第二十条第二项、劳资争议处理法第三十四条)。

第二　不得任意使他人代服务劳务之义务

雇佣契约,多基于特定人之关系而成立,故第四百八十四条第一项后段,特定受雇人非经雇佣人之同意,不得使第三人代服劳务。依此规定,则不特其性质上专重个人技术及经验值劳务,应受此种限制,即通常得由他人代替之劳务,苟无同意,亦非亲自履行不可也。惟事实上苟有不得已之事由,或行为地另有习惯者,则应准诸委任中第五百三十七条之法理,认为受雇人得排斥此种规定,而不受其拘束为当。盖此时若尚认受雇人非受此拘束不可,殊于受雇人方而过于不利益也。又受雇人违反此种义务者,不问其契约是否定有期限,据该条第二项之规定,雇用人皆得终止其契约。

第三　保护特种技能之义务

通常雇佣,多着眼于劳务之本身,而不在其劳务之技能,惟为特种劳务,须有专门之技能,始能履行者,则受雇人负有担保之责任。故第四百八十五条特以明文规定,受雇人明示或默示保证其有特种技能者,如无此种技能时,雇用人得终止契约。盖以无此种技能,则其劳务不能履行,故虽无明示之保证,而依其劳务性质,认为有此默示保证之意思存在者,亦非负担此种担保义务不可,否则其契约之目的,既不能达到,自应许雇佣人得终止其契约也。

第二款　雇佣人之义务

第一　支付报酬之义务

雇佣人基于契约之本旨,负支付报酬之义务,其种类及数额之认定,已如前述,兹就第四百八十六条、第四百八十七条之规定,析述其给付之时期及受领延迟后之给付如次:

1. 给付时期

报酬给付之时期,原则固应依其约定以定之。无约定而行为地有习惯可援用者,亦应依其习惯,以为给付。如约定与习惯,均无存在者,则应分别情形,依下列标准认定之。即(一)报酬分期计算者,应于每期届满时给付之;(二)报酬非分期计算者,应于劳务完毕时给付之是也。故以此规定,则在非分期给付报酬之雇佣,受雇人固不能援用同时履行之利益;反之,如在分期给付报酬之雇佣,如雇佣人递延给付上期之报酬,则受雇人尚得援用第二百六十四条第一项之规定,为同时抗辩之主张;又如雇佣人于契约订立后,财产显形减少,有虽给付报酬之虞时,受雇人亦得依据第二百六十五条之规定行使其权利,自不待言也。

2. 受领递延后之给付

雇佣人于对方劳务给付之受领,依第二百三十四条通则之一般规定,如有递延者,原应负债权人递延之责任。但民法对此,尚设有特别之法条,即认为不问其递延之原因如何,受雇人无补服劳务之义务,仍得请求报酬。故雇佣人此时自不能委为未受领其劳务,而拒绝自己之报酬给付也。特受雇人如因不服劳务所减省之费用,或转向他处服劳务所取得或故意怠于取得之利益,则为因受领递延而受之不当得利,为期立法之公允计,自应许雇用人得于报酬内扣除之为当也。

第二　不得任意让与债权之义务

受雇人非经雇用人之同意。不得使第三人代服劳务,业如前述,反之在雇用人一方,据第四百八十四条第一项上段之规定,非得对方之同意,亦不得将其劳务请求权让与第三人。盖以此种契约,原注重于双方当事人之关系而成立,故应有此禁止任意移转其权利义务行为之对待规定存在也。雇用人违反此种义务者,据该条第二项之规定,受雇人亦得终止其契约。

第三节　雇佣之消减

雇佣消灭之原因,除得适用法律行为及一般债权效力消灭之规定外,民法对之,尚设有下列之特则,兹析述如下:

1. 终期之届满

雇佣定有期限者,依一般通例,于终期届满时,当然消灭,此于第四百八十八条第一项，亦有明文之规定，惟到期后受雇人仍继续供给劳务，而雇用人不即为反对之表示者，则据租赁中第四百五十一条之法理，应认为此种含有继续性之雇佣契约，亦当类推适用该条之规定，此时应视为不定期限继续其契约。

2. 劳务之完毕

雇佣虽为定期限，而依约定劳务之性质或目的，认为其劳务已完毕者，据第四百八十八条第二项之反面解释，其雇佣关系，亦应归消灭。

3. 终止契约

其情形得分述如下：(a)雇佣人或受雇人违反第四百八十四条之规定者，其对方得据该条第二项，终止契约，此于前文，已加述明，兹不再赘。(b)受雇人违反第四百八十五条之规定，雇用人得终止契约，此亦已叙明如前。(c)雇佣未定期限，又不能依劳务之性质或目的，定其期限者，据第四百八十八条第二项之规定，各当事人得随时终止契约，惟有利于受雇人之习惯者，则应从其习惯，以保护之。(d)当事人一方，遇有重大事由，据第四百八十九条之规定，其雇佣契约，从定有期限，仍得于期限届满前终止之。盖以此时若使其受期限拘束，殊于当事人过于不利益也，惟其终止事由，如因当事人一方之过失而生者，则据该条第二项之规定，他方得向其请求损害赔偿，以资保护。

第九章　承　　揽

第一节　承揽之性质

承揽者，当事人约定，一方为他方完成一定之工作，他方等工作完成，给付报酬之契约也(第四百九十条)。其完成工作之一方，民法称曰承揽人，他方曰定作人，兹析述其特质如次：

一、承揽为有偿、双务、诺成、要因、不要式之债权契约

承揽在契约上之性质，与买卖、租赁及雇佣相同。以完成工作及给

付报酬之双方行为，为其契约之标的，故为债权契约；不拘定式，故为不要式契约；双方给付，互为原因，故为要因契约；因双方意思之一致，即为成立，故为诺成契约；双方债务，系为对待给付，且须各失其利益之一部，始能自他方取得利益，故为有偿及双务契约。

二、承揽以一定工作之完成及报酬之给付为其标的

承揽契约，在承揽人一方，以为他方完成一定之工作，为其债务之标的，在定做人一方，则以给付一定报酬于对方，为其债务之标的，兹分述如下：

1. 一定工作之完成

此尚可分为后之数点论之：(a)工作之意义及种类。工作者，依一定劳务所得发生之结果之谓也。故其意义上，须含有下列两种观念，即第一，须有劳务行为之加入，否则如以已完成之商品供给他人，而其中并无劳务观念之参加者，则其给付之商品，即不能谓之工作，此在学说上，称为工作之动态的要件或行为的要件。第二，须有结果之存在，否则如单以劳务之本身，为给付之标的，并无结果之观念存在者，则其给付之劳务，亦不能谓之工作，在此学说，称为工作之静态的要件或结果的要件。具备此二种要件，即能谓为此之工作，至其种类如何，则法律并无限制，故不论其有形的工作或无形的工作。事实上的工作或法律上的工作，创设的工作或破坏的工作，有财产价值的工作或无财产价值的工作，皆能为承揽之标的物也。(b)完成之行为。即必须使其工作得以成就之劳务行为也，承揽之标的不在劳务之供给，而在工作之完成，故虽为供给劳务，而不能完成其工作时，则承揽人之债务，即不能谓之已经履行；反之，如能完成其工作，则除当事人另有约定外，虽非由于承揽人自己之劳务行为，亦可谓之已经履行其债务也。又其完成之行为，法律亦无限制，苟非违法的行为，则不问其为法律的行为或事实的行为，皆于承揽之成立无碍。至如何程度，始能认为其工作已完成，则当依契约之本旨以定之,不能一概而论也。工作与材料之关系,工作之完成,不特需人之劳务,且有时尚需一定之材料。劳务之供给,固应属于承揽人一方,至材料之供给,则尚有下述情形,当分别研究之:①其材料属于承揽人供给者,此在学说上称为制作物供给契约。其契约上之性质,究为承揽,抑为买卖,则历来学说上及立法例之认定,殊不一致。有谓苟其材料完全由承揽人供给,或其主要之材料,由承揽人供给,则应认为买卖,否则仍为承揽者,此为罗马法及德国普通法时代之通说,有谓先依当事人意思,以为决定,若意思不明,则其材料苟属于承揽人所有,应认为买卖,否则认为承揽者,此为奥国民法所明定(奥民第一千一百五十八条)。有谓其供给之材料,如非主要之材料,应为承揽,否则其所制造之物为代替物,应为买卖,如为不代替物,则为买卖与承揽之混合契约者,此为德国民法所规定(德民第六百五十一条)。我国民法,与日、瑞之立法相同,关于此点,并无明文规定,据吾之解释,则以为此时常视其契约之本旨而定,如当事人之意思,在使定做人之一方,对此制作物以原始取得之方法,取得其所有权者,则为承揽,反之如一方须制作之义务,一方复取得其制作物之所有权,嗣后再转移于相对人者,则为承揽于与买卖混合之契约,关于制作部分,适用承揽规定,关于转移所有权部分,则适用买卖规定,又若专以制作物之所有权转移为目的,而不重在其制作者,则为单纯之买卖。

②其材料属于定作人之供给者,此时仅生制作之问题,其当为承揽契约,自不待论。惟材料之所有权,是否因交付,而即转移于承揽人,学者间亦有争论,就法理言,承揽之目的,在工作之完成,并不在工作物所有权之转移。故定作人基于契约本旨,应原始取得其工作物之所有权。今若认为其交付之材料,当转移所有权于对方,则因其材料而制成之物,其所有权亦常属于承揽人,是将来交付其物于定做人时,复当生所有权转移之问题矣,此与承揽之目的,殊不相容,故穷以此种交付,只为

占有之转移,并非所有权之转移,其材料所有权,仍以属于定作人为当。又基于双方约定,其材料虽由定作人供给,但承揽人亦不妨以其他同种类品质之材料代替者有之。此种契约,学者亦有称之为不规则之承揽,而谓其乃承揽互易混合契约者,然此时其契约之目的,既重在工作之完成,并不重在其材料所有权之转移,故仍以解为一种单纯之承揽契约,为较适合。

③其材料属于第三人供给者,此时在承揽人一方,亦仅生加工之问题,故其契约,仍为通常之承揽。惟据物权法第八百一十四条之规定,解释上尚有当注意者二点,即(一)其加工物当属于材料所有人者,若其使用之事由,应归责于承揽人时,则承揽人应负有第四百九十五条担保之责任;(二)其加工物当属于加工人者,则其加工人应为定做人,不能误解为定作人实施加工行为之承揽人为加工人,故此时其加加工物之所有权,仍直接属于定做人,而不属于承揽人,其间并无转移所有权之问题存在也。

2.报酬之给付

给付报酬,为定作人基于契约本旨所生之债务,原则固须双方有明示或默示之意思存在,始能发生。但民法于第四百九十一条第一项特以明文规定,如依情形,非受报酬,即不为完成其工作者,视为允其报酬。是基于此项法条,则有时虽为单纯之缄默,亦可使其债务成立也。至其报酬之物体,亦无限制,不问为金钱或其他给付均可,其数额则有约定者,固当依其约定,无约定者,据第四百九十一条第二项之规定,应按照价目表所定给付之,无价目表者,则按习惯给付,又此种报酬,以他方工作完成时,为其给付时期,故承揽人对之,不特无第二百六十四条第一项同时履行抗辩之权利,且其工作如不能完成,则原则上此种请求权,亦不能行使也。

第二节　承揽之效力

第一款　承揽之义务

第一　完成工作之义务

承揽人基于契约本旨,应负有完成工作之义务,业如前述,此种义务,应如何履行,当依当事人约定之意旨定之。不依约定意旨,以为履行,或因归责于自己之事由,不能履行时,则应依据一般债之效力之规定,负担起责任,自不待言。但民法关于其履行迟延上,尚设有下列之特殊规定,兹分述如次:

1. 预见之迟延

通常之债务,原须债务人于清偿到来时,实际上不为履行者,始生迟延之效果,但承揽人完成工作之债务,则据民法第五百〇三条之规定,如因可归责于承揽人之事由,迟延工作,可预见其不能于期限内完成者,亦应负延迟之责任。即此时如因其延迟,可为工作完成后解除契约之原因者,定作人得解除其契约是也。盖以此时其期限虽未届满,然其迟延之事实,已可确定,与其等期限到来,再由定作人解除其契约,实不如使双方法律关系,早日确定于其迟延可以预见之际,亦赋予定作人以此项权利为当也。至所谓其迟延得为工作完成后解除契约之原因者,乃指第五百〇二条第二项之情形而言,即其迟延,须据该项之规定,能解除其契约者,定作人始能解除其契约也。

2. 到期之迟延

工作完成之给付,当事人有约定期限者,自应于约定期限前完成,未定期限者,亦应相当期限前完成,始适于债务之本旨。若因可归责于承揽人之事由,致工作不能于上述期限完成者,则承揽人应负迟延之责任,自不待言。此时若依据债编通则之规定,则债权者无利益时,得拒绝给付而请求赔偿因不履行所生之损害,经催告时,亦得解除契约(第二百三十二条、第一百五十四条)。但民法第五百〇一条对此,另有例外之规定,即原则上定作人此时只能请求减少报酬,惟以工作于特定期限完成或交付为契约之要素者,始得解除其契约也。此种规定,盖以承揽人此时,亦已需费多量之劳力与时间,若令其如一般契约,负其责任,则不惟于承揽人方面,过于不利益,且其工作,如因之不能完成,于社会经济上亦有影响,故通常之迟延,宜减轻其责任,惟于以期限为契约之要素时,为期承揽人之能按期履行,始对定做人加以特别之保护,使其不经催告,亦得以解除契约也。

3. 迟延责任之消灭

承揽人工作延迟,依上述规定,固应负有其责任,但定作人于受领迟延之工作时,不为权利保留之表示者,则是已显有不主张权利之意思存在,故法律为保护承揽人及免日后之争议起见,特于第五百〇四条,明定此时承揽人对迟延之结果,不负责任,嗣后定作人,即不得行使上述之权利也。

第二　完成物交付之义务

承揽人于履行完成工作之债务后,更须将其完成物交付定作人,此项交付义务,亦系由于其契约之效果意思所生,故法律殊无予以明文规定之必要,惟有时依双方之特约,或工作之性质,或其他情形须交付者,则承揽人亦可不负担此种义务(参照第五百一十条)。至此种交付,乃占有之转移,并非所有权之转移,则前于工作与材料之关系中,已如说明,故承揽人只以转移其事实上管领力即足,不必为转移权利之行为也。

第三　瑕疵担保之义务

承揽人除如前述,应负有其契约上固有之完成及交付二种义务外,依据法律之规定对其完成之工作,更应负瑕疵担保之义务,惟承揽系有偿契约,依第三百四十七条之规定,关于买卖中瑕疵担保之规定,原得准用,但民法于第四百九十二条至第五百〇一条,既另设有特别之规定存在,则在此等规定适用之范围内,不能再准用买卖之规定,自不待言。又此等规定,非强制法规,当事人亦得以特约,加以减免,特承揽人明知其有瑕疵,故意不告知定做人,而缔结此项特约者,则准诸买卖中第三百六十六条之法理:亦不能认为有效也。兹据上述特别规定,析言其瑕疵之态样及效果如次:

1. 瑕疵之态样

承揽人之工作,其所有权原直接属于定作人,故事实上除因承揽人故意过失使用第三人之材料,致发生八百十四条之情形外,殊无权利之瑕疵可言,是以第四百九十二条,亦只关于其物的瑕疵态样方面,设有概括之明文,即承揽人完成工作,应使其具备约定之品质,及无减少或灭失价值,或不适用通常或约定使用之瑕疵是也。依此规定,则不问其为约定品质之欠缺、应有价值之欠缺以及通常或约定使用之欠缺,其瑕疵之态样,皆认为已事构成,承揽人即非负有责任不可也。

2. 瑕疵之效果

工作有瑕疵时,应生如何之效果,即承揽人应负如何责任之问题尚得分述:

(a)瑕疵之修补。此为第四百九十三条所明定即据该条第一项之规定,工作有瑕疵者,定作人得定相当期限,请求承揽人修补之,此时承揽人即负有修补之义务,不履行时,虽得如第四百九十四条之规定,请求减少报酬或解除契约,但定作人有时急需使用其工作,不愿行使此种权利者,则为保护其利益期起见,不得不另设其他救济之道,故该条第二项复定如承揽人不于所定相当期限内修补者,定作人亦得自行修补,而以其修补之必要费用,向承揽人请求偿还,惟此等修补权利之行使,亦以修补所需费用,不过巨者为限,如需费过巨,则得不偿失,强承揽人负担修补义务,未免过于苛刻,且于社会经济上,亦多不利,故该条第三项复以明文许可承揽人此时得以拒绝修补。承揽人为此拒绝之表示后,则不特可以不履行其修补之义务,即承揽人主张下述各项权利,以为保护,对于此种修补,则不能行使也。

(b)解除契约或减少报酬。此为第四百九十四条所规定,即承揽人不于定作人所定修补之期限内,修补瑕疵,或因修补所需费用过高,而拒绝修补,或因工作之性质,不能修补者,定作人得解除契约或请求减少报酬是也。此二种权利,原则由定作人之意思,选择行之,但在下列二种情形,则定作人只能请求减少报酬,不能解除契约。

(Ⅰ)其瑕疵轻微者,其工作之瑕疵,如非重要者,则减少报酬,已足保护定作人,若再使其得以解除契约,则于承揽人一方,将受重大损失,殊非立法之公允,故此时不能解除契约。

(Ⅱ)其工作为建筑物或其他土地上之工作物者,此种工作,虽有重要之瑕疵,定作人亦只能请求减少报酬,盖以此时若解除契约,则承揽人将由土地上,折去其工作物,非特影响于社会经济上之利益,且在承揽人,易受损过重,故此时亦应认为例外情形之一,定作人不能即因之解除契约。

(c)损害之赔偿。此为第四百九十五条所规定,即因可归责于承揽人之事由,至工作发生瑕疵者,定作人除依上述规定,请求修补或解除契约或请求减少报酬外,并得请求损害赔偿是也。盖以上述之担保责任,乃系归责于承揽人之事由而发生者,故当使承揽人负担较重之责任也。

上述之瑕疵所生效果,定作人原则上固可按其瑕疵存在之情形,分别主张之,但法律为保护承揽人及使其法律关系从速确定计,尚设有下列之特殊规定,兹分述如次:

1.责任之免除。即工作之瑕疵,若因定作人所供给材料之性质,或依定作人之指示而生者,据第四百九十六条前段之规定,此时承揽人可以免除上述之各项担保责任。盖以其瑕疵之发生,既应归责于定作人之事由,则为保护承揽人计,自不宜再使其负担此种责任也。特承揽人关于其债务之履行,亦应依据诚实及信用之原则,若明知其材料之性质或指示不适当,而不告知定作人者,则此时其自身对于定作人,既有此恶意之存在,法律自无再加以保护之理,故本条后段,又复明定,如有此情形者,承揽人仍应负其担保之责也。

2. 责任之存续期间,民法关于担保责任,定有下列二种之存续期间,盖以此等责任,若使长期存在,不惟日后证明困难,易起纠纷,且为法律关系得早日确定计,亦有此种法定存续期间之必要也。以下再分述之:

(a)除斥期间。即定作人在此期限内,发现瑕疵者,始能主张担保权,若逾此期限后始发现瑕疵者,则不得再主张之是也。此尚可分为下列各项述之:

(Ⅰ)一般除斥期间。即在一般工作之承揽,定作人担保权之除斥期间,据民法第四百九十八条之规定,应为一年。其期间之起算点,则在工作须交付者,自工作交付时起算;在工作无须交付者,自工作完成时起算。

(Ⅱ)特别除斥期间。即工作为建筑物,或其他土地上之工作物,或为此等工作物重大修缮之承揽,其定作人担保权之除斥期间,则据民法第四百九十九条之规定,应延为五年,盖以此等工作,其瑕疵多不易发现,且于定作人之利害关系,亦较重大,顾应较一般之除斥期间,应予延长也。

(Ⅲ)除斥期间之延长。此为民法民法第五百条所明定。即承揽人故意不告知其工作之瑕疵者,则在一般除斥期间。延为五年,在特别除斥期间延为十年。盖以即明知其瑕疵,而希望蒙混,不告知定作人,此种恶意之承揽人,宜特别延长其责任之存续期间,以保护定作人也。又依第五百〇一条之规定,当时人间,对于上述之一般或特别除斥期间,亦得以契约加长,但不得减短,因减短其瑕疵不易发现,此时易启承揽人悻圆免责之心,故应为法所不许,若延长,则可增加承揽人对于工作之注意,不惟于定作人方面,足以保护其契约上应有之利益,即于履行债务,应依诚实信用之原则,亦能顾及,自宜于明文中,特予规定,使其有效也。

(b)消灭时效。即定作人发现瑕疵后,于此期间内,不行使其担保权时,则其权利即应为消灭也。此种消灭时效,为民法第五百一十四条第一项所规定,其期间为一年,自瑕疵发现时起计算之。又此种消灭时效,限于担保权中之瑕疵修补请求权、修补费用偿还请求权、减少报酬请求权或契约解除权,始适用之,若第四百九十五条之损害赔偿请求权,则应依一般时效之规定计算,不适用本条之规定也。

第四　瑕疵或契约违反预防之义务

定作人于工作完成或交付后,发现有瑕疵或有违反契约之情事者,故能依据上述规定或其他债务不履行之规定,主张权利,以为保护。但如于其工作进行中,已可显见其有瑕疵或其他违反契约之情事者,则舆其救济于事后,曷若预防于事前。故第四百九十七条第一项,特以明文科承揽人以预防之义务。即其瑕疵或违约情事,为因承揽人之过失而生者,定作人得定相当期限请求承揽人改善其工作,或依约履行是也。承揽人不于此相当期限内,依照改善或履行者,则为此种预防义务之违反,据本条第二项之规定,此时定作人得使第三人改善或继续工作,而使其危险及费用,均由承揽人负担之,以保护定作人也。

第二款　定作人之义务

第一　报酬给付义务

给付报酬,为定作人基于契约本旨固有之义务,其种类、数额及合意等之认定，业如前述，兹惟就第五百〇五条及第五百〇六条，析述其给付时期及预计概数超过之情形如次：

1. 给付之时期。报酬给付之时期，有约定者，顾应依其约定，无约定者，则应用下列之准则定之：(a)工作须交付者，报酬应于交付时给付之，无须交付者，应于工作完成时给付之。(b)工作系分部交付，而报酬亦系就各部分定之者，则应于每部分交付时，给付该部分之报酬。

2. 概数之超过。当事人订立契约时，仅估计报酬之概数者，如其报酬，非因可归责于定作人之事由，超过概数甚远时，则此种意外情事，本非定作人所能预期，若强使其仍按照原来标准给付，未免过苛，故民法特为其设有下列救济方法。

(a)在一般工作之承揽，定作人得于工作进行中或完成后，解除契约。(b)如其工作为建筑物，或其他土地上之工作物，或为此等工作物之重大修缮者，在完成后，定作人仅得请求相当减少报酬，在未完成前，则得通知承揽人停止工作，并得解除契约。

定作人依上述规定，固有其救济之道，但如解除契约时，则承揽人必致发生损害，故法律规定，定作人此时应对其负赔偿相当损害之责，以期公允。此项损害赔偿请求权，第五百一十四条第二项亦规定有特别消灭时效存在，即承揽人于定作人解除契约后，一年内不行使即归消灭是也。

第二　工作完成之协助义务

工作需定作人之行为，始能完成者，据第五百〇七条之规定，定作人负协助完成之义务。如违反义务，不为其协助行为时，承揽人得定相当期限，催告定作人为之。经此催告，而定作人于催告期限内，仍不为此等行为，则承揽人得解除契约。此项解除权，据第五百一十四条第二项之规定，自催告所定期限届满后，一年内不行使时，亦应归消灭。

第三　法定抵押权负担之义务

承揽之工作为建筑物或其他土地上之建筑物，或为此等工作物之重大修缮者,据民法第五百一十三条之规定,承揽人就承揽关系所生之债权,对于其工作所附之定作人之不动产,有抵押权。故定作人即因之而负其义务,如对其债权不为清偿时,则承揽人自能依据物权法上抵押权之规定,拍卖其不动产,而受清偿也。

第三款 危险负担之效力

承揽之工作,因不可归责于承揽人之事由,在工作进行中或完成后,有毁损灭失者,承揽人是否需重新工作。如不重新工作,则定作人是否仍当给付报酬?是为承揽之危险问题。此在债编通则中,关于一般双务契约,原已设有第二百六十六条及第二百六十七条之规定,但民法于承揽,则另有下列特则,故此与买卖之危险负担同,乃通则中例外之规定。兹分述如次:

1. 工作自身之危险负担。此尚可分为次之第二项论之:

(a)因不可归责于双方之事由而发生者,此时其危险负担转移之标准,据民法第五百〇八条第一项之规定,其工作毁损灭失之危险,于定作人受领前,由承揽人负担;受领后,由定作人负担,但如定作人受领迟延者,其迟延后之危险,亦由定作人负担。盖以工作未经受领前,不特承揽人之债务,尚未履行完毕,且事实上之占有,犹属于承揽人,故其危险,不应由定作人方面负担。反之,如经受领或受领迟延者,则此时其占有,即应属于定作人,且承揽人亦已有完毕其债务之可能,自不宜更使其负担此种危险,而应移转其责任于定作人也。

(b)因可归责于定作人之事由而发生者,即据民法第五百〇九条之规定,于定作人受领工作前,因其所供给材料之瑕疵,或其指示不适当,致工作毁损灭失,或不能完成者,承揽人如及时将材料之瑕疵,或指示不适当之情事通知定作人时,得请求其已服劳务之报酬及垫款之偿还,定作人有过失者,并得请求损害赔偿,盖以此时其危险,既由于定作人方面之事由而发生，苟承揽人已及时将其事由通知，并无恶意者，定作人当然应负其责。惟法律因定作人此时既不能完全取得其工作之利益，而承揽人复可因之免除其供给劳务之义务，故斟酌双方损益，而使承揽人仅能已服劳务之报酬，及垫款之偿还，以期公允。惟于定作人有过失时，则宜加重其责任，以保护承揽人，故本条后段复规定，承揽人此时并得请求损害赔偿。此种规定，乃指工作未受领前，始能适用，若受领后其危险始发生者，则其责任即应完全由定作人负担，承揽人自得据之请求全部报酬。又本条所定承揽人之损害赔偿请求权，据第五百一十四条第二项之规定，自危险发生后，亦因一年间不行使而消灭。

上述二项情形，均系就工作须受领者而言，如依工作之性质，无须交付者，则据第五百一十条之规定，此时以工作完成时视为受领。

2. 工作材料之危险负担。材料在使用为工作之构成部分以后，其所生之危险，乃为工作自身之危险，当依上述规定，定其负责之人，自无问题。反之，如在未成为工作之构成部分，生有危险者，则其材料，既尚为独立之物，自不能依据上述规定，以为解决，故此时其责任认定之标准，尚得分述如次：

(a)其材料由承揽人供给者，则在未与工作混合以前，其所有权尚属于承揽人，自应由承揽人负担其危险责任。

(b)其材料由定作人供给者，即其占有虽因交付而转移于承揽人，然其所有权仍属诸定作人，故此时其危险责任，亦应由定作人之负担之，民法第五百〇八条第二项。为免解释上之争论，对此会有明文之规存定在。

(c)其材料由第三人供给者，在未与工作混合前，与承揽人尚无何等之关系，故此时其危险负担，应依一般之规定决定之。

第三节　承揽之消灭

承揽消灭之原因，除得适用法律行为及一般债之效力消灭之规定

外,民法对之,尚设有下列特则,兹析述如下:

1. 解除契约。即在定作人一方,得依据第四百九十二条、第五百〇二条第二项、第五百〇三条、第五百〇六条之规定,行使其解除契约权,由于前节中,已附带说明,兹不再赘。

2. 终止契约。此尚可分为下之二项述之:

(a)定作人之终止。即据第五百十一条之规定,工作未完成前,定作人得随时终止契约,但应赔偿承揽人因契约终止而生之损害。盖定作人即不欲完成工作,自无强制完成之必要,且承揽人可得相当之损害赔偿,亦不致受损,故法律许可定作人有此随时之终止权也。又此种终止权之行使,并不以具有一定原因为必要,故应为无原因终止之一。至其终止之效果,则与一般终止相同,只向将来发生效力,关于已完成部分,定作人自应受领及给付相当报酬之义务也。

(b)法定之终止。即据第五百一十二条第一项之规定,承揽之工作,以承揽人个人之技能为契约之要素者,如承揽人死亡,或非因其过失,致不能完成其约定之工作时,其契约为终止。盖以因此种事由之发生,其工作已不能达到完成之目的,且承揽人一方对于此种事由,亦无过失之存在,故自应认为其契约当然终止也,惟据本条第二项之规定,工作已完成之部分,于定作人为有用者,定作人始负有受领及给付相当报酬之义务,反之如为无用者,则不能依据一般终止之规定,使定作人亦负担此种义务也。

第十章 出 版

第一节 出版之性质

出版者,谓当事人约定,一方以文艺。学术或美术之著作物,为出版而交付于他方,他方担任印刷及发行之契约也。此为民法第五百一十五条所明定。其担任印刷及发行之一方,称曰出版人,他方则于著作

物为著作人者，称曰著作人，反之则称曰出版权授与人或出版物授与人，兹析述其特质如次：①

一、出版为双务、有偿、诺成、要因、不要式之债权契约

出版在契约上之性质，与买卖、互易、租赁、雇佣及承揽等相同，以交付著作物及担任印行之双方行为，为其契约之标的，故为债权契约；不拘定式，故为不要式契约；双方给付，互为原因，故为要因契约；因双方之约定，即为成立，故为诺成契约；双方债务，系为对待给付，且须各失其利益之一部，始能自他方取得利益，故为双务及有偿契约。

二、出版以著作物之交付出版及著作物之印刷发行为标的

出版契约，在出版权授与一方，以将著作物为出版而交付于他人，为其债务之标的：在出版人一方，则以担任印刷及发行其著作物，为其债务之标的，兹分述如下：

1. 著作物之交付出版。此尚可分为后之两项论之：

(a)著作物之意义及种类。著作物者，谓由人之智能，所产出之作品，其中有适于出版者，亦有不适于出版者，得为出版契约之标的物，因限于适于出版之著作物，如文书、图画等类之作品，自不待论。至其种类，则据明文之规定，以关于文艺、学术或美术者为限。故如通常之宣传品文件等。谓含有文艺、学术或美术之性质者，既不能为出版契约之标的物也。又此等著作物必不以属于出版权授与人自身所著作，及现已存在者为必要。对于他人之著作物，而自身有此出版权授与之权能，或对于将来始

① 出版契约，在立法中，以明文定为一典型之契约者，始于普鲁士国法（参照该法第一卷第十一章第九百九十六条至第一〇三六条关于著作者与出版者间之法律关系之规定），其后匈牙利商法虽亦有类似之法条，惟只注重于出版营业之方面，以为规定，尚无使之形成一独立契约观念（参照该法第五百一十五条至第五百一十七条），澳大利亚民法，与其第一百七十二条及第一百七十三条中，亦列有规定，但简略不详，惟一九一二年颁布瑞士新债务法，对之设有详密之规定（参照瑞债第三百八十条至第三百九十三条），我民法关于出版契约之规定，盖全采取瑞民之规定来者也。

能作成或取得者，皆不妨以之与他人缔结此种出版契约也。[①]

(b)交付出版之行为。即须将其著作物之占有转移于出版人，使其得以为出版之行为之谓也。出版权授与人不为此种交付之行为，则对方出版之目的，既不能达到，故自应负担此种交付之义务。至其著作物之著作权，是否亦因此交付行为而移转于对方，则当解释当事人之意旨以定之。苟无特别之约定，则此时只能发生出版权转移之效果，不能发生著作权移转之效果也。[②]

2. 著作物之印刷发行。所谓著作物之印刷发行者，即将著作物重制，并向一般公众，以有偿或无偿之方法，散布之谓也。出版之内容，即在印刷及发行，故民法以此为出版人之义务。又此种出版行为，须有出版人一方担任之。故出版人应以自己之费用，为自己之计算，而为此行为，始能构成一出版契约。若以著作人之费用计算，或著作人与出版人共同之费用计算，而出版者，皆不能谓为此之出版契约也。

第二节 出版之效力

第一款 出版权授与人之义务

第一 交付著作物之义务

此为出版契约上，出版权授与人故有之债务，违反之者则出版人得根据一般债务不履行之规定，主张权利，自不待言，但关于其履行之认定上，尚有下列各点，当注意者：

1. 交付之时期。此虽法律未有明文之规定，但解释上，则应如下列两款所述，以论定之：

---

① 未依著作权版之规定所得著作权之著作物，亦能为出版之标的物。

② 出版权是否应移转于出版人学者虽亦有谓当依当事人之意思定之者，然果出版权不移转，则出版人基于出版之利益，即不能完全享有，故理论上，应解为苟当事人，无特别反对之意思存在，则此种交付行为当然能发生出版权移转之效果。

(a)以现存之著作物为交付之标的物者,如当事人关于交付时期,未有约定者,应于契约成立时,即负交付之义务。盖以此为第五百一十五条所规定之出版契约成立后,出版权授与人当然应履行之债务也。

(b)以将来之著作物为交付之标的物者,如无约定只交付时期者则应依其著作物之性质及著作人之情事,得以完成其著作物之期间定之。此时自不能适用未定履行期之债务,得以随时请求履行之一般规定。

2. 著作物之内容。交付之著作物,在契约成立时,已特定者,关于其内容之认定,自不生问题。虽未特定,而双方有一定体例范围之约定者,则其著作物之内容,不能与其约定相违反,亦不待言。反之如此种约定,亦不存在时,则应由著作人方面自由定之。盖以此为著作物之内部问题,自应由著作者自行决定,且出版人既无其他之特别表示,亦可推知其对于著作人,有完全信赖之意思存在也。特著作人此时亦不得违反诚实及信用之原则,而使对方受不测之损害耳。

第二　使出版人得利用其著作物权力之义务

出版人基于出版契约,负有出版之义务,同时亦享有出版之利益。故著作人方面,为使对方达到出版之目的,不特应负交付其著作物之义务,且须移转其著作上之权利,使对方得以利用之必要。民法于第五百一十六条第一项,对此设有明文之规定,即著作人之权利,于契约实行必要范围内,须移转于出版人是也。所谓契约实行之必要范围者,自指其印刷及发行上所应利用之著作人权利而言,例如著作人对其著作物之重制及专卖等权利是,所谓移转者,则指使对方得以暂时利用之谓,不能误解为出版人基于此种规定,即得让受其权利也。

第三　出版授与权或著作权担保之义务

出版权授与人应担保其于契约成立时,有出版授与之权利,如著作物受法律上之保护者,并应担保其有著作权。此为民法第五百一十六条第二项所明定。盖出版人所以缔结出版契约者,原欲享受其出版之利益,若出版权授与人无此授与权,则出版之行为,不能行使,出版人基于其契约之效益,既不能实现,故法律有使出版权授与人,负担此种义务之必要。又其著作物如依著作权法之规定,已经注册而有著作权者,则出版权授与人并应担保其有此著作权之义务,否则出版人关于独占重制之利益,不能享有,是其交付之著作物,仍有瑕疵之存在,出版权授与人自不能不负其责也。

第四　曾经出版或公表之告知义务

出版权授与人已将著作物之全部或一部分,交付第三人出版,或经第三人公表,为其所明知者,据第五百一十六条第三项之规定,应于契约成立前,将其情事告知出版人。盖其著作物,如已由第三人印行,则将来于出版物之销行,必受影响,为保护出版人之能独占利用其著作物计,故有使授权人负担此种告知义务之必要也。违反之者,则为债务之不履行,出版人得据之解除契约及请求损害赔偿或减少报酬,自不待言。

第五　不得为不利于出版人处分之义务

出版权授与人,出版人得印行之出版物未卖完时,据第五百一十七条之规定,不得就其著作物之全部或一部,为不利于出版人之处分。盖以在出版关系继续之中,若授权人将其著作物之全部或一部,交付第三人或自己印行,则出版人独占利用其著作物之目的即不能达到,故法律为保护出版人之利益,有使授权人负担此种不作为义务之必要也。违反之者,亦应负债务不履行之责任。但解释上,关于下列情形,则不能谓为不利于出版人之处分行为,授权人仍得为之。

1. 著作物之翻译。据我民法第一百二十二条之规定,著作物翻译之权利,除契约另有订定外,仍属于出版权授与人。故授权人,如将其著作物,译成他种文字,另行出版者则不在本条禁止之列。

2. 著作物之节选或节录。据著作权法第二十八条之规定,如节选众人著作成书以供普通教科书及参考之用,或节录引用他人著作以供自己著作之参证注译者，不得谓为侵害他人之著作权，故授权人如对于授与之著作物，由此等节选或节录之行为，依该条之同一法理，不能谓为不利于出版人之处分，自不待言。故此等行为，亦不在本条禁止之列。

第二款　出版人之义务

第一　出版之义务

出版人基于出版之契约，一方享有出版之利益，一方亦负有出版之义务。且此种义务，乃基于契约之本旨所生，违反之者，应负债务不履行之责任，自不待言，兹就民法之规定，析述其履行上，应注意之点如次：

1. 版数之认定。版数有约定者，固应依其约定，无约定者，据第五百一十八条第一项之规定，出版人仅得出一版。至其出版之部数若何、则法无准则之规定，自应依诚实信用之原则以定之。

2. 续版迟延之责任。出版人依约得出数版，或永远出版者，如于前版之出版物卖完后，怠于新版之印刷时，据第五百一十八条第二项之规定，出版权授与人得申请法院令出版人于一定期限内，再出新版，逾期不遵行者，丧失其出版权。盖在此种债务之迟延，若依一般迟延之规定，使授权人得解除契约或请求损害赔偿，则不特出版人对于前版之效力，难以回复原状，及关于授权人之损害额，依不易算定，故法律此时特使其负担此种特殊之迟延效果也。

3. 印刷及发行注意事项。此为第五百一十九条之规定，得再析述如次：

a. 著作物之尊重。出版人基于出版契约，只有出版著作物之利益，并无修改著作物之权利，故于印刷时，对于著作物应加尊重，不得随意增减或加以变更。

b. 印刷格式之注意。出版人以自己之计算，而为出版之行为，关于其印刷之格式，自己原有自由酌定之权，但此于著作物之销行及著作物自身价值之表现上,亦至有关系,故不能违反诚实及信用之原则,而应以适当之格式以为印刷。

c. 推销之努力。著作物之能销行与否,于著作人之名誉,极有关系,故出版人应为必要之广告,及用通常之方法,推销其出版物。

d. 卖价之酌定。即出版物之卖价,固由出版人定之,但亦不得过高,致碍出版物之销行。

4. 著作物之修订。据第五百二十条第一项之规定,著作人于不妨害出版人出版之利益,或增加其责任之范围内,得订正或修改其著作物,但对于出版人因此所生不可预见之费用,应负赔偿责任。盖以著作人对于其著作物,原有随时修订之权限,特因其已交付出版,则于出版人之利益,亦不得不事顾及,故法律虽一方使出版人负担此种容许修订之义务,一方对于著作人亦加以相当之限制及责任也。又据本条第二项之规定,出版人于印刷新版前,应予著作人以订正或修改著作物之机会。故基此项规定,则在印刷新版前,出版人应负有通知著作人,使其得有相当期间以修订前版之义务。益以此时若不使著作人有修订之机会,则著作人对于前版,继有错误或不适宜之处,于新版印刷后,亦无法以为救济也。

5. 著作人意思之遵守。即著作物之出版方法,原则应尊重著作人之意思,第五百二十一条对此,设有明文之规定,即(a)同一著作人之数著作物,为个别出版而交付于出版人者,出版人不得将其数著作物,并合出版;(b)著作人以其著作物为并合出版,而交付于出版人者,出版人亦不得将其数著作物,个别出版是也。此盖以合并出版或个别出版,其斟酌之权,原应属诸著作人,若出版人任意加以变更,则不特违反著作人之意旨,且有时于著作物之价值,著作人之声誉,亦有影响,故法律使出版人负有此种遵守之义务也。

第二　报酬给付之义务

报酬之给付,并非出版契约之要件。故原则上须俟当事人有特约之存在,此种债务,始能发生。但据第五百二十三条第一项之规定,如依情形,非受报酬,即不为著作物之交付者,视为允与报酬。故此与雇佣及承揽相同,有时虽为单纯之缄默,依客观情事,亦可成立此种债务也。兹就民法之规定,析述其应注意之事项如次:

1. 报酬之种类及数额。报酬之种类及数额,当事人有约定者,固应依其约定,无约定者,则应斟酌著作物之价值及客观之情事,依公平之观念定之。但出版人有出数版之权,而关于次版之报酬,及其他出版之条件,未确定者,则民法于第五百二十三条第二项,对此设有准则之规定,即限于无其他反证之存在时,应推定与前版相同是也。

2. 报酬之给付时期。此于当事人有约定者,亦应依其约定,无约定者,则民法于第五百二十四条,设有下列之准则规定。即(a)著作物全部出版者,于其全部印刷完毕时,分部出版者,于其各部分印刷完毕时,应给付报酬;(b)报酬之全部或一部,依销行之多寡而定者,出版人应依习惯计算,支付报酬,并应提出销行之证明是也。

3. 报酬与著作物或出版物灭失之关系。此尚可分为次之二项论之:

(a)著作物之灭失。著作物在未交付出版人之前,因不可抗力而灭失者,固应由著作人一方,负担其危险之责任。反之如交付于出版人后,则据民法第五百二十五条第一项之规定,其危险即应移转于出版人,此时出版人对于著作人,仍负给付报酬之义务。但在下列二种情形据本条二项之规定,著作人对之,亦有其从属之义务存在,即(一)灭失之著作物,如著作人另有稿本者,有将该稿本交付于出版人之义务;(二)虽无另存稿本,而著作人不多费劳力,即可重做者,并应负重做之义务是也。特因此情形,而交付稿本或重做者,著作人依据上述规定,固不失其原有之报酬请求权,且据本条第三项之规定,对于存稿之代价。重做之报酬,尚得对于出版人,请求相当之赔偿,以为填补也。

(b)出版物之灭失。印刷完毕之出版物,于发行前,因不可抗力,致全部或一部灭失者,其危险责任,当然由出版人负担,对于著作人,仍负给付报酬之义务,自不待言。唯据第五百二十六条之规定,此时出版人亦得以自己之费用,就灭失之出版物,补行出版,对于出版权授与人,则不再负补给报酬之义务。

第三节　出版之消灭

出版消灭之原因,除得适用法律行为及一般债之效力消灭之规定外,尚有下列之特则,兹析述如次之:

1. 著作物不能完成。即著作物未完成前,如著作人死亡或丧失能力,或非因其过失致不能完成其著作者,此时其著作物,既已不能完成,出版关系,亦无存在之必要,故第五百二十七条第一项,特以明文规定,其出版关系,即因之消灭。特依情形,如出版契约关系之全部或一部之继续,为可能且公平者,例如其著作物可由他人续成,或对其已完成之部分,有出版之价值时,则据本条第二项,法院亦得许其继续,且命为必要之处置。

2. 出版物之售罄。即出版人仅得出一版者,于该版之著作物售罄时,得出数版者,于最后版之出版物售罄时,据第五百一十七条之论理解释,其出版契约,当然归于消灭。

第十一章　委　　任

第一节　委任之性质

第一　委任之特质

委任之意义,据民法第五百二十八条之规定,为当事人约定,一方委任他方处理事务,他方允为处理之契约。[①] 其委托之一方,曰委任人;他方曰受任人。兹析述其特质如下:

① 参照民法第一千九百八十四条、德民第六百六十二条、日民第六百四十三条、瑞债第三百九十四条、俄民第二百五十一条。

一、委任之契约上之特质

1. 委任为片务无偿或双务有偿之契约,委任系契约之一种。此种契约,依上述法条之规定观之,在委任人一方,于其契约之本质上,并不负何等债务,原应认为无偿及片务契约之一。但据第五百四十七条之规定,如依约定,习惯或依委任事务之性质,应给与报酬者,受任人得请求报酬。则我民法上并非否认委任不能含有双务及有偿之性质,亦甚明了。特第五百二十八条,为一般原则之规定,而第五百四十七条,则为特殊例外情形之规定。故就我民法之解释,应以无偿及片务契约之委任为原则,有偿及双务契约之委任为例外。如受任人主张其为有偿及双务之契约者。自非对于应给予报酬之约定、习惯或委任事务之性质上,加以证明不可也。①

2. 委任为要因不要式之债权契约。委任契约,以受任人处理其事务之行为,或委任人给予报酬之行为,为其标的,故为债权契约。在有偿委任,双方之给付,互为原因;在无偿委任,则受任人之给付,以无偿为原因;且其约定依双方意思表示,并不以履行何等方式,为其生效要件,故又为要因不要式之契约。②

3. 委任为诺成契约。委任契约,因双方之约定而成立,并不以履行

① 委任在罗马法上 原认为无价值,片务之契约(扰帝 digesta 法典第十七卷第一章第四节)。其立法之理由,盖以委任之标的,亦供给精神之劳务,与以体力劳务为给付之雇佣不同。非特不能用金钱报酬为其劳务之评价,且其契约构成之本质,乃基于社会互助之观念,并非在出卖或租赁其劳动力(okerae illiboraleg)故应以无价及片务为其特征,以与雇佣相区别。此种思想,于日耳曼固有法上,亦受其影响,故德国旧法时代之学者,多以此为劵任立法上,不可更易之原则。德民第一次草案,虽曾一度承认有偿委任之观念,而现行民法,仍变更为以无偿为委任之要件者,即职是之故也。不过此种观念,与现代交易实际情形不符,且过于拘束当事人之意志,故法与民法及近世日瑞苏俄之立法上,皆不墨守此种旧例,而认委任以无偿及片务原则,有价及片务为例外矣(法民第一千九百八十六条、澳民第一千〇四条、日民第六百八十四条、瑞债第三百九十四条、俄民第二百五十一条)。

② 据第五百三十一条之规定,关于处理权之授予,虽有时须以文字为之,但此与委任契约本身缔结之行为有别,不能因之而误解其委任为要式行为。

何等实践行为,为构成要件,其为诺成契约,自不待言。但在通常诺成契约,据第一百五十三条之规定,以其合致之意思,经明示或默示为限,始能成立。而此种契约,则据第五百三十条之规定,视为允受委托。是在受任人,但以有公然表示之要约劝诱意思存在,即对他人要约,为单纯之缄默,亦应视为委任,已经承诺而成立,此则与一般诺成契约歧异之点也。[①]

二、委任之标的上之特质

委任契约,原则以受任人处理事务之行为,为其债之标的;但在有偿委任,则兼以委任人给予报酬之行为,为其债之标的,兹分述如次:

1. 事务之处理。委任亦为给付劳务契约之一。特其劳务之给付,在以处理事务,为其目的,故与径以供给劳务为契约标的之雇用,及重在完成其劳务结果为契约标的之承揽,均各不同。又其处理之事务,法律并未加以特定,此与出版、居间、寄托、运送等契约之以处理一定事务为标的者,亦相差异。至所谓处理事务云者,即得依自己之意思,以处分或管理所委托之事件之谓也。其应注意之点,尚得分述如次:

a. 事务之种类,法律虽无限制,但若为受任人所不能代理之事务,如关于委任人之婚姻、养子契约等身份上之事件,则不能为委任之标的物,自不待言。又事务有关于委任人者,有属于第三人者,有属于受任人者,亦有属于任何人均可者。属于受任人自己之事件,与委任须基于信任关系而成立之性质不容,不能为其标的物,故若以处理受任人之事件为契约者,只为无名契约,不能构成民法上之委任。[②] 若属于受任人以外之事

---

① 因有本条之规定,故承受处理一定事务之公然表示者,对于他人之要约,不欲承诺时,负有即为拒绝通知之间接义务。又民法之此种规定,乃仿瑞债第三百九十五条之规定而来,在澳民则定为对于要约者当负担损害赔偿之责任(澳民第一千〇三条)。

② 其事件属于任何人均可者,谓之中性之事务,依其委托之际,尚非决定属于受任人,故仍能为委任之标的物。

件,则与上述委任之本质不背,皆得为其标的物。至处理之结果,其利益归属于何人,则可不问,即为受任人之利益而约定者,亦可成立委任。

b. 处理之行为,法律亦无限制,故不问其为法律的行为或事实的行为,皆于委任之成立无碍。[①] 但若为法律行为之时,而该法律行为,依法应以文字为之者,则据第五百三十一条之规定,其处理权之授与,亦应以文字为之。[②] 盖以其法律行为之本身,既已履行一定之方式为必要,则此项处理权授与之行为,为期明确及郑重计,自亦应定为要式行为为当也。又其处理权之范围,即受任人之权限,应如何认定之问题。据第五百三十二条至第五百三十四条之规定,其标准如次:即(一)原则应依委任契约之订定,未订定者,依其委任事务之性质定之。(二)由于委任契约之订定者,委任人得指定一项或数项事务而为特别委任,或就一切事物而为概括委任。(三)在特别委任,受任人就委任事务之处理,得委任人为一切必要之行为。(四)在概括委任,则受任人虽得为委任人为一切法律行为,但如:(1)不动产之出卖或设定负担;(2)不动产之租赁期限逾二年者;(3)赠与;(4)和解;(5)起诉;(6)提付仲裁等事项,则因其与委任人之利害关系过大,非经其特别之授权,不得为之。

2. 报酬之给予。报酬者,委任人对于受任人处理事务之债务所为之对待给付也。故若无对价之性质,而只为实费之支给,谢礼之表示者,则非此之所谓报酬。至此种债务之发生,原则固须当事者有明示约定之存在,但为习惯或委任事务之性质,应使委任人负担此种给付者,则依第五百四十七条之规定,限于委任人无反对之表示时,亦应负担此

---

① 法澳立法例,对于委任与代理之观念,尚未区分,故只承认由委任所生之行为,只能为法律行为。即在日本民法,亦以委托为法律行为者,谓之真正之委任,委托事实行为者,则谓之准委任。但我民法之立法理论,则与之不同,故不能与之采同一解释(法民第一千九百八十四条以下澳民第一千〇二条以下日民第六百四十三、六百五十六条)。

② 虽非代理权之授予,据本条之规定,亦应为要式行为。

种债务。又其报酬之种类,并无限制,不问其为金钱或其他给付均可,原则应依其约定,习惯或其委任事务之性质定之。不能推定者,则唯有解为应以金钱给付。至其数额,若依其约定,习惯或其委任事务之性质可定者,自应从其所定。否则应依公平之观念,以估定之。

第二　委任规定之特质

委任契约,在劳务给付之契约中,勘作模范民法对之,设有规定甚详。第五百二十九条,特定关于劳务给付之契约,不属于法律所定其他契约之种类者,适用关于委任之规定。故据此规定。在关于劳务之契约,法有明文,定为有名契约者,如雇佣、承揽、出版、居间、寄托、运送等,固应依其所定以适用,反之如无独立规定可援用之劳务契约,则当以委任之规定,为其依据之准则,此实委任规定,较诸其他劳务契约之规定,另有其足为典型之特质也。①

第二节　委任之效力

第一款　受任人之义务

第一　事务处理之义务

委任契约对于受任人之效力,据其契约本旨之规定受任人自应负担处理其委任事务之义务。若无此种义务之存在,则其委任根本不能构成,故就其性质而言,与后述之其他法定之义务不同,乃契约要素上所生之义务,非契约常素上所生之义务也。此种义务,应如何履行,原则固常依据当事人约定之意旨定之,但民法则除关于其他处理权限之范围,有如上述第五百三十二条至第五百三十四条之规定外,尚设有下列之补充规定,兹析述如次:

1. 应依委任人之指示以为处理,委任契约,基于委托之信任关系而

---

① 瑞债第三百九十四条第一项后段,与我民法规定之意旨相同。

生，受任人于其处理行为上，原有独立决定之权。但如委任人有特别指示之存在者，则对于受任人之意志，亦不可不事顾及，故第五百三十五条前段及第五百三十六条，明定受任人处理事务，应依委任人之指示，惟限于具备下列二种要件时，即(a)有急迫之情事：非变更其指示不可者；(b)可推定委托人若知有此情事，亦允许变更其指示者；始能变更其指示也。[①]

2. 应以相当之注意以为处理，受任人处理事务之主观责任，应如何认定，在立法例上，有二种主义。有不论其委任为有偿与否，皆使受任人负善良管理人注意之责任者，此为日本民法所采取（日民第六十四条），有因其为有价与否，而注意之责任不同者，此为法瑞民法所采取（法民第一千九百九十二条第二项、瑞债第三百九十八条、第三百九十九条）。我民法第五百三十五条后段之规定，盖亦采取后之主义者，即(a)于不受报酬之委任，应负担处理自己事务，为同一之注意，此时仅负具体轻过失之责任；(b)于受有报酬之委任，则其责任较重，应以善良管理人之注意为之，此时即应负担抽象轻过失之责任。盖以一则为有利益于受任人之契约，一则为无利益于受任人之契约，故其注意程度之认定上，自不能不加以区别也。[②]

3. 应由自己以为处理。受任人有无复委任权？立法例上亦不一致，有采取肯定说者，例如法民是（法民第一千九百九十四条）；有采取否定说者，例如德瑞民法是（德民第二百七十八条、第六百六十四条、瑞债第一百九十八条三项）。我民法第五百三十七条，以委任乃基于信任

---

① 违反指示之行为，虽应由受任人负其责任，然委任人不得以此对抗善意之第三人，而主张其行为对于本已无效，此在前大理院已早著有判例（参照民国五年上字第一一七号判例）。

具备第五百三十六条规定之条件，委任人虽有变更之权利，但无非为变更不可之义务，故在此种情形之下，虽未变更其表示，而致委任人受有损害者，亦不负责任。特如违反第五百三十五条注意之义务时，则有时应依该条之规定，以负其责任耳。

② 此种规定，亦非强行规定，当事人得为反对之约定，自不待言，但不能违反第二百二十二条之规定。

关系而生,故仿后之立法例,定为受任人应自己处理委任事务,唯限于有下列三种情形之一者,始得使第三人代为处理,而有复委任权。即(a)经委任人同意者;(b)另有习惯者;(c)有不得已之事由者是也。[①]至使第三人代为处理时,受任人所负之责任,及委任人对于第三人之关系若何?据第五百三十八条、第五百三十九条之规定,尚得分述如次:(a)受任人应付之责任,此因其有此复委任权与否?而其责任之认定不同。即有此复委任权者,仅就第三人之选任,及其对于第三人所为之指示上,负其责任。反之如无此复委任权者,则就该第三人之行为,应与自己之行为,负同一之责任也。[②] (b)委任人与第三人之关系,受任人使第三人代为处理委任事务,非处理权让与之行为,此时其受任人之地位,并不移转于第三者,则委任人与该第三人之间,原无何等债权债务之关系可言,但法律为保护委任人起见,特许委任人的对于第三人有直接请求其关于处理委任事务履行之权利。故依此规定,在委任人一方,不问其代为处理中之事实,基于何种之原因而发生?亦不问第三者与受任人之约定上,有愿向委任人直接负担此种义务与否?皆得主张此项权利,固不待论。反之在第三人之一方,则除负担此种片面的义务外,对于委任人,并不能援用受任人应享有之权利,以为主张也。

第二 状况报告之义务

受任人处理委任事务,其经过之状况如何?有使委任人明知之必要。故第民法于第五百四十条,明定受任人负有此种报告义务之存在。即(a)于委任关系存续中,受任人应将委任事务进行之状况,报告委任人,以便其得及时为适当之指示及监督。其报告人之时期,法律既无何

① 此专指使第三人代为处理而言,若使用转助人补助自己处理之者,则不在本条禁止之列。

② 此在前大理院,亦有相当之判例存在(参照四年上字第一六九号判例)。

等之规定,应解为委任人得随时以为请求。无请求时,受任人亦应于适当之时期报告之。(b)委任关系终止时,则应将其处理之始末。以详明正确之陈述,报告于委任人,俾其得为适当之稽查及接收。此项报告之时期,则法有明文,即应于委任终止时为之是也。

第三　移交财产之义务

受任人因处理委任事务,所取得之财产,原应归属于委任人,故民法第五百四十一条,以明文规定,受任人负移交之义务,兹分述如下:

1. 物之交付,即受任人因处理委任事务,所收取之金钱、物品及孳息,不问其系以委任人名义所收取,抑以自己名义所收取;亦不问其由第三人所交付,抑由委任人所交付者;苟属于委任事务处理之范围内,所应收取,且已现实收取之物,皆应负交付于委任人之义务。其交付之时期,当事人有约定者,固应依其约定,无约定者,则当解为于事务处理上,不需用其物时,此种义务,即行发生。唯在委任关系存续中,则当事人既未定其交付期限,自应为未定履行期之给付,当依债编通则第二百二十九条第二项之规定,经委任人之催告后,始负迟延责任,若委任关系终了时,则应以其终了之时,为履行之时期,此时当依该条第一项之规定,自终了时起,如未履行者,即负迟延责任,无再待对方之催告也。

2. 权利之移转,受任人在处理委任事务中,以委任人名义,所取得之权利,当直接归属于本人,自不生移转之问题,反之如以自己之名义,为委任人所取得者,则非经移转,委任人不能取得其权利,故法律此时使受任人负移转之义务。其移转之时期,亦应如上述物之交付之例,以解决之。惟此有当注意者,即双方如于未移转前,有豫行缔结之直接移转契约存在者,则基于此种契约,不待受任人之移转行为,委任人即当然取得其权利主体之地位,故此时受任人亦无本项义务存在之可言也。

第四　使用金钱之支付利息及损害赔偿义务

受任人为自己之利益,对于应交付于委任人之金钱,或应为委任人利益而使用之金钱,加以使用者,据民法第五百四十二条之规定,此时应负支付利息及赔偿损害之义务。盖以受任人之此种行为,实为违背诚实及信用之行为,为保护委任人计,自应使其自使用之日起,负支付利息之义务,如有损害,并应负赔偿之义务为当也。又此种义务,乃为无过失责任义务之一,且不问受任人有无利得之存在,皆应负担之。故委任人主张此项权利者,但以能证明其使用及损害之事实即足,受任人不能再以无过失或利得之情事对抗之。惟受任人如因之有利得者,则亦应解为只负担本条之义务,关于其利者,则不必再返还于委任人。①

第五　逾权或因过失之损害赔偿义务

受任人处理委任事务,应依第五百三十二条至第五百三十四条之规定,定其权限之范围,并应依第五百三十五条之规定,以定其注意之责任,业如上述。受任人如违反此种规定,而致委任人受有损害者,则对于委任人,自不能不加以保护,故民法第五百四十四条第一项,特以明文规定,受任人应付赔偿之责。惟在无偿责任,因为无利益于受任人之契约,应减轻其责任以保护之,故该条第二项,又明定受任人仅就重大过失,始负其责任也。

第二款　委任人之义务

第一　不得让与请求权之义务

委任契约,基于双方信任之关系而生,受任人依据第五百三十七条之规定,既不得任意使第三人代为处理委任事务,则委任人对之,自亦不宜无故将处理委任事务之请求权,让与第三人。故第五百四十三条,特设有禁止之规定,认为非经受任人之同意,不得为此让与之行为。此盖与第五百三十七条相对应而为一般债权让与规定之例外法条也(参

① 使第三人以为使用时,受任人亦应负本条之责任。

照第二百九十四条)。

第二　预付必要费用之义务

受任人虽负担处理事务之义务,然非有时特别之约定,原无为委任人垫付费用之义务故关于处理事务之必要费用,经受任人请求者,据第五百四十五条之规定,委任人有预付之义务。不为预付,则受任人若因之而不履行其处理事务之义务者,不负迟延之责。[①] 又虽受任人有不为处理事务之虞时。亦只能够终止契约,不能拒绝此种请求也。

第三　偿还垫付费用之义务

受任人因处理委任事务,所支出之必要费用,如前所述,本可向委任人请求预付,但如不预为请求,而由自己代为垫付之者,亦不能认为有抛弃其请求权之意思,故第五百四十六条第一项,规定委任人应偿还之,并应负自支出时起之利息。不履行此项义务时,应据一般债务不履行之规定,负其责任,自不待言。[②]

第四　清偿必要债务之义务

受任人因处理事务,所负担之必要债务,若以委任人名义负担之者,应直接由委任人承受,原无何等关系可言。反之如以自己之名义所负担者,则己身既处于债务人之地位,对于债权者,即不能不负担偿还之责。然此等债务,乃系处理委任事务而生,除有特约外,自无代委任人为清偿之理。故第五百四十六条第二项,定为此时得请求委任人代其清偿,未至清偿期者,亦不得请求提出相当担保。[③] 委任人不履行此项义务时,虽自己对于债权人之责任,并不能因之免除,然对于委任人,则可依据第二

---

① 委任人不为预付时,受任人是否能援用第二百二十七条之规定,声请强制执行?则学说上之解释,尚不一致。但此种费用,原为处理委任事务所需用,不论上应以消极说为当。

② 此种垫付之必要费用,亦不得由双方预定其数额。

③ 受任人因处理委任事务,所负担之必要债务,据第五百四十六条第二项之规定,委任人既须负清偿之责,故若其债务之成立,须委任人行为之加入者,则委任人基于本条之类推解释,自亦负为其行为之必要。

百二十七条一般债之效力之规定,申请强制执行及请求损害赔偿也。

第五 赔偿损害之义务

受任人处理委任事务,因非不可归责于自己之事由,致受损害者,据第五百四十六条第三项之规定,得向委任人请求赔偿。依此规定,则委任人之负担此项赔偿义务,实为无过失责任义务之一种。对方所受之损害,但以客观上与处理委任事务,有因果之关系,主观上并非由于其自己之故意过失所致者,不问委任人有无故意过失之存在,皆非负担此种义务不可也。

第六 给付报酬之义务

此限于有偿之委任,委任人始负担此种义务。其报酬之种类数额,业如前述,兹仅依第五百四十八条之规定,析述其给付之时期如次:即(一)契约上有支付时期之约定者,依其约定;(二)无约定者,则给付报酬与处理事务,虽为对待给付,受任人亦无同时履行抗辩之权,须于委任关系终止,且已为明确报告始末后,始得请求给付;(三)其委任关系,于事务处理未完毕前已终止者,苟其终止事由,非可归责于受任人,则受任人仍得就其处理之部分,于前述之时期,请求报酬之给付也。

第三节 委任之消灭

委任之消灭原因,除得适用法律行为及债权消灭之规定外,民法对之,尚设有下列特则。

1. 契约之终止。委任基于双方之信任关系而存在,若当事人不愿意继续其契约者,是其信任之基本观念已丧失,殊无强令其继续之必要,故第五百四十九条第一项,明定当事人之任何一方,得随时终止其契约。此种终止,不以具有一定之原因为必要,且不问其终止之结果,于他方有无损害之发生,皆得行使之。① 惟于他方不利益之时期,非可

① 此种终止,既为无原因之终止,故继其对于终止原因,有所表示,而与事实不符者,亦不妨碍其终止之效力。

归责于该当事人之事由，致不得不终止者，则不在此限耳。①

2.特定事由之发生。委任契约，因一定之事由，而能消灭其效力者，原则固当待于当事人之约定。但民法于第五百五十条，尚设有法定之消灭事由如下，即除契约另有订定，或因委任事务之性质，不能消灭者外，因当事人一方之死亡、破产或丧失行为能力，亦应使其委任关系消灭是也。② 盖以如有此等事由之发生，均足影响于其相互间之信任关系，故应使其契约消灭为当也。惟契约之消灭，若基于此等法定之事由，或其他约定之事由，而系由于一方发生者，则其事由之发生，恒非当事人所能预期，若使径行消灭，于当事人之利益，亦有妨害，故民法为保护其利益起见，复设有下列之特则。

(a)委任关系消灭之事由，系由当事人之一方发生者，不问其为约定之事由，或第五百五十条之法定事由，据第五百五十二条之规定，于对方知其事由，或可得而知其事由前，委任关系视为存续，故此时其契约之消灭，不在事由发生之时，而在对方明知或可得而知之时。盖非如是，则对方将因信赖其委任之有效，而受意外损害也。

(b)因第五百五十条之事由，而消灭契约者，原则固当依据上述之规定，定其消灭之时，但如因其消灭，而致有害于委任人利益之余者，据第五百五十一条之规定，受任人或其继承人，或其法定代理人，于委任人或其继承人，或其法定代理人，能接受委任事务前，应继续处理其事物。故此时其契约之消灭，更需延长至委任人方面能接受其事务之时，盖非如此，亦不足保护其利益也。

① 民法之此种规定，盖仿日瑞之立法例而来（日民第五百六十一条第二项瑞债第四百零四条二项），在法德民法，则定为只受任人一方负此种损害赔偿之责（法民第二〇〇七条德民第六七一条），自立法之理论言，自以民法及日瑞之规定，能合于公平之原则，为较适当。

② 德国民法，亦有反对之规定，认为只受任者一方发生此种事由时，能消灭其契约（德民第六百七十二条、六百七十三条）。

第十二章 经理人及代办商

第一节 经 理 人

第一款 经理人之意义

经理人者,谓有为商号管理实务,及为其签名之权利之人也。[①] 此为民法第五百五十三条第一项所明定。其权利曰经理权,授与此种权利之人,则曰商号所有人(旧商人通例称此种权利为代理权,授与之者,曰商业主人)。其与商号间,有特殊之债权债务关系存在,故于各种之债中,有特为规定之必要。兹析述其意义如次:

1. 经理人为商号使用人。经理人之本质,在隶属于商号,而为服营业上之劳务。其自身非独立之商人,故与商号所有人内部之关系,虽不限于因雇佣契约而存在,[②]然与商号之外形关系,则非居于使用人之地位不可。否则如以独立商人之资格,而为他人之商号,处理事务者,则只为代办商,或其他行纪人,不能谓之经理人也。此点于民法上,虽无明文之规定,然就经理人在商业辅助人之地位言,其应属于此种资格之人,固解释上无容疑者也。

2. 经理人为有经理权之人。属于商号之使用人,不限于经理人,此

---

① 关于经理人之规定,就立法之方式言,约可分为四种:(a)有于法律上,不设明文,而使其直接适用雇佣或委任等契约之规定者,如法法系之立法是;(b)有以之规定于商法中者,如德日商法及我国旧日之商人通例是(德商第四十八条、日商第二十九条、商人通例第二十九条以下);(c)有以之规定于民法中者,如瑞士债务是(瑞债四五八条以下);(d)有以为规定于特别法中者,如一九一零年一月十六日澳国颁布之商业使用人法是。

民法之此种规定,大体与瑞债第四百五十八条第一项之规定相同,惟瑞债不限于商业之经理人,而我民法则以属于商号者为限,故非商号之经理人,只能类推获用民法上经理人之规定。

② 德日商法,皆明定经理人与商号所有人之关系,限于雇佣契约,始能发生。(德商第五十九条、日商第三十五条)其立法之理论,过于狭隘,与实际情形不符。已为现金一般学者所批驳(参照松本氏商法总论三五三页以下,志田氏法律评论全集商法二七一页以下,竹田氏商法总论四一八页以下,寺尼氏商法原理二八九页以下,西本氏商法总论二五五页以下)。我民法上,既无此种明文之限制,故解释上不问其基于雇佣,委任,承揽,租赁等契约,皆能成者此种关系。

外尚有伙友及其他劳务者之存在,然其与经理人不同者,即此等使用人,无经理权耳。故经理人比以具有经理权,为其资格存在之要件,否则虽名义上有与经理人类似之名称,亦不能谓之民法上之经理人也。[①]至权利之内容如何,则据上述法条之规定,须具下列二种之权能者,始得谓之经理权,兹分述如次:

(a)管理商号之事务,所谓管理商号之事务,即关于其商号之一切事物,不问其为属于营业目的之行为,或其他附属之行为,亦不问其为法律的行为或事实的行为,除有约定或法定之限制外,皆能管理之谓也。无此等概括的管理权能者,固不能谓之经理人,反之如有此等权能之存在,则不特经理人自身,得本此权能向商号所有人,主张其所为管理之行为,对于商号有效,即第三人亦能以其有此种权能之事实,向商号所有人以为对抗也。

(b)为商号签名。此即商号与第三人发生关系时,有为商号签名之权能也。商号为商号所有人营业上指示其自己之名称,关于其营业之对外事项,应以其商号之名义为之,故有此概括管理权之经理人,自非具有此种为其签名之代表权不可也。经理人既有此种权能,则经其签名之事件,苟于行为时,无意思欠缺或其他瑕疵之情事者,不问对于商号有无损害?皆应生效,自不待言,故此种权能,与上述之管理权能相同,也特对于经理人自身,有其效力,即对于第三人,亦有其效力也。

第二款　经理权之授与及消灭

第一　经理权之授与

经理权之发生,必有其授与行为之存在。此种授与行为,与代理权

① 旧大理院亦有此类似之判例(民国五年上字第五一五号判例)。

之授与行为相同,乃为授与者一方之单独行为。[①] 据民法第五百五十三条第二项之规定,其意思表示,得以明示或默示为之。盖在通常情形,于其基本契约成立时,已暗含有此种授与意思者为多也。又此种行为,原非要式行为,但据第五百五十四条第二项之规定,关于不动产之买卖,或设定负担,非有书面之授权行为,不得为之。则经理人如为此种特定事项时,自非另有独立书成文字之明示授与行为不可,否则不特其自身无权为之,即其相对人,亦不能以其行为之效力,与商号对抗也。[②] 至其授与之范围,原则故当由授与人之意思定之,但若将前述经理权应具有之管理权与代表权二种权能,完全限制一部而不授与,则对方即不能取得经理人之资格,是其授与行为,亦不能谓为此之经理权授与行为,自不待论。反之如非全部之不授与,而只为其权能内容之限制者,则仍不失为此之授权行为。特其限制,恒与第三人发生至大之关系,故民法关于其效力之认定上,尚设有下列之规定,兹分述如次:

1. 其效力得对抗善意第三者。据第五百五十七条之规定,为下列各种限制:(a)概括之限制。据第五百五十三条第三项之规定,经理权得限于管理商号事务之一部,或商号之一分号或数分号。故关于此种概括之限制,授权人原得任意为之,其限制之效力,自亦应认为对于任何人皆能对抗。[③] (b)不动产处分行为之限制。此即第五百五十四条第二项,所规定未有书面之授权行为,不能为不动产之买卖,或设定负担行为之法定限制。因其行为于商号之利害关系过大,故应认其限制,有绝对之效力。(c)共同经理代表权之限制。据第五百五十六条之规定,

---

① 学者中有未将此种授权行为与其基本之契约分别观察,而认其与原契约为一个行为者,亦有谓其虽为独立之行为,然尚须待对方之承诺,始能成立,仍认为契约行为者。此等解释,不特于学理及实际上,均有欠缺,且征诸民法第五百五十三条第二项之规定,其不能採取,亦极明瞭。

② 本项之规定,实为第五百三十一条之例外法,故其基本契约,虽为委任,亦应照本项办理,不能再适用第五百三十一条之规定。

③ 参照前大理院民国七年上字第一一五八号判例。

商号得授权于数经理人,但经理人中有二人之签名者,对于商号,即生效力。故授权人对于共同经理人,苟无其他得以各自单独行使其代表权之授与意思,则此种法定之限制,自亦能生绝对之效力。

2. 其效力不得对抗善意第三人者。除上述三种限制外,其他限制,皆不能对抗善意之第三人。又民法为保护第三者,确定其外部之法律关系计,更设有下列之规定:(a)管理行为权之认定。即据第五百五十四条一项之规定,经理人对于第三人之关系,就商号或其分号,或其事务之一部,视为其有为管理上一切必要行为之权,故虽对其管理上必要行为,加有限制,亦只能生内部之效力,对第三人除有恶意外,应准据本条之规定,认为无限制之存在。(b)诉讼行为权之认定。即据第五百五十五条之规定,经理人就所任之事务,视为有代表商号为原告或被告或其他一切诉讼上行为之权。故对于此种诉讼行为权,虽亦能加以限制,但外部之认定,则应准据本条,视为无限制之存在。[①]

第二　经理权之消灭

经理权之消灭原因,应依其授与之法律关系以定之。其他若基本契约之消灭,经理人本身之死亡或丧失行为能力,[②]营业之发止让与,[③]皆得为其消灭原因,自不待论。故法律关于此等积极之消灭原因,认为当视其具体事实,以为解决,无再设明文之必要。惟因保证商号及第三人之利益,则于第五百六十四条设有消极不能消灭之原因存在。即经理权不因商号所有人之死亡、破产或丧失行为能力而消灭是也。盖其基本契约若为委任者,则据第五百五十条,此种原因,本能消灭

---

① 此种法定视为之效力,只能发生外部认定之关系,并不能拘束当事人内部之意思,故不能误解授权人因此二条之规定,即不能对其管理及诉讼行为权上,加以限制。

② 经理权有专属性,除当事人有特约外,当然不能让与继承,及使第三人行使,故基于此种原因,自愿消灭(参照大理院民国六年上字第六八一号判例)。

③ 但于废止让与后之未了手续,经理人仍有清理之责,此在前大理院亦有类似之判例(参照民国四上年字第一一一五号,民国五年上字第九八六号判例)。

其双方之权义关系。但此时若还使其经理权丧失，则于商号及第三人方面，皆不利益，故法律有于第五百五十条之外，设此特别规定之必要也。

第三款 经理人之义务

经理人对于商号之权利义务，原应依其基本契约之意旨以定之，但民法于第五百六十二条、第五百六十三条，就经理人设有下列法定之竞业禁止义务，兹分述于次：

1. 义务之范围。据第五百六十二条之规定，经理人非得商号之允许，负有下列二种不作为之义务，即 a. 不得为自己或第三人经营与其所办理之同类事业；b. 不得为同类事业公司无限责任之股东是也。盖以经理人若得兼为此种行为，则因营业上之竞争，恒易与商号发生利害冲突，如因顾及自己或第三人之利益，势必致商号之利益，难以保全，故为期其经理行为之能忠实履行起见，有特以明文禁止之必要也。依此规定，则经理人不特于经理权发生后，为此种行为者，应受禁止，即在经理权发生时，已有此种行为之存在者，亦应负停止之义务。但本条并非强行法规，如商号不愿受此种保护，而于其为此行为之际，或事前事后，加以允许之表示者，则经理人自可免除此种义务也。[①]

2. 违反之效果。经理人违反此种义务时，其效果如何？据第五百六十三条第一项之规定：其商号得请求因其行为所得之利益，作为损害赔偿。故依次规定，不问其商号事实上有无损失之发生，皆得请求经理人移转其因该行为所得之利益，以为保证。此种请求权，学说上称为介入权或夺取权。盖为免商号证明其损失之困难，所特别赋予之权利。

---

① 旧商人通例及日本商法定为不问其经营之商业及公司，是否与商号为同类之事业，概在禁止之列（参照商人通则第三十八条第一项、日商第三十二条第一项）。

若因经理人违反契约上之义务,或其他侵权行为,致商号此外更受有损害时,则商号除行使此项权利外,更得依据债务不履行及侵权行为之规定,请求赔偿,自不待言。又此种权利,民法于本条第二项设有特别消灭时效之规定,即自商号知有违反行为起时,经过一个月,或自行为时起,经过一年,不行使而消灭,盖以若使依照一般请求权之长期有效,则法律关系,久不确定,殊非所宜故也。

第二节　代　办　商

第一款　代办商之意义

代办商者(旧商人通例,日本商法称为代理商),谓非经理人而受商号之委托,于一定处所或一定区域内,以该商号之名义,办理其事务之全部或一部之人也。此为民法第五百五十八条所明定。其权利,民法称之曰代办商,授与此种权利之人不限于商号所有人,经理人依其前所述,原有代表商号管理一切事务之权,更有法定之特别权益关系存在,故因其与经理人同为以商号名义,办理事务之人,性质类似,乃并为一节,而列入各种之债章中。兹析述其意义如次:[①]

1. 代办商为非经理人而受商号委托之人,代办商及经理人,虽同为以商号名义办理事务之人,然二者之本质,各不相同。经理人为徒属于商号之使用人,代办商则为有独立地位之商人,故若脱离于其独立商人之地位,而在商号之营业所内,服从商号所有人之指挥监督,直接以商号之费用,办理商号之事务者,则只能谓之经理人,不能谓为此之代办

---

① 代办商之规定,创自德国新商法(参照德商第八十四条至第九十二条),其后日本商法及我国旧商人通例,因之,亦有同一之规定(参照日商第二十六条至第四十一条商人通例第六十条至第七十三条)。瑞士债务法,採取民商法合一之编制,乃以此项规定,置之民法中(参照瑞债第四百六十二条至第四百六十五条)。我民法之规定,则大体盖依照瑞士之立法者,故解释上,有时不能与德日商法同视。

商也。[1] 又代办商亦非商号所有人之法定代理人,或其商号之所有人,不经商号之委托,即有此办理事务之权限或义务,故其与商号之关系,须根据于代办商契约而发生,即须经商号之委托,始能取得此种地位也。至此种委托之性质,原为商号一方之要约行为,非经代办商表示允受之意思,其契约不能成立生效,自不待言。特有此而成立之契约,其性质若何?则应据当事人之意思,以决定之,不能误解为非委任不可也。[2]

2. 代办商为于一定处所或一定区域办理商号事务之人,代办商法独立之商人,非于商号办理事务,而系于商号外,独立办理其事务。故其自身,须有其独立办事之地点,或于一定处所,或于一定区域内均可。否则知于商号内,为之办理各地之事务者,则应为经理人,不能谓之代办商。

3. 代办商为以商号名义办理其特定处所或区域之事务全部或一部分之人,代办理之办理商号事务,须以商号名义为之,此点与经理人同,与其他商号之辅助人则异,但在经理人之权限,通常无地域之限制,且以及于事务之全部为原则,而代办商则不仅有地域之限制,且委托全部货只委托一部,均为委托人之任意,此则其与经理人不同之点也。

第二款　代办权之授与及消灭

第一　代办权之授与

代办权之授与行为,与前述经理权授与行为同,亦为其基本契约外

---

① 前大理院民国五年上字第五一五号判例,谓:代理商与商业使用人之区别,有下面数点:(一)商业使用人非商人,而代理商与本人之关系为委任……(三)商业使用人恒由一商人使用,而代理商则为一商人或数商人代理或介绍商行为;(四)商业使用人在主人之营业所执行业务,而代理商则通常对于其所为之行为,收用佣钱……(六)商业使用人执行业务之费用,归主人负担,而代理商因营业而生之费用,则归自己负担。此种解释,其(二)(三)诸点已与民法规定,不尽相合。

② 日本旧日通说,均谓商行为代理之委托为委任,商行为媒介之委托为准委任,盖误解此种代办商契约,必基于委任,始能成立,故依其民法上委任之观念,仍有此区别,但近世学者,亦有反对此种主张,而谓当视其订立契约之基本意旨,以定之,不能限于委任者,自理论言,自止后说为当。

授权者之单独行为，不论明示或默示，皆能生效，但民法对其权限之认定，尚设有次列只特殊规定，兹分述如下：

1. 必要行为权之认定。代办商对于第三人之关系，就其所代办之事务，视为其有为一切必要行为之权。此为第五百五十八条第二项所明定。故但使为代办事务上之必要行为，其效力皆能向商号发生，即加以限制，亦不能对抗善意之第三人也。

2. 书面授权之限制。即代办商，除有书面之授权外，不得负担票据上之义务，或为消费借贷，或为诉讼。此亦为前条第三项所明定。盖以代办权之授与行为，原不拘一定方式，即能成立生效，惟此等行为，于商号利害关系过大，为期明确及慎重起见，故有要式限制之必要。此种限制，即为法律所定，则其效力，能对抗一般之第三人，自不待言也。[①]

第二　代办权之消灭

代办权之消灭，原则亦应依其授与之法律关系定之。其他若代办商之死亡或丧失行为能力，商号营业之废止、让与等，亦为其消灭原因，自不待论。但民法除如经理权之例，对之设有第五百六十四条之规定，即其代办权不因商号所有人死亡之死亡，破产或丧失行为能力而消灭者外，于第五百六十一条，尚有次述之积极消灭原因之特别规定，兹分述如下：

1. 无原因之终止。即代办权未定期限者，当事人之任何一方得随时终止契约，此与委任第五百四十九条第一项之规定之法理相同，原为无原因终止之一种。特代办商既为代办商号重要事务之人，若使其与商号之法律关系，因此终止表示，即行消灭。则他方因事出仓促，不能为相当准备行为，必将受不测之损害。故法律为保护其对方起见，复对

① 此种法条，亦为委任第五百三十条之例外规定。

此终止,设有一定犹豫期间之限制,即应于三个月前,通知他方是也。[①]

2. 有原因之终止。即当事人之一方,因非可归责于自己之事由,至不得不终止契约者,则此时即有其应终止之原因存在,若尚使受上述犹豫期间之限制,亦未免过苛,故法律复对前项为例外之规定,使其得依一般原因,于意思表示达到对方时,即生效力,不必再先期通知也。

第三款　代办商之权利义务

代理商对于商号之权利义务,原则亦应依其固有契约之本旨以定之,但民法对此,尚设有下列准则之规定,兹分述如次:

1. 报酬及费用之请求权。代办商既受商号之委托而办理其事务,自可依其契约之所定,请求报酬,或请求商号偿还其因办理事务所支出之必要费用。无约定者,则民法于第五百六十条,对之设有下列准则规定。即 a. 代办地有习惯可援用者,依其习惯定之;b. 无习惯者,则依其代办事务之重要程度及多寡,以比例计算,定其报酬是也。

2. 报告之义务。代办商既为商号代办事务,则关于其代办地之商情如何,其代办之交易如何,为商号利益计,当然有使其知悉之必要,故民法于第五百五十九条,特定代办商负有此种报告之义务。即(a)就其代办之事务,应随时报告其处所或区域之商业情况于商号;(b)其代办之交易,则应及时报告于商号是也。

3. 竞业禁止之义务。此于前节第三款经理人所负担之义务相同。即依第五百六十二条及第五百六十三条之规定,代办商非得其商号之允许,不得为自己或第三人经营与其所办理之同类事业,或同类事业公司之无限责任股东。违反之者,商号得行使其介入权。请求因其行为所得之利益,作为损害赔偿。此项请求权,自知有违反时起经过一个

---

① 此种无原因之终止,虽在对方不利益之时期,亦能为之。

月，或自行为时起经过一年之消灭时效而消灭是也。其详可参见前节之说明，兹不再赘。

第十三章　居　　间

第一节　居间之性质

居间者，谓当事人之约定，一方为他方报告订约之机会，或为订约之媒介，他方给付报酬之契约也。此为民法第五百六十五条所明定，其为此报告或媒介订约之一方，民法称曰居间人，他方曰委托人，兹析述其意义如次：①

一、居间为双务、有偿、诺成、要因、不要式之债权契约

居间是否为独立之有名契约，在日本商法之解释，虽多争端，但我民法既仿德、瑞之法例，于债编各种债之中，规定为一独立之契约，则其应与委任、雇佣、承揽等契约各别，另形成一有名之契约，自属无疑。其契约之性质，与买卖、互易、租赁、雇佣、承揽相同，以"订约之媒介或报告之机会"及"报酬之给付"等双方行为，为其契约之标的，故为债权契约；不拘定式，故为不要式契约；双方给付，互为原因，故为要因契约；因双方意思之一致，即为成立，故为诺成契约；双方债务，系为对待给付，且须各失其利益之一部，始能自他方取得利益，故为有偿及双务契约。

二、居间以订约之媒介或报告机会及报酬之给付为其标的

居间契约，在居间人一方，以为他方报告订约之机会或媒介，为其

---

① 居间之立法方式有三：(a)有规定于商法中者，如法日商法是：(参照法商第七十四条以下日商第三百零五条以下)。(b)有规定于民法中者，如瑞士债务法是(参照瑞债第四百零二条以下)。(c)有分别规定于民商法中者，如德之民商法是(参照德民第六百五十二条以上德商第九十三条以下)我民法之规定，则为采取瑞士之立法例者。

居间若为营业时，依旧日之立法例，虽有限制须得官署许可者(参照德旧商法及法商法之规定)，但现今立法，则已不采取之，我民法既不以居间为营业，故亦无此限制之存在，惟在特别法中，为保护一般公益计，亦就开设有例外之规定者，如交易所之经纪人，须经实业部之核准注册，即其一例也(参照交易所法第九条)。

债务之标的;在委任人一方,则以给付一定报酬于对方,为其债务之标的,兹分述如下:

1. 订约之媒介或报告机会。居间人基于居间契约,虽亦在为委托人,服一定之劳务,然其契约之本旨,并不重其劳务自身之供给,而在其劳务对象之处理,故与雇佣不同;又其处理之事务,有一定之范围,以订约之媒介或报告机会为限,且不重在其结果之完成,故与委任及承揽相差异。至其劳务之对象,既在以委托人与他人订立一新契约为目的,则苟为契约外事件之媒介或报告机会,如通常社交之介绍,或侦探社之搜索机会等,不能谓为此为居间,自不待言。反之如以订约为目的,则其契约之种类,法律并无限制,不问其为民事上之契约或商事上之契约,亦不问其为财产上之契约或身份上之契约,皆与本契约成立无碍。[①]

又居间人是否以此等事务之处理,为其专门之营业,亦可不问,故在德、日商法之解释,虽有以居间为营业者,始能适用其商事上居间之规定,然我民法则无此限制,不能为同一之解释也,参照德商第九十三条一项日、商第三百〇五条,至所谓报告之机会者,乃指委托人无订立契约之相对人时,应为之搜索指示之谓;所谓订约之媒介者,则指委托人,已有订立契约之相对人时,应为之介绍接洽之谓,前者学说上称为指示居间人,后者则称曰媒介之居间人。在日本商法之规定,虽单指后者之居间,始能谓之为法律上之居间人,然我民法,则包括此二种行为,为居间之债务标的,故解释上不能与日商同视,不论其为报告机会或媒介,皆能成为民法上居间契约也。

2. 报酬之给付。给付报酬,乃为委托人基于契约本旨,所应生之对

① 依当事人之约定,得限制其契约之种类,自不待言,但如以违法之契约为目的者,则不能成为居间。

待给付。[①] 故如委托他人为居间行为,而自己不给付报酬,或自己虽应给付报酬,而他人之为此居间行为与否?为其自由,并非债务者,均只能构成一片务无偿之契约,不能谓为民法上之居间。第五百七十三条规定,因婚姻居间而约定报酬者,其约定无效。此种居间,即不能谓为真正之居间也。[②] 又此种债务,原则上需双方明示或默示,始能成立,但民法第五百六十条第一项,依第四百八十三条第一项及第四百九十一条第一项之例,特以明文规定,如依情形,非受报酬,即不为报告订约机会或媒介者,视为允与报酬,故基于此项法条有时虽为单纯之缄默,亦能成立此种债务。至其报酬之种类,法律亦无限制,其数额则有约定者,故应依其约定,无约定者。则第五百六十六条第二项,对之设有准则之规定,即此时应按照价目表所定给付之,无价目表者,则按照习惯给付是也,此于雇佣及承揽中所述之报酬给付规定相同,其详可参看前述之说明。

第二节　居间之效力

第一款　居间之义务

第一　报告订约机会及为媒介之义务

此为居间人契约本旨上,应有之义务,业如前述。违反之者,委托人地据一般债务不履行之规定,行使权利,自不待言。惟民法关于其履行范围之认定,尚设有下列法条,兹分述如此:

1. 须遵守忠实之原则。此为第九百条所明定。即居间人关于订约事项,应就其所知,据实报告于各当事人。对于显无支付能力之人,或知其无订立该约能力之人,不能为其媒介。盖以此种忠实义务之违反,

① 在罗马法,不认居间人有报酬之诉权,然近代立法例,则除婚姻之居间外,均无此制。

② 德瑞立法例,婚姻之居间,只居间人无报酬请求权,并非其报酬之约定,根本无效,故在其立法之解释上,尚与一般之居间构成之要素不背,能谓为真正之居间,我民法直接定为无效,自不能与之採同一之解释(参照德民第六百五十六条瑞债第四百十六条)。

于当事者双方,均有损害,故不特对于委托人一方,应加以保护,即对于交易上之安全,亦应顾及,此法律之所以以明文规定,使居间人对于双方之当事人,均应负担此种义务也。[1]

2. 无为给付或受领给付之权限。此为第五百七十四条所明定。即居间人就其媒介所成立之契约,无为当事人给付或受领给付之权。盖以居间人本非当事人该契约之当事者,且亦非委托人之受任人或代理人,故当然无此权限也。

第二　不告知他方姓名或商号之义务

当事人之一方,指定居间人不得以其姓名或商号告知相对人者,据第五百七十五条第一项之规定,居间人有不告知之义务。盖以当事人,即有此特别指定之存在,则为其利益计,不问其指定者之为委托人或其相对人,居间人自应有遵守之义务,惟此时该契约之他方当事者,即不知悉其对方之姓名或商号,自无法向之直接主张权利或履行义务,故本条第二项,又复明定此时居间人应就该方当事人由契约所生之义务,自己负履行之责,并得为其受领给付也。[2]

第二款　委托人之义务

第一　报酬给付之义务

委托人基于居间契约之本旨,自应负担此种义务。违反之者,亦应负债务不履行之责任,自不待言。其数额、种类、合意等之认定,业如前述。兹惟就民法之规定,析述其他之准则如次:

1. 给付之时期。当事人有约定者,固依其约定,无约定者,则据第五百六十八条之解释,其决定之标准,应如下述:

---

① 此时居间人对于委托人之相对人,虽无居间契约之存在,亦应负担本条义务。

② 此种代为履行之责,学说上称为居间人介人之义务。居间人虽负担此种义务,然其自身不能立之于当事人之地位,故关于当事人能主张之权利,自己不能代为主张之(参照松木蒸治商行为。一六七页水口吉藏商行为法论三六六页)。

(a)因居间人之报告或媒介而成立之契约,若为通常之契约者,应于该契约成立之时负给付之义务。

(b)因居间人之报告或媒介而成立之契约,若为附有停止条件之契约者,则应与该条件成就之时,负给付之义务。

依上列标准,则居间虽为双务契约,居间人亦不得援用第二百六十四条第一项规定,主张同时履行抗辩权利。立法意旨,盖以其报告或媒介之契约尚未成立或停止条件尚未成就,则委托人既有居间所欲取得之利益,亦未实现,故无使其先为给付之理也。[①]

2 给付之分担。委托人基于居间契约之本旨,固应负担此种给付之义务,若其因居间而成立之契约之相对人,则非居间之当事者,原不受居间契约之拘束,而亦负担此种义务。但法律因其相对人之得与委托人缔结契约者,亦系受居间行为之利益所致,不能使其专享利益,不负义务;且居间报酬,亦为缔结居间契约费用之一种,揆诸第三百七十八条第二项第一款之法理,原应由双方分担,故第五百七十条特以明文规定,居间人因媒介应得之报酬,除契约另有订定或另有习惯外,由契约当事人双方平均负担。依此规定,则解释上,尚有下列各点应注意者:

(a)相对人之此种分担义务,乃据根据法律之规定而生,并非根据居间契约之本旨而生,故其性质,为法定效果之义务,并非法律效果之义务。

(b)其分担之报酬,乃指因居间人媒介行为所生者而言,若为报告订约机会行为所生者,则不在分担之列。

(c)其报酬之数额,在居间成立时,已有约定者,相对人固应照其约定,以为分担。但委托人及居间人于契约缔结前,亦有将其约定数额,

① 此时居间人虽无同时履行之抗辩权,但尚能援用第二百六十五条之规定,主张暂缓履行之利益。

通知相对人之必要,否则不待相对人之知悉,遂使其分担此种约定数额,自非法理所许可。

(d)相对人给付之时期,不问其居间契约之约定如何,只能依据上述第五百六十八条之规定,于契约成立时或停止条件成就时给付之。故如委托人,已将全部报酬给付于居间人者,则嗣后尚能直接向相对人请求偿还其应分担部分之给付。

3. 给付之免除。据第五百六十八条及第五百七十一条之规定,委托人因下列原因。得免除其报酬给付之义务。[①]

(a)其居间契约之不成立者。据第五百六十八条第一项之规定,居间人以契约因其报告或媒介而成立者为限,得请求报酬。故此种规定,不特定为报酬给付时期之标准,且从其反面解释,如契约不成立者,则居间人即不得请求报酬,委托人可因之免除其给付义务,自不待言。[②]

(b)其居间之契约附有停止条件而该条件不成就者,据前条第二项之规定,契约附有停止条件者,于该条件成就前,居间人不得请求报酬。故如其条件不成就,则居间人之报酬请求权,亦归消灭,委托人自可因之免除其给付之义务。

(c)居间人违反义务而为利于相对人之行为者,据第五百七十一条前段之规定,居间人违反其对于委托人之义务而为利于委托人之相对人之行为者,不得向委托人请求报酬。故如有此情事,委托人可因之免除其给付之义务。

(d)居间人违反诚信原则由相对人收受利益者,此据前后条段之规

① 如有此种免除之原因,则虽事先已为报酬之给付,亦可根据不当得利之规定,请求返还其契约如已成立,则除本条第二项所述之情形外,不问其能生效与否?委托人皆不能免除其义务。

② 其契约不能成立之原因,是否应归责于居间人?可以不问。皆能适用本项规定,免除其义务。

定，如有此等情事，居间人亦不得向委托人请求报酬，故委托人自可因之免除其给付之义务。

4. 给付之减少。即据第五百七十二条之规定，约定之报酬，较居间人所任劳务之价值，为数过巨，失其公平者，法院得因委托人之请求酌减之，但报酬已给付者，不得请求返还。此盖以报酬之数额，虽已约定，然按诸居间人所任劳务之价值，相差甚巨，若使委托人依约履行，则殊失公平，故法律许可委托人得申请法院酌减之。惟已给付者，若尚使居间人返还，于居间人方面之利益，亦不能保全，故本条后段，又复规定，不得请求返还也。①

第二　费用偿还之义务

居间为有偿契约，居间人支出之费用，不问是否必要，通常均可于委托人所给付之报酬中取偿之，委托人自无再为偿还之必要，故第五百六十九条第一项，特以明文规定，非经约定，不得请求偿还。依此规定，则委托人之此种义务惟限于有特别约定时，始能发生，非其居间契约上，固有之义务也。又有约定者，则居间人已为报告或媒介之行为后，虽其契约不成立者，据本条第二项之规定，亦应适用前项之规定，委托人仍负偿还之义务。违反之者，其应负债务不履行之责，自不待言。但民法于第五百七十一条，亦如给付报酬之例，设有其免除之原因如次，即居间人违反其对于委托人之义务，而为利于委托人之相对人之行为，或违反诚实及信用方法由相对人收受利益者，不得向委托人请求偿还费用，此时委托人即可因之免除其偿还之义务是也。②

第三节　居间之消灭

民法关于居间之消灭，仿德、瑞立法例，对之未设何等特则之规定。

---

① 相对人非居间之当事者，故无本条之减少请求权。

② 参照德民第六百二十五条第三项，瑞债第四百一十三条第三项，民律草案第七百六十条改正案第六百二十条。

解释上,则除得适用一般法律行为及债之效力消灭之规定外,关于委任消灭之规定,亦应认为得以类推适用为当,盖以居间之性质,本与委任相类似也。[①]

第十四章 行 纪

第一节 行纪之意义

行纪者(前大理院判例称为"牙行业",旧商行为草案称为"行铺",日本商法则称为"间屋业"),谓以自己之名义,为他人之计算,为动产之买卖或其他商业上之交易,而受报酬之商业也。此为民法第五百七十六条所明定。[②] 为此营业之人,民法称曰行纪人,为其计算之他人,则称曰委托人。行纪人与委托人间,基于其委托之契约,原应生债之关系,但民法对之,集有其他法定之特别权义关系存在,故行纪虽为一种营业,于其行为上,亦能独立发生债之关系,此民法之所以于各种之债章中,特为单设一节,以规定之也。

兹将上述规定,析言其意义如次:

1. 行纪为营业。所谓营业者,即以营利为目的之继续的事业也。行纪应为营业,乃民法明文所规定,故虽以自己名义为他人为商业上交

① 民律草案以居间人之死亡及双方之目的为其契约消灭原因(参照民草第六百七十一、七百六十二条)。

瑞债曾以明文规定,居间得准用委任之规定(参照瑞债第四百一十二条第二项)。

② 以行纪规定民法中者,惟瑞士债务法,其他一般立法例均规定于商法中,我民法既采民商法合一之编制,故其规定之方式,与瑞债同。

行纪制度,在经济上之效用,得列举如次:(1)自委托者方面言:若委托代办商或代理人以为交易,则自己须直接负担其交易之危险,且不能保守其营业上或行为上之秘密,反之如委托行纪以为交易,则一方既可利用行纪人之信用及经验,一方亦可免除上述之弊点。(2)自第三者方面言:其交易之责任,既完全由行纪人负担,故不特对于委托者之信用资产等,不必探究,即对于行纪人有无滥用其处理权之事实,亦无须愿意,较诸与代办商或本人之代理人为交易者,自为安全。(3)自行纪人方面言:则其交易之计算,既完全归诸委托人,自己只连用一种媒介之经验,及无形之商机,即可取得利益,较诸一般商业,须有巨大之固定资本,始能经营者,亦属不同。因有此等效用,故行纪营业,至近世日益发达。

易之行为,若不以之为营业者,尚不得为行纪。至苟以之为营业,则虽兼营他业,或只以之为副业者,亦属无妨也。①

2. 行纪为以自己名义为他人计算而为交易。此即行纪与一般营业及代办商区别之点。盖在一般营业之交易,系以自己名义及自己计算为之,而行纪之交易,则其行为主体与计算主体,不能一致。又在代办商,虽亦为商号计算,以为交易,然其行为主体则应属诸商号,与行纪之以自己名义为之者,亦属不同。故就此点言,行纪在法律上之地位,盖与通常之间接代理人相同,特其代理行为,限于动产之买卖及商业上之交易,且其自身,负以之营业,此则又与一般间接代理人,有所差别也。至所谓以自己名义者,乃指以自己为交易主体之谓。苟其行为之权利义务,表示完全由自己享有负担之者,则虽为行为时,曾向相对人告知为他人为之之意思,或指明他人之名义,亦与行纪人之本质无碍。又所谓为他人之计算者,则指其交易之损益,应为委托人计算之谓,至自己于其交易之损益上,有无关系之存在,亦可不问也。

3. 行纪为代他人为动产之买卖或其他商业上之交易,行纪为他人所为之交易,其范围若何?立法例上有限于动产之买卖者(参照德商第三百八十三条、日商第三百一十二条、瑞债第四百二十五条),亦有限于商业上之交易者(参照法商第九十四条),我民法则包括此二种行为,以为其营业之标的,故解释上,较任何立法例所认定之范围,均为广泛。立法之意旨,盖以苟为动产之买卖,则虽非商业上之交易,然欲利用行纪之信用经验,以与他人订立契约者有之,故不拘于法法条以商行为为限,又苟为商业上之交易,则行纪既为营业,自能为他

① 代辩商因有第五百六十二条及第五百六十三条之规定,故对于商号,应负竞业禁止之义务,行纪则无此等义务之存在,故于其行纪营业外,即自己再兼营与其行纪之交易商同类之事业者,亦属无碍。

人以为处理,故亦不能如德日民法之立法,单以动产之买卖限也。[①]

4. 行纪为他人为交易而受报酬。行纪为盈利事业之一,故其为他人所为之交易,通常自应索取报酬,始与其营业之意义相符。否则如与他人约定之基本契约,为不受报酬者,则虽以行纪自身之名义,以为交易,亦只能适用无偿委任之规定,不能适用本节之规定。

第二节 行纪与相对交易人的关系

行纪人所为之交易行为,虽本诸委托人之计算然其对外关系,则系以自己名义,直接为其当事人,故第五百七十八条特以明文规定,行纪人对于交易之相对人,自得权利并自负义务。基此规定,则委托人预期交易之相对人间,既无直接关系之存在;故委托人如欲向相对人,主张其交易上之权利,或行纪人欲使委托人向相对人负担其交易上之义务,固非向相对人履行债权让与及债务承担之移转手续,不能生效。[②] 反之委托人与行纪人内部之关系,则不受本条之支配,故关于其交易上权利义务再委托人与行纪人或行纪人之债权人之间,基于本条之反面解释,仍应认为归于委托人者为当也。[③]

第三节 行纪与委托人之关系

行纪与委托人之间,其关系若何?应视其基本契约之意旨以定之。此种契约,果为何种性质?原则亦应从当事人之意旨,以为认定。但我民法于第五百七十七条,以明文规定,行纪除本节有规定者外,适用关于委任之规定。故就我民法之解释言,苟当事人无反对之约定,则其基

---

① 旧商行为草案及大理寺院判例,亦认为行纪之交易,只限于物品之买卖(参看商行为草案第五十一条大理院民国四年上字第一八七八号判例)。

② 如因权利人怠于行使其交易上对于双方之债权,则委托人或相对人均得依据第二百四十二条之规定,行使代位权,自不待言(参照前大理院民国第二八四八一八号判例)。

③ 参照德商第三百九十二条第二项、商行为草案第五十七条第二项。

本契约,自应为有偿之委任契约也。[①] 关于委任之规定,已于第十一章中,加以说明,兹特析述本节之特则规定如次:

1. 行纪人之义务

此更可分次之诸点述之:

(a) 担保地方债务之义务。即据第五百七十九条之规定,行纪人为委托人之计算所订立之契约,其契约之他方当事人,不履行债务时,则除有特约或反对之习惯外,对于委托人,应由行纪人负直接履行契约之义务。此盖以行纪人所为之交易,虽其对外关系,应属于行纪人自身,然其内部之损益,仍归诸委托人。苟其交易之相对人不履行债务时,则委托人既不能直接向之主张权利,势非坐受损失不可,故法律为保护委托人计,有使行纪人负担此担保义务之必要也。至此种义务之性质,解释上尚有应注意之点如次:

(Ⅰ) 此种义务,乃法定义务之一种,故不待当事者之约定,即应发生,反之如有反对之特约或习惯时,亦可排除其效力。[②]

(Ⅱ) 此种义务与相对人之债务,有主从之关系存在,故若相对人之债务消灭时,则此种义务亦将随之消灭。

(Ⅲ) 此种义务乃使行纪人直接居于相对人之地位,而负担之义务,故与第五百七十五条第二项所规定之居间人义务不同,关于相对人能主张之抗辩,行纪人皆能主张之。

此种义务,因相对人不履行其债务时,即应发生,故关于保护债务中保证人之检索抗辩权,行纪人不能主张之。

(b) 违反指定价额时之义务。委托人委托行纪人所为之买卖,如指

---

① 参照日商第三百一十四条第二项、瑞债第四百二十五条第二项。

② 在立法例上亦有规定行纪人须有特约或习惯之存在,始宝此种担保义务者(参照德商第三百九十四条、奥商第三百七十条)。

定价额者,行纪人违反之时,据第五百八十条及第五百八十一条之规定,其效力如次:

(Ⅰ)其违反之结果较委托人之指定为不利益者,即以低于委托人所指定之价额卖出,或以高于委托人所指定之价额买入者,此时行纪人应担任补偿其差额,其卖出或买入,始对于委托人发生效力。盖以此种违反,不特与委托人指定之意思相矛盾,且其结果,于委托人方面,乃为不利益者,故应令其负担此种不利益之差额补偿义务。始使其买卖对于委托人生效也。故如行纪人不表示愿担任此种义务者,则除委托人有承认之表示外,其交易之效果,当然不及于委托人反之如已为此种义务担任之表示者,则委托人亦不得再拒绝其买卖之效果,且其表示之效力,当溯及于买卖成立时,对委托人生效,并不以表示时始生效也。又依后述第五百八十四条之规定,若委托出卖之物,有瑕疵或易败坏者,则行纪人为尽其适当处置之责任,虽以低于指定之价格出卖时,亦可排除本项义务,而使其卖出,对于委托人仍能发生效力,自不待言也。

(Ⅱ)其违反之结果较委托人之指定为有利益者,即以高于委托人所指定之价额卖出,或以低于委托人所指定之价格买入者,此时其违反之结果,所生之利益,均应归属于委托人。仅以此种违反,乃为有利于委托人者,行纪人虽不因之负任何责任,然其买卖,既系为委托人之计算为之,故其结果,自应归属于委托人也。

(c)占有买卖物时之义务

行纪,为委托人之计算所为之交易,依前述第五百七十八条之反面解释,其与委托者之内部关系言,既应视为仍归属于委托人者,是其买入或卖出之物,为其占有时,自不能谓之属于行纪人所有之物。故关于其物之保管上,行纪人应对于委托人负如何之责任,法律不可不设一确定之准则。据民法第五百八十三条第一项之规定,此时应通过寄托之规定,以定其责任。依此规定之解释,则不问行纪之与委托人间,有无此项意旨之约定，行纪人根据本项规定，皆应负担与受寄人同一之义务，自不待言。又法文既泛称试用寄托之规定，则行纪人关于其保管上所生之权利，亦只能适用受寄人之规定，不能适用受任人之规定，故本项实为第五百七十七条之全部例外法规也。[①] 至行纪人对于占有物，虽应负与受寄人同一之保管责任，然苟委托人无特别之指示者，则行纪人当然无代为保险之义务，本条第二项，做德瑞之立法例（参照德商第三百九十条第二十二项、瑞债第四百二十六条第二项），对此特设以明文者，仅为免解释上之滋疑耳。

(d)适当处置之义务

据第五百八十四条之规定，委托出卖之物，于达到行纪人时有瑕疵，或依其物之性质易于败者，行纪人为保护委托人之利益，应与自己之利益，为同一之处置。仅以行纪人依前述规定，对于委托出卖物，只负受寄人同一之保管责任，然据第五百七十七条之解释，其自身实居于受任人之地位，故如其由委托人所受领之出卖物，有瑕疵或易于败坏之情形者，基于委任第五百三十五条后段之规定，原应以相当注意，为其处置之必要。本条基于委任之本旨，加重行纪人前条之责任，此其所以于前条之规定外，有复以明文科行纪人以此种义务之必要也。以此规定，则不问其出卖物之达到行纪人时有瑕疵或易于败坏之情形，是否为委托人所明知，行纪人皆应负本条之义务，自不待言。又其处置之行为，只需为保险委托人利益，于与保险自己利益同一之范围内，皆得任意为之，其是否因之而至于违反委托人之指示？亦可不问也。至不履行此项义务，与一般债务之不履行相同，委托人自得根据通则中债务不履行之一般规定，以主张其权利也。

---

① 依本条之解释，如行纪人因其物之保管，而致受有损害者，自得依据第五百九十六条之规定，向委托人请求赔偿。

2.行纪人之权利

此亦可分为次之诸点论之:

(a)请求报酬及费用之权利

行纪人为委托人所为之交易,须受报酬,此于第五百七十六条,已有明文之规定,故行纪人应对于委托人,有求报酬权之存在,自不待言之。但其报酬之种类及数额如何?又于报酬外,尚得请求其他费用之预付或偿还与否?在法律上不得不设一确定之标准。故第五百八十二条对此,特以明文规定,行纪人得依约定或习惯请求报酬、寄存费及运送费,并得请求偿还其委托人之利益而支出之费用及其利息。依次规定,则关于报酬,寄存费及运送费之种类数额,及得并为请求与否?固当依约定及习惯以定之,至请求偿还其为委托人之利益而支出支费用及其利息,则不问有无约定或习惯之存在,于请求报酬,寄存费及运送费之外,皆得按照其支出之实际数,并为请求也。[①]

(b)拍卖为委托人买卖之物品之权利

此为第五百八十五条及第五百八十六条之规定,兹分述如下:

(Ⅰ)拍卖人之物品。即行纪人依委托人之指示所卖人之物,如委托人拒绝受领之者,则(一)在通常之物,行纪人得定相当期限,催告委托人受领,逾期不受领者,行纪人得拍卖其物,并得就其对于委托人因委托关系所生债权之数额,于拍卖价金中取偿之,如有剩余,并得提存;(二)在易于败坏之物,则不经催告,亦得行使上述之权利是也。

(Ⅱ)拍卖卖出之物品。即行纪人受委托人委托出卖之物不能卖出,或委托人撤回其出卖之委托者,如委托人不于相当期间取回或处分其物时,则行纪人亦得视其是否为易于败坏之物,或经催告或不经催

---

① 此种费用,但须客观上,认为委托人利益而支出者,即可请求偿还,至委托人实际上是否享有利益?可以不问。

告,而行使上述之权利是也。

3.行纪人得自为买受人或出卖人之权利义务此为第五百八十七条所规定,兹再分为次之三点述之:

(a)行纪人之介入权

行纪人对于委托人委托买卖之物,自己得为买受人或出卖人,直接与委托人成立买卖契约者,其法律上之性质者何?学说圜多争论。有谓此为行纪人之选择债务者。其意盖以行纪人此时以第三人为其契约之相对人,或直接以自己为其契约之相对人?乃其委托上之选择债权。故若以自己为其契约之相对人时,即应认为选择债务之确定。然行纪人之以自己为其契约相对人?乃行纪人之委托上之权利,并非其委托上义务,故此说不足取。有谓此为行纪人之自己代理契约者,其意盖以行纪人此时一方以委托人之计算,用自己之名义,而居于买卖契约当事人之一方,同时又以自己之计算。用自己之名义,而居于买卖契约当事人之对方,故应认为自己代理契约。然以自己名义与自己缔结契约,不特于事理上为不可能,且以一人而同时兼双方之计算以缔结契约,揆诸民法第一百〇六条之法理,亦应禁止,故此说亦难谓为正当。有谓此为行纪人与委托人已脱离其委托关系,所为之通常买卖契约者。其意盖以委托人于委托之际,已向行纪人有此默示之要约存在,故行纪人若承诺其要约,则委托关系,即为终了,应成为通常之买卖契约。然此时若谓委托人有此默示之要约存在,不特立说上过于拟制,与法律认为只须委托人无反对之意思,行纪人即得行使此项权利之意旨不容,且如谓其委托关系已为终了,则与法律上所定行纪人此时仍得援用第五百一十三条之法理,亦为违反。故就我民法之解释上观之此说亦难加以采取。有谓此为行纪人基于法律规定,所享有之介入权者(elbsteintritsrecht)其意谓行纪人此时之得自为买受人或出卖人者,乃为一种权利之行使。此种权利由于法律所赋与,并非基于双方之约定而生。因行纪人一方之意思,即可发生效力,与通常买卖契约之缔结不同,特于其效力发生后则行纪人既自居于契约当事人之地位,关于买卖之规定,始能适用耳。此说于法理之解释上,较为安适,故本讲义亦主张之。至此种权利构成之要件,据第五百八十七条之规定,尚得分述如次:

(b)须为市场定有市价之物

即其委托买卖之物,须为货币、股票或其他市场定有市场之物,行纪人始得享有此种介入权也。故苟非市场定有价格之物,则此种权利,即无由发生。至法律所以规定须具备此要何者,盖既有市价,以为凭准,则行纪人虽以一方之意思,使其买卖构成,亦于委托人方面不致有若何损害也。须无反对之约定,此种介入权之规定,原为扩张行纪人之利益而设,于公益方面,并无关系。故若委托人对之有反对之特约者,则此种权利,自不能成立。具备上述要件,其介入权固可发生。但此种权利之性质,原为一种形成权,须待行纪人之行使,始能发生效力,故行纪人行使其权利与否,原为其自由。如行使时,则与委托人即发生买卖之关系,当适用买卖之规定,以定其双方之权利义务,自不待言。但民法关于其效力之认定上,尚设有下列二款之特则,兹析述如次:

(Ⅰ)价金之算定

即关于其买卖目标物价金之算定,据第五百八十七条后段之规定,应依委托人指示而为出卖或买入时市场之市价定之。故于其买卖之时期,委托人有指示者,则行纪人基于此种规定,固不能以其他时期之市价,以定其价金,即委托人方面,亦不能主张其他反对之意思,固不待论。但如委托人未指示其买卖之时期者,其价金应如何算定,则法律并无解决之明文,据理论言;此时自应以其通知行使此项权利时之市价,以为计算标准为当(参照日商第三百一十七条、德商第四百条、第四百〇一条)。特行纪人本居于受任人之地位,依据委任之规定,其对于行纪事务之处理,原应加以善良管理人之注意,故若其通知之时,违反此种注意义务者,则委托人如因之受有损害时,自得向之请求赔偿也。

(Ⅱ)报酬及费用之请求

行纪人行使此种介入权时,虽对于委托人,自居于出卖人或买受人之地位,然此亦为其处理行纪事务方法之一,委托人因之亦可达到其委托之目的,故民法于第五百八十七条第二项,复以明文规定,行纪人仍得行使第五百八十二条所定之请求权。

(c)行纪人之介入义务

即行纪人得自为买受人或出卖人时,如仅将订立契约之情事通知委托人,而不以他方当事人之姓名告知者,据第五百八十八条之规定,此时行纪人有介入之义务,关于该方当事人应负担之债务,皆应视为行纪人有履行之责任是也。故基此规定,则实际上行纪人是否有自为买卖之情事,可以不问,苟不以他方当事人之姓名,告知委托人者,即非负担此种义务不可也。

第十五章　寄　　托

第一节　寄托之性质

寄托者,谓当事人一方以物交付他方,而他方允为保管之契约也。此为民法第五百八十条所明定。其交付目标物之一方,日寄托人,允为保管之一方,曰受寄人,保管之目标物,则曰寄托物。兹析述其特质如次:

一、寄托之契约上之特质

1. 寄托为要因不要式之债权契约寄托系契约之一种,此种契约,以受寄人保管其目标物之行为,或寄托人给与报酬之行为,为其目标,故为债权契约。在附有报酬之有价寄托契约,双方给付,互为原因;在未附有报酬之无偿寄托契约。则受寄人之给付,以无价为原因,且其约定之意思表示，并不以履行何等方式为要件，故又为要因。

2. 寄托为要物契约

寄托契约，以寄托物之交付于受审人为其成立要件，故在寄托物未交付以前，双方虽有寄托之约定，其契约尚不能构成，故应为要物契约。我民法上，关于债权契约而认之为要物契约者。惟此与悬赏广告二种，其他若使用借贷及消借贷，据第四百六十五条、第四百七十五条之规定，虽亦以借用物之交付，为其契约生效要件，然因其并未以之为构成要件，故不能与寄托同视也。①

3. 寄托为片务无偿或双务有偿之契约

寄托契约，在寄托人乙方，以上述之规定观之，于其契约之本质上，并不负何等债务。且据该条第二项之规定，受寄人除契约另有订定，或依情形，非受报酬不为保管者外，不得请求报酬，则原则上应为片务及无偿之契约，自不待言。但如有约定，或依情形，寄托人团给付报酬者，则例外上亦能成立一双务及有偿之契约。②

二、寄托之目标上之特质

寄托契约，原则以受寄人保管其寄托物之行为，为其债之目标。但在有偿寄托，则兼以寄托人给与报酬之行为，为其债之目标，兹析述如次：

1. 寄托物之保管

寄托亦为供给劳务契约之一。特其劳务之供给，在以保管寄托物

① 寄托自罗马法以来，一般立法例皆定为要物契约（参照法民第一千九百一十九条、德民第六百八十八条、澳民第九百五十七条、日民第六百五十七条），惟瑞士债务法，则定为诺成契约（参照瑞债第四百七十二条），自立法理论言，自应以瑞债所采之主义为当。我民法虽从多数之立法例，定为要物契约，但如当事人以之缔结一诺成之寄托预约，自不待言。

② 寄托在罗马法上，亦以无偿为原则，有偿为例外，近世一般立法例之规定亦然（参照法民第一千九百一十七条、第一千九百二十八条、德民第六百八十八条、澳民第九百六十九条、瑞债第四百七十二条第二项、日民第六百六十五条、第六百四十八条）。

品,为其目的,故与泾以劳务为给付之。佣及重在完成一定工作之承揽,固属不同,即与处理保管以外其他事物之契约,如委任、居间、行纪、运送等,亦复异致。至所谓寄托物之保管云者,即对于寄托人所交付之物,应加以保持其原状之行为之谓也。兹再分述如次:

(a)保管之客体

保管之客体,以有体物为限。在他国立法,亦有沿罗马法旧例,明定只就动产始得成立寄托者(参法照民第一千九百一十八条、德民第六百八十八条、瑞债第四百七十二条),但我民法则与日、澳民法相同(参照日民第六百五十七条、澳民第九百六十条),仅称曰物,并无限制,故不动产亦得为寄托中保管之客体。又其物之所有权,是否属于寄托人,亦可不问,但如寄托人对之无正当持有之权原,若盗品之类,以之缔结一寄托契约时,则据民法第七十一条之规定,当为无效,自应解为不能为保管之客体也。

(b)保管之行为

保管之目的,在保持其物之原状,故凡足以保持其物原状之行为,皆得解释为保管之行为,自不待言。但寄托为要物契约,须其物交付于受寄人,始能成立,故如其保管行为,自不待言。但寄托为要物契约,须其物交付于受寄人,始能成立,故如其保管行为,在寄托人占有其物之事为之者,则非寄托契约。又在动产之保管行为,通常固以供给收藏之处所为必要,然此等处所。除当事人有特约外,并不以特定者为限,受寄人因保管上之便利,随时变更其收藏处所,亦无妨也。寄托物保管之意义,虽如上述,但其契约之内容,于发生此种义务外,尚兼有其他目的者,是否能成为一寄托契约?则一向为学者所争论之问题。据吾人之意见,认为当就下列标准以定之。即(a)在他种有名契约中,如包含保管义务写内容者,例如买卖(第三百五十八条)、租赁(第四百三十二条)、使用借贷(第四百六十八条)、行纪(第五百八十三条)等契约,则除其自身应有之特殊规定外,虽能类推适用寄托之规定,但不能变更其契约之性质为寄托契约。(b)在无名契约中,如包含保管及其他事项为目的者,则应视为混合契约,关于其保管部分,当类推适用寄托之规定。(c)其契约以保管为主要目的,而附带许可受寄人得使用其物者,则基于第五百九十一条之规定,仍应视为寄托契约,单纯适用寄托之规定。

2. 报酬之给与

在有偿寄托,寄托人应负报酬给与之义务。此种债务,据第五百八十九条第二项之规定,以契约中明有订定,或依情形,非受报酬即不为保管者,始能发生。故受寄人如主张寄托人负有此项义务者,自非对于此种约定或情形之事实,加以证明不可。至其报酬之种类,并无限制,不问其为金钱或其他给付均可,但如当事人无约定者,自应解为当以金钱给付。又其数额,如无约定者,则应亲其保管情形,依公平观念,以估定之。

第二节　寄托之效力

第一款　受寄人之义务

第一　寄托物保管之义务

受寄人基于契约之本旨,自应负寄托物保管之义务。此种义务,应如何履行,原则固当依当事人约定之意旨定之,但民法对之,尚设有下列之补充规定,兹析述如次:

1. 注意之程度

受寄人保管寄托物,其主观责任认定,据民法第五百九十条之规定,应视其为有偿与否,而其认定之标准不同。即

(a)在不受报酬之寄托,应与处理自己事务,为同一之注意;(b)在受有报酬之寄托,则应以善良管理人之注意为之。此盖与受任人之注意责任相同(第五百三十五条),立法例之意旨,亦因其契约对于受寄人,一则有对价之利益,一则无此利益之存在,故不能不加以区别也。

2. 物之使用

受寄人基于契约本旨，只附有保管其寄托物之义务，并无使用其寄托物之权利，故除依其物之性质，非使用不能达其保管之目的者外，非经寄托人之同意，自不得由自己或使第三人使用其寄托物。民法第五百九十一条第一项，仿日、瑞之立法例，对此亦设有禁止之明文，违反之者，据该条第二项之规定，则受寄人对于寄托人应负下列之责任，即

(a)应给付相当之报偿；(b)如有损害，并应赔偿，但能证明纵不使用，仍不免发生损害者，则不在此限耳。

3. 自为保管

寄托与委任同，亦以对人之关系而存在，故民法于第五百九十二条中，与第五百三十七条采取同一之法理，定为受寄人应自己保管寄托物，惟限于有下列三种情形之一时，始得使第三人代为保管，即(a)经寄托人之同意者；(b)另有习惯者；(c)有不得已之事由者是也。至使第三人代为保管时，其应负之责任，据第五百九十三条之规定得分述如次：

(a)受寄人无使第三人代为保管之权者，对于寄托物因此所受之损害，应负赔偿责任。但其所受损害，即须与第三人之保管，有因果关系之存在，故能证明纵不使第三人代为保管，仍不免发生损害者，则亦能免除此项赔偿之责在。(b)受寄人有使第三人代为保管之权者，则仅就第三人之选任及其对于第三人所为之指示，负其责任。

4. 保管方法

寄托物保管之方法，原则固应依其寄托物之性质，由受寄人以相当之注意，自由定之。但如其契约中有约定者，则对于寄托人之意志，自不能不事尊重。故第五百九十四条，明定寄托物保管之方法经约定者，非有急迫之情事，并可推定寄托人若知有此情事，亦允许变更其约定方法时，受寄人不得变更之。违反之者，亦为债务之不履行，应对于寄托人负担损害赔偿之责任，自不待言。

第二　寄托物返还之义务

寄托终了，则受寄人应将其保管之寄托物，返还于寄托人。此种义务，亦为其契约上固有义务之一种。违反之者，应据一般债之通则，负担不履行之责任。兹据民法之规定，分述其返还之态样如次：

1. 返还之物体

应返还之物，除后述之消费寄托外，自为寄托之原物。除因正当使用或其他不可抗力所生之毁损外，原则上应合于其交付时之原状而返还之。又其物在保管中，所生之孳息，一并返还。

2. 返还之时期

寄托物之返还，自应为契约终了之时。至何时始能认为契约终了，则当于第三节中论之。

3. 返还之处所

返还之处所，当事人有约定者，固应依其约定，无约定者，据民法六百条之规定，原则上当于该物应为保管之地返还之。但例外上如受寄人依第五百九十二条或第五百九十四条之规定，有使第三人代为保管或得变更其约定保管方法之种，将寄托物转置他处者，则得于物之现在地返还之。

4. 返还之例外

受寄人于寄托终了时，固须向寄托人负返还其物之责任。即第三人就寄托物主张权利者，据民法第六百〇四条第一项原则上之规定，受寄人仍有返还寄托物于寄托人之义务。但适用上尚有下列三点之例外情形，当注意者：(a)其寄托系为第三人而为之者，据民法第三百六十九条第一项之规定，受寄人应向该第三人负返还之责任。(b)寄托人对于受寄人，负有报酬给付义务，或依第五百九十五条、第五百九十六条之规定，负有费用偿还或损害赔偿等义务，而不履行者，受寄人得援用第二百六十四条同时履行抗辩之规定，拒绝返还，并得根据民法第九百二十八条之规定,主张留置权。(c)第三人就寄托物主张权利。并已对受寄人提起诉讼或为扣押者,据民法第六百〇四条第一项例外上之规定,受寄人对于寄托人得停止其返还义务之履行,或免除其返还责任。

第三　危险通知之义务

第三人就寄托物主张权利,对于受寄人提起诉讼,或为扣押时,据民法第六百〇四条第二项之规定,受寄人应通知寄托人。盖以第三人以诉讼外之方法,就寄托物主张权利者,受寄人尚可援用占有保护之规定(参照民法第九百六十条至第九百六十二条),以维护其寄托物之利益,但若以诉讼方法主张权利者,则非通知于寄托人,使其参加或声明异议,则寄托人之利益,即有不能维护之虞,故法律特使其负担此种义务也。又此种义务,亦为寄托契约中附随义务之一种,违反之者,应依一般债务不履行之原则,对于寄托人,负担损害赔偿之责任,自不待言。

第二款　寄托人之义务

受寄人虽预保管寄托物之责任,然非有特别之约定,对于保管上应支出之费用,原无为寄托人负担之义务。故第五百九十五条规定,受寄人因保管寄托物而支出之必要费用,除契约另有订定外,寄托人应偿还之。依此规定,则寄托人对于受寄人,虽非如委任之规定,负有预付费用之义务(参照第五百四十五条),但对于受寄人已支出者,则不得不负偿还之责。又寄托人既负有此种偿还之义务,则基于委任中第五百四十六条第二项之类推解释,受寄人如因之负有债务者,得向寄托人,请求代其清偿或提出相当担保,自不待言也。

第一　赔偿损害之义务

受寄人因寄托物之性质或瑕疵所受之损害,据第五百九十六条之规定,寄托人应负赔偿责任。故但使其损害之发生,与寄托物之性质或瑕疵有相当之因果关系存在者,寄托人即应负本项之义务。但依本条但书之规定,亦有下列三种之例外情形,即 a. 受寄人于寄托时,非因过失而不知寄托物有发生危险之性质或瑕疵者,得免除其责任;b. 受寄人于损害发生前,已知其寄托物有发生危险之性质或瑕疵者,亦得免除其责任是也。

第二 给付报酬之义务

在有偿之寄托,寄托人根据其契约之本旨,自应负担此种义务,其报酬之种类数额业如前述,兹唯就第六百〇二条之规定,析述其给付时期及中途终止时之给付状态如次:

1. 给付时期

寄托约定报酬者,原则上应于寄托关系终止时给付之,但分期定报酬者,则应于每期届满时给付之。

2. 中途终止时之报酬

寄托人之保管,因非可归责于受寄人之事由,于契约存续中终止者,除契约另有规定外,受寄人仍得就其已为保管之部分,请求报酬。

第三节 寄托之消灭

第一 消灭原因

寄托之消灭原因,除得适用法律行为及债权效力消灭之规定外,民法对之,尚设有下列特则。

1. 寄托物定有返还期者

此于期限到来时,受寄人既处负返还其寄托物之义务,则其契约,应于此时消灭,自不待言。但据第五百九十七条之规定,有约定返还期限者,寄托人仍得随时请求返还,故寄托人可不受此期限至约束,仍有随时终止其条约之权。至受寄人方面,据第五百九十八条第二项之规定,则非有不得已之事由,不得于期限届满前返还寄托物,而终止其契约。

2. 寄托物正定返还期限者

寄托物定有迎还期限者，依上所述，寄托人已不可受其期限之拘束，则未定有返还期限者，其能随时终止契约，更不待言。又据第五百九十八条之规定，受寄人方面，于此种寄托，亦得随时返还寄托物，故未定返还期限者，在解释上，双方皆能随时终止其契约也。

第二　消灭后时效之进行

关于寄托契约之报酬请求权，费用偿还请求权或损害赔偿请求权，据第六百〇五条之规定，自寄托关系终止时起，一年间不行使而消灭。故契约消灭后，此种特别消灭时效，即当因之进行。所谓报酬及费用偿还之二种请求权，固皆为受寄人之权利，至损害赔偿求权，则包括属于双方者而言，故如因受寄人不履行债务，寄托人应享有之损害赔偿请求权，及因寄托物之性质或瑕疵，受寄人应享有之损害赔偿权，皆当适用本条时效之规定，以定其行使之效力也。

第四节　消 费 寄 托

第一　消费寄托之意义

消费寄托云者，即其寄托物为代替物时，双方除约定使受寄人负保管之义务外，并将寄托物之所有权移转于受寄人，而日后由受寄人以种类、质量、数量相同之物返还之契约也（第六百〇二条上段）。此种契约，学说上亦称为不规则寄托契约，其法律上之性质若何？则一向为学者间争论之问题，有解为消费借贷者，亦有解为混合契约者，但我民法既规定之于寄托节内，其认之为一特种寄托契约，自无疑义，以下析述其特质如次：

1. 寄托物须为代替物

消费寄托之目标物，须为代替物，此与消费借贷同，而与寄托则异。故苟以交易上注重其物个性之非代替物，而缔结一寄托契约者，则只能称成一普通之寄托契约,不能构成此之消费寄托契约。但如已换价之方法,将其非代替物,折算金钱以为寄托者,则此种契约,据第六百○二条后段之规定,自受寄人受领寄托物时起,既应适用关于消费借贷之规定,是依消费借贷中第四百八十一条之解释,亦当承认其有效也。又消费寄托,固当以代替物为其寄托物,但以代替物为寄托者,则不能概视为消费寄托。因此种契约构成之要件,除其寄托物须为代替物,尚须有其他消费特约之存在,苟不具备次述之要件者,亦不能谓之为此种契约也。

2.须移转其寄托物之所有权

于受寄人,在通常寄托,只移转其寄托物之占有与受寄人,而此种寄托,则须移转其寄托物之所有权于受寄人。盖以通常寄托契约,只以保管为目的。而此则兼以使受寄人得消费其物为要件,故非移转其物之所有权不可也。其所有权既须移转于受寄人,故与一般寄托不同,应生下列之特殊效力:

(a)其物之危险及利益,于寄托物交付于受寄人时,即应由受寄人承受。盖以依据物权法之原则,物之危险及利益,原应属诸物权人,今受寄人既为其物之所有人,故于其取得所有权时,自当承受其危险及利益也。

(b)于受寄人破产或欠人债务时,其物亦应组入破产财团,或为债权人扣押之目标物。因受寄人既已为其所有人,自应以之与一般所有物,同一看待,不能因寄托之关系,而使寄托人尚有取回权或异议权之存在也。

3.受寄人须以同种数量质量之物返还

此点亦与一般寄托不同,盖在一般寄托,须返还原寄托之物,而此则仅以与原寄托物同等之物品为返还也。但此亦只为其原则,如寄托物有瑕疵,或受寄人不能以同等之物返还者,则因其应使用消费借贷之规定,据第四百七十六条及第四百七十九条之规定,亦得不返还其同等之物,而返还其原物之价值也。

第二　消费寄托之效力

消费寄托,据第六百〇二条之后段之规定,自受寄人受领该物时起,适用关于消费借贷之规定。故消费寄托,与一般寄托不同,不能适用寄托之规定,以定其效力,而当适用消费借贷之规定,以定其效力。特以其契约之目的,在其物之保管,不在其物之借贷,故不能谓之消费借贷,只能谓之为消费寄托耳。

第三　消费寄托之推定

即以金钱为寄托者,据第六百〇三条之规定,推定受寄人无返还原物之义务,但须返还同一数额。故依此规定,则在此种寄托,当事人虽无使受寄人得以消费之特约存在,亦应推定其为消费寄托也。又既推定为消费寄托,则关于其效力,应适用消费借贷之规定,自不待言,但民法于本条第二项、第三项中,对之尚设有自下列之规定:

1. 利益与危险之移转

金钱寄托,既推定受寄人仅须返还同一数额,是其寄托之原物,自交付时起,当然由受寄人取得其所有权,故关于其物之利益及危险,亦应移转于受寄人,由其承受或负担之。

2. 请求返还之期限

一般寄托,据第五百九十七条之规定,虽约定有返还期者,寄托人亦得随时请求返还。但在此种寄托,其中既有使受寄人得以消费其寄托物之关系存在,是其返还期限,于受寄人方面,亦有利益,故本条三项又以限制之规定,认为寄托人非有不得已之事由,不得于期限届满前请求返还也。

第五节　场所主人之保管义务

一般寄托,固须有契约之缔结,及寄托物之交付,受寄人始负保管之义务,但在旅店、饮食店、浴堂及其他供给客人住宿为目的之场所主人,对于客人所携带之物品,据民法之规定,则虽无此等契约之缔结,及交付其物之情事,亦使其与受寄人居于同一之地位,负保管之责任。仅以此等场所,多为客人混集之处,若不使其场所主人负担此法定之保管义务,则不特客之物品易于纷失,且亦不足以维持其营业上之信用也。各立法文但其规定之方式则各不同。有规定于商法中者,如日本商法是(参照日商第三百五十四条以次);有规定于民法寄托节中者,如瑞士债务法是(参照德民第七百〇一条以次)。我国既以之附于寄托节中,以为规定,盖即采取瑞士之立法者。以下根据民法之规定,析述其保管义务及其他权利如次:

1. 场所主人之保管义务　此可分为次之二项述之:

(a)对于非贵重物品之保管。据第六百〇六条及第六百〇七条之规定,对于客人携带之非贵重物品,其保管之责任,在供客之住宿之场所主人与饮食、店浴堂之主人,不尽相同,尚得分述如次:

(I)供客人住宿场所主人之责任。旅店或其他供客人住宿为目的之场所主人,对于客人所携带之物品,除为第六百〇八条所规定之贵重物品外,如有毁损丧失,不问其交付于场所主人与否,亦不问场所主人于其毁损丧失上,有故意过失之存在与否,据第六百〇六条第一项之规定,皆应负赔偿之责任,又其毁损丧失,继由第三人自己或其伴侣随从或来宾之故意过失,致生毁损丧失者,则据本条第二项之规定,场所主人亦可不负其责耳。

(II)饮食店及浴堂主人之责任,饮食店浴堂之主人,对于客人所携带之通常物品,如有毁损丧失,据第六百〇七条之规定,亦与供客人住宿之场所主人相同,负同样之责任。又其毁损丧失,如因第六百〇六条第二项所列举之不可抗力等原因所致者,主人亦可不负责任。其与上述场所主人任之不同,特一则对于客人所携带之非贵重物品,皆应负责,一则对于客人所携带之通常物品,始负其责耳。

(b)对于贵重物品之保管。对于客人之金钱、其价证券、珠宝或其他贵重物品,无论旅店及其他以供客人住宿为目的之场所主人,或饮食店、浴堂主人,据第六百〇八条第一项之规定,非经报明其物之性质及数量交付保管者,不负上述法定之保管责任,盖以此等物品,不特其质微价重,易致纷失,且若不报明交付,则主人于外形上,亦不易窥知其为此等物品,而加以注意之保管,故非如一般寄托,有报明及交付保管之事实者,不能遂使主人负其责任也。惟客人若交付保管,而主人无正当理由,加以拒绝,对于其毁损丧失,仍应负责。又虽未交保管,而因主人或其雇佣人之故意或过失,而致毁损丧失者,亦不能免除其责任。因此时其物品之毁损丧失,主人已有过失存乎此间,为保护客人计,当然不能再使其免责,此民法所以于第六百〇八条第二项,又复设此例外之规定也。

以上所述之保管义务,若场所主人以揭示限制或免除之者,据第六百〇九条之规定。其揭示应为无效,又客人因之所生之损害赔偿请求权,据第六百十一条之规定,其行使上,亦应受下列之限制,兹分述如次:

(a)及时通知之限制。即客人知其物品毁损丧失后,应即通知主人,怠于通知者,丧失其损害赔偿请求权。

(b)短期时效之限制。即客人关于此等损害赔偿请求权之行使,应受六个月时效期间之限制。如自发现丧失或毁损之时起,或自客人离去其场所之时起,经过六个月间而不行使者,则其请求权之效力,即归消灭。

2. 场所主人之留置权

场所主人所住宿、饮食或垫款所生之债权,于未受清偿前,据第六百十二条之规定,对于客人所携带之行李及其他物品,有留置权。此种规定,仅仿瑞士债务法而定(参照瑞债第四百九十一条),在德国民法,则认场所主人有法定质权(参照德民第七百〇四条)。又本条未列举浴费之债权在内,立法上似属遗漏,因浴费所生债权与因住宿饮食费所生之债权,其性质上并无差异,自无单独除外之理由也。

第十六章 仓 库

第一节 仓库营业人之意义

仓库营业人者,谓以受报酬而为他人堆藏及保管物品为营业之人也。此为民法第六百一十三条所明定,其委托保管物品之人,民法仍称曰寄托人,仓库营业人与之缔结之保管契约,则称曰仓库契约,此种仓库契约,据第六百一十四条之明文,原标准用寄托之规定,故性质上亦为要物、不要式之债权契约,特以仓库营业,须受报酬,始为保管,只能与寄托人缔结一有偿双务之契约。此则与一般寄托契约之以无偿片务为原则者,相差异耳。仓库营业人,于其行为上,既能与他人发生此等债之关系,且民法对之,更有其他权义关系人特殊规定存在,故于各种之债章中,应特设一节,以规定之。以下就上述规定,析述仓库营业人之意义如次:①

1. 仓库营业人须有仓库营业之存在,故虽有仓库之设备,而并未以之为营业者,如以已有之仓库,偶为他人保管物品之类,不能谓之仓库营业人。其所缔结之契约,亦只能谓为通常之寄托契约,不能谓为此之仓库契约。至苟以之为营业,则虽兼营他业,或只以之为副业者,亦属无妨。又此种营业,在他之立法例,有认为须经行政官署之许可,或应

---

① 仓库营业,因中世纪国际贸易之关系,始形发达。其制度最完备者,首推英国,法、荷、德、日次之。立法例上规定之方式,向不一致,有规定于单行法中者,此为英、法、奥,此等国所采取之主义;有规定于商法中者,此为德、日等国所采取之主义。亦有规定于民法中者,此法瑞士债务法所采取之主义。我国民法,既以之列入各种之债中,而视仓库契约,为特种寄托之一种,故形式上盖即采取瑞士之立法者。

具备一定之要件,始能成立者,但我民法则与德、日商法及瑞士债务法相同,采自由设立主义,并不以履行此等手续及具备何等条件为必要,故事实上但须有仓库之设备者,均能经营此种营业也。[①]

2. 仓库营业人须以为他人堆藏及保管物品为其营业之目的,所谓堆藏及保管物品云者,即由仓库营业人供给储藏寄托物之场所,并为保持其寄托物原状之行为之谓也。其营业须以此等行为,为其目的者,始能谓之仓库营业人。兹再分述如次:

(a)堆藏及保管之客体。推藏及保管之客体,须为有体物之动产,此与一般寄托不同。因仓库营业人,对于他人物品之保管,必须堆藏于仓库,若为不动产,则性质上无以为堆藏,故其堆藏及保管之标的物,自以动产为限。又苟为动产,则其种类,并无限制,凡适于仓库保管之物品,皆能为其客体。学者中虽亦有谓动物及贵重物品不能为仓库契约之标的物者,然我民法上,并无此等限制之存在,且就理论上言,亦无将此种物品除外之必要,故此等主张,不能采取。

(b)堆藏及保管之行为,一般寄托,受寄人仅负保管义务,但在仓库营业人,则于保管义务外,更负有供给场所以堆藏其物品之义务。其堆藏之场所,自为仓库,只以足供堆藏之用者即可,至其形式如何?及是否属于仓库营业人所有,则可不问。又堆藏及保管云者,既在保持其物之原状,仓库营业人,并不能因之而取得其物之所有权,故若以仓库营业人,取得其物之所有权,日后再以种类数量质量相同之物返还,如通

---

① 关于仓库营业之待遇,有干涉主义及自由主义二种。前者凡经营仓库之人,必须具有一定之资格,及经行政官署之许可,且开业时,并须提出相当之保证金,如有侵权行为,更应受行政上之特别制裁。后者则以仓库营业为自由营业之一种,于其设立中,并不加以任何之限制。法,奥,意,荷,勾诸国,、采取前之主义;英,比,德,日,瑞士及我国民法则探取后之主义。以社会之情形而论,如在商业道德未进步,信用未发达之社会,似以采取干涉主义为当。因仓库营业人保管他人物品,多为多量之物品,且得发行仓库,流通社会,如国家对于营业上,不加监督限制,倘因其无信用,而妨碍交易之安全,则其弊害诚非浅也。

常所称为数量仓库寄托者,则只为消费寄托,应适用消费寄托之规定,不能适用仓库营业之规定,受寄人虽以此为业,亦非此之所谓仓库营业人。至堆藏之方法,则有二种。有将各寄托人之寄托物,各别堆藏,不与他人之物相混者,是谓各别仓库寄托;亦有将各寄托人所交同种类质量之寄托物,混合堆藏者,是谓混藏仓库寄托。据德瑞立法例之规定,仓库营业,原以各别仓库寄托为原则,但经各寄托人之同意者,亦得为混藏仓库寄托(参照德商第四百一十九条第一项、瑞债第四百八十四条第一项)。我国民法对此虽无明文,然混藏仓库寄托,只在使各寄托人对其寄托物发生共有之关系(参照民法第八百一十三条及第八百一十二条第一项),并非将其寄托物之所有权,移转于仓库营业人,与数量仓库寄托,原各不同。故苟得各寄托人之同意者,基于契约自由之原则,自不妨认许之。此时仓库营营者,既非居于消费寄托中受寄人之地位,仍不失其为仓库营业人也。

3. 仓库营业人须因堆藏及保管他人之货物而受报酬,仓库营业人,基于其营业之性质,原以营利为目的,其为他人堆藏及保管物品,自不可不受报酬。故仓库寄托,以有偿为要件,与一般寄托以无偿为原则者不同,若仓库营业人与他人约为无偿保管寄托物者,只能构成一通带之寄托契约,其自身亦只能处于通常受寄人之地位,不能谓之,仓库营业人。

第一　仓单之意义

仓单者,仓库营业人对于其保管之寄托物,所发行之证券也。仓库契约之成立,虽以交付寄托物为必要,但对于双方各致之意思表示,并不须作成书据,故只为要物契约,而非要式契约。但于其契约成立后,则为寄托人处分其寄托物之便利计,民法于第六百一十五条中,特许寄托人得请求仓库营业人,由仓单簿填发要式之仓单,代表其寄托物,以为处分之标的。兹分述仓单之特质如次:

1. 仓单为有价证券。仓单所代表之权利,为寄托物之所有权。此等权利既为财产权之一,故仓单之自身,亦应为有价证券。

2. 仓单为要式证券。仓单之填发,据第六百一十六条之一项之规定,应由仓库营业人签名,并须记载下列事项,即一寄托人之姓名及住址;二保管之场所,三受寄物之种类、品质、数量、及其包皮之种类、个数及记号;四仓单填发地、及填发之年月日;五定有保险人之名号者,始能生效,故仓单应为要式证券。

3. 仓单为记名证券或指定证券。仓单之填发,依上所述,既须记载寄托人之姓名,故应为记名证券,无记名之仓单,不须填发,自不待言。但当事人苟无禁止让与之记载者,则据第六百一十八条之规定,经仓库营业人签名,货物所有人,亦得以背书之方式,让与他人故原则上,亦得为指定证券。

4. 仓单为含有物权及债权效力之证券。仓单持有人,根据仓单,一方得请求仓库营业人交付寄托物,一方并能因之取得其寄托物之物权,故仓单为含有物权及债权二种效力之证券。

5. 仓单原则为文义证券。仓单为流通证券之一种,为保护交易上之安全,自应视为文义证券,即其仓单上所记载之事项,应以其记载者为准,不以其仓库契约所约定者为准也。故其记载事项继与契约所约定者不符,仓库营业人亦应依其记载,以履行其债务。此于民法上虽无明文之规定,但据第六百一十八条之规定,仓单之转让,既须经仓库营业人签名,使仓库营业人,得加以审慎,则立法之意,认仓单为文义证券。盖属无疑。惟此亦仅以寄托人外之仓单持有人与仓库营业人之关系,应做如是解释耳。若寄托人则其自身既直接为其契约之当事者,对于其契约内容,完全居于了解者之地位,殊无再加以此等保护之必要。如仓单归其持有时,自仍应依其契约之本旨决定之,不能以其仓单之记载为标准。故仓单仅原则上为文义证券之一种。

6. 仓单为交换证券。即仓单持有人,如欲实行其仓单上所代表之权利,非以仓单与寄托物相交换不可,故仓单为交换证券。

第二 仓单之立法主义

可从两方面观察。从发行方面言,有干涉主义与自由主义二种,前者关于仓单之发行,须经官署之核准,德瑞民法采取之;后者则无此等限制之存在,我国民法及多数立法例采取之。从券数方面言:亦有复券主义、单券主义及并用主义三种。复券主义,由仓库营业人填发二张仓单,一为存货仓单,以供寄托物让与之用,一为质货仓单,以供寄托物出质之用,法、比、意、奥、匈、葡诸国采取之,英国虽亦采取复券主义,但于其证券之效用上,附以一定之条件,始能发生,故非纯然之复券主义,学者仅称之为负有条件之复券主义。单券主义,仅仓库营业人填发一张仓单,以供寄托物让与或出质之用,德、瑞等国采取之。并用主义,即因寄托人之选择,得请求仓库营业人发行一张或二张之仓单,日本商法采取之。我国旧商行为草案,本从日商,采并用主义,但现行民法,则改依德瑞之例,采取单券主义。

第三 仓单之填发

据民法第六百一十五条之规定,仓库营业人,因寄托人之请求,应由仓库簿填发仓单。故仓单之填发,须基于寄托人之请求,并非仓库契约成立时,仓库营业人即负担填发之义务也。兹更分述其关系事项如下:

1. 仓单簿之备置。仓单营业须备置仓单簿,其发行之仓单,即由此仓单簿填发之。又据第六百一十条第二项之规定,关于仓单中应记载之法定事项,仓库营业人应记载于仓单簿之存根,故其仓单簿之行式,必为联单式,以一联填发仓单,一联作为存根之用。

2. 分别填发之请求。即仓单持有者,不问其为原寄托人或让受人,为便于寄托物之一部让与,据第六百一十七条之规定,皆得请求仓库营业人将寄托物分割为数部分,并填发各该部分之仓单。但其原仓单,须交还于仓库营业人,以免其受二种权利行使之虞。又因此所生之费用,应由持有人负担之,盖以此种分割填发之行为,原系为仓单持有人之便利,故关于分割寄托物及填发新仓单之费用,自不能使仓库营业人负担之也。

第四　仓单之流通

仓单原为流通证券之一,故寄托人得将仓单任意让与或出质他人,自不待言。以仓单出质他人者,依据第九百〇八条之规定,固应依背书之方法,且交付其仓单于质权人,始生效力。至以仓单让与他人者,则因第六百十八条,有"仓单所载之货物,非由货物所有人于仓单背书,并经仓库营业人签名,不生所有权已转效力"之规定,故于让与上,除应依据第七百六十一条之规定,将其仓单,交付于让受人外,并非履行此等背书及签名之方式不可也。

第二节　仓库契约之效力

仓库契约系特种寄托,据第六百一十四条之规定,除仓库节中另有规定外,准用寄托之规定,故其效力,原则上应准用寄托规定以决之。但我民法对之,尚设有下列之特殊权利义务,兹析述如次:

1. 仓库营业人之义务

仓库营业人之义务,尚得分述如次:(a)填发仓单之义务,即据第六百十五条及第六百十七条之规定,经寄托人或仓单持有人请求填发仓单或填发寄托物各部分之仓单者,仓库营业人有填发之义务,此已详述于前,兹不再赘。(b)遵守保管期间之义务,即据第六百十九条第一项之规定,仓库营业人于约定保管期间届满前,不问有无正当理由,均不得请求移去寄托物。反之未约定保管期间者,则据该条第二项之规定,自为保管时起,经过六个月,仓库营业人,得随时请求移去寄托物。但应于一个月前通知寄托人。故此与通常受寄人,根据第五百九十八条之规定,得随时为寄托物之返还者相异,非负担此种遵守期间之义务者不可。(c)容许检点寄托物及摘取样本之义务。即据第六百二十条之规定,仓库营业人,因寄托人或仓单持有人之请求,有应许其检点寄托物,或摘取样本之义务。盖苟不使仓库营业人负担此种容许之义务,则寄托人或仓库持有人方面,对于其保管之检查,及寄托物之处分,均不便利也。

2. 仓库营业人之权利

仓库营业人之权利,除准用关于受寄人权利之规定外,民法于第六百二十一条中,更赋予一种催告拍卖权。即仓库契约终止后,寄托人或仓库持有人,拒绝或不能移去寄托物者,仓库营业人,得定相当期限,请求期限内移去寄托物。逾期不移去者,仓库营业人,得拍卖寄托物,由拍卖代价中,扣去拍卖费用及保管费用,而以其余额交付于应得之人是也。此种规定,乃对于一般债权人受领延迟时之例外规定(参照第二百三十四条、第二百三十七条),盖非使其享有此种权利,则仓库营业人,殊无法以免除其保管之责任也。

第十七章 运送营业

第一节 总 说

第一 运送营业之概念

运送营业者,为他人担任转输事务之营业也。其种类得分述如次:

1. 物品运送旅客运送及书信运达。此因其转输客体之不同,所为之分类。其转输之客体,为物品者,谓之物品运送;为人类者,谓之旅客运送;为书信者,谓之书信运送。书信运送,属诸国营,于行政法规中,另有规定,民法中所定者,则专指则二种而言。

2. 陆上运送海上运送及航空运送。此因其轮转途径之不同,所为之分类。其由陆地转输者,谓之陆上运送;由海上转输者,为之海上运送;由空中转输者,谓之航空运送。海上运送,在海商法中,另有规定。

航空运送,现虽无法专法,但我国既以之属于国家经营之事业,则其不能完全适用民法之规定,自不待言。故民法规定者,原则上仅单指陆上运送而言。海上及航空运送,必其自身无特殊之规定,且为性质上所许可者,始能适用民法之规定。

运送营业之种类,虽如上述,但立法例上,对其规定之方式,殊不一致。我国民法以陆上运送,列入债编中,加以规定,盖仿瑞士债务法而来(参照瑞债第二编第十六章第四百四十条以下),至于陆上运送中,再为物品运送及旅客运送之分别规定,则系因袭日本商法之例也(参照日本商法第三百三十一条以下)。

第二　运送人之意义

运送人者,谓以运送物品或旅客为营业,而受运费之人也。此为民法第六百二十二条所明定,兹析述其意义如次:

1. 运送人须有运送营业之存在。故偶为他人为转轮之事务,而并未以之为营业者,不能谓之运送人。至苟以之为营业,则不问其为专业,或为他营业之副业,亦不问其为公司或为普通之商店,皆于其运送人资格之取得无碍。

2. 运送人须以运送物品或旅客为其营业之目的。所谓运送物品或旅客云者,即将物品或旅客,由此处转输至彼处之行为也。其营业非以等行为目的者,亦不得谓之运送人,兹再分述如次:

(a)运送之客体。运送之客体有二:一为物品,一为旅客。前者谓之物品运送,后者谓之旅客运送。所谓物品者,指能移动之一切有体动产而言,有无财产价格,及是否为无机物或商品,均非所问,皆能为运送之客体。但书信之运送,因属于国营,故虽属有体动产,亦不能为此之运送标的。至旅客云者,自指其被连运之自然人而言,其系自己托运,抑系他人代为托运,则可不问。

(b)运送之行为。即对于物品或旅客,所为之转输行为也。其转输之远近,及使用之工具,方法,虽可不问,但其经由之途径,则限于陆地及不通海洋之内河者为限,因然及与海洋相通之内河运送,海商法已另有规定,又空中运送,则因其属于国营,原则上亦不能适用民法之规定。

3. 运送人须因运送而受运费。运送人虽有运送营业之存在,若其担任之运送行为,不受报酬者,则其自身亦只能居于通常之无偿受任人地位,不能谓为此之运送人。

第三　运送契约

运送契约者,即当事人约定,一方为物品或旅客之运送,另一方支付运费之契约也。担任运送之一方,为运送人,支付运费之一方,民法则称曰托运人。其特质,得分述如次。

1. 契约之特质　尚可分言如下:

(a)运送契约为债权契约。此种契约,在发生双方之"运送"及"支付"等行为之债务,其为债权契约,自不待言。

(b)运送契约为要因不要式契约。运送契约之约定在民法上,并未规定应履行何种方式,又其契约之构成,双方均以对方之给付为原因,故为要因不要式之契约。

(c)运送契约为诺成契约。在他国立法例中,亦有认运送契约为要物契约者,但民我法上对之并无特殊规定,故自应解为诺成契约。

(d)运送契约为双务有偿契约。此种契约,双方均有负对待给付,且其给付上,彼此均有交换价值之关系存生,故应为双务有偿之契约。

(e)运送契约为独立之有名契约。运送契约,是否为一独立之有名契约,学说及判例之认定上,殊不一致。有谓为委任契约者,有谓为雇佣或承揽之契约者,亦有谓为一独立有名之契约者。我民法上对于运送契约之名称。虽未加以明文之规定,但于运送营业,既设有专节,且对于运送人权利义务之规定,亦与一般受任人、受雇人及承揽人相同,则其视为一独立契约,自无疑义,故运送契约应为独立之有名契约。

2. 标的之特质。运送契约，在运送人一方，以物品或旅客之运送，为其债务之标的；在托运人一方，以支付运费，为其债务之标的。关于运送行为地物品旅客之解释，已详述于上段运送人之意义中，兹不再赘。至运费之意义，则不外为运送人给付之对待报酬，其种类及数额，法律上并无何等限制，当事人有约定者，固应依其约定，无约定者，则应类推适用委任中受任人报酬给付之规定，以认定之。因委任原具有为一般供给劳务契约典型之性质，运送契约之自身，关于此等事项，既无特殊之明文存在，自可类推适用委任之规定也。

第二节　物品运送

第一款　运送单据

第一　托运单

托运单者，托运人因运送人请求，所填给证明运送物品之单据也。仅运送契约，由托运之与运送人双方缔结，其内容如何，在受领运送物品之受货人，多不易知悉，为使运送人对于受货人得证明其运送物品之无误计，有填发此种运单之必要也。兹特分述如次：

1. 托运单之填给

据民法第六百二十四条一项之规定，托运人因运送人之请求，应填给托运单。故托运单之填给，并非托运人，根据运送契约，必履行之义务，须待运送人之请求，其义务始行发生。至填给之目的，亦只在为运送物品证明之方法，并无代表其运送物品之权利效力，故不能如下述之提单，解释其为有价证券之一种也。

2. 托运单之记载事项

托运单之填发，据民法第六百二十四条第二项之规定，除应由托运人签名外，并须记载下列事项。即一托运人之姓名及住址；二运送物之种类、品质、数量及其包皮之种类、个数及记号；三目的地；四受货人之名号及住址；五托运单之填给地及填给之年月日是也。托运单既须记载此种法定事项，故其自身，亦应认为要式行为之一。

第二　提单

提单者，运送人因托运人之请求，对于其运送物品所发行之证券也。运送物品，在运送中，托运人若欲加以处分，非有代表之证券，其目的不能达到，故为托运人处分其运送物之便利计，亦有填发此等证券之必要，兹再析言如次：

1. 提单之填发

提单之填发，据民法第六百二十五条第一项之规定，亦须因托运人之请求，运送人始负担此种义务。故物品运送，苟非托运人有此请求，亦不能解释其当然有此等提单之存在也。又提单既在作为代表其运送物品权利之用，则非托运人已将其物品交付于运送人，运送人亦无填发之义务。

2. 提单之特质

据民法第六百二十九条之规定，交付提单于受领物品权利之人时，其交付，就物品所有权移转之关系，与物品之交付。有同一之效力，故提单应为证券之一种。至其在证券上之特质，与仓单同，得分言如次。

(a)提单为有价证券。提单所代表之权利，为运送物品之所有权，故其自身，亦应为有价证券。

(b)提单为要式证券。提单之填发，据民法第六百二十五条第二项之规定，除应由运送人签名外，并须记载下列事项，即一托运人之姓名及住址；二运送物之种类、品质、数量，及其包皮之种类、个数及记号；三目的地；四受货人之名号及住址；五运费之数额，及其支付人为托运人或为受货人；六提单之填发地及填发之年月日者，始能生效，故提单应为要式证券。

(c)提单为记名证券或指定证券。提单须记载受货人之各号住址。

原则上应为记名证券。但据第六百二十八条上段之规定,提单继为记名式,仍得以背书移转于他人,故亦得为指定证券。惟提单上如有禁止背书之记载者,则据本条但书之规定,只能为记名证券,不得为指定证券。

(d)提单为含有物权及债权效力之证券。提单持有人,根据提单,一方得请求运送人交付运送物品,一方并能因之取得其运送物品之物权,故提单亦为含有物权及债权二种效力之证券。

(e)提单原则上为文义证券。提单填发后,运送人与提单持有人,关于运送事项,据第六百二十七条之规定,应依其提单之记载。故即其记载之事项与契约所约定者不符时,亦当以其记载者为准。此盖以提并与仓单同,亦为流通证券之一种,为保证交易之安全计,不得不视为文义证券也。惟此亦仅以托运人外之提单持有人与运送人间之关系,应如是认定耳。若在托运人与运送人间,则彼此既直接居于契约当事者之地位,自仍应依其契约之本旨,以决定其相互间之关系,纵提单归托运人持有时,亦不能以其提单之记载为标准,故提单仅原则上为文义证券之一种。

(f)提单为交换证券。据民法第六百三十条之规定,受货人请求交付运送物时,应将提单交还,故提单为交换证券,受货人如欲实行其提单上所代表之权利,自非以之与运送物相交换不可。

第二款　运送人之义务

物品运送人,对于托运人应负之义务,其内容如何,原应依其运送契约之本旨所载者以决定之,但法律对之,尚设有下列之准则规定,兹分述如次:

1. 填发提单之义务。即据第六百二十五条第一项之规定,因托运人之请求,运送人有填发提单之义务,此已详述于前,兹不再赘。

2. 关于运送之义务。运送人依据运送契约之本旨，其固有之债务，即在为托运人，运送其物品。兹就民法之规定，析述其履行上应注意之事项如次：

(a)按期运送。运送人对于托运之物品，自应按期运送之。此种运送期间，据民法第六百三十二条第一项之规定，其认定之标准如下。即①契约内有订定者，依其约定。②无约定者，依习惯。③无约定亦无习惯者，应于相当期间内运送之是也。所谓相当期间者，据本条第二项之规定，应顾及各该运送之特殊情形，分别定之。故关于此等期间之决定。于运送物之性质、目的地之远近、交通之设备等情形，皆有斟酌之必要。

(b)不得变更指示。即托运人对于其运送上有指示者，据第六百三十二条之规定，运送人有遵守之义务，非有急迫之情事，并可推定托运人若知有此情事亦允许变更其指示者，不得变更其指示。否则为债务之不履行，对于托运人自应负损害赔偿之责。

(c)必要之注意处置。运送人对于其运送行为之履行上，如果有下列事项，即(1)据第六百三十三条之规定，应变更托运人之指示者；(2)据第六百五十条之规定，应请求托运人之指示，或寄存，拍卖其运送物者；(3)据第六百五十一条之规定，其运送物受领权之归属者有诉讼，致交付迟延者；(4)或因其他情形足以妨碍运送或迟延运送，或危害运送物之安全者，据第六百四十一条之规定，运送人为保护运送物所有人之利益，应为必要之注意及处置，否则对于因此所致之损害，应负责任。

(d)中止运送或返还运送物及为其他处分之行为。即运送人未将运送物之到达通知受货人前，或受货人于运送物到达后，尚未请求交付运送物前，据第六百四十二条第一项之规定，托运人对于运送人，如已填发提单者，其持有人对于运送人，得请求中止运送，返还运送物或为其他之处分，运送人对之，负有依从其请求之义务。惟运送人仍得按照比例，就其已为运送之部分，请求运费，及偿还因中止、返还或其他处分所支出之费用,并得请求相当之损害赔偿。因此等处分行为,虽在为托运人或提单持有人之利益,而使运送人负担遵守之义务,然于运送人一方之利益,亦不能不事顾及,故应使其亦能主张此皆请求权,以保护其利益也。

(e)运到之通知及请求指示。运送物达到目的地时,据第六百四十三条、第六百五十条第一项及第六百五十一条之规定,运送人应履行之义务如次:

(I)受货人所在明悉者,应即通知受货人,俾其得知运送物业已运到,请求交付。

(II)受货人所在不明或拒绝受领运送物者,应即通知托运人,并请求指示。

(III)对于运送物受领权之归属有诉讼,致交付迟延者亦应通知托运人并请求指示。

3.损害赔偿之义务。运送人对于运送物之丧失、毁损或迟到,应负损害赔偿之义务。

兹据民法之规定,分述如次:

(a)任责原因。运送人之损害赔偿义务,据第六百三十四条之规定,其发生原因,就运送物方面言之:须有丧失,毁损或迟到人事项;就行为方面言之;须其丧失、毁损或迟到,非因不可抗力,或因运送物之性质,或因托运人或受货人之过失所致者,始负责任。故非因此等事项所生之损害,运送人只依一般债务不履行负其责任:即因此等事项所生之损害,运送人能证明系因不可抗力等事由所致者,亦可免除其责也。但对于使用他人以为运送,或其运送物为贵重物品者,民法于第六百三十六条及第六百三十九条第一项中,尚设有下列之例外规定。

(Ⅰ)运送物因运送人之雇用人或其所委托为运送之人,有过失而致丧失、毁损或迟到者,运送人应负责任。所谓雇用人者,指运送人因实行运送所雇用之人而言，例如伙友、搬运夫役等是；所谓委托为运送之人者，则指委托其代理运送之人而言，例如次运送人或中间承揽运送人等是。因此等人之行为，而致运送物有丧失等事项者，运送人亦应负责，但须其行为上有过失者为限，至运送人对于其选任监督及指示上，有无故意过失之存在，则可不问。

（Ⅱ）运送物为金钱、有价证券、珠宝或其他贵重物品者，除托运人于托运时报明其性质及价值者外，运送人对于其丧失或毁损，不负责任。此盖以贵重物品，易生危险，若不报明，则运送人不知注意保管，若使其负担责任，未免过苛，故应有此例外之规定也。

（b）赔偿数额。运送人依上述规定，应负损害赔偿之义务时，关于其赔偿数额之算定；除贵重物品之运送，据第六百三十九条第二项规定，应以托运人于托运时所报之价额为限，负其责任外，在通常物品之运送，则尚可分为次述之三项标准说明之。

（Ⅰ）运送物之丧失、毁损或迟到，非因运送人之故意或重大过失所致者，据第六百三十八条第一二项之规定，除其损害额应依其应交付时目的地之价值，以为计算外，对于运费及其他费用，因运送物之丧失、毁损、无须支付者，亦应由其赔偿额中扣除之。

（Ⅱ）运送物之丧失、毁损或迟到，系因运送人之故意或重大过失所致者，据第六百三十八条第三项之规定，仍依一般赔偿之原则，除负担上述之赔偿额外，如有其他损害托运人并得请求赔偿。

（Ⅲ）迟到之损害赔偿额，原则固应依上述之规定，按其实际上所受之损害，以为计算，但据第六百四十条之规定，不得超过因其运送物全部丧失可得请求之赔偿额。故其实际上之损害额，未超过此数额者，应依其损害额计算，如超过者，则关于超过之部分，即不得请求也。

（c）免责事由。运送人对于运送物之丧失、毁损或迟到，除依第六百三十四条之规定，能证明系因不可抗力，运送物之性质，或运送人受

货人之过失者,能免除其责任外,据民法之规定,尚有其他免责之事由,得汇述如次:

(Ⅰ)运送物因包皮之瑕庇,所致之丧失或毁损,据第六百三十五条之规定,亦得免责,但运送人如于接收该物时之为保留者,仍应负其责任。

(Ⅱ)受货人受领运送物,并支付运费及其他费用,不为保留者,据第六百四十八条第一项之规定,运送人之责任,亦应归消灭。但依本条第二项、第三项之规定,尚有下列二种之例外情形,即(一)运送物内部有丧失或毁损不易发见者,以受货人于受领运送物后,十日内将其丧失或毁损通知于运送人为限,运送人仍应负责责;(二)运送物之丧失或毁损,如运送人以诈术隐蔽,或因其故意或重大过失所致者,受货人虽不为上述之保留或通知,运送人仍应负其责任是也。

(Ⅲ)运送人交与托运人之提单或其他文件上,有免除或限制运送人责任之记载者,据第六百四十九条之规定,除能证明托运人对于其责任之免除或限制示同意外,不生效力。故如能证明托运人有明示同意者,自亦能减免其责任。特此合意之减免,亦不能违反通则中第二百二十二条之规定,如使运送人故意或重大过失责任,因之免除者,则不能有效也。

(Ⅳ)关于运送物因丧失、毁损或迟延而生之赔偿请求权,据第六百二十三之规定,自运送终了或应终了之时起,二年间不行使而消灭。故如有此种二年时效经过之事实,运送人亦得免除其责。至其时间之起算点,所谓自运送终了时起算者,自指毁损迟延及一部丧失而言,所谓自运送应终了时起算者,则指全部丧失之情形而言也。

第三款　运送人之权利

物品运送人对于托运人应享有之权利,原则上亦应视其运送契约

之订定,以为决定。但民法对之,尚设有下列之准则规定,兹析述如次:

1. 请求填给托运单之权利。因运送契约之成立,运送人有请求填给托运单之权,此为第六百二十四条第一项所明定,其详已如前述。

2. 请求交付文件及说明之权利。即据第六百二十六条之规定,托运人对于运送人,应交付运送上及关于税捐警察所必要之文件,并应为必要之说明,故运送人对之有此等请求权之存在,自不待言。

3. 请求损害赔偿之权利。运送人对于托运人,得请求损害赔偿之情形有二,分述如次:

(a)托运人违反告知义务时之求偿权。运送物依其性质,对于人或财产有致损毁之虞者,据第六百三十一条之规定,托运人有于订立契约前,将其性质告知运送人之义务,于意于告知者,是为义务之违反,对于因此所致之损害,应负赔偿之责。故运送人能证明其损害系因运送物之性质所生,且托运人并未告知者,即得向之主张赔偿请求权。

(b)托运人请求处分运送物时之求偿权。托运人或其他提单持有人,如前所述,根据第六百四十二条第一项之规定,于运送中,原有请求中止运送、返还运送物或为其他处分之权利。但运送人因此所受之损害,亦得请求相当之赔偿,故运送人得因之主张损害赔偿权,自不待言。

4. 请求支付运费之权利。运送契约,为双务有偿之契约,运送人根据其契约之本旨,自得对于托运人,享有支付运费之请求权。惟此种权利,与运送人运送之义务,有对待性质,原则上须于运送行为完举后,始能享有。故第六百四十五条规定,运送物于运送中,因不可抗力而丧失者,运送人不得请求运费,即实现已行使其请求权者,对于已受领之数额,仍应返还于托运人。惟此种规定,并非强行法规,当事人亦得以特约违反之。又基于本条之类推解释,因不可抗力而不能完毕其运送义务者,已不得请求运费,则因运送人之故意过失而致有此情事者,其不能主张此项请求权,更不待言。反之如因托运人或其他提单持有人之故意过失所致者,则基于本条之反面解释,运送人对于已为运送之部分,自仍应有请求权之存在。民法对此,亦已有其适用之明文,即据第六百四十二条第二项之规定,运送人因托运人或其他提单持有人之请求,中止运送,返还运送物或为其他处分者,得按照比例,就其已为运送之部分,请求运费是也。

5. 请求偿还费用之权利。即运送人于运费外,如对于托运人尚有其他塾付之费用者,自得主张偿还之请求权。

6. 对于运送物留置之权利。即据第六百四十七条之规定,运送人为保全其运费及其他费用得受清偿之必要,按其比例,对于运送物,有留置权,但运费及其他费用之数额有争执时,受货人得将有争执之数额提存,请求运送物之交付。

7. 对于运送物之寄存或拍卖权。运送人依据运送契约,对于受货人,原应负担交付运送物之义务。但受货人所在不明,或拒绝受领运送物,或于受领权之归属有诉讼,致交付迟延,运送人已通知托运人请求指示,而其指示不能实行者,则法律为免除运送人保管之责任计,特于第六百五十条及第六百五十一条中,赋与以寄存或拍卖运送物之权利,兹分述如次:

(a)运送物之寄存。即托运人之指示,事实上不能实行,或运送人不能继续保管运时,运送人得以托运人之费用,寄存运送物于仓库。

(b)运送物之拍卖。即运送物如有不能寄存于仓库之情形,或有腐坏之性质,或显见其价值不足抵偿运费及其他费用时,运送人得拍卖之。并据第六百五十一条之规定,得就拍卖代价中,扣除拍卖费用,运送及其他费用,而以其余额,交付于应得之人,如应得之人所在不明者,则应为其利益提存之。运送人依上所述,虽有寄存及拍卖运送物之权利,但于其寄存或拍卖之后,在可能之范围内,应将寄存仓库或拍卖之事情,通知托运人及受货人,违反之者,亦为债务之不履行,应负损害赔偿之责任。

第四款 受货人之权利义务

第一 受货人之权利

受货人为对于运送物品,有受领权利之人。其受领权之认定,在未发提单者,应依托运人之指示,或其托运单之记载;在已发提单者,应依提单之记载,或以其最后受让提单之人为受领权人。由有前之原因而决定之受货人,据第六百四十四条之规定,于运送物达到目的地,并经受货人请求交付后,受货人取得托运人因运送契约所生之权利。由于后之原因而决定之受货人,则因其为提单持有人,于取得其提单时,与取得其运送物,有同一之权利,故虽于运送物到达目的地前,凡关于托运人因运送契约而生之权利,亦能享有之也。

第二 受货人之义务

受货人对于运送人,除依第六百三十条及第六百四十七条之规定,应负担交付提单及留置权之义务外,如其运送物之运费,或其他费用,于运送契约中,约定由受货人支付者,则受货人根据托运人之指示,或其提单之记载,并应负担此等费用支付之义务。

第五款 相继运送

第一 相继运送之意义

相继运送者,由数运送人,继续完结其运送行为之运送也。其种类得分述如次:

1. 部分运送。各运送人各就运送道路之一部,与托运人独立缔结运送契约;或因托运人之委任,与其他送者人缔结运送契约,以保运送者,谓之部分运送。此时客运送人就自己所担任之道路部分,各尽运送之义务,彼此之间,毫无关系,故仍与通常单独运送人无异。

2. 转托运送。运送人先与托运人缔结运送契约,承受全部运送,然后与他运送人缔约,使担任运送人,谓之转托运送。前运送人,称为原运送人,后运送人称为次运送人或受托运送人。此等次运送人,对于托运人,既无直接契约之存在,自无何等权利义务关系之可言,惟原运送人因此等运送人,系自己所委托为运送之人,就其有过失之行为,据第六百三十六条之规定,对于托运人,应直接负其责任。

3. 连带运送。数运送人,以同一运送契约及同一托运单,相继承受运送者,谓之连带运送。其成立要件有三:(一)数运送人相继运送,故由数运送人共同运送,不为运送道路之分配者,不得谓之连带运送。(二)须基于同一运送契约以为运送,否则只能成立上述之部分运送。(三)须基于同一运送单,以为运送,次盖因其基于同一运送契约之关系,故其托运单,亦应为同一也。此项托运单,称为托运联单,或连带托运契约,前运送人于其担任运送道路之部分,以运送完毕时,及因交付于后运送人,称为运送。连带运送人,既均为运送契约之当事者,原则上自因单独对于托运人,负其责任。但因其以同一契约相继承受运送,有连带关系之存在,故民法于第六百三十七条及第六百五十三条中,对于其互相间之权利义务关系,另有特别之规定存在,其详于后述之。

第二　相继运送人之权利义务

在部分运送或转托运送,其彼此间,对于托运人既无连带之关系存在,故其权利义务,亦应依其各自之运送契约,单独享有负担,无牵连之情事,足以发生。惟连带运送人,则因其为同一运送契约之当事者,对于托运人,有共同债务之存在,故民法为保护托运人计,于第六百三十七条中,特以明文规定各运送人中,除能证明无第六百三十四条至第六百三十六条所规定之责任者外,对于运送物之丧失、毁损或迟到,应连带负责。

第三　最后运送人之权利及义务

在部分运送或转托运送,其彼此间之权利义务,各就其运送契约,独自存在,已如上述,故最后运送人对于其他运送人,亦无何等之权利义务可言。惟连带运送人,对于托运人,居于共同债权人之地位,其对于全体应得之运费及其他费用,所生之留置权(第六十四条),寄存权拍卖权(第六百五十条),费用扣除权(第六百五十二条),惟最后运送人始知按其情形,以为主张。故最后运送人,一方虽享有此等权利之行使权,一方亦应对于全体运送人负担形式之义务。民法于第六百四十六条中,对此亦有明文之规定,即运送人与受领运费,其他费用前交付运送物者,对于其所有前运送人应得之运费及其费用,负其责任是也。

第三节 旅客运送

第一 运送人之义务

旅客运送人对于托运人之义务,故因依其运送契约,但民法对之,尚设有下列之法定义务,兹分述如次:

1. 对于旅客身体之责任。即旅客运送人,据第六百五十四条之规定,对于旅客因运送所受之伤害及运送之迟延,应负责任。但其伤害系因不可抗力,或因旅客之过失所致者,不在此限。故依此规定,则但使客观上,旅客有因运送而受伤害,或运送迟延之事实,除其伤害系因不可抗力,或旅客之过失所致者外,不问其是否由于运送人本人之行为所致,皆应负赔偿之责任,自不待言。惟解释上,尚有下列三点当注意者,即(一)本条但书。虽专就旅客之伤害,设有因不可抗力或旅客之过失所致者,运送人得免其责之规定,如运送之迟延,因此等事实所致者,则据通则中第二百三十条之规定,亦应解为运送人不负责任;(二)本条之损害赔偿额,民法既无特别规定,应适用通则中第二百一十六条之原则,以决定之;(三)旅客死亡时,其继承人,亦得继承其权利,以谓请求是也。

2. 对于旅客行李之责任　此可分为后之二点论之:

(a)其行李已交托于运送人者,旅客将其行李交托旅客运送人,并给运费者,是于旅客运送之外,已另成立一物品运送契约,关于行李运送部分,应直接适用物品运送之规定,自无问题,惟未给运费者,则运送人是否负担责任,易生疑义。据民法第六百五十七条之规定,此时其权利义务,除法律另有规定外,亦应适用关于物品运送之规定。盖以既有交托行为,虽未另收运费,亦应解为其旅客运费中,已包括之,运送人对于旅客,常然有此附带之物品运送关系存在也。

(b)其行李未交托于运送人者。旅客所携带之行李未交托于运送人者,不能视为有物品运送关系之存在,运送人之就其行李之丧失或毁损,自亦不能与物运送人负同等责任。但如因运送人自己或其雇用人之过失,致有丧失或毁损者,据民法第六百五十八条之规定,运送人仍应负责。盖以此时于运送人方面,既有过失,则为保护算计,自不能使其免责也。

上述责任,据民法之规定,亦有其免责之事由如次:

(a)消灭时效之经过。即关于旅客运送,旅客因伤害或迟延而生之损害赔偿请求权,及旅客行李因丧失毁损而生之损害赔偿请求权,据第六百二十三条之规定,自运送终了或应终了之时起,二年间不行使而消灭。故因此等时效之经过,运送人即能免除其责任。

(b)免责文句之生效。运送人交与旅客之票,收据或其他文件上,有免除或限制运送人责任之记载者,据第六百五十九条之规定,除能证明旅客对于其责任之免除或限制,明示同意外,不生效力。故如能证明旅客有明示同意者,自亦能减免其责任。

第二　运送人之权利

运送人对于旅客之权利,除得享有运费请求权外,原则上应依其运送契约之本旨,以为决定。但民法对于旅客之行李,尚赋予以拍卖之权利。即旅客之行李,及时交付运送人者,据第六百五十五条之规定,运送人固应于旅客达到目的地时,即返还之。惟旅客尺延不取去者,则运送人亦无为其长期保管之义务,故第六百五十六条又复规定,旅客达到后,六个月内,不取回行李者,运送人得拍卖之,如行李有易于腐败之性质者,运送人并得于达到后,经过四十八小时,即拍卖之也。惟其拍卖所得之代价,亦应准用第六百五十二条之规定,除扣除拍卖费用、运费及其他费用外,应将其余额,如旅客所在不明,并应为其利益提存之。

第十八章 承揽运送之意义

第一节 承揽运送人之意义

承揽运送人者,谓以自己之名义,为他人之计算,使运送人运送物品,而受报酬为营业之人也。此为民法第六百六十条第一项所明定,兹析述其意义如次:[①②]

1. 承揽运送人须有承揽运送营业之存在。偶为他人承揽运送事件,未以之为营业者,只为一般之承揽人,不能谓为此之承揽运送人。至苟以之为营业,则不问其是否专业,亦不问其营业之自身,已独立成为一法人与否,皆于其承揽运送人资格之取得无业。此点仅与运送人之须有运送营业存在者相同。

2. 承揽运送人以承揽运送为其营业之目的。所得承揽运送者,即以自己之名义,为他人之计算,使运送人运送物品之谓也。兹再析言如下:

(a)承揽运送之客体。运送之客体,本有物品与旅客二种,但能为承揽运送之客体者,则只限于物品一种。仅在旅客运送,事实上多由旅

---

① 关于承揽运送之立法例,共有三种:有认为其为独立之商人,而得适用行纪及运送之规定者,德、日、法荷等商法属之;有认其为行纪之一种,而规定于行纪章中者,瑞士债务法属之;.有认其为运送之一种,而规定于一般运送中者,西义商法及日旧商法属之。我民法既认其独立之营业,且于第六百六十条第二项,又使准用行纪之规定,仅即取第一种之立法例者也。

② 承揽运送人,非自己运送,乃在使他人为委托人而为运送,故其营业之范围,较运送人为宽,凡海陆航空之运送,皆可为其承揽之标的。

客与运送人亲自接洽,无介入此种承揽行为之必要也。故纵令偶以旅客运送,为其承揽之客体者,依据本条之明文,亦只能适用一般承揽之规定,不能适用此之运送承揽之规定。

(b)承揽运送之行为。运送行为,在使运送人直接为委托人担任转输之债务,而承揽运送行为,则在使承揽人,为委托人担任选定运送人以为转轮之债务,故其行为之标的,各不相同。承揽运送人,据第六百六十三条之规定,除契约另有规定外,虽得自行运送物品,然其与委托人订立之契约,则非以担任此种选定运送人之行为,为其直接之标的不可。否则只能取得一运送人之资格,不能谓为此之承揽运送人也。至其选定运送人之行为,自须与运送人缔结一连运送契约。但此种契约所生之利益及损失,虽由委托人承受,应以其计算为之。然其约之当事人,则当用承揽运送人自己之名义,不能用委托人之名义。故就承揽运送之此种特质言,仅与行纪人相类似,而与通常之代理人或承揽人,则又不同也。

3. 承揽运送人须因承揽运送而受报酬。承揽运送人虽有营业之存在,若与他人缔结之承揽运送契约,不受报酬者,则亦不能取得承揽运送人之地位,此仅因其既以之为营业,当然应以收受报酬,为其本质也。

第二节　承揽运送人之义务

承揽运送,据第六百六十条第二项之规定,除承揽运送中另有规定外,准用关于行纪之规定。故承担运送人应负担之义务,原则上与行起人相同,惟民法对之,尚设有下列之特殊规定,兹分述如次:

1. 自为运送时之义务。据第六百六十三条之规定,承揽运送人,除契约另有订定外,得自行运送物品,如自行运送,其权利义务,与运送人同。故自为运送者,其应负之义务,完全与运送人相同,不特不能准用行纪之规定,即承揽运送节中之规定,亦不得适用之。

2. 使他人为运送时之义务。承担运送人，对于托运物品之丧失、毁损或迟到，据第六百六十一条前段之规定，对于委托人，应负赔偿之责任。其赔偿数额之认定，与运送人所负之责任相同，据第六百六十五条之规定，亦应准用第六百三十八条至第六百四十条之规定，以为决定。但民法对之尚定有其他免责之事由，兹汇述如次：

(a)承揽运送人，对于托运之物品，能证明于其接收保管、运送人之选定、在目的地之交付及其他与运送有关之事项，未意于注意者，据第六百六十一条后段之规定，能免除其责任。

(b)运送物因包皮之瑕庇，所致之丧失或毁损，据第六百六十五条之规定，能准用第六百三十五条之规定，除其瑕疵为易见，而承揽运送人于接收时不为保留者外，亦能免其赔偿之责。

(c)托运物品，为金钱、有价证券、珠宝，或其他贵重物品者，据第六百六十五条之规定，亦能准用第六百三十九条第一项之规定，除托运人于托运时报明其性质及价值者外，承揽运送人对于其丧失或毁损，不负责任。

(d)据第六百六十六条之规定，对于承揽运送人因运送物之丧失，毁损或迟到所生之损害赔偿请求权，自运送物交付或应交付之时起，二年间不行使而消灭。故因此短期时效之经过，承揽运送人亦能免除其责。

第三节 承揽运送人之权利

承担运送人应享有之利权，与其负担之义务相同，据第六百六十条第二项之规定，除准用行纪之规定以为认定外，民法对之尚设有下列之特则，兹分述如次：

1. 自为运送时之权利。承揽运送人依据第六百六十三条之规定，自为运送者，其应享有之权利，与运送人完全相同，对于行纪及承揽运送节中之规定，皆不得适用之。

2. 使他人为运送时之权利。据民法之规定，尚得析言如次：

(a)报酬请求权。承揽运送之目的，原在受取报酬，故请求报酬，实为承揽运送人主要之权利。惟就运送全部约定价额，或承揽运送人填发提单于委托人者，据第六百六十四条之规定，视为运送承揽人自己运送，其承揽之报酬，应包括于其全部约定价额中，不得另行请求。至运送承揽人实际上是否自为运送，则可不问也。

(b)留置权。承揽运送人为保全其报酬及垫款得受清偿之必要，据第六百六十二条之规定，得按其比例，对于运送物有留置权。此与第六百四十七条第一项所定之运送人得享有之留置权相同，只须有报酬及垫款求偿权之存在，于其应得清偿之范围内，皆主张此种留置权，以为保护也。

(c)损害赔偿请求权。运送物依其性质，对于人或财产有致损害之处者，据第六百六十五条之规定，得准用第六百三十一条之规定，委托人于订立承揽运送契约前，有告知之义务，怠于告知者，运送承揽人因此所生之损害，有赔偿请求权。

第十九章　合　　伙

第一节　合伙之性质

合伙者，谓二人以上互约出资，以经营共同事业之契约也。此为民法第六百六十七条所明定之意义。其缔约之各当事人，称为合伙人。兹析述其特质如下：

一、合伙为双务、有偿、诺成、要因、不要式之债权契约

合伙为契约之一种，乃民法明文上所规定。故与设立一社团法人之行为不同，当事人间并非立利利害同等之地位，以创设一共同事业为标的，乃处于利害相反之地位，因创设一共同事业，而互负出资之义务

为标的也。特在一般契约,以具有双方之当事人为常态,而此种契约,则有时由二人以上约定,能具有多方之当事人,此则其不同之点耳。

至其契约之特质,尚得分述如次:

1. 合伙为债权契约。合伙之标的,在因经营共同事业,使各合伙人,互负出资行为之债务,故应为债权契约。

2. 合伙为诺成、要因、不要式之契约。合伙之约定,依民法之规定,不必遵守一定之方式。但须以其他合伙人负担出资之给付为原因,始能构成。又其契约之成立,亦不以实际上已交付资金为必要,故应为诺成要因不要式之契约。

3. 合伙为双务有偿之契约。合伙人基于合伙契约,彼此均负出资之给付,且其互相之给付,均含有对待及补偿之性质,故应为双务有偿之契约,关于双务契约中同时履行、危险负担及买卖之规定,皆得适用。

二、合伙以经营共同事业由各当事人负担出资之给付为标的

合伙契约之标的,依据上述之规定,其特质得分述如次:

1. 须以经营共同事业为目的,所谓共同事业云者,即各合伙人,对于该事业之成就,均有共同利害关系之存在之谓也。若其事业,单使合伙中之一部分当事人,享受利益者,则仅能成立其他契约,不能谓之合伙。至其共同负担之利害,则不以金钱上之损益为限,且其分配上,亦不必均等。又其种类,法律对之并无限制。不问其是否含有继续或营利之性质,苟不违反公序良俗者,皆能为其经营之目的。但合伙人于其种类约定后,据第六百七十条之规定,除契约另有顶定外,非经合伙人全体之同意,则不得变更之。

2. 须互相负担出资之给付。共同事业之经营,非有一定之资本不可,故合伙契约之直接标的,即在使各合伙人负担出资之给付。如约定当事人中,有不负担此种给付者,则其与其他之当事人,即不能发生合伙之关系,其所缔约之契约,亦不能谓之合伙契约。至其出资之物体,据第六百六十七条第二项之规定,则不以金钱为限,得以他物或劳物代之。又其种类价值,亦不必一致也。

第二节　合伙之效力

第一款　对内关系

合伙人内部之关系,原则上应依契约之订立,以认定之。且其契约订立之内容,据第六百七十条之规定,除另有约定外,非经合伙人全体之同意,不得加以改变。故其效力,盖与社团之设立章程相同,能为其内部关系之根本规则也。但民法上对于其非财产上之关系,尚设有下列之补充规定,兹分述如次。置其对内之财产上关系,则于第三节中再详述之。

1. 事物之执行。关于合伙事务之执行,如契约中约定委托第三人执行,或契约中未有约定,而经全体合伙人之同意,委托第三人执行者,此等第三人于合伙之关系,应依其基本契约,以为认定,固不生任何问题,惟由合伙人自为执行者,则尚有下列应讨论之事项,兹分述如次:

(a)执行权之认定。契约有订定者,依其订定,无订定者,据第六百七十一条第一项之规定,合伙之事务,由合伙人全体共同执行之。此盖以合伙人为其事业之共同营业者,对于其经营之事务,除契约另有订定外,自应使全体合伙人皆有其执行之权利及义务为当也。

(b)执行之方法。事务执行之方法,据民法六百七十一条之规定,有须共同行使者,有得单独行使者,分述如次:

(Ⅰ)通常事务,得由有执行权之各合伙人单独执行之。所谓通常事务,乃指合伙事业上之日常轻微事务而言,因其影响于合伙之关系甚小,且为常发生之事务,故许其得单独为之。但其他有执行权之合伙人中任何一人,对于该合伙人之行为有异议时,则应尊重其意思,停止该事务之执行。

（Ⅱ）属于上述通常事务以外之事务，其执行权属于全体时，须全体共同行使，约为属于合伙人中之数人时，由该数人共同行使。此等规定，盖免各执行权人有专断之弊，乃仿德民之先例而设者（参照德民第七百〇九条），在法瑞立法，认各执行权人得单独执行（参照法民第一千八百五十九条、瑞债第五百三十五条第二项），日本民法则折衷此二种立法例，定为依执行权人过半数之决议定之（参照日民第六百七十条第一项）。自理论言，当以日民之规定为善，盖依共同及单独主义，或则足以阻碍事务之进行，或则易长专横之弊，均有其不当之点存在也。

（c）报酬之请求。合伙人执行合伙事务，据第六百七十八条第二项之规定，除契约另有订定外，不得请求报酬。故执行权人如欲主张报酬请求权者，非有其约定之根据不可，此盖以其执行合伙事务，原属其契约上固有之义务也。

（d）执行权人之辞任或解任。执行合伙事务，一方为合伙人之权利，另一方亦为其义务。故依契约或法律之规定，应由全体执行时，各合伙人皆不得免除其执行之义务，或使他合伙人丧失其执行之权利，自不待言。至执行权不属于全体，仅由合伙中之一人或数人，受委任而执行合伙事务者，则据第六百七十四条之规定，其辞任或解任，亦不得任意行之，须以有正当事由为限，且对其解任，更非经其他合伙人全体之同意，不得为之。

（e）委任规定之准用。即据第六百八十条之明文，合伙人执行合伙事务，得准用关于第五百三十七条至第五百四十六条委任之规定，盖以执行权人之地位，与受任人相类似，故关于受任人之权利义务，有使其同样享有或负担之必要也。

2. 履行义务之注意。合伙人履行依合伙契约所负担之义务，不问其是否为执行事务之义务，皆足影响于合伙之关系甚大，故其履行上应为之注意，法律当设一标准明文。据第六百七十二条之规定，各合伙人应与处理自己事务,为同一注意,违反之者,对于他合伙人自应负损害赔偿之责任。

3. 确定事务之表决。关于合伙之事务,如依契约或法律之规定,须经合伙人全体同意者,固不生表决之问题。反之对于一定事务,约定应由合伙人全体或一部之过半数决定者,其表决权,应如何认定,未约定时,则法律有设一补充规定之必要。故我民法于第六百七十三条中,特以明文规定,其有表决权之合伙人,无论其出资之多寡,推定每人仅有一表决权。

4. 事业状况之检查。合伙事业,为全体合伙人所共同经营,其财产亦属于全体合伙人之公同共有(第六百六十八条),各合伙人对于其事业之状况,当然有检查之权利。故第六百七十五条,为免解释之滋疑,特以明文规定,虽无执行合伙事务权利之合伙人,仍得随时检查合伙之事务及其财产状况,并得查阅账簿,且此项检查权,纵契约有反对之订定,仍得行使。

5. 垫付费用之偿还。执行业务之合伙人,因准用委任第五百四十六条之规定,对于执行业务所垫付之费用,固得请求偿还。至非执行业务之合伙人,如因合伙事务,支出费用者,是否亦得请求偿还,则须另有明文规定之必要。故第六百七十八条,特以明文规定,亦得请求他合伙人以为偿还。

第二款 对外关系

合伙人对外之关系,得分为次之二项述之:

1. 对外之代表。合伙人被委任执行合伙事务者,如对其事务,直接以自己名义为之时,由其自身对外负责,其相对人与他合伙人间,固不生何等之关系。反之如以合伙名义为之时,则他合伙人对其行为,自应全体负责。故民法于第六百七十九条,特以明文规定,此等执行合伙事务者，于依委任本旨，执行合伙事务之范围内，对于第三人，为他合伙人之代表，其所为之事务，盖视为由全体合伙人所共为者焉。依此规定，则解释上尚有下列数点当注意者，即：

(a)此种代表权既为法律所明定，乃法定代表权之一种，其他合伙人虽无授与之意思表示存在，执行合伙事务者，根据其委任之本旨，在执行之范围内，亦当然得享有此种权限。

(b)他合伙人对其代表权，即加有限制者，亦不能以之对抗第三人，盖本条之规定，原为保护交易之安全而设也。

(c)执行事务者，其执行行为，既无限制，故其代表之范围，亦极广泛。不仅诉讼外之一般行为，得发生此等关系，即诉讼上之行为，亦应包括在内。

2. 债务之清偿。合伙人因合伙关系，对外负有债务者，据第六百八十一条之规定，首应以其合伙财产清偿之。合伙财产，不足清偿时，各合伙人对于不足之额，则应连带负其责任。此种规定，盖仿瑞士债务法而设。在法日民法，采分担责任主义，各合伙人只就其应分担之部分，负偿还之责(参照法民第一千八百六十二条、第一千八百六十三条)。德国民法，则采分担兼连带责任主义(参照德民第七百三十五条)。各合伙人原则上亦仅就其应分担之部分，负其责任，但如有对其分担部分不能清偿者，他合伙人始应按其各自分担成数，再负连带偿还之责。此三种之立法，就保护债权人方面言，固以瑞士及我民法之规定为当也。又我民法既使各合伙人负连带之责，故在劳务出资之合伙人，虽据第六百七十七条第三项之规定，对于内部，得不受损失之分配，但对于外部，则仍非负担此种无限之责任不可。

第三款　财产关系

合伙人间财产之关系，得分为次列诸点论之：

1. 出资义务。合伙人依据合伙契约,负有出资义务,已如前述。故各合伙人为其合伙之全体,对于他合伙人,皆有请求出资之权利。不履行时,即为债务之违反,应据一般债之效力之规定,负不履行之责任,自不待言。但如履行时,则尚有下列各点,应注意者。

(a)受领权者之认定。契约中已有订定者,固应依其订定,无订定者,则当解释为执行合伙事务者,有受领之权。且此种受领行为,乃为通常事务,依据第六百七十一条第三项之规定,原则上各执行权者,得单独为之。

(b)同时履行抗辩之援用。第二百六十四条关于同时履行抗辩之规定,在合伙契约,能否适用,学者间固多争论。但自法理言,合伙既为双务契约,且法律复无不许适用第二百六十四条之规定存在,自应采取肯定说,认其能如一般双务契约之当事人,得主张此种同时履行抗辩权为当。但其适用上,尚须分下列二点论之。即(一)在二人之合伙,得完全适用,自无问题;(二)在三人以上之合伙,则应解为于未出资者之请求,始能抗辩;若为已出资者之请求,则不得以其他合伙人未出资为理由,而滥用此项权利,否则不特与合伙之性质相反,且亦不足以昭公允也。

(c)危险责任之负担。合伙人之出资义务,因不可归责于自己之事由,致给付不能者,据第二百二十五条第一项之规定,固得免除其给付之义务,但其他合伙人是否亦能援用第二百六十六条之规定,免除其给付,则应分别为下列两点之情形,以讨论之。即(一)在二人之合伙,他方之合伙人得免除其对待给付,自不待言。(二)在三人以上之合伙,则当视此给付不能者,免除其给付后,对于合伙事业有无影响,而其认定之标准,不能一致。其合伙事业,因其给付不能,而致不能达其目的者,则他合伙人仍不能免除其给付,因不能履行之一方,虽不能向其他合伙人,主张对待给付请求权,然能履行之合伙人,对于他合伙人,仍有此等请求权之存在,其彼此间固不能因此而免除其义务也。

(d)数额之确定。合伙人出资之数额,应依其契约之本旨以定之。其各自分担之成数,虽不必同一,但契约无订定者,则当解为彼此间均负同一数额之债务。又其数额,既依契约确定,嗣后非经全体合伙人之同意,自不能加以增减,故第六百九十九条规定,合伙人除有特别订定外,无于约定出资之外,增加出资之义务,因损失而致资本减少者,合伙人亦无补充之义务。

(e)履行之时期。当事人有约定者,固应依其约定,无约定者,则应适用第三百十五条之规定,各合伙人得随时履行,亦得随时请求他合伙人以为履行。又确定有履行期,若合伙财产不足清偿其合伙之债务时,亦应丧失其期限之利益,提前履行,因此种义务,原为其合伙财产组成之一部也。

2. 合伙财产。合伙财产者,经营合伙事业所集合之经济货物也。其构成部分,法律上并无限制。不问其为金钱、物品或其他权利,亦不问其由合伙人出资所供给,或向第三人所取得,苟具有经济之价值,为其合伙事业经营范围内所存在者,皆得谓之合伙财产。至对于各合伙人之关系,则据第六百六十八条之规定,为合伙人全体所公同共有,故合伙人仅能于其合伙之目的范围内,以为利用,非得全体之同意,不能加以处分,或行使其他权利(参照第八百二十八条)。立法之意旨,盖欲坚固其团结之性质,俾得达到其合伙之目的也。又因民法之规定,对于合伙财产之保全上,尚有下列应注意之事项,子分述如次:

(a)分析及抵销之禁止。合伙人于清算前,有无分析合伙财产之请求权,立法例上之认定,殊不一致,罗马法采肯定说;德日民法,则采否认说(参照德民第七百一十九条第一项后段、日民第六百七十六条第一项)。我民法对于公同共有,原以各共有人在公同关系存续中,不得请求分割其共有物为原则(参照第八百二十九条)。故为贯彻其立法之意旨,亦采取后说。于第六百八十二条第一项中,特以明文规定,合伙人对于合伙清算前,不得请求合伙财产之分析。特本项规定,乃否认一部合伙人分析请求权之存在,以保全其合伙财产,若全体合伙人合意主张分析者,则自不在其禁止之列也。又合伙债权,亦为合伙财产构成之部分,应属于全体所公同共有,亦非单为一合伙人之利益而存在。故第六百八十二条规定,对于合伙负有债务者,不得以其对于任何合伙人之债权,与其所负之债务抵销。其规定之法理,一方固在维护合伙人之公同利益;一方亦在保全其合伙财产之存在也。

(b)股份转让之条件。据第六百八十三条之规定,合伙人非经他合伙人全体之同意,不得将自己之股份转让于第三人。但转让于他合伙人者,不在此限。盖以合伙之目的,在经营共同事业,若非与他合伙人志趣一致之人,则因其受让股份之关系,反足阻碍合伙事业之进展。且公同共有,在其关系存续中,各共有人虽有其应有部分之存在,亦不得任意处分,故就维持其共有财产之性质言,亦有附加此等条件之必要也。

(c)代位权行使之限制。合伙人对于合伙之权利,多含有专属性质,故第六百八十四条规定,于合伙存续期间内,不得代位行使。但利益分配请求权,则因其为各合伙人独自之债权,合伙向任何人履行,均不生差异之效果,故复定为例外,合伙人之债权人无妨代位行使之。

(d)扣押之通知。合伙人之债权人,据第六百八十五条之规定,就该合伙人之股份,虽得申请扣押,但应于两个月前通知合伙,以保护其合伙人之利益。又此项通知,有为该合伙人声明退伙之效力。因合伙财产,系属公同共有,非经退伙,而使债权人径为扣押,则与其性质殊不相容也。

3.分配损益。合伙财产与其资本总额相比例,有盈余者,谓之利益,有亏蚀者,谓之损失。此种权利及损失,当然应由各合伙人承受负

担,固因之有分配问题之发生,兹析述如次:

(a)分配之成数,分配损益之成数,有约定者,固应依其约定,无约定者,则民法于第六百七十七条,设有下列之准则。即(一)仅就利益或仅就损失,定有分配成数者,关于其约定之成数,视为损益共通之分配成数;(二)利益及损失双方,均未定有分配成数者,应按照合伙人出资额之比例定之;(三)以劳务出资者,关于利益方面,固可将其劳务,估计金钱,按照上列标准,以为分配,至损失方面,则除契约另有订定外,不负分担之义务是也。

(b)分配之时期。合伙之决算及分配利益之时期,民法于第六百七十六条中,已有明文之规定,即除契约另有订定外,应于每届事务年度终为之。至分配损失之时期,则法无解决之明文;揆诸法理,如无约定者,亦应如分配利益之标准,以为认定。特合伙人据第六百六十九条之规定,于合伙存续中,因损失而致资本减少者,无补充之义务,故欲使合伙人,另以财产,填补其损失者,则非至合伙清算完毕,其财产不足清偿合伙债务时不可也。

第三节　合伙人之退伙及入伙

第一　合伙人之退伙

合伙人之退伙云者,即合伙人与合伙,脱离关系,而丧失其合伙人资格之谓也。其退伙原因,得分述如次:

1.声明退伙。声明退伙者,其于合伙人之意思表示,所为之退伙也。此种退伙,与契约之终止相同,其意思表示,据第一百六十三条之规定,须向其他合伙人全体为之,始生效力。至其得为此声明退伙之事由,据第六百八十六条之规定,尚得分述如下:

(a)合伙未定有存续期间,或经订明以合伙人中一人之终身,为其存续期间者,各合伙人得声明退伙,但应受下列二点之限制,即(一)须于两个月前通知他合伙人;(二)不得于退伙有不利于合伙事务之时期为之。否则其退伙不能生效。

(b)合伙定有存续期间,且其期间并未以合伙人之终身为标准者,合伙人固不得任意退伙。但如合伙人有非可归责于自己之重大事由,仍得声明退伙且此种退伙。既基于不得已之事由,应解为得即时退伙,不须再受上述通知及时期之限制。

2.法定退伙。法定退伙云者,基于法律规定之原因,所为之退伙也。其得为此法定退伙之事由,据第六百八十七条之规定,亦得分述如次:

(a)合伙人之死亡。合伙契约之成立,基于合伙人互相之信用,有对人之关系存在,故合伙人死亡者,当然应生退伙之效果。但契约订明其继承人得继承者,则应尊重其意旨,虽有此等死亡事由之发生,其继承人仍应继续其合伙之关系。

(b)合伙人受破产或禁治产之宣告。合伙人宣告破产或禁治产者,于其合伙契约须基于互相信用关系,始克存在之本旨,均难以维系,故应为退伙事由之一。但此亦非强制规定,如契约另有反对订定者,仍应从其所定。

(c)合伙人被开除。合伙人被开除,则其合伙人之资格,即因之丧失,故亦应为退伙事由之一。但开除乃为合伙对于合伙人之一种处分,影响于被开除者之关系甚大,故第六百八十八条,对于此项开除权之行使,特讼以下列三种要件之限制,不具备者,则其开除,不能生效。

(Ⅰ)须有正当之理由。所谓正当之理由者,即合伙人之行为,妨害于合伙之利益甚巨,依社会一般之观念,均认为难以使其再继续合伙关系之事由之谓也。非有此等具体之理由存在者,不得开除之。

(Ⅱ)须以他合伙人全体之同意为之。故仅以多数合伙人之同意,亦不得为此种开除之行为。又基于本项要件之解释,则仅有二人之合伙,固不得以一人之意思,而开除其他之一人;即在多数人之合伙,亦不得同时为二个合伙人以上之开除也。

(Ⅲ)须通知被开除之合伙人。非经通知,则被开除者,不知其开除之事实,即与合伙脱离关系,亦易受不测之损害,故法律复以此通加为开除之要件。

因上述原因,而致合伙人退伙者,在二人之合伙,其合伙关系,固应归于解散;至多数人之合伙,则据民法之规定,此种退伙,并不能为其合伙消灭之原因,仅能发生下列之关系,兹分述如次:

1. 对内关系。退伙人退伙后,即丧失其合伙人之资格,对于他合伙之财产关系,据第六百八十九条之规定,应如次述:

(a)损益计算之标准。退伙人与他合伙人间之结算,原则上应以退伙时合伙财产之状况为准。但合伙事务,于退伙时尚未了结者,则于了结后计算,并分配其损益。

(b)股份抵还之方法。退伙人之股份,不问其出资之种类,得由合伙以金钱抵还之。故虽为劳务之出资,亦得折合金钱,以为抵还。又此种抵还方法,乃为合伙之权利,并非其义务,合伙不以金钱抵还,以其他实物返还之者,亦属可能。

2. 对外关系。退伙人与第三人间之关系,可从两方面观察:(a)就退伙后第三人与合伙所生之债权债务言,除为退伙时未了事务所生者外,与退伙人自不生任何之关系。(b)就退伙前第三人与合伙所生之债权债务言,则关于债权方面,固可依上述抵还方法,由合伙折合金钱,以为抵还;关于债务方面,据第六百九十条之规定,退伙人于退伙后,仍应负第六百八十一条连带偿还之责任。

第二　合伙人之入伙

合伙人之入伙者,即于合伙成立后,再加入为其合伙人之谓也。其应具备之要件及效力,据第六百九十一条之规定,得分述如次:

1. 入伙之要件。合伙成立后,非经合伙人全体之同意,不得允许他人加入为合伙人。故入伙应以得合伙人全体之同意为要件,否则难经多数合伙人或有执行权之合伙人之同意者,亦不能使其入伙,发生效力。

2. 入伙之效力。入伙后之效力,就其与他合伙人之内部关系言,固应依约定之本旨,以为认定。无约定者则应准诸第六百八十九条第一项及第三项关于退伙之法理,除入伙前未了结事务所生之损益,须另为计算外,原则上应以入伙时合伙财产之状况,以为其日后分配损益之标准。至对于第三人之外部关系,则民法于第六百九十一条第二项,有明文之规定,关于其加入前合伙所负之债务,亦应与他合伙人,负同一之连带无限责任。

第四节　合伙之消灭

第一　合伙之解散

合伙之解散者,确定合伙消灭之原因也。此与法人之解散相同,仅足以确定其合伙将来不能再存在而已,至其消灭之时期,则尚须至清算完毕时也,兹据民法第六百九十二条之规定,析述其解散之事由如次:

1. 合伙存续期限届满者。即依合伙契约或嗣后之特约,定有存续期限者,因其期限之到来,合伙当然解散。惟于期限届满后,合伙人仍继续其事务者,则据六百九十三条之规定,此时视为以不定期限继续合伙契约。

2. 合伙人全体同意解散者。合伙人全体既不愿再继续其合伙之关系,故自应尊重其意思,使其归于解散。

3. 合伙之目的事业已完成或不能完成者。此时其合伙关系,已无继续存在之必要,故应使其归于解散。

民法所规定合伙解散之事由,虽仅上述三种。其他如契约中定有解散之事由，而其事由已到来，或其合伙只剩有一合伙人者，则亦应归解散，自不待言也。

第二　合伙之清算

合伙解散后，当依清算手续，以结束之。所谓清算者，即指合伙解散后，关于其现务之了结，及财产关系之整理等程序而言也。合伙须俟清算完毕后，始结消灭，此点亦与法人之清算相同。兹据民法之规定，析述其关系事项如次：

1. 清算人之任免。关于清算人之选任，契约中已有指定之人者，固应依其约定。无约定者，据第六百九十四条之规定，应由合伙人全体或由其所选任之人为之。由全体选任清算人者，其选任之方法，则应得合伙人全体之过半数表决，始能生效。至关于清算人之罢免或辞任，民法于第六百九十六条中，亦设有准则之规定。即以合伙契约选任合伙人中一人或数人为清算人者，适用第六百七十四条关于执行合伙事务人解任或辞任之规定，非有正当事由，双方皆不能任意解任或辞任，且关于解任，则更非经过合伙人全体之同意不可是也。

2. 清算人之权限。清算人之权限如何，民法虽无明文之规定。但就法理言：合伙在清算中，其事务之执行，既应由执行合伙事务人，移转于清算人，故当解为于清算目的范围内，清算人与执行合伙事务人，有同一之权限，乃为毋庸质疑者。至关于其权限之行使，如仅有一清算人时，固无问题；有数人时，则关于清算之决议，据第六百九十五条之规定，应以过半数行之。

3. 清算人之职务，清算人之职务，盖与法人之清算人相同，除得类推适用第四十条第一项之规定外，民法对之，尚设有下列特则，兹汇述如次：

(a)清算债务。即据第六百九十七条第一项之规定，合伙财产，应先清偿合伙之债务。其债务已至清偿期者，固应即为清偿；未至清偿期,或在诉讼中者,则应将其清偿所必需之数额,由合伙财产中划出保留之。

(b)返还出资。清算人已将合伙财产,清偿债务或划出必需之数额后,尚有剩余财产者,据第六百九十七条第二项之规定,应以之返还各合伙人之出资。

(c)变换金钱。清偿债务及返还出资,均以给付金钱为原则。故第六百九十七条第三项,又复规定,为清偿债务及返还合伙人之出资,应于必要限度内,将合伙财产变为金钱。

(d)分配损益。即据第六百九十八条及第六百九十九条之规定,合伙财产,不足返还合合伙人之出资者,按照各合伙人出资额之比例返还之;于清偿合伙债务及返还各合伙人出资后,尚有剩余者,则按照各合伙人应受分配利益之成数分配之是也。

第二十章 隐名合伙

第一节 隐名合伙之性质

隐名合伙者,谓当事人约定,一方对于他方所经营之事业出资,而分受其营业所生之利益,及分担所生损失之契约也。此亦为民法第七百条所明定,经营事业之一方,称曰出名营业人,仅负出资给付之一方,则称曰隐名合伙人。其与合伙不同之点,约有下列数端。(一)合伙所经营之事业,不限于营利事业,而隐名合伙所经营之事业,则以营利事业为限;(二)合伙之当事人均非负担出资之义务不可,而隐名合伙之出名营业人,则不以负担此种义务为必要;(三)合伙之出资及其他合伙财产,属于合伙人全体所共有,而隐名合伙之财产,则专属于出名营业人所独有;(四)合伙之事业,由合伙人全体共同经营,对于第三人,直接居于权利义务主体者之地位,而隐名合伙之事业,则为出名营业人所独占,隐名合伙人对于第三人,原则上不发生任何之关系。隐名合伙因与合伙有此等区别之存在,故其性质,盖与两合公司相同。在享有资产者,一方欲以资财,博取利益,一方又不欲居于营业人之地位,亲自执行业务,负担无限之责任时,则此种特殊之合伙契约,实有存在之必要,而法律对之,自亦应于合伙外,另加以独立之准则规定也。兹析述其特质如次:

一、隐名合伙为双务、有偿、诺成、要因不要式之债权契约

隐名合伙,在契约上之性质,与合伙同。其契约之标的,在使隐名合伙人一方,负担出资及分配营业损失之债务,而出名营业人一方,负担经营营业及分配其利益之债务,故为债权契约;不拘定式,即能成立,故为不要式契约;双方之给付,互为原因,故为有因契约;因双方之约定而成立,不须履行何等实践行为,故为诺成契约。其契约之内容,在使双方各失其利益之一部,始能自他方取得利益,且双方债务,互有对待关系,故为有偿及双务契约。

二、隐名合伙以出资,经营营业及分配损益为其标的

隐名合伙,在隐名合伙人一方,以出资及分担其营业上之损失,为其债务之标的;在出名营业人一方,则以经营营业及分配其利益于隐名合伙人,为其债务之标的。兹析述如次:

1. 出资及分担营业之损失。隐名合伙人之出资,乃对于出名营业人所经营之事业,而负担之给付,故必有此种营业,为其存在之对象,始克发生。特其营业自身,则不必于为出资给付时,即已存在,嗣后始成立者,亦无不可耳。至其出资之种类,日本商法定为限于金钱或其他财产(参照日商第三百〇四条、第一百〇八条)。德国商法并无明文规定,学者解释上颇多争议,据其通说之主张,劳务亦得以为出资。我国民法关于此点,与德商同,亦无明文之存在,惟解释上,则应与日商采取一致之理论,以财产为限,劳务不能包括在内。因我民法以隐名合伙人分担营业损失,为其契约成立要件,自与通常合伙,得以劳务出资,不负担合伙事业损失者,观念上不能相同也。又我民法,既以隐名合伙人分担营业损失,为契约成立要件,故约定隐名合伙人仅分受利益,不负担损失者,亦不能构成一隐名合伙之契约。[①] 惟其分担之责任,则与通常合伙人不同,原则上只以出资之数额为限,不与出名营业人,共负连带无限之责也。

2. 经营营业及分配营业之利益。隐名合伙人之出资,既以出名营业人之营业,为其存在之对象,故出名营业人,根据隐名合伙契约,自应负担经营其营业之义务。又其经营之结果,有盈余者,须分配其利益于隐名合伙人,故不特其经营之事业,须为营利之营业,且苟约定只对于对方之出资,支付一定之利息,不分配利益者,亦仅成立一消费借贷契约,不能构成此之契约也。

第二节　隐名合伙之效力

第一款　对内关系

隐名合伙,据第七百○一条之规定,除其自身有规定者外,准用合伙之规定。故关于隐名合伙人与出名营业人内部之关系,原则上本应适用合伙之准则,但民法对之,尚设有下列特则,兹分述如次:

1. 隐名合伙人之出资义务。隐名合伙人,依据契约本旨,应负出资义务,业如前述。其履行期,有约定者,固应依其约定,无约定者,则应依第三百十五条通则之规定,隐名合伙人,得随时以为履行,出名营业人,亦得随时请求。此项义务履行后,其财产权据第七百○二条之规定,当然移转于出名营业人,与通常合伙人之出资不同,当事人间并不

---

① 隐名合伙之成立,是否须以隐名合伙人分担损失为要件,立法例之认定,亦不一致。德商明定当事人得约定隐名合伙人不分担损失(参照德商第三百三十六条第二项);日商则只规定隐名合伙人应分受利益,并未明言其应分担损失,故解释上均与我国民法不同,不以分担损失为契约成立之要件。

能发生公同共有制关系。特此项规定,并非强行法规,当事人有反对之约定者,亦能有效,特不能以之对抗第三人耳。

2. 出名营业人之经营营业义务。隐名合伙人,仅对于营业出资,亦不参加其业务之经营,而出名营业人,则依据其契约本旨,非负经营人义务不可,故第七百〇四条第一项规定,隐名合伙人之事务、事由出名营业人执行之。

3. 隐名合伙人之业务检查权。隐名合伙人,虽不参加业务之执行,然因其与合伙事业既有利害关系之存在,就其业务及财产之状况,当然有检查明了之必要,故第七百〇六条规定,隐名合伙人有于每届事务年度终,农阅合伙之账簿,并检查其事务及财产状况之权。且此项法定之检查权,有绝对之效力,纵有反对特约,仍得行使之。又如遇有重大事由,非行使此项权利不可者,则不必待至事务年度终了,随时皆得申请法院,经其许可而行使之。

4. 损益之计算及分配。隐名合伙人,基于契约之本旨,有分受其营业所生利益之权利,及分担所生损失之义务,业如前述。兹再就民法之规定,析述其关系事项如次:

(a)损益计算之时期。当事人有约定者,固应依其所定,无约定者,据第七百〇七条第一项上段之规定,则应于每届事务年度终计算之。

(b)损益分配之标准。关于损益分配之成数,有约定者,依其所定,无约定者,则应准用第六百七十七条之规定,以当事人出资额之比例定之。如仅就利益或损失定有分配成数者,亦应视为损益共通之分配成数。至成数确定后,实际以为分配时,则(一)在利益之分配,据第七百〇七条第一项后段及第二项之规定,除契约另有订定外,应于每届年度终计算完结时支付之,若应归隐名合伙人之利益而未支取者,仍得随时支取,不得认为出资之增加。(二)在损失之分配,据第七百〇三条之规定,隐名合伙人,仅于其出资之限度内,负分担之责任,故其分配之额数,仅能减除其出资额而已,此外不能再使隐名合伙人负担责任也。

第二款　对外关系

隐名合伙对于第三人之关系,因其营业主体,为出名营业人,而其合伙事务之执行,又专属于出名营业人所负担,故与通年合伙不同,仅出名营业人直接承受其权利义务,隐名合伙人,据第七百〇四条第二项之规定,就出名营业人所为之行为,对于第三人,原不发生任何之权利义务,是为原则。但民法为保护交易上之安全,于第七百〇五条中,尚设有下列之例外规定,即(a)隐名合伙人参与合伙事务之执行者;(b)或自己对于他人会为参与执行之表示者;(c)或知他人表示其参与执行而不否认者;则纵有反对之约定,对于第三人,仍应负出名营业人之责任是也。

第三节　隐名合伙之终止

第一　终止之原因

隐名合伙,得依一般债权契约消灭之原因而终了,自不待言,但据民法第七百〇八条之规定,尚有其特殊终止之原因如次:

1. 声明退伙。即隐名合伙之当事人,与通常合伙人相同,亦得适用合伙中第六百八十六条之规定,以终止其契约。

2. 法定终止。即隐名合伙契约,因下列事项,发生其一者,亦应归终止:

(a)存续期限届满者。(b)当事人同意者。(c)目的事业已完成或不能完成者。(d)出名营业人死亡或受禁治产之宣告者。(e)出名营业人或隐名合伙人受破产之宣告者。(f)营业之废止或转让者。

第二　终止之效果

隐名合伙契约始止时,据第七百〇九条之规定,其营业有盈余者,出名营业人,除应返还隐名合伙人之出资外,并应给与其应得之利益;

反之如有损失者,则于隐名合伙人出资中,减除其应负担之数额后,仅返还其余存额。

第二十一章 指示证券

第一节 总 说

第一 证券之概念

证券者,表彰权利之书据也。因其自身有表彰权利之效力,故与通常之证书,只在证明权利或事实之存否者不同;又因其权利负根据证券,始能完全表彰其效力,故亦与通常之权利异致,兹析述证券与其表彰权利之关系如次:

1. 证券表彰之权利,有为财产权者,亦有为非财产权者。一般之证券,多属于前者,通常谓之有价证券。其中复可分为三种,即(a)表彰物权者,谓之物权证券;(b)表彰债权者,谓之债权证券;(c)表彰社员权者,谓之社团证券。

2. 证券所表彰之权利,其得行使之范围及内容,原则上应依其记载之文义而定,但亦有以实际上之约定为准者,前者谓之文义证券,后者谓之实质证券。

3. 证券所表彰之权利,有限于根据其证券始能行使者;亦有不根据其证券亦能行使但不能移转者。前者谓之完全有价证券,后者谓之不完全有价证券。

4. 证券所表彰之权利,有限特定人始能行使者,谓之记名证券;有限于特定人或其所指定之人始能行使者,谓之指定证券,亦有不限定任何人皆能行使者,谓之无记名证券。

5. 证券所表彰之权利,有限于须证明其权利存在之原因,始能行使者,谓之要式证券;亦有不须证明其权利存在之原因,亦能行使者,谓之不要因证券。通常之证券,多属于后之一种。

第二　证券之立法

关于证券之规定。立法例上尚无概括规定。多数立法例,均以票据形成一独立法规,而以一般通常之证券,分别于民商法中规定之;惟瑞士债务法,则均定之于民法中(参照该法第二十九章至第三十三章)。至我国之规定,大体盖从德国之例,对于票据,别设单行法,其他证券,则分为指示证券及无记名证券二节,规定于民法债编中。本章依民法编纂之顺序,先述指示证券,至无记名证券,则于次章述之。

第二节　指示证券之性质

指示证券者,谓指示他人将金钱,有价证券或其他代替物给付第三人之证券也。其为此指示之人,称为指示人,被指云之他人,称为被指示人;受给付之第三人,称为领取人。此为民法第七百一十条所明定,兹析述其特质如次:

1. 指示证券为指示他人对于第三人为给付之证券。指示证券既在表彰使他人为给付行为之权利,故应为债权证券,被指示之他人,对于有证券持有之第三人,据第七百一十三条之规定,虽无必须承担其给付之义务,然持有之第三人,如欲行使其给付之权利,则非指示其证券不可;且指示人因如何之原因,而使第三人享有此证券之权利,持有此证券之第三人亦无证明之必要,故应为不要因及完全之有价证券。又其为给付者,为被指示之他人,亦非发行证券之指示人,故与票据中之汇票、支票相同,盖亦为委托证券之一,非有其证券上记名指示人被指示人领取人之姓名,及给付之内容范围,并由指示之签名不可。

2. 指示证券为给付金钱有价证券或其他代替物之证券。指示证券所表彰之权利,其标的物限于金钱、有价证券或其他代替物三种。以金钱为给付者,谓之金钱之证券;以有价证券为给付者,谓之有价证券之证券;以代替物为给付者,谓之物品之证券。果为何种证券,固常视其文义所载者为准，但如以之表彰不代替物给付之权利者，则不得谓之民法上之指示证券。

第三节　指示证券之效力

第一　关于证券本身之效力

指示证券，因指示人之发行，在使领取人与被指示人间，创设一新之债权债务，此为其固有之效力。其创设之债权债务，在被指示人一方并非绝对承受不可。据第七百一十三条第一项规定，被指示人虽对于指示人负有债务者，亦无承担其所指示给付或为给付之义务。故被指示人拒绝承受者，则其证券之上债权债务，即确定不能生效。此时领取人除应依第七百一十四条之规定，即时通知指示人，使得为相当之处置外，其自身则非特无强制被指示人承受之权利，即对于指示人，亦无票据法上追索之权利也（参照票据法第八十二条以下）。反之如被指示人已为承受，或其证券，已由领取人让与他人者，则其应生之关系，尚得分述如次：

1. 证券之承受。被指示人对于证券之承受，其确定之方式有二。第一为对于证券，已实际给付者；第二为对于证券，虽未实际给付，但已为承担之表示者，尚可析言如下：

（a）实际之给付。即对于证券上记载之给付，被指示人实际上已为履行之谓也。证券因被指示人之给付，其效力既已实现，故不问其事先会有承担之表示与否？皆可谓已生承受之效力，嗣后不得再请求返还其给付。惟指示证券为交换证券，且其受领给付者，须为特定之人，故被指示人所为之给付，如未收回其证券，或对于非其证券上所特定之权利人为之者，则其给付，亦不能生效，此时尚得对于受领者，根据不当得利之规定，请求返还，自不待言也。

（b）承担之表示。即对于证券上记载之给付，被指示人已表示履行之意思之谓也。被指示人向领取人承担所指示之给付者,据第七百一十一条之规定,有依证券内容而为给付之义务,故证券因承担,亦应生承受之效力,自不待言。至承担后,如有抗辩事由之存在,被指示人得以援用之,以对抗领取人与否?法律上亦有明文确定之必要。据第七百一十一条第二项之规定,被指示人仅得以本于指示证券之内容,或其与领取人间之法律关系所得对抗领取人之事由,对抗领取人。关于得对抗指示人之事由,则不得以之对抗领取人也。

2. 证券之让与。指示证券,有流通证券之性质,故第七百一十六条第一项规定,除指示人于指示证券有禁止让与之记载者外,领取人得将指示证券,让与第三人。惟其让与之方式,据本条第二项之规定,应以背书为之,否则虽有让与之合意及交付证券之行为,亦不生让与之效力。至让与后,则受让人直接承受领取人之地位。其受让之证券,已经被指示人表示承担者,受让人固有请来给付之权,未经承担者,则被指示人日后之承担表示,亦应向受让人为之。又被指示人,对于指示证券之受让人,已为承担者,据本条第三项之规定,此后非特不得以可对抗指示人之事由对抗受让人,并不得以自己与领取人间之法律关系所生之事由,与受让人对抗,而仅得以本于指示证券之内容,或者与受让人间之法律关系,所得对抗受让人之事由对抗之。

第二　关于原债权债务之效力

此可分为次之二项论之:

1. 指示人对于领取人,原负有债务,为清偿其债务,而发行指示证券者,此时领取之债权人,不愿受领其证券者,固得拒绝受领,但据第七百一十二条第三项之规定,应即时通知发行之债务人。反之如愿受领其证券,或因不即时通知拒绝,而致视为已受领者,则于其受领后,据第七百一十二条第三项之规定,对于原债务,应生下列之效力。即(a)于被指示人未拒绝给付前,不得请求指示人就原有债务为给付,但于指示证券所定期限内，其未定期限者于相当期限内，不能由被指示人领取给付者，不在此限。(b)被指示人对于其证券，已为给付者，则于其给付时，原债务即归消灭是也。

2. 指示人对于被指示人，原享有债权，基于自己之债权，而向领取人发行指示证券者，此时被指示人向领取人为给付时，与直接对于指示人清偿其债权无异，故第七百一十三条第二项规定，被指示人已向领取人为给付者，就其给付之数额，对于指示人，免其债务。

第三　效力之消灭

指示证券，其所表彰之权利，原为给付之债权，而其发生行为，复为指示人一方之单独行为，故得适用法律行为及一般债之效力之规定，使其归于消灭，自不待言，但民法对之，尚设有下列特殊消灭原因，兹分述如次：

1. 指示证券之撤回。此据民法第七百一十五条之规定，其撤回之方式有二，得再析述如下：

(a)指示人之撤回。指示证券，虽已发行，但在被指示人未向领取人承担所指示之给付或为给付前，则领取人与被指示人间，尚未发生何等权利义务之关系，指示人欲消灭其证券之效力者，自得对其证券，加以撤回。故民法于第七百一十五条第一项中，以明文规定，此时指示人有撤回权之存在。特其撤回之效果，既在消灭证券之效力，且须被指示人受领其表示后，始知拒绝承担或给付，故其撤回权之行使，须遵守一定之方式，即应向被指示人以意思表示为之是也。

(b)法定之撤回。指示人于被指示人未承担或给付前，受破产宣告者，据第七百一十五条第二项之规定，其指示证券，视为撤回。此盖以指示人既已宣告破产，则其信用丧失，被指示人不为承担或给付，乃属必然之事实，故此时不待指示之有撤回之表示，亦应视同撤回，使其证券效力，当然归于消灭也。

2.短期时效之经过。指示证券之领取人或受让人,对于被指示人因承担所生之请求权,据第七百一十七条之规定,自承担之时起,三年间不行使而消灭。故因此短期时效之经过,被指示人为拒绝给付之表示者,则其证券效力,亦应归消灭。特此时证券持有人,实际上既未受领给付。是其对于指示人之原有债权,除有其他法律上消灭原因外,仍应存在,自不待言也。

3.指示证券之丧失。指示证券之丧失云者,指示证券有物质上灭失之情事,或持有人因遗失、被盗等事由而丧失占有之谓也。有此丧失之情事,则持有人本于证券所生之权利,即不得依其证券以行使,故民法于第七百一十八条中,特赋与一救济之方法,使持有人得申请法院,依示催告之程序,宣告无效。此时其证券既被宣告无效,故其效力,当然应归消灭。

第二十二章　无记名证券

第一节　无记名证券之性质

无记名证券者,谓持有人对于发行人得请求其依所记载之内容为给付之证券也。此为民法第七百一十九条所明定之意义,兹分述其特质如次:

1.无记名证券为持有人对于发行人得请求为给付之证券。无记名证券,为自付证券,由发行者自己负担给付之义务,故与指示证券之委托被指示人为以给付者不同。又持有者,提示证券,即可请求给付,与指名证券或指定证券等亦异,不特其证券上,不必记载权利之人姓名,且亦不限于特定之持有人,始能行使其证券上之权利也。特因其证券在表彰使他人为给付之权利,且以持有者之提示证券,即得行使其权利,故仍应为债权证券及不要因之有价证券之一种。

2.无记名证券为依其记载内容为给付之证券。持有人向发行人请求给付,应以无记名证券所记载之内容为准,故无记名证券与指示证券相同,亦为文义证券之一。特其记载之内容,并不以给付金钱、有价证券或其他代替物为限,故解释上虽为他种之给付,如舟车客票或娱乐场之门票等,亦不失为此种证券。又因其须依据内容之记载,以为给付,且其履行给付者,又须为特定之发行人,故其记载之方式,虽法律并无限制,但关于给付标的物及发行人之姓名,则非为明确之记载不可,否则其证券,不能谓之有效,自不待言。

第二节 无记名证券之效力

无记名证券,因发行即生效力,与指示证券之须经被指示人承担或给付后,始生效力者不同。又其发行,并不以由发行人自己交付其证券于持有人为必要。据第七百二十一条之规定,在未发行前,其证券虽因遗失、被盗或其他非因归责于自己之意思而流通者,发行人对于善意持有人,仍应负责。又其发行虽在发行人死亡或丧失能力后,亦不失其效力。盖以其证券之自身,既以持有证券即得行使权力为其特质,故为保证一般持有人计,其发行之有效,应采取形式上之认定主义也。至发行后,其应生之效力,及其效力消灭之情事,据民法之规定,得分述如次:

1.发行人给付之义务。无记名证券发行人,于持有人提示证券时,据民法第七百二十条第一项上段之规定,有为给付之义务。此盖以此种证券,原则上本含有见票即付之性质,故应于提示时,即履行其给付之义务也。但据民法之规定,尚有下列之例外情事。

(a)明知持有人就证券无处分之权利者,发行人对于持有人,本无调查其就证券有无处分权利之义务,故第七百二十条第二项规定,发行人苟因证券之提示而为给付者,虽持有人就证券无处分之权利,亦免其债务。但如自己明知持有人就证券无处分之权利,或同受原持有人遗失、被盗或灭失之通知,而知现在持有人无此处分权者,则为保护原持有人计,据民法第七百二十条第一项但书之规定,发行人对之,不得为给付,即为给付,亦不能生免除其债务之效力。此则为其例外情事之一。特在特种之无记名证券,民法对之,尚设有下之特殊规定。

(Ⅰ)定期给付之无记名证书。以利息、年金及分配利益等定期给付为标的之无记名证券,倘有遗失被盗或灭失情事,而由权利人通知发行人者,据第七百二十七条之规定,应生下列二种特殊之效力。即(一)因此种证券所生之定期结付请求权,于法定时效期间届满前(参照民法第一百二十六条),未有人提示该证券者,为通知之持有人,得于其期间届满时,不依证券,直接向发行人请求给付该证券所记载之利息、年金或应分配之利益。盖以其时效期间,既已经过,则嗣后虽有提示该证券之人,发行人亦可以时效经过为理由,拒绝给付,于发行者不致有双重给付之危险,可以发行,故应使为通知之持有人,得享有此种时效完成后之请求权也。特此种请求权,自时效期间届满后,经过一年,不行使者,则应归消灭。(二)因此种证券所生之定期给付请求权,于法定时效期间届满前,由第三人提示该项证券书,发行人应将不为给付之情事,告知该第三人。并于该第三人与为通知之人合意前,或于法院为确定判决前,应不为给付。又此不仅对于提示之第三人,应如是办理,即对于为通知之原持有人,如第三人向之主张证券之权利,尚未经其彼此合意,或法院确定判决前,亦应停止给付,以保护真正权利人。

(Ⅱ)无利息见票即付之无记名证券。无利息见票即付之无记名证券者,即未附有利息,且未定有给付日期,得向发行人随时请求给付之无记名证券也。如银行兑换券国库券之类是。此种证券,多系代替现金,有保持其绝对流通效力之必要。故第七百二十八条规定,徒令发行人明知持有人无处分证券之权利,或受有遗失,被盗或遗失之通知者,亦不适用上述第七百二十条第一项但书之限制,对于现在之持有人,仍负为给付之义务。特真正权利人,此时对于持有人,尚得根据不当得利或侵权行为之规定,请求返还利益或赔偿损害,自不待言。至此项证券,若为利息,年金及分配利益之定期给付证券者,则仍依上述第七百二十七条之规定以定其效力,不适用本条之规定。

(b)受有法院禁止给付命令之通知者。一般无记名证券中,除无利息见票即付之无记名证券外,遇有遗失,被盗或灭失之情事,本得申请法院,依公示催告之程序,宣告其证券为无效(参照第七百二十五条、第七百二十八条)。法院因其申请,向发行人为禁止给付命令之通知者,则发行人于接受此项通知后,对于持有该证券之人,当然无为给付之义务。

(c)发行人对于持有人有对抗之权利者。据第七百二十二条之规定,无记名证券发行人,仅得以本于证券之无效,证券之内容,或其与持有人间之法律关系所得对抗持有人之事由,对抗持有人。其得对抗持有人之事由,虽以限于此三种关系所生者为限,但如根据此等关系,对于持有人,得主张对抗之权利者,例如其证券已宣告无效,或据证券记载之内容尚未到给付之时期,或会经持有人为免除债务之表示之类,则发行人得行使其权利,拒绝给付,自不待言。故有对抗之权利者,亦得为给付义务上之例外情事。

(d)持有人未交还证券者无记名证券持有之请求给付时,据第七百二十三条第一项之规定,应将证券交还发行人。故持有人如不交还证券者,则发行人亦无为给付之义务。但此种仅为其原则上之规定,在解释上尚有下列二项之例外情事。即(一)其证券已经公示催告程序,宣告无效者;(二)会受遗失被盗或灭失之通知者,则原持有人将来请求权付时,发行人即不得以未交还证券为理由,而拒绝给付他。又苟无上述二种例外情事,发行人因持有人之交还,而收回证券时,据第七百二十三条第二项之规定,虽持有人就该证券无处分之权利,仍取得其证券之所有权。嗣后真正之权利人,亦不得根据其权利,请求发行人返还其证券。

2. 发行人换给新券之义务。无记名证券,因毁损或变形不适于流通，而其重要内容及识别记号仍可辨认者，据第七百二十四条第一项之规定，持有人得请求发行人，换给新无记名证券，故发行人因其请求，有换给新券之义务。至其换给新券之费用，据本条第二项之规定，在一般证券，应由持有人负担，但如为银行兑换券，或其他金钱兑换券者，则其费用，应由发行人负担。

3. 无记名证券效力之消灭无记名证券之效力，因下列之原因而消灭。

(a)公示催告。无记名证券遗失，被盗或灭失者，法律为保护原持有之计，特于第七百二十五条第一项规定，得申请法院，依公示催告之程序，为除权判决，而宣告该证券为无效。故其证券经此程序，宣告无效者，其效力应归消灭，嗣后只原持有人能根据除权判决，向发行人请求给付，其他持有人，则不能再向发行人，主张其证券之效力也（参照民诉法第五百二十四条至第五百三十四条）。又持有人申请公示催告而宣告其证券为无效时，对于其证券之发行及会持有证券之事实，应负举证责任。若由发行人协助，证明较易。故本条第二项又复规定，发行人对于持有人，应告知关系实施公示催告之必要事项，并供给其证明所必要之材料。特上述规定，乃指一般无记名证券，始得适用，若为无利息见票即付之无记名证券，则除利息年金及分配利益之证券外，据第七百二十八条之规定，原持有人虽对人遗失被盗或灭失等情事，亦不得根据本条，申请法院，依公示催告程序，而宣告无效。

(b)提示期间经过。无记名证券，定有提示期间者，因其期间之经过，持有人即不能行使证券上权利，证券之效力，当然归于消灭。然公示催告申请人，申请法院对于发行人，发禁止给付之命令者，若不禁止其期间之进行，则在公示催告程序终止时，其期间如已经过，真正权利人，即将不能行使其权利，自非允当。故第七百二十六条第一项，定为此时当停止其提示期间之进行，至其得以停止之时期，据本条第二项之规定,则自申请发前项命令时起,至公示催告序终止时为止。

第二十三章 终身定期金

第一节 终身定期金之性质

终身定期金,谓当事人约定,一方于自己或他方或第三人生存期内,定期以金钱给付他方或第三人之契约也。此为民法第七百二十七条所明定之意义。其负担给付义务者之一方,定期金债务人;享有请求给付债权者之一方,则曰定期金债权人。兹分述其特质如次:

一、终身定期金之契约上之特质

1.终身定期金为要因诺成之债权契约。终身定期金系契约之一种,此种契约,以定期金债务人给付金钱之行为为标准,故为债权契约,其给付须以无偿为原因,但不以有实践行为之存在,为契约构成之要件,故为诺成及要因之契约。

2.终身定期金为要式契约终身定期金之订立,据第七百三十条之规定,应有书面为之,故与一般债权契约不同,乃属于法定要式契约之一种。此盖此种契约,不特为无偿契约,且债务人之给付,受有长期间之拘束,自应定为要式,以昭郑重也。

3.终身定期金为片务无偿契约。终身定期金契约,只定期金债务人一方,负担给付之债务,并不能因之向对方取得任何对得给付,故应为片务及无偿之契约。当事人如约定使债权人一方,亦负担对待给付者,则虽能构成一双务无偿之契约,但其契约之自身,应为无名契约,不能完全适用终身定期金之规定。

4.终身定期金为射幸契约。终身定期金之给付义务,既以当事人或第三人为终身为准,是其给付金额之多寡,系于当事人或第三人死亡之迟早,不能事先预定,故含有侥幸之性质,应为侥幸契约之一种。

二、终身定期金之标的上之特质

终身定期金契约，以定期金期债务人，于自己或对方或第三人生存期内，定期给付金钱于对方或第三人，为债之标的。兹分述如次：

1. 给付之标的物，对于金钱。故若以定期给付其他货品或劳务为标的者，则不能谓之终身定期金契约，仅得准用终身定期金之规定而已。

2. 给付须有定期，即须按一定时期，以为给付也。例如按月、按季、按年以为给付是。否则如为一次之给付，或难为多次之给付而无一定时期为其标准者，则不能视为此种契约。

3. 给付之受领人不限于债权人，虽约定向第三人为给付者，亦能构成此种契约。故其契约常含有利他之性质。如约定向第三人为给付者，则系为第三人之契约，关于通则中第二百六十九条及第二百七十条之规定，皆应适用，自不待言。

4. 给付之存续期间，以当事人或第三条之终身为标准，此即其所以称为终身定期金也。否则如以其他时期，为存续期间者，例如以学校毕业为期，定期给付求学费之类，则不能谓为此之定期金契约。

第二节　终身定期金之效力

终身定期金之效力，原则须依当事人之约定，以为认定，但民法对之，尚设有下列标准，兹分述如次：

1. 定期金之给付。定期金债务人，应负定期金给付义务，此为终身定期金主要效力所在。不履行者，应负债务不履行之责任，自不复言，反之如履行时，则其应注意之事项如次：

(a)给付之存续期间。给付之存续期间，固应以应事人或第三人之终身为准。有约定者，依其约定。约定不明，关于期间有疑义时，据第七百三十一条第一项之规定，推定其为于债权人生存期内，按期给付。

故当事人欲推翻此推定之效力者,自非另举反证不可。

(b)给付之数额。每期给付之数额,有约定者,亦依其约定。如只约定每期之数额,而其期限之为月、为季、为年,并未订明,在解释上,有疑义时,据第七百三十一条第二项之规定,推定其为每年应给付之金额。

(c)给付之时期给付之时期,除契约另有订定外,据第七百三十二条第一项之规定,应按季算行支付。即以一季为一期,每届一季之招,应为一次之给付是。又依其生存期间而定终身定期金之人,如在定期金预付后,该期届满前死亡者,民法为保护债适人计,特于本条第二项,规定债权人,取得该期金额之全部,不必根据不当得利之规定,负返还责任。

2.定期金债权之不得转移。终身定期金之权利,据第七百三十四条之规定,除契约另有订定外,不得移转。此盖以终身定期金权利,虽属财产权,然系以特定人间之个人关系为基础,含有对人之特质,故应制制其移转也。至移转之义,包括让与及继承而言;所谓权利,则单指终身定期金债权之自身,关于各期给付请求权,则并不包含在内。

第三节 终身定期金之消灭

终身定期金契约之灭失,除得适用一般法律行为及债之效力灭失之规定外,依其自身之特质,当然以依其生存期间而定终身契约金之人,有死亡之事实,为其特殊灭失之原因。但民法于第七百三十三条中,对之尚设有下列特质。即其死亡之事由,应归责于定期金债务人时,例如以债务人之终身为期,而债务人自杀,或以他人之终身为期,而债务人将其人杀害之类,则法院因债权人或其继承人之申请,得宣告其债权在相当期限内,仍为存续是也。

第四节 终身定期金规定之准用

上派终身定期金之债,系依契约而生,但亦有遗嘱之单独行为,而定此定期给付者,是谓终身定期金之遗赠。关于其成立及方式,固应适用一般遗嘱之规定,但就其效力之方面言:则与因契约而生者,并无差异,故我民法于第七百三十五条中,明定其能准用终身定期金之规定。

第二十四章　和　　解

第一节　和解之性质

和解者,谓当事人约定互相让步,以终止争议或防止争执发生之契约也。此亦为民法第七百三十六条所明定之意义。兹分述其特质如次:

一、和解为双务、有偿、要因不要式之债权契约

和解为契约之一。此种契约,以双方让步之行为为标的,故为债权契约。不拘定式,故为不要式契约。以终止或防止争执,为缔约之原因,故为要因契约。因约定即成立,不须履行何等实践行为,故为诺成契约。双方互负让步之义务,且此种义务,含有对待关系,故为双务及有偿契约。[①]

二、和解以互相让步终止争执或防争执发生为标的

和解契约,所产生之双方债务,均以互相让步,始止争执或防止争执之发生为标的,兹再分述如次:

1. 和解之目的在终止或防止争执。所谓争执云者,即当事人对于法律关系之存否及内容之效力等,有争议之谓也。现已有此争议,固得缔结和解契约,以终止之;即现尚无争议,而将来有发生之虞者,亦得预先缔结和解契约,以防止之。至其争议之法律关系,其种类如何,在法律上原无限制,有处分之权能,否则如亲子关系或继承顺位关系,依法律规定,不许当事人以合意左右之者,自不能对之缔结此等契约。又其

---

① 和解既为契约,故须基于双方之约定,相能成立,否则如系因第三人之公断或仲裁,而停止其争执者,不得谓为此之和解契约。

争议之程度如何？亦可不问，故虽已发生诉讼之关系，在诉讼系属中者，亦得缔结此种契约。特在诉讼上所为之和解，如在推定事前为之，且作成和解笔录者，通常谓之诉讼上和解。此则不只发生民法上终止或防止争执之效果，且应事当事人不得就同一法律关系，更行起诉，并得发生此等诉讼法上之效果也（参照民诉法第三百七十条至第三百七十二条）。[①]

2. 和解之方法在互负让步之义务。所谓互负让步之义务云者，即当事人双方均须抛弃其利己主张之全部或一部，而复旦一部分之损失之义务也。否则仅一方让步，对方并不因之同负此种义务者，则只为通常权利之抛弃，或义务之承担，不能构成此之契约。至其让步之程步如何？让步之范围，是否相等？则可不问。故如一方抛弃其全部之主张，完全承认为全部给付，而一方只抛弃其一部之主张，仅承认其延期履行者，亦不碍于此种契约之成立也。

第二节　和解之效力

和解之效力，在使当事人各负让步之义务，以终止或防止其法律关系之争执。此等效力，是否仅有确认其以前法律关系之效果，抑能创设一新之法律关系，学者之主张，向不一致。法国学者多主确认说，谓和解并不能产生一新的权利义务关系，不过将护存之关系，加以确定，使其存续而已。故和解成立后，其原附有之从权利，如第三人所设立之担保权等并不因之有所变更。又如嗣后能发见其和解内容相反对之确实证据时，亦能据之推翻其和解之效力。反之在德日学者，则多主张创设说，谓和解能创设一新的权利义务关系，其以前之法律关系，在和解成立时，即应归于消灭，不能再因之而影响和解之效力。此二种主张，就

① 会经确定判决之法律关系，双方对之仍有争执或有争执之虞者，仍得再成立此种和解契约。因当事人对于判决之结果，苟经同意，原得任意更为变更之处分也。

和解目的,在终止或防止争执之本旨言:自应采取后说为当。否则和解成立后,仍应受以前关系之影响,则是虽有和解,与未有同,自难谓其与缔约本旨相合也。故我民法,亦采取后说,于第七百三十七条中,特以明文规定,"和解有使当事人所抛弃之权利消灭,乃使当事人取得和解契约所订明权利之效力。"

第三节　和解之撤销

我民法上,既认和解有创设的效力,故于第七百三十八条,又复规定原则上不得以错误为理由撤销之。但有下列事项之一者,则不在此限。兹特析述此等例外事由如次:

1. 和解所依据之文件时候发现为伪造或变造而和解当事人若知其为伪造或变造即不为和解者。故依此规定,若其和解,系以文字为根据而成立者,则当事人遇有此等错误时,即得撤销之。至其伪造或变造之事实。是否相对人所为,乃缔约时,相对人对之有无诈欺之意思,均非所问,特行使撤销权者,对于此等事实之存在,应负证明之责任耳。

2. 和解事件经法院确定判决而为当事人双方或一方于和解当时所不知者。当事人得有确定判决后,虽不妨再成立一和解契约,然在不知有此等判决时,不能谓其无依据判决,以定其争执之意思,故法律定为此种错误,亦得为撤销事由之一。

3. 当事人之一方对于他方当事人之资格成对于重要之争点有错误而为和解者。此盖以和解之缔结,原有对人之关系,且其契约之目的,在解决争执,故当事人之资格解决之重要争点,有错误时,自应许其得以撤销也。

第二十五章　保　　证

第一节　保证之性质

保证者,谓当事人约定一方于他方之债务人不履行债务时,由其负履行责任之契约也。此为民法第七百三十九条所明定之意义。负担此种代为履行之责任者,曰保证人;其对方曰债权人。至其担保之债务,称主债务,负担此主债务之人,规称主债务人。兹析述其特质如次:[①②]

一、保证为单务、无偿、诺成、要因不要式之债权契约

保证为契约之一。此种契约,以保证人代主债务人为履行行为为标的,故为债权契约。不拘定式,故为不要式契约,以担保主债务之履行为缔结之原因,故为要因契约。因约定即成立,不须履行何等实践行为,故为诺成契约。只保证人一方负担保证之债务,债权人对之并无何等对待给付之债务存在,故为片务及无偿契约。

二、保证以主债务人不履行债务时由保证人代负履行责任为标的

保证契约,所生之债务,在使保证人于主债务人不履行债务时,代负履行责任。兹分析说明其意义如次:

1. 保证之目的在担保主债务之履行。保证之目的,非在以保证债务,代替主债务,亦非使保证债务与主债务合为一个债务,乃系于主债务外,独立创设一保证债务,以担保主债务之履行。无故主债务之存在,保证债务故无由发生,反之如已发生此种保证债务,主债务亦并不因之消灭,或使其范围有所减缩。特因保证债务对于主债务,含有担保之从属性质,主债务之范围变更或归消灭时,则保证债务自应与之发生同一变更或消灭之效果。又因其担保者,在主债务之履行,于主债务履

---

① 关于债权担保之制度,据现行民法之规定,共有二种。一为物的担保,即以物之资力,以担保债务之履行,如抵押权质权之设定是,民法以之规定于物权编中。二为人的担保,乃系以人之资力,以担保债务之履行,即本章所述之保证是也。

② 保证在立法上规定之方式,约可分为下列数种。(a)有因其能发生一种独立之债,着眼于其发生原因,而规定于各种契约中者,如德瑞及苏俄之民法是。(b)有因其履行后能增加债权人之财产,着眼于其履行之目的,而规定于财产取得编者,如法民是。(c)有因其能保全债权之效力,而规定于权利保全节中者,如普国国法及奥国民法是。我国民法编制之方式,与德瑞及苏俄之立法相同。至其所以规定于各种债之编末者,盖因保证之性质,对于其他契约,乃居于从契约之地位也。

行后,其自身亦应归于消灭也。至其能担保之主债务,种类如何?法律并无限制,虽为将来始能发生之主债务,或其数额未定之主债务,亦得为其担保之标的,自不待言。但担保之效果,在使担保人代为履行,故非由担保人得以代为履行者,如专属债务之类,则应解为不得为担保之标的。

2. 保证之方法在代负主债务履行之责任,保证之责任,既在履行主债务,故保证债务与主债务之标的,应属同一。否则如主债务之标的,在给付米百石,而保证债务之标的,在给付金千元者,则不能构成此之保证契约。又此等责任,原则上须万主债务不履行时,始能发生,故除当事人另有特约,使保证人与主债务人负连带之责任外,于主债务不履行前,请求保证人履行此等责任者,保证人得援用第七百四十五条所规定之检索抗辩权,以拒绝之。

第二节　保证之效力

第一款　保证契约当事人间之效力

保证契约,在当事人间应生之效力,即在发生保证之债务。此种债务,其性质如何?已如上述,兹特就民法之规定,折述其履行上之关系事项如次:

1. 债务范围之确定。保证债务之范围,有约定得,固应依其约定。但保证债务有从属之性质,其范围自不能较大于主债务。故第七百四十一条,特以明文规定,保证人之负担,较主债务为重者,应缩减至主债务之限度。反之如无约定者,则除应与主债务人本体,同其范围外,据第七百四十条之规定,并应包含主债务之利息、违约金,损害赔偿及其他从属于主债务之负担。

2. 保证人之抗辩。保证人得行使之抗辩权,共有二类,即保证人以一般债务人资格所享有之抗辩权,及以保证人特别资格所享有之抗辩

权是也。前者例如保证债务已经过时效期间,或已因履行而灭失之抗辩是。后者则据民法之规定,尚得分述如此:

(a)主债务人所有抗辩权之援用。主债务人所有之抗辩,不问其发生原因及种类如何?据第七百四十二条第一项之规定,保证人皆得主张之。故基此规定,则保证人之得援用主债务人之抗辩权,并非代主债务人而行使,乃系直接取得其权利,而由自己主张之。主张之结果,只于自己与债权人间发生效力,对于主债务人,则不生任何影响也。又此等抗辩权,其性质既属于保证人所有,自不能因主债务人之抛弃行为,而妨碍其效力。故本条第二项,又复以明文规定,主债务人抛弃其抗辩者,保证人仍得主张之。

(b)保证人自己特有之抗辩权。保证人依据民法之规定,其自己特有之抗辩权有二,分述如次:

(Ⅰ)主债务人有撤销权时之抗辩。主债务人就其债之发生原因之法律行为有撤销权者,据民法第七百四十四条之规定,保证人虽不能采用之以撤销其法律行为,但得据之拒绝清偿,对于债权人,有一种延期抗辩权之存在。主债务人自己行使其撤销权者,则主债务自始无效,保证债务自亦随之消灭;反之如主债务人不行使其撤销权,至经过法定之出斥期间而归于消灭者,保证人之此种拒绝清偿抗辩权,亦应丧失其存在。

(Ⅱ)检索之抗辩。保证债务之目的,在担保主债务,须俟主债务不履行时,自己始负代为履行之责任。此种须俟主债务不履行时,自己责任始能发生之利益,称为检索之利益。在立法例上有定之为债权人请求权行使之要件者,如瑞债是(参照瑞债第四百九十五条)。亦有认为保证人拒绝清偿之抗辩者,如法德日民是(参照法民第二千〇二十一条以下、德民第七百七十一条以下、日民第四百五十三条)。我国民法则从后例,于第七百四十五条规定,“保证人于债权人未就主债务人之财产强制执行而无效果前,对于债权人得拒绝清偿"。故据此规定,则此种检索之利益,在我民法上,只能形成保证人一种抗辩权。债权人行使请求权时,对于会经强制执行主债务人财产而无效之事实,固不负证明为责任,反之保证人如行抗辩权时,则对于并无此等情事之事实,自己即不能不负举证之责也。又此种抗辩权,据第七百四十六条之规定,尚有下列消灭之事由。即(一)保证人抛弃此种抗辩权者;(二)保证契约成立后,主债务人之住所,营业所或居所有变更,致向其请求偿发生困难者;(三)主债务人受破产宣告者;(四)主债务人之财产不足清偿其债务者,则保证人即不得主张此种权利也。

3. 保证债务从属性之丧失。保证债务对于主债务原有从属性,主债务无效者,保证债务原不能单独存在。但据第七百四十三条之规定,保证人对于因错误或行为能力之欠缺而无效之债务,如知其情事而为保证者。其保证仍为有效。故保证债务,因此等事由,得丧失其从属性质。

4. 债权人向主债务人所为行为对于保证债务之效力。债权人向主债务人请求履行,及为其他中断时效之行为,据民法第七百四十七条之规定,对于保证人亦生效力。故有此等行为,则保证人即应代主债务负担迟延之责任,或其保证债务之请求权时效,亦归中断。惟此乃指债权人向主债务人之行为而言,若因主债务人自己之承认,而致时效中断者,当然不能包含在内(参照民法第一百二十九条一项二款)。

5. 共同保证之责任。二人以上之保证人,就同一主债务,负保证债务者,谓之共同保证。其对于债务人之关系,应否负担全部主债务担保之责任?立法例上尚不一致。有采分担责任主义者,如法日民法是(参照法民第二千〇二十五条至第二千〇二十七条、日民第四百五十六条)。有采连带责任者,如德、奥民法是(参照德民第七百六十九条、奥民第一千三百五十九条)。亦有采分担兼连带责任主义,即各保证人原则上仅就其各自分担成数,负其责任,但如有对于其外担部分不能清偿者,则他保证人并应按其各自分担成数,再负连带责任者,如瑞士债务法是(参照瑞债第四百九十七条)。我国民法则从德奥之立法例,于第七百四十八条,以明文规定:数人保证同一债务者,除契约另有订定外,应连带负保证责任。故当事人有特约只负分担责任者,固应依其特约办理,否则各保证人即非负担此种连带责任不可也。

第二款 保证人与主债务人间之效力[①]

……

① 本部分及以下内容原文缺失,无法查证,敬请读者谅解。——校者注

图书在版编目(CIP)数据

曾志时法学文集 / 曾志时著. -- 北京 : 法律出版社, 2018
(朝阳先贤法学文丛 / 冯玉军主编)
ISBN 978-7-5197-2052-0

Ⅰ. ①曾… Ⅱ. ①曾… Ⅲ. ①法学-中国-文集 Ⅳ. ①D920.0-53

中国版本图书馆 CIP 数据核字(2018)第 046482 号

曾志时法学文集
ZENGZHISHI FAXUE WENJI

曾志时 著
尹 飞 孙秋晓 校

策划编辑 高 山
责任编辑 韩向臣
装帧设计 贾丹丹

出版 法律出版社
总发行 中国法律图书有限公司
经销 新华书店
印刷 北京虎彩文化传播有限公司
责任校对 杨锦华
责任印制 陶 松
编辑统筹 学术·对外出版分社
开本 A5
印张 13.375
字数 319 千
版本 2018 年 5 月第 1 版
印次 2018 年 5 月第 1 次印刷

法律出版社/北京市丰台区莲花池西里 7 号(100073)
网址/www.lawpress.com.cn
投稿邮箱/info@lawpress.com.cn
举报维权邮箱/jbwq@lawpress.com.cn
销售热线/010-63939792
咨询电话/010-63939796

中国法律图书有限公司/北京市丰台区莲花池西里 7 号(100073)
全国各地中法图分、子公司销售电话:
统一销售客服/400-660-6393
第一法律书店/010-63939781/9782
西安分公司/029-85330678
重庆分公司/023-67453036
上海分公司/021-62071639/1636
深圳分公司/0755-83072995

书号:ISBN 978-7-5197-2052-0
定价:80.00 元
(如有缺页或倒装,中国法律图书有限公司负责退换)